Wassili Shukowski

Traumsegel

Ausgewählte Werke

1988
Insel-Verlag

Herausgegeben, mit einem Nachwort und Anmerkungen
von Gerhard Dudek
Aus dem Russischen übertragen von Hartmut Herboth
Aus dem Französischen übertragen von Roland Erb
(Briefe Nr. 20, 33, 38, 41, 42, 43, 44)
Nachgedichtet von Kurt Drawert, Roland Erb,
Uwe Grüning, Manfred Ostückenberg und Marga Erb
Den Nachdichtungen liegen Interlinearübersetzungen
von Ruth Malez, Nina Sohr und Elena Kramer zugrunde.

ISBN 3-7351-0073-2

Versdichtungen

Beim Tode von A[ndrej Turgenew]

Mein Freund! Ist's wahr, daß ich muß deinen Sarg nun
sehen!
Hat Unglückselgen mich dies bittere Los ereilt!
Hielt selbstvergessen dich wider den Tod gefeit …
So mag dich Gottes Segen auf immerdar umschweben!

Ruh aus, du teurer Staub; den Schlummer neid ich dir!
In dieser öden Welt, vergessen und verlassen,
Gleichwie durch fremdes Land ich ohne dich nun irr,
Und meine Tränen fallen auf deine heilige Asche!

Adieu! Nicht ewig lebt man! Doch sehn wir uns dereinst;
Im Jenseits ist vom Schicksal uns Wiedersehn verheißen!
O Hoffnung süß! Des Heils Erwartung will ich preisen!
So werd ich gehn dahin mit frohgemutem Geist!

1803

Nachdichtung: Roland Erb

Freundschaft

Herabgerollt von Bergeshöhn
Im Staube eine Eiche lag, vom Donnergott zerschunden;
Und mit dem Baum der Efeu, biegsam um den Stamm
gewunden …
O Freundschaft, du wirst nicht vergehn!

1805

Nachdichtung: Kurt Drawert

Der Abend

Elegie

Wie windest du dich, Flüßchen, durch den hellen Sand,
Wie angenehm ist deine stille Harmonie!
Wie glitzernd fließt zum Fluß hinab dein Silberband!
O segensreiche Muse, zieh

Mit güldenen Schalmein, bekränzt von Rosen, ein;
Neig still dich über die vom Schaum gekrönte Flut;
Beleb den Klang, sing von des Abends Nebelschein
In der Natur, die schlummernd ruht.

Wie schön die Sonne hinterm Gipfel untergeht:
Wenn Schatten deckt die Flur, doch ferner Haine Kranz
Und auch die Burg im schwanken Wasserspiegel steht,
Umstrahlt von purpurfarbnem Glanz;

Wenn Herden von den goldnen Hügeln niedersteigen
Und kraftvoll ihr Geschrei das Wasser überfliegt,
Wenn sich im Kahn der Fischer zwischen Uferzweigen
Mit eingeholten Netzen wiegt;

Wenn Schiffer lärmen und zu ihren Barken eilen,
Das Wasser sich im Takt teilt, den die Ruder geben;
Wenn, ihre Flüge wendend, über lehmige Zeilen
Vom Feld die Pflüger heimwärts streben …

Abend schon ist's … der Rand der Wolken wurde fahl,
Die späte Abendröte auf den Zinnen schwindet;
Der letzte auf den Fluß geworfne Feuerstrahl
Am Himmel, der erlosch, erblindet.

Ringsum ruht alles still, kein Laubhain ist mehr wach;
Im Gras, nah einer Weide, liege ich, es lauscht
Mein Ohr, wie unter schattigem Gebüsch der Bach,
  Sich mit dem Fluß vermählend, rauscht.

Wie wird der Gräser Kühle eins mit ihrem Duft!
Wie süß der Fluß rauscht, den die Ufer still umgeben!
Wie leicht weht übers Wasser hin des Zephirs Duft,
  Sanft ist der schlanken Weide Beben!

Kaum hörbar schwankt das Schilf; von fern wird her-
  getragen
Ein Hahnenschrei, der Dörfer weckt, als wollt es tagen;
Im Gras hör ich des Wachtelkönigs wildes Schlagen,
  Im Walde Philomelas Klagen ...

Doch welch ein Zauberlicht erstrahlte dort so hell?
Im Osten übergoß den Wolkenkamm die Glut;
Glanzübersprüht im Dunkel war der Murmelquell;
  Eichwälder spiegelte die Flut.

Wie steigt empor des Mondes schwindendes Gesicht ...
O des versonn'nen Himmels ruhiges Gestirn,
Wie wiegt sich in der Wälder Dämmerung dein Licht!
  Das Ufer bleicht dein goldner Firn!

Tagträume in der Seele, sitze ich versonnen;
Und die Erinnerung eilt in vergangne Zeiten ...
O meines Lebens Frühling, rasch bist du verronnen
  Mit deinem Leid und deinen Seligkeiten!

Sagt mir, Gefährten, Freunde, sagt mir, wo ihr seid?
Kann uns denn nichts die alte Eintracht wiederbringen?

Versiegte wirklich jeder Strahl der Heiterkeit?
 O all die Freuden, die vergingen!

O Brüder, Freunde! wo ist unser heilger Bund?
Wo sind die Lieder an die Musen und die Freiheit nur?
Wo beim Getös des Schneesturms des Gelages Rund?
 Der Schwur, geleistet der Natur,

Die brüderlichen Bande mit der Seele Glut
Zu wahrn? Wo seid ihr, Freunde? ... Sind wir denn
 geschlagen,
Enttäuscht zu gehn, gefährtenlos und ohne Mut,
 Die Zweifellast allein zu tragen,

Uns hinzuschleppen, bis der Grabesgrund uns barg? ...
Der eine – kurz die Blüte – schloß die Augen zu;
Mit Tränen weiht die Liebe seinen frühen Sarg.
 Der andre ... o gerechter Himmel, du! ...

Und wir ... treibt uns ein Wahn, einander fremd zu sein?
Löscht bald der Schönen Blick, die Gier nach Ehrung gar,
Die Sucht nach Beifall in der Welt, dem eitlen Schein,
 Das Licht, das hell im Herzen war:

Der Seelenfreuden und des Glücks der jungen Tage,
Von Freundschaft, Liebe und vom Musendienst erfüllt?
O nein! ein jeder folge seinem Los, doch trage
 Im Herzen er des Unvergeßnen Bild ...

Auf fremden Pfad werd ich von meinem Los getrieben,
Des Laubwalds Stille in der Dämmerung zu trinken,
Als stiller Dörfer Freund die Schönheit der Natur zu
 lieben;
 Zum Fluß laß meinen Blick ich sinken,

Zu preisen euch, o Schöpfer, Freunde, Liebe, Glück.
O Lieder, Frucht der Himmelsunschuld! Selig, wem
gegeben
Ist, mit der Hirtenflöte jeden Augenblick
Des flüchtgen Daseins zu beleben!

Wer in der Morgenstunde, wenn der Nebelrauch
Sich auf die Felder legt und Hügel sanft umschließt,
Die Sonne steigend auf der Wälder blauen Hauch
Ihr ruhevolles Leuchten gießt,

Sich eilt, des Dorfes Schutz verlassend, daß er schon
Im Eichenwald, bevor der Vögel Lied erklingt,
Die Lyra stimmend auf der Hirtenflöte Ton,
Der Sonne Wiederkunft besingt!

Zu singen ist mein Los ... doch wird das Schicksal
säumen?
Vielleicht nimmt mit Minvana bald den dunklen Pfad
Alpin und kommt, um an des Jünglings Grab zu träumen,
Hierher, wenn sich der Abend naht.

1806

Nachdichtung: Uwe Grüning

An sie

Wie müßt nennen ich dich?
Nicht kann der Sterblichen Kunst doch
Künden den Zauber, der dein!

Keine Leier dir klingt!
Sind Lieder vager Reflex nur,
Nachträglich Reden von dir!

Könnte das Herz doch sprechen,
Es wäre jedes Gefühl ein
Einziger Hymnus auf dich!

Deinen Liebreiz ich trag,
Das reine unschuldge Bildnis,
Als ein Geheimnis im Herz!

Kann dich lieben allein,
Doch sagen, wie du geliebt bist,
Das kann die Ewigkeit nur!

1811

Nachdichtung: Roland Erb

Swetlana

für A. A. Wojejkowa

Forschten am Dreikönigstag
  Mädchen nach dem Schicksal;
Warfen vor die Tür den Schuh,
  Den vom Fuß sie zogen;
Harkten Schnee und hieltens Ohr
  Unters Fenster; Körner
Streuten sie den Hähnen hin;
  Jungfernwachs sie schmolzen;
In die Schale, Wassers voll,
Legt man einen Ring von Gold
  Und Smaragdgehänge;
Breitete ein weißes Tuch
Und sang einstimmig dazu
  Unterschalenlieder.

Mattgelb schimmert nur der Mond
  Durch des Nebels Düster –
Tiefbekümmert schweigt heut die
  Liebliche Swetlana:
»Teure Freundin, sag, was ist?
  Sprich zu uns ein Wörtchen;
Lausch des frohen Kreises Lied;
  Zieh den Ring vom Finger.
Singe, Schöne: ›Lieber Schmied,
Einen Kranz mach mir von Gold,
  Goldnen Ring mir schmiede;
Mit dem Kranz laß ich mich traun
Und verloben mit dem Ring
  An dem Kirchenpulte.‹«

»Schwestern, könnt ich singen denn?
Fern ist doch mein Liebster;
Daß ich einsam sterben muß,
Dies, ach, scheint bestimmt mir.
Ohne Kunde floh ein Jahr;
Und er schreibt mir nimmer.
Schön ist nur mit ihm die Welt,
Nur für ihn mein Herz schlägt ...
Ob du meiner noch gedenkst?
Wo lebst du, in welchem Land?
Wo magst du verweilen?
Und ich weine, fleh zu Gott!
Stille meine Trübsal doch,
Meines Trostes Engel!«

Frisch gedeckt mit Linnen weiß,
Steht der Tisch im Zimmer.
Eine Kerze auf dem Tisch
Brennt vor einem Spiegel;
Zwei Gedecke auf dem Tisch.
›Frag's Geschick, Swetlana;
In des Spiegels hellem Glas
Wirst um Mitternacht du
Ohne Trug dein Los erfahrn.
An die Tür der Liebste klopft
Dann mit leichtem Finger;
Gleich darauf der Riegel fällt;
Und er setzt sich an den Tisch,
Um mit dir zu speisen.‹

Als die Schöne bleibt allein,
Sitzend vor dem Spiegel,
Mit geheimer Bangigkeit
Sie sich lang betrachtet;

Dunkel ist's im Spiegel; rings
  Nichts als totes Schweigen;
Trüben Schein die Kerze wirft ...
  Furcht erfüllt die Brust ihr;
Grausig ist's, sich umzusehn.
  Angst trübt ihr die Blicke ...
Knisternd lodert's Flämmchen auf,
Klagend, sacht das Heimchen zirpt
  Als ein Mittnachtsbote.

Stützend auf die Hand ihr Kinn,
  Atmet kaum Swetlana ...
Da ... vernimmt sie, wie es leis
  An dem Türschloß rasselt;
Als sie bang zum Spiegel schaut,
  Ist es ihr, als glänzten
Hinter ihrem Rücken, hell,
  Eines Menschen Augen ...
Furcht benimmt den Atem ihr ...
Und ans Ohr dringt plötzlich ein
  Sanftes, leises Flüstern:
»Bin gekommen, Schönste mein;
Sänftigt sich der Himmel doch
  Und erhört dein Klagen!«

Wie sie wendet sich, der Freund
  Reicht ihr seine Hände.
»Freude du, mein Augenlicht,
  Nichts kann uns mehr trennen.
Komm, wir fahrn! Der Pope harrt
  Mit den Diakonen;
Singt der Chor ein Hochzeitslied;
  Hell erglühn die Kerzen.«

Liebreich ist ihr Antwortblick;
Auf den weiten Hof sie gehn,
  Durch das Tor ins Freie;
Dort ein Schlitten ihrer harrt;
Ungeduldig Rosse zerrn
  An den seidnen Zügeln.

Steigen ein ... Die Pferde ziehn,
  Dampf steigt aus den Nüstern;
Von den Hufen Schnee aufstiebt,
  Wirbelt um den Schlitten.
Im Galopp geht's ... rings ist's öd,
  Steppen sieht Swetlana:
Einen Wolkenhof vorm Mond;
  Fahl die Wiesen schimmern.
Ahnungsschwer klopft ihr das Herz;
Furchterfüllt die Jungfrau spricht:
  »Warum schweigst du, Liebster?«
Er verweigert Antwort ihr,
Blickt nur nach des Mondes Licht,
  Bleich und tief bekümmert.

Auf und ab der Rosse Jagd,
  Durch den Schnee sie stampfen ...
Da erscheint am Wegesrand
  Einsam eine Kirche;
Sturm riß weit die Türen auf;
  Menschen sich dort drängen;
Trübe scheint der Lüster Glanz
  Von den Weihrauchdünsten;
In der Mitte, schwarz, ein Sarg;
Dröhnend dumpf der Pope singt:
  »Sei vom Grab entbunden!«

Ängstlicher das Mädchen bebt;
Weiter geht's, doch schweigt der Freund,
  Bleich und tief bekümmert.

Plötzlich Schneesturm überall;
  Schnee in dichten Flocken;
Und ein Rabe flügelnd knarrt,
  Überm Schlitten kreisend;
Schaurig krächzt der Rabe: *Gram*!
  Wachsam schaun die Pferde
Nach der dunklen Ferne hin
  Mit erhobner Mähne;
Blinkt ein Lichtstumpf dort im Feld;
Friedlich unterm Schnee versteckt,
  Sieht man eine Hütte.
Schneller wird nun der Galopp,
Und die Rosse jagen fort,
  Hell den Schnee aufwirbelnd.

Stürmen schon ans Ziel … und da
  Sind entflohn den Blicken:
Rosse, Schlitten, Bräutigam,
  Als wär's nicht gewesen.
Einsam in der Finsternis,
  Von dem Freund verlassen,
Sieht die Jungfrau sich umtost
  Nur vom Schneegestöber;
Schon die Schlittenspur verweht …
In der Hütte glimmt ein Licht;
  Wortlos sie ein Kreuz schlägt;
Gott anflehend, klopft sie an …
Leise knarrt die Tür … und schwankt …
  Öffnet sich unmerklich.

Doch … man sieht, mit Weiß bedeckt,
  Einen Sarg im Innern;
Zu den Füßen Christi Bild;
  Eine Kerze flimmert …
Ach, wie wird, Swetlana, dir?
  Wohin trieb es dich nun?
Fürchterlich, der stumm dort haust
  In der leeren Hütte!
Unter Tränen tritt sie ein;
Zitternd kniet vorm Bild sie hin,
  Betet zum Erlöser;
Dann umklammert sie ihr Kreuz
Und verbirgt sich angstzerknirscht
  In der Heiligen Nische.

Stille wird's … Der Sturm verebbt …
  Trübe blakt die Kerze,
Bald steigt auf ein flackernd Licht,
  Bald verlischt es wieder …
Alles liegt im Totenschlaf,
  Schauerliches Schweigen …
Horch, Swetlana … Etwas rauscht
  In der Stille leise;
Zu ihr in die Nische ist
Eine Taube, weiß wie Schnee
  Und mit lichten Augen,
Leise flatternd hergeschwebt,
Die sich auf die Brust ihr setzt,
  Um sie schlingt die Flügel.

Wieder alles still ringsum …
  Doch dann meint Swetlana,
Es hätt unterm weißen Tuch
  Sich geregt der Tote …

Da … der Schleier fällt; man sieht
  Mit tiefdüsterm Antlitz
Jetzt den Toten unterm Kranz,
  Mit geschloßnen Augen.
Stöhnen dringt aus seinem Mund;
Die erstarrte Hand er sucht
  Dennoch zu bewegen …
Und die Jungfrau? … Ach, sie bebt …
Ist dem Tode nah … doch schläft
  Nicht das weiße Täubchen.

Eilends schüttelt sich's und regt
  Seine leichten Schwingen;
Flattert auf des Toten Brust …
  Der stöhnt ganz entkräftet,
Und er knirscht, von Zorn durchbebt,
  Gräßlich mit den Zähnen,
Böse blitzt die Jungfrau er
  An mit Schreckensblicken …
Dann sind seine Lippen blaß;
Und in dem gebrochnen Aug
  Bloß der Tod sich spiegelt …
Sieh, Swetlana … Herr, mein Gott!
Dieser Tote ist – ihr Freund!
  Sie erwacht mit Seufzen.

Wo sie ist? … Sie sitzt daheim
  Einsam vor dem Spiegel;
Und der Strahl des Morgensterns
  Dringt schon durch den Vorhang;
Laut der Hahn mit Flügeln schlägt,
  Grüßt den Tag mit Krähen;
Alles glänzt … Swetlanas Geist
  Ist noch schlafumfangen.

»Ach, der schrecklich böse Traum!
Kündigt mir nichts Gutes an –
  Wohl ein bittres Schicksal;
Künftger Tage Finsternis,
Was verheißt der Seele du,
  Freude oder Leiden?«

Bangen Herzens setzt sie sich
  Nahe an das Fenster;
Sie erkennt den breiten Weg
  Durch das Nebelwogen;
In der Sonn erglänzt der Schnee,
  Rot der Dunst schon schimmert …
Horch! … In fernster Ferne tönt
  Klingend eine Glocke;
Schneegestöber nähert sich,
Fliegend scheinbar, Rosse ziehn
  Eifrig einen Schlitten;
Und da ist er schon am Tor;
Auf den Stufen steht ein Gast …
  Wer? … Swetlanas Liebster.

Was, Swetlana, soll dein Traum,
  Leid dir prophezeiend?
Nah dir ist der Freund; er blieb
  Gleich sich in der Trennung;
Gleiche Lieb verheißt sein Blick;
  Gleich die Augen schauen;
Gleich noch klingt das liebe Wort
  Auf den blühnden Lippen.
Tempel Gottes, tu dich auf;
Und ihr Treuversprechen fliegt
  Auf zum offnen Himmel;
Jung und Alt, versammelt euch:

Stoßt mit Gläsern an und singt:
  »Lange solln sie leben!«

Lach, o meine Schöne, nur
  Über die Ballade;
Viele Wunder gibt's darin,
  Fehlt es auch an Einklang.
Ach, von deinem Blick beseelt,
  Nicht nach Ruhm ich strebe.
Ruhm ist, lehrt man, Schall und Rauch;
  Urteilt doch die Arglist.
Dies ist der Ballade Sinn:
›Unser bester Freund ist der
  Glaube an die Fügung.
Gut des Schöpfers Pläne sind;
Trügt uns gleich das Unglück hier;
  Selig ist Erwachen.‹

Träum nicht solchen Schreckenstraum
  Künftig, o Swetlana …
Schöpfer, nimm in Obhut sie!
  Und es soll kein Kummer
Noch der Trauer Schattenstreif
  Jemals sie berühren;
Ihre Seele: klarer Tag;
  Mög vorübergehen
Stets an ihr des Unglücks Hand;
Wie ein lieblichheller Bach
  Sich in Wiesen bettet,
Sei ihr Leben lichterfüllt;
Und mög Freude wie bisher
  Ihr den Tag vergolden!

1812

Nachdichtung: Roland Erb

Liebste, ach, entsinne dich,
  Heiter strahlt' das Himmelszelt!
Schön für dich und schön für mich
  War der Tag, als wenn die Welt
Alle Freude mit mir teilte!
  Wie ein Alptraum, wirr und schwer,
Schien das alte Jahr! Es eilte
  Von uns ohne Wiederkehr.

Jener Tag kam nun zurück,
  In das Herz zog Frieden ein!
Neu zeigt sich Natur dem Blick,
  Neu ward unsrer Seele Schrein!
Teure Freundin meiner Seele,
  Laß vergessen sein, was war!
Mit uns sind die gleichen Freunde!
  Gottes Vorsorg uns bewahr!

Daß du mich in dieser Welt
  Treu begleitest, mir ergeben,
Freund, der ewig zu mir hält,
  Sei mir Schutz und Trost im Leben!
Alles wird mir lieb durch dich,
  Und kein Kummer macht uns einsam,
Gott vereinte dich und mich!
  Von der Welt gehn wir gemeinsam!

1813

Nachdichtung: Uwe Grüning

An sich selbst

Klagst du die unwiderruflich verlorenen Tage,
Rufst du herauf sie mit Kummer und Sehnsucht, der schon
sank die Hoffnung,
Dann sei dein tröstender Genius das fliehende Heute!
Ihm dich vertrauend, verleb ungetrübt deine Stunden!
Schweben im Flug leicht dahin doch die kurzen Tage des
Daseins!
Kaum ist's geglückt, an die Früchte des Denkens zu
streifen,
Kaum steht ein lohnendes Ziel uns endlich vor Augen –
Ist schon entschwunden alles, als wär's nur ein Traumbild,
Lug und Trug unsrer Phantasie, die den Blicken
Bald eine blumenbedeckte Wiese, frohe Täler und Hügel,
Bald, wenn im Trauergewand sie vorübergleitet,
Dräuende Schluchten und wüste Einöden bietet.
Folge des Weisen Ratschlag! Unwandelbar im Innern,
Nimm klaglos an, was das Schicksal beschert. Allzu töricht
Wär's, wegen fruchtlosen Grams um verlorenes Gutes
Nun zu verschmähn, was der flüchtige Augenblick dar-
bringt!

1813

Nachdichtung: Roland Erb

An Wojejkow

Sendschreiben

Willkommen sei, Gesanges Freund,
Mitstreiter du, wiewohl auch Schmeichler,
In stiller, brüderlicher Klause;
Stell in die Ecke deinen Wanderstab.
Mit deinem innigen Gebet
Beehre die Penaten dieses Hauses.
Nimm Platz – den Becher hier! Dem Freund zur Ehre!
Und seligen Erinnerungen
Und wohlgefälligem Wiedersehn,
Und auch dem Himmel, der uns schützt.
Du standest unter Ruhmes Fahnen;
Du sahst, mein Freund, die blutigen Spuren
Der über Rußland hergefallenen Feinde,
Das Strafgericht, den Schrecken ihrer Flucht;
Und deinen Biwak dir aus Schnee bauend,
Lerntest allmählich du die Demut,
Von Brot und Wasser lebend,
Riefst du, dem Sänger aus Tibur gleich:
»Lob dir, o goldene Mäßigkeit!«
Du sahst des fernen Asiens Grenzen;
Du sahst der grimmen Steppenmenschen Land
Und nur verkohlte Trümmer dort,
Wo einst Scheri-Sarai noch stand,
Die alte Wohnstatt des Batu;
Nachdenklicher Betrachter der Ruinen,
Hast du in längst vergangnen Tagen
Das Bild der Gegenwart erkannt,
In ihm das furchtbare Geschick
Des heutigen Batus gelesen.

Sarepta bot ein andres Bild:
Die schlichte Bruderschaft der Christen,
Den Leidenschaften fern, ist sie geschützt
Vor Irrtümern dem Herzen feindlich,
Und vor Genüssen herzensfreundlich.
Dort herrscht das Gleiche ewig und das Eine:
Und seine Zeit hat alles: Arbeit, Muße,
Der leichtbeschwingten Fröhlichkeit
Die Flügel sind gebunden durch die Ordnung.
Dort, in der Ruhe findend Glück,
Hast die Begeisterung du hingegeben
Der heiligen Freiheit von dem Leid;
Du sahst die Stille der Familien
In Mütterherzen eingeschrieben,
Die Mädchen dort in schlichtem Glück,
Die Jünglinge so arbeitsfreudig,
Gefeit gegen stürmische Leidenschaft
Durch ihrer Hände Schöpferkraft;
Du sahst sie in dem Gotteshaus
Demütig auf zum Himmel heben
Den Blick mit einem Dankgebet
Und mit dem Herzen Gott nur dienen,
Das finstre Vorurteil gemieden …
Was wäre dem Triumph vergleichbar,
Wie sie der Sühne Wunder ehren
In der Begeistrung ihres Glaubens?
Die Stille … Mitternacht … nichts regt sich …
Erschauernd in der tiefen Andacht
Die Brüder harrn des Augenblicks,
Da künden wird der Glockenklang:
Vom Tod erstanden ist der Heiland! …
Und jäh … im Dunkel … in der Stille,
Wie ausgesandt von Bergeshöhn
Ein Engel, blasend die Posaune,

Ein Ruf ertönt ... der Altar brennt,
Die Brüder fallen auf die Knie,
Und feierlich ertönt die Hymne,
Zur Ruhestatt der Toten ziehn sie
In einem Zuge, der zu Herzen geht.
Im Schatten dichtbelaubter Pappeln,
Der Birken, Eichen, Maulbeerbäume,
Von Tulpen, Rosen eingerahmt,
Erscheinen nun die Gräberzeilen:
Von Greisen hier, von Kindern dort,
Von Jünglingen und jungen Maiden –
Und neben ihrer Asche hat entfacht
Die Hoffnungsfackel schon der *Glaube* ...
Sie nahn den Gräbern ihrer Lieben,
Der Auferstehung Kunde auf den Lippen;
Und alles hier – die Kirche offen, hell,
Wo das Geheimnis der Erlösung
Sich zu vollenden scheint zur Stell,
Der hymnisch festliche Gesang,
Die Bruderküsse über Gräbern
(Bei denen die Erinnerung gelang
Und auch das Opfer heißer Tränen),
Das tiefe Schweigen rings der Grüfte
Und des gewärtigen Himmelsraums
Geheimes Eins-sein mit dem Erdkreis –
Von Göttlichkeit erfüllt nun alles;
Als Zeugen des Triumphs der Brüder
Hervorgehn aus geheimer Ruhestatt ·
Die freundschaftlichen Schatten wieder
Und ihr verwandelt Ebenbild
Dem süßen Lied: »Erstanden ist der Heiland! ...«
Zur Antwort »wahrhaftig erstanden« gibt.
Und selbst ihr Grab die Worte spricht:
Der Heiland lebt! Wir auferstehen! –

Und fort aus dieser Gegend eilend,
Sahst du, wie schnellen Laufs der Terek
An Weinhängen vorüberrauscht,
Wo oft, am Ufer still sich bergend,
Tscherkessen oder auch Tschetschenzen
Auf Lauer liegen mit dem Fangseil;
Und vor dir in der weiten Ferne,
In blauen Nebel eingespannt,
Auftürmen sich zu Hauf die Berge,
Darin ein schneeweißer Gigant,
Der Elbrus mit den beiden Köpfen.
In drohender, erhabner Schönheit
Sahst du der Berge Glanz und Pracht:
Der Felsen dichtbemooste Hänge,
Den Wasserfall, der in der Nacht
Des Abgrunds heulend stürzt vom Felsen;
Die Wälder, die jahrhundertlang
Der Äxte Klopfen nicht und nicht
Der Menschen frohe Stimmen störten,
In deren dämmerige Schatten
Kein Strahl des Tages je gedrungen,
Wo hin und wieder nur die Hirsche,
Vom Schrei des Adlers aufgescheucht,
Im Rudel sind davongesprungen.
Und leichtfüßig die Gemsen dort
Von Fels zu Felsen übersetzen.
Stets zeigt sich zu des Augs Ergötzen
Dort die Erhabenheit der Schöpfung!
Doch mitten in der Einsamkeit
Der Täler, bergend sich in Felsen,
Balkar und Bach stehn kampfbereit
Und Abasech und Kamukine
Und Karbulak und Abasine
Und Tschetschereje und Schapsuk;

Und Bogen, Säbel, Kettenhemd,
Das Roß – ihr schnellfüßiger Gefährte –
Sind ihre Schätze, ihre Götter:
Wie Gemsen über Berge springend,
Aus Felsendeckung Tod sie schleudern;
Im Uferschlamm und Gras versinkend,
Im finstern Dickicht auch des Waldes
Sie lauern ihrer Beute auf.
Der Fels ist ihrer Freiheit Zuflucht;
In ihren Weilern ziehn voll Mißmut
Die Tage hin auf Trägheitskrücken;
Ihr Leben dort wie Schlaf verrinnt;
Im Kreis sie dann versammelt sind,
Gedrängt um das Gefäß voll Tabak,
Schatten im Rauche der Tschibuks,
Von Mord und Totschlag sprechen sie
Und preisen jene Arkebusen,
Mit denen ihre Ahnen schossen;
Mit Feuersteinen wird geschärft
Der Säbel für den Mord bewährt.
Die Ufer sahest du des Don,
Erschautest, wie die seidenweichen
Endlosen Wiesen er getränkt,
Auf denen große Herden weiden;
Du sahst, wie seine Wasser strömten
Und schimmerten in stillem Grün,
Wo Weingärten am Ufer blühn;
Und wie in seinen klaren Fluten
Die Ufer sich und Herden spiegeln,
Die Reihen dichtgedrängter Barken
Und an den Hängen die Kosaken-
Stanizen, wo der Don-Ruhm lebt;
Du hörtest oft, wie Sängerinnen
Den heimatlichen Don besangen,

Den Frieden glücklicher Stanizen,
Die Helden, hoch zu Pferde prangend;
Du grüßtest demutsvoll die Wohnstatt
Des großen Sturmwind-Atamans,
Und aus dem heiligen Pokal
Trankst du am Ufer der Zimla
Im Kreis der Alten auf sein Wohl,
Die greisen Recken nun erhoben
Den Landsleuten auf fremdem Boden
Zum Lob die Stimme im »Hurra!«
Geführt jetzt durch des Zufalls Hand
Zur stillen Klause deines Bruders,
Laß von Erinnerung gebannt,
Entschwundner Zeiten goldne Bilder
Lebendig werden, als wir, Gäste
Blutjung beim frohen Lebensfeste,
Aus vollen Bechern Freude tranken
Und *uns gehört das Glück!* noch sangen,
Prophetengleich in unsrer Glut ...
Mein Freund, die Weissagung war gut!
Wann wird sie in Erfüllung gehen?
Noch in der Ferne, unbekannt
Ist alles, was uns hier beschieden ...
Die Zeit eilt ohne Wiederkehren
Wie's Leben, die Verräterin;
Der ein und andre geht dahin,
O Freund, den Blick zurück nur wende ...
Von Stund zu Stund die Welt verödet;
Und öder liegt der Weg vor uns.

So sei es denn! ... Dein Dichter lebet
Mit Freunden und der sanften Muse
Im friedevollen Winkel hier,
Erhofft vom Meer sich gute Brise.

Du eilst, die Nachfahrn zu erfreun
Mit einem Traum, herbei und spielst
Den Genius, schlummernd noch in ihm,
Durch deine Zauberweisen frei.
Schon sehe ich, von dir berückt,
Wie hinter einem dünnen Schleier
Die Wunder längst vergangner Zeiten:
Da unsre Freude, unsre Zierde,
Mit seinen Recken Fürst Wladimir;
Ich seh die Dnepr-Wasser schäumen,
Die goldnen Kuppeln Kiews leuchten,
Ungläubige, gedrängt ohn Enden,
Um Kiews zinnenreiche Mauern;
Aufblitzen Helme, Kettenhemden;
Von Schreien, dumpfem Schlag der Keulen;
Vom Pferdestampfen, Pfiff der Schleudern
Weithin die Luft erdröhnt und hallt.
Und da in wunderbarem Harnisch
Dobrynja, der gewaltige Recke,
Und unter ihm sein Roß Goldhufe;
Durch Urwälder und weite Steppe
Jagt kühn der Held, als wär's im Fluge,
Den Silants und Polkans zum Schrecken,
Wie Riesen, Ungeheuern, Hexen;
Und insgeheim die schöne Jungfrau
Durch Wälder, Steppenweiten, Aun
Mit ihrer Seele zu ihm fliegt:
Den Kopf sie auf dem Arme wiegt,
Sie schaut aus ihrem Turmgemach
Und flüstert seiner Fährte nach:
»Was streifest du, o Wind, umher?
Nicht eilest du vom Liebsten her,
So bringst du mir auch keine Freude,
Spiel in der Höhe mit dem Käuzchen,

Den Wolken überm Erdenrund,
Den Schiffen überm Meeresgrund –
Blas du hinweg die Federpfeile
Vom Freunde – meiner liebsten Freude.«
Die schöne Jungfrau seufzt und weint;
Der Freund über Berg' und Täler eilt,
Durch Länder dreimal neun er reitet,
Am Boden er sein Bett bereitet,
Den Schild zu Häupten, Eichen ihn hegen;
Er führt mit Baba Jaga dort Streit,
Dort steht der Sechskopf-Drache bereit,
Wenn er vom Bach mit Wasser des Lebens
Den Goldkrug füllt bis an den Rand;
Dort droht ihm mit dem Eichenstamm
Der Menschenfresser wild, Dubynja,
Den Weg versperrt ihm dort Gorynja;
Und danach sieht er sich sogleich
Versetzt ins düstre Zauberreich;
Vor ihm der Wald noch schwärzer schimmert,
Ein Lichtstreif fernher lockend flimmert;
Er nähert sich – das Licht entflieht;
Ein Uhu dicht vorüberzieht,
Bald tönt der Raben heisres Krächzen,
Bald der Russalken irr Gelächter;
Und hinter einem Baumstumpf weiß
Tritt, bocksbeinig, hervor ein Geist;
Dort plötzlich ein Palast aufraget,
Aus Feuer er gegossen scheint –
Das Zauberschloß der Allerschönsten;
Und wunderschöne Schwanenmädchen,
Zwölf Jungfraun ihm entgegenziehn,
Zu singen ein Willkommen ihm;
Und er ... Doch ach? Wohin entgleiten
Mir die Gedanken immerzu –

Nicht Dichter, Zauberer bist du;
Du hast mit wundermächtigen Saiten
Den siechen Genius mein belebt …
Wer hat dich, sag es mir, gelehrt,
In einer Strophe von acht Zeilen
In diesem Buch mit weißen Seiten
Mein heimlich Los zu prophezein?
Soll ich's gestehn? … Ich schau hinein
Mit unbezwinglicher Erregung,
Mit unsichtbarem Fingerzug,
Die Leere füllend mit Bewegung,
Hat, scheint's, das Schicksal in dies Buch
Sein unsichtbares Wort geschrieben.
Was immer kommt … als Gabe sei
Der Freundschaft dir mein Werk beschieden;
Drum fleh das Schicksal an mit Fleiß,
Daß sich darin die Seiten füllen.
Wenn ich, mein Freund, es dir dereinst
In froher Stunde überreich
Und du die Phantasien im stillen,
Als wär's geschehn, erzählt von mir,
Dann liest, weißt du, daß glücklich hier
Mein Los gewesen ist. In Frieden,
Vom Aug der Vorsehung bewacht
Und allem nah, was lieb mir war,
Bin ich auf Phantasienflügeln,
Ein Heitrer *hier*, in *jene* Welt
Entflohn, und stets war beigesellt
Eingebung mir, mein treuer Engel …
Doch, Freund, vielleicht … wer kann es wissen? …
Bleibt ohne Verse dieses Buch
Und fremde Hand zu spätrer Stund
Wird es dir überreichen müssen
Als der Erinnrung heilig Pfand,

Doch ach, als Zeichen auch, daß allzeit
Die tiefste Sehnsucht ungestillt sei
Geblieben bis zum Grabesrand.
Nimm es entgegen … voller Mitleid.

1814

Nachdichtung: Manfred Ostückenberg

Theon und Aischines

Aischines kehrt heim an den Strom Alpheios,
Kehrt heim nun zu seinen Penaten.
Nach Glück hat die Erde so lang er durchjagt –
Doch floh ihn das Glück wie ein Schatten.

Ach, Bacchus und Eros, ach, Luxus und Ruhm –
Sie ließen das Herz nur verdorren.
Geköpft ist die Blüte, die Seele verwelkt;
Und Langweile herrscht statt der Hoffnung.

Schon bot sich den Blicken der Strom Alpheios
Dort zwischen den blühenden Ufern;
Vergangene Tage erstanden vor ihm,
Die längst schon verronnene Jugend …

Die Hügel noch sind ihm und Ufer und Feld
Vertraut wie der herrliche Himmel;
Doch du, die sie einstmals mit Zauber und Glanz
Erhellte, wo bliebst du, o Hoffnung?

Stumm sucht nun Aischines die Heimstatt des Freunds.
Denn Theon, getreu den Penaten,
Bescheiden und üppigen Hoffnungen feind,
Verließ nie die Ufer des Flusses.

Am Strom Alpheios nah der Mündung ins Meer
Erblickte die Hütte Aischines,
Dort unter Platanen und Ölbäumen liegt
Des Theon bescheidne Behausung.

Herab stieg die Sonne vom lichtblauen Zelt,
Das schweigende Meer stand in Flammen;
Die Hütte umhüllte ein rosiger Glanz,
Und purpurn erglühten die Myrten.

Ein Sarg weißen Marmors war unweit davon,
Von Myrten umgeben, zu sehen;
Und über ihm flochten geschmeidger Jasmin
Und duftende Rosen die Ranken.

Betrachtend versonnen das purpurne Meer,
Saß Theon dort still vor der Schwelle. –
Doch plötzlich gewahrt' den Aischines sein Blick,
Erkennend den Jugendgefährten.

»O schaute doch gnädig der schirmende Zeus
Die Rückkehr zu deinen Penaten!«
Sprach Theon mit freudegerötetem Blick,
Den treuen Aischines umarmend.

Er richtet auf ihn seinen forschenden Blick;
Vergrämt ist das Antlitz und finster.
Aischines betrachtet selbst achtsam den Freund:
Bekümmert, doch klar sind die Augen.

»Als scheidend, o Theon, ich einst von dir ging,
Versprach mir das Glück die Erwartung;
Das Leben jedoch lehrte anderes mich:
Verräterisch narrt uns die Hoffnung.

Sag, Theon, ob dein so versonnener Blick
Vom nämlichen Schicksal berichtet?
Ach, suchte die Trauer, o Freund, auch dich heim
Im sicheren Schutz der Penaten?«

Wie seufzte da Theon und wies auf den Sarg:
»Aischines, so sieh diesen Zeugen!
Uns schenken die Götter das Leben zum Glück –
Verschwistert mit ihm ist die Trauer.

O nein, niemals schelte ich, Zeus, dein Gesetz,
Denn schön ist die Welt und das Leben.
Nie galten mir flüchtige Freuden als Glück
Und niemals die trügenden Träume.

Was rasch zu zerstören vermag das Geschick,
Aischines, ist nicht uns zu eigen;
Die Güter des Herzens: die Liebe jedoch,
Die Süße erhabner Gedanken –

Sie, Freund, sind das Glück, und das Glück ist kein Traum.
Ich liebte, Aischines, war glücklich.
Die Liebe erschloß mir die Schönheit der Welt,
Sie hat meine Liebe geheiligt.

Im Glanz der erhabnen Gedanken erblickt'
Ich klarer die Größe der Schöpfung;
Ich glaubte, zu einem erhabenen Ziel
Geleitet mein Weg mich auf Erden.

Ich liebte, o Schmerz! … Und es gibt sie nicht mehr!
Das Glück, einst zu zwein so lebendig,
Zerrann es für immer? Und schwanden umsonst
Die ach so bezaubernden Tage?

O nein, nie erlischt des Vergangenen Spur,
Das Herz wird sie ewig bewahren.

Verlust, du besiegst nicht das Herz; selbst das Leid
Der Trennung bestärkt noch die Liebe.

Ist Trauer, o Freund, um Verlorenes nicht
Beständiger Hoffnung Gelöbnis:
Ein Land, fern, voll Rätsel und dennoch vertraut,
Brächt' uns das Verlorene wieder?

Wer einmal geliebt hat, der wird auf der Welt
Vereinsamen niemals, Aischines ...
Die gleiche bleibt ja, von *ihr* noch erfüllt,
Die Welt, wo *sie* vor mir erblühte.

Nun streb auf dem seligen Weg ich allein
Zum gleichen erhabenen Ziele,
Zu dem wir so fröhlich gemeinsam gestrebt,
Das Grab nicht zerstört diese Bande.

Das Leben hat dieser Gedanke geschmückt;
Ich schaue mit dankbaren Blicken
Die Erde, mit so vielen Gütern bedacht,
Die Schöpfung, von Ruhm widerhallend.

Und ruherfüllt blick ich vom Rand dieser Welt
Ins bessere Leben hinüber;
Solch selige Freude den Erdkreis erhellt
So schön wie Aurora den Himmel.

Durch selige Hoffnung besieg ich mein Los,
Geheiligt ist so mir das Leben;
Beim großen Gedanken: Sieh, du bist ein *Mensch*,
Erhebt sich in mir die Seele.

Der schweigende Sarg, vom Geheimnis umweht,
Ist mir ein verläßlicher Zeuge,

O Freund, daß das Beste im Leben noch kommt,
Daß Wünsche sich *wahrhaft* erfüllen.

Die Tür, die verschloßne, zum Glück ist der Sarg;
Und aufspringen wird sie ... ich hoff es!
Denn hinter ihm harrt die Gefährtin auf mich,
Die flüchtig mein Leben einst teilte.

Nachjagend den flüchtigen Freuden, o Freund,
Den eilends vertanen Genüssen,
Verlorst du die wirklichen Güter und hast
Gelernt, zu verachten das Leben.

Und schrecklich erscheint dem verderbten Gefühl
Die Welt, gib die Hand: mit dem Leben
Versöhn dich und mit der Natur, nah dem Freund;
O glaub mir, das Weltall ist herrlich.

Denn *alles* ist schon durch das Dasein gewährt:
Im Leben dient *alles* dem Großen;
So Kummer, so Freude, sein Ziel heißt nur: Zeus,
Den Spender des Lebens, zu preisen.«

1814

Nachdichtung: Uwe Grüning

Epitaphien

Für einen Lahmen

Es starb Damon fürwahr;
Auf seinen Tod ein Amen:
Gehumpelt hat er hundert Jahr!
Genug für einen Lahmen.

Für einen Trinker

Bibris liegt unter diesem Stein;
Er lebte mit dem Wasser so im Streit auf Erden,
Daß aus dem Grab noch dringt sein Schrein:
Vergießet keine Tränen!

Den Eroberern

Wo sind die Herrscher allgewaltig,
Verheerer unsres Erdenrunds?
Still sind die drohenden Gestalten
Gesunken auf des Staubes Grund!
Die Welt der Stolzen nicht gedenkt,
Die Zeit von ihren Gräbern brennt
Der Titel Spur, ihre weltliche Ehr,
Es bleibt ein Wort: Sie sind nicht mehr!

Einem Verschwender

Hier ruht Herr Nimmersatt – der Mode wollt er
schmeicheln,
Dafür war er nie schuldenfrei.
Er konnt als Leich
Nur eine Schuld, die der Natur, begleichen! ...

Für einen Schriftkundigen

Hier ruht Bukwin. Was soll man von ihm sagen?
Sein Herz war gut, bescheiden seine Wünsche,
Die Regeln der Ehre verletzte er nie
Und nie die Regeln der Orthographie!

Einem egoistischen Dickwanst

Hier begrub man Nikodims Riesen-Wanst!
Mit sich war er gnädig, mit dem Nächsten streng;
Als es kam ans Sterben ran,
Nahm Gott seine Seele nicht an!

1814

Nachdichtung: Manfred Ostückenberg

An den Fürsten Wjasemski und W. L. Puschkin

Eine Botschaft

Arm, Freunde, ist der Dichter, der
Nur dann glüht, wenn er Lob erhält.
Suchst du den Beifall *aller Welt*?
So geh und trinke aus das Meer!
Verachtung ist der Kranz nur wert,
Den frank die Welt gleich *jedem* gibt;
Von uns wird andrer Ruhm geliebt,
Der Sänger andren Ruhm begehrt.
Wozu des Phöbus' Gabe länger
Fälschen voll Unbesonnenheit?
Kann ich denn glauben, daß mehr Leid
Der Musen auserwählter Sänger
Zu tragen hatte als ein Tropf,
Ein fühlloser und hohler Kopf
Mit einer Seele, taub und matt,
Einer, der sich geblendet hat,
Des Genius und des Ruhms Zernichter,
Der sinnt, das Schöne zu zerschlagen?
Nein, ungerecht sind deine Klagen,
Freund Puschkin: glücklich ist ein Dichter.
Sein freudges Glück vom Himmel stammt,
Er teilt es mit der Menge nicht:
Nur Phöbus' Schar stellt sein Gericht.
Er, dessen Seele freudig flammt,
Soll er die Früchte heilger Gaben
Kaltherzigen zu Füßen legen,
Kniend Unwürdige bewegen,
Um ihre Billigung zu haben?

Im Wüstensande sitzend, schweigt
Memnon erhobnen Hauptes. Sein
So stolzer Fuß berührt allein
Die Asche drunten. Doch kaum zeigt
Das Licht sich, das im Osten glüht,
Tönt schon des Steins Begeistrungslied.
So, Freunde, ist des Dichters Walten.
Verachtet die, die unerbeten
Im Staube sich verborgen halten!
Soll sie der Fuß nur niedertreten!
Richtet gen Osten euren Blick.
Seht: untertan nicht dem Geschick,
Findend in sich die rechte Saat,
Glückseligkeit und Ehr und Frieden,
Geht der Gerechte seinen Pfad,
Sei ihm Verfolgung auch beschieden,
Sei er von diesem Los befreit:
Treu bleibt er sich doch alle Zeit;
Nach unvermischten Freuden strebt
Er nicht, doch seine Hoffnung lebt:
Die beßre Welt will er erreichen.
Ihm, Freunde, muß der Dichter gleichen,
Denn Tugend ist die Poesie,
Und unser Genius zeugt für sie.
Wir finden lautren Ruhm mitnichten,
Laßt uns denn unsre Hoffnung richten
Auf die, die nach uns kommen ... Leider
Schied des ›Dmitri‹ Schöpfer nicht
Der Guten Herzen, treu und schlicht,
Vom hinterhältgen Sinn der Neider.
Was litt er es, daß seinen Kranz
Die Neider mit den Freunden banden?
Wo sie in *Freundschaft* seinen Kranz
Mit zarter Hand aus Lorbeer wanden,

Macht *Neid* durch Dornen ihn zuschanden
Und triumphiert: mit Nadeln schnitt
Er ihm in Stirn und Angesicht –
Bosheit ein schlichtes Herz zerbricht:
Es starb der Dichter, weil er litt.
Könnt es dem Mitleid nur gelingen,
Der Stimme der Verwunderung
Ihr, die nicht die Beleidigung
Ertrug, der Seele Trost zu bringen!
Empfindsamkeit, sie fällte ihn;
Sie, die die Gabe ihm verliehn,
Daß die Moïna ihm gelang,
War auch des Sängers Untergang.
Die Rache in der Enkel Hand! ...
Doch uns gebietet der Verstand,
Freunde, daß ruhig wir vom Rang
Zur Bühne schaun, wo Lobgesang
Dröhnt als verworrenes Getön.
Fern soll das Volk der Richter bleiben!
Solang wir's nicht mit ihnen treiben,
Wird Freiheit uns als Freund beistehn;
Wir Freie – keiner wird uns dingen –
Werden in stiller Einsamkeit
Und reich im Seelenreichtum singen
Den Musen, der Glückseligkeit
Und für die Freunde, die uns lieben.
Seht auf des Ruhmes Truggesicht!
Die Hand der Richter, neidgetrieben,
Sie füllt mit Gift den Becher nicht,
Daß es der Seele tödlich sei;
Nicht dringt zu uns der Bosheit Schrei.
Hüt dich, auf daß dich nicht berührt
Der Ruhm, zu dem die Welt verführt.
Denn ein Skelett, umrankt von Rosen,

Kann aus der Ferne dich ergötzen,
Vor dir, Poet, weckt es Entsetzen.
Folgt der erwählten Richter Maß,
Ihr Urteil ist ein Spiegelglas:
Lohn ist's, wenn sie uns Gutes sagen,
Doch Schutz ist uns ihr Mißbehagen,
Daß nicht durch Hochmut das Talent
Töten vollkommene Gedanken.
Ihr Lob so wie ein Fieber brennt;
Doch unsre Seligkeit verdanken
Der Arbeit wir, ihm aber nicht.
Sie, die der Seele Kummer wendet,
Ist's, die uns Glück und Segen spendet!
Was zählt vor ihr denn das Gericht
Der Menge, nichtig und verschwommen,
Uneinig, wirr, voreingenommen?
Und Freunde, Karamsin, der Dichter,
Der, traf ihn auch der Mißgunst List,
Durch süße Arbeit selig ist,
Sei unser Vorbild, unser Richter.
Glaubt ihr, ihn hat nur Ruhm getrieben,
Vergangne Zeiten zu ergründen,
Der Mächte Wesen und ihr Schwinden;
Uns durch die Scherben, die verblieben,
Ein Bild des Väterruhms zu schenken?
O nein, an seinen Ruhm zu denken
Lag ihm, als er sich mühte, nicht.
Er stellt sich sorglos dem Gericht
Auf Recht bedachter Zeitgenossen,
Ihn schert nicht, wie die Neider heißen,
Und ihr Gesicht bleibt ihm verschlossen.
Nicht können sie den Kranz zerreißen,
Den die Begabung sich errungen.
Ihr Neid bringt ihnen Peinigungen.

Täuschen sie uns auch augenblicklich,
Du, Dichter, tief im Innern glücklich,
Bleib fest; spröd ist, was sie errichten;
Dich werden die durch Schmeicheleien
Nicht umstimmbaren Enkel richten.

1815

Nachdichtung: Uwe Grüning

Slawjanka

Elegie

Stille Slawjanka du, wie ist dein Lauf so schön,
Wenn Hügel tief im Herbst in deinen Spiegel blicken,
Die mit der Schönheit sich – wie bald muß sie vergehn –
Der halb verblühten Fluren schmücken.

Ich eile unterm stillen, reinen Himmelszelt
Zu deinen Ufern; Kühle atmet schon die Luft
Bei Sonnenlicht; und in des Herbstes Frische fällt
Des welken Laubes letzter Duft.

Auf dem gewundnen Pfad entlang dem Hain ich gehe;
Ein neues Bild zeigt jeder Schritt; manchmal,
Als husche jäh es durch der Bäume Dickicht, sehe
Ich wie im Rauch ein helles Tal.

Dann wieder schwindet alles jäh ... der Wald wird dichter;
Ringsum verwuchert alles, Dunkel herrscht und
Schweigen;
Selten jedoch wird das Gewölb der Bäume lichter,
Will sich der Glanz des Tages zeigen,

Wenn er mit Gold die Wipfel und die Kronen kränzt;
Ein Blatt nur, das der Hauch des Windes abwärts riß
Und das die Stille durch sein Fallen störte, glänzt
Und zittert in der Finsternis.

Jäh seh im Dickicht einen öden Tempel ich;
Verwachsner Pfad; und ringsum Büsche, grau und karg;

Aus Feuerlinden hebt die dunkle Eiche sich
Und Tannen träumen: Holz zum Sarg.

Erinnerung lebt hier, verzweifelt und verzagt,
Spricht über das, was starb; von Dingen, die einst waren,
Gelehnt das Haupt nachdenklich an die Urne, sagt
Dem Traum sie's, dem unwandelbaren.

Unwillentlich lockt uns hier alles, nachzusinnen,
Alles erfüllt die Seele hier mit zagem Leid,
Als lausche drunten sie, gehüllt in Totenlinnen,
Der Stimme der Vergangenheit.

Dies stille Mausoleum, Tempel, dunkle Mauer,
Die Fackel, die nach unten weist, verlöschend blind,
Dies alles wird zum Zeugen, von welch kurzer Dauer
Des Tages Ruhm und seine Güter sind.

Still wird der Traum von des Geschickes Wankelmut
Dem Traum von Ruhm und von Unsterblichkeit geneigt:
Der Recke, dessen Haupt auf seiner Rechten ruht;
Den stolzen Doppeladler zeigt

Der Schild, den er mit seiner harten Linken hält;
Und traurige Verwandte bei der Zarin stehen;
Die junge Schar, der Morgenröte beigesellt:
Himmlische Freunde auf den Höhen.

O wie ihr Wort – im Angesicht der Urne – spricht,
Wieviel kann es der tief verzagten Seele geben:
Wenn trauernd sie im Flug der Erde Rand durchbricht
Dort, wo all die Verlornen leben;

Zur Erde blickend, wird sie viele Wunder sehen,
Den Kampf um Ehre; und ein Volk mit Ruhm bedacht;

Die Welt – des Himmels Wille ließ sie auferstehen –
  Ruht in des Schildes Schutz und Macht.

Doch heller wird um mich erneut der dichte Wald,
Und wieder blinkt der Fluß im Tal, und bald füllt Licht,
Bald Schatten, bald des Himmels Blau, und Bäume bald
  Fülln seines Spiegels Angesicht.

Und plötzlich liegt ein offnes Tal vor mir; und ein
Gehöft ist dort, beschienen von des Tags Lazur,
Ein stilles Dorf am kleinen Flusse unterm Hain,
  Frei liegt die Tenne und die Flur.

Belebt ist alles; grauer Rauch aus Darren quillt,
Der kreist und, dünner werdend, auf die Furchen fällt,
Der Acker wird, von seinem dünnen Tuch umhüllt,
  Verdüstert bald und bald erhellt.

Dreschflegel schlagen rhythmisch auf der Tenne dort;
Es tönt des Hirten Lied, der Herden Lärm und Hast;
Und langsam schleppen sich die schweren Karren fort,
  Knarrend unter der Garben Last.

Die warme Sonne aber rollt vom Himmel nieder,
Das Abendrot glüht auf, umflammt sie still und groß,
Ein Feuerhauch umgibt die fernen Wälder wieder;
  Der Osten – blau und wolkenlos.

Ich steig hinab ins Tal zum Fluß; mein Ufer dunkelt;
Der Bäume krause Bilder schwarz die Welle wiegt;
Umhüllt von Abendrot, das andre Ufer funkelt;
  Der Glanz der Schatten auf dem Wasser liegt.

Bald seh das Mausoleum ich im Spiegel gluten,
Bald sich des Hügels baumgekrönte Wiese zeigt,

Bald badet die vergreiste Weide, die die Ruten
  Hinab bis zu den Wurzeln neigt,

Ihr Schattenhaupt in ihrem Strahl; ein Tempel flimmert
Und spiegelt zwischen Birken und Platanen wider;
Ein Schwan verbarg sich im Gesträuch; nun schimmert
  Im Dunkel strahlend sein Gefieder.

Wie faszinierend ist das Bild der Ufer! Plötzlich scheint
Der Fluß ein blacher, unbewegter See zu sein;
Wird, ein Lazurkristall, rings um ein Boot geeint,
  Die Wasserfläche klar und rein.

Der Tag erlischt … Wald neigt sich zum Gewässerrand;
Das Abenddunkel hüllt die Bäume ein, doch loht
Über den stillen Kronen als ein helles Band
  In Flammenstreifen Abendrot.

Ein Ufer nur im Osten, purpurübergossen,
Liegt grell; als Riese, einsam stolz, von Prunk erbaut,
Leuchtet das Zarenhaus am Hang, von Gold umflossen,
  Das sich im Wasserspiegel schaut.

Aber der Abend warf die Hülle über ihn,
Bleich werden Hain und Uferrand, die sich durchdringen;
Die letzten Wolken, die im Abend glänzten, ziehn
  Erlöschend fort mit fahlen Schwingen.

Stille herrscht überall; alles schläft unbewegt …
Nur selten spricht im Dunkel eine Stimme matt …
Oder es tönt, wenn leis sich eine Welle regt …
  Oder es sirrt ein müdes Blatt.

Allein bin ich am Ufer … alles ringsum schweigt …
Als stünde ein Gespenst, umhüllt vom Nebel, hier,

Reglos zum schlafenden Gewässer hingeneigt,
  Stehn junge Birken stumm vor mir.

Bewegt geh unter ihre heilgen Kronen ich;
Mein Ohr hört in der Stille grüßen manches Wort:
Als regte es wie Äther in den Blättern sich;
  Als atme Unsichtbares dort;

Als ob sie unter Rindenbast verborgen wär,
So fleht, sich mit der zauberischen Stille mengend,
Die unsichtbare Seele um Gehör,
  Die meine, ihr zu lauschen, drängend.

Jemand sitzt schweigend an der Urne, und es scheint,
Als richte er auf mich die dunklen Augen sacht;
Der Nebelblick aus dem verschwommnen Antlitz eint
  Dem Dunkel sich der Mitternacht.

Ich schaue ... und es ist, als zählten Jahre nicht,
Als ob, was sie verschlangen, auferstanden sei;
Was uns das Leben weigert, was es uns verspricht,
  All das fliegt hoffnungsfroh herbei.

Doch wo ist er? ... Alles verbarg sich ... und nur leise
Hör durch die Stille den vertrauten Ruf ich hier,
Es ist, als wenn ein Genius heut die Wege weise
  Zur unerwarteten Begegnung mir.

Geheimer Führer, dem die Seele nacheilt, sprich:
Bewachst, nicht sterblich, du den Ort jahraus, jahrein,
Bist du sein flüchtger Gast? Nährt diese Erde dich?
  Ist nicht der Himmel dein Zuhaus?

Vor mir erhebt ein Engel sich im hellen Licht;
Der Demut Größe strahlt auf seinem Antlitz; fern

Über dem Haupt – zum Himmel hebt er das Gesicht –
Brennt leuchtend der Verwandlung Stern.

Herrlicher Sohn des Himmels, fliege noch nicht fort!
Ein junges Leben liegt in Tränen heut vor dir …
Doch wo bin ich? … Der Geist floh … Schweigend liegt der Ort,
Der Himmel dunkelt über mir.

In meiner Seele blieb ein dumpfer Traum zurück;
Als ob das Irdische, als wög es nichts, verflog;
Als öffnete sich jenes Land nun ihrem Blick,
In das der reine Engel zog.

1815

Nachdichtung: Uwe Grüning

Frühlingsgefühl

Leiser, leiser Frühlingswind,
Warum wehst du mild und wonnig,
Warum spielst du still und sonnig,
Zauberhaftes Luftgespinst?
Was erfüllt die Seele ganz?
Was beginnt sich neu zu regen,
Ihr durch dich zurückgegeben,
Wechselvoller Frühlingstanz?
Wend zum Himmel ich den Blick …
Schwebend dort die Wolken glühen,
Über dunkle Wälder ziehen,
Kehren glühend nicht zurück.

Ob uns aus der Höhe heut
Botschaft wird, die altbekannte?
Oder neu ertönt verwandte
Stimme aus der alten Zeit?
Ob, wohin der Vogel fliegt,
Pilger unsres Erdenrundes,
Wohl dies niemals noch gefundne
Reich des *Heißersehnten* liegt? …
Wer zum ungewußten Ort
Ungewußten Weg mir weiset?
Ach, wo ist er, der mir zeiget
Jenes wundersame *Dort*?

1816

Nachdichtung: Manfred Ostückenberg

Lied

O Zauber früher Zeit, vergangen,
Was steigst von neuem du herauf?
Wer weckte Träume, die versanken,
Wer störte die Erinnrung auf?
Verklungner Gruß nahte der Seele;
Es glänzte ein vertrauter Blick;
Sie konnte für Sekunden sehen,
Was unsichtbar seit jeher blieb.

Was, teurer Gast, erhabenes *Früher*,
Drängst du in meine Brust dich ein?
Kann denn mein Hoffen leben wieder?
Kann ich, was hinging, heißen: *Sei*?
Kann ich in einem frischen Prangen
Schönheit erblicken welken Traums?
Kann einen Schleier ich denn schlagen
Um Leben, nackt und lang vertraut?

Was strebt nach einem Land die Seele,
Das Tage kannte, lang verweht?
Zieht man doch nicht ins Land, das öde,
Vergangnes Einkehr dort nicht hält;
Nur *einer* hat sich dort gerettet,
Ein Zeuge stumm aus teurer Zeit;
Die schönen Tage sind gebettet
Mit ihm ins gleiche Grab hinein.

1818

Nachdichtung: Roland Erb

Zu Goethes Porträt

Unters Gesetz der Freiheit hat er sich gestellt,
Sich als allsehender Gedanke aufzuschwingen.
  Alles begriff er auf der Welt –
  Von keinem je ließ er sich zwingen.

1819

Nachdichtung: Uwe Grüning

Das Unaussprechliche

Fragment

Was ist die Sprache wert, vorm Wunder der Natur?
Mit namenlos- und leichter Freiheit, lässig nur
Verstreute sie die schönen Dinge überall
Und fügte sie zu neuer Einheit, artverschieden!
Doch wessen Pinselstrich war Darstellung beschieden?
O kaum nur, kaum gelingt der seltne Fall,
Ja auch nur einen ihrer Züge zu erfassen …
Doch kann das Leben man mit Totem wiedergeben?
Wer konnte schon im Wort die Schöpfung neu beleben?
Kann sich das Unsagbare sagbar machen lassen? …
Das heilge Sakrament sich nur dem Herzen zeigt …
Und wenn der Tag zur stolzen Stunde neigt,
Zum Abend, der die Erde rasch verwandelt,
Und wenn verwirrt die Seele ist und voll
Von Ahnung, die von großer Schöpfung handelt,
Und ganz im Uferlosen treiben soll, –
Und Schmerzgefühle in die Brust sich krallen:
Das Schöne wolln wir halten hier am Ort,
Das Namenlose zwängen in ein Wort –
Muß da nicht alle Kunst ins Schweigen fallen?
Ein Flammenspiel der Wolken ist, was sichtbar bleibt –
Ganz lautlos, sanft am Himmel schwebend –
Ein glitzerndes Gewässer, bebend,
Ein Bild, das übers Ufer treibt,
Im feuerroten Licht am Abend –
Ja dies ein *leuchtend heller Zug;*
Für den, der an Gedanken tragend,
Gibt's *Worte*, auch für dieser Schönheit *Glanz*, genug.
Doch das, was sich mit diesem edlen Glanz verbindet –

Die dunkle Stimme, die uns stark erregt
(Allein die Seele sie nur findet,
Die Stimme, die uns tief bewegt) –
Dies Streben hin zu fernen Dingen,
Dann davon Gruß, was einst geschah
(Als wollt ein hergewehter Hauch dir Botschaft bringen
Von dem, was Heimatwiese, Blüte, Anfang war
Und *Jugendheiligtum*, von Hoffnung nicht verlassen),
Und dieses, daß Erinnerungen nicht verblassen,
An sie, die traurig liebe, glücklich alte Zeit;
Dann die von Höhn herabgekommne Heiligkeit;
In jeder Schöpfung ist der Schöpfer auferstanden –
Was für sie sprach? Der Geist sich aus dem Leib erhebt,
Und Ewigkeit, in jedem Atemzug vorhanden –
Davon das Schweigen spricht, darin das Schweigen lebt.

1819

Nachdichtung: Kurt Drawert

Auf den Tod Ihrer Majestät der Königin von Württemberg

Elegie

Fortfliegend hast verlassen du die Erde,
Himmlische du, zu Gast nur kurze Zeit.
Wir träumten, daß *hier* deine Heimstatt werde,
Und nannten *unser* dich in Ewigkeit ...
Es kam das Schicksal, dem Verderb verschworen,
Und plötzlich ging uns deine Spur verloren.
Das Herrlichste in seiner Blüte fällt ...
Das ist das Los des Schönen auf der Welt.

Lautlos und als Verwüster, unsichtbar
Lauert uns Unglück auf, wo wir auch gehen;
Heimlos bleibt jedes Haupt, nah die Gefahr:
Wo es nie war, ist's bald als Feind zu sehen.
Dem Unbedingten trotzt kein Mensch fürwahr,
Der Alltagsnot kann keiner widerstehen.
Und eine Macht ist, die uns niederhält;
Es *war*, so reden wir vom Glück der Welt.

Von welken Bäumen wird ein Herbstblatt leis
Fallen, wenn seine Stunde naht; sein Leben
Von müden Schultern reißend, wird der Greis
Wie eine alte Schuld dem Grab es geben.
Sind erst zu Staub die Hoffnungen verloht,
Naht als ein Freund dem Leidenden der Tod.
Furchtlos – denn die Natur folgt ihren Wegen –
Nehmen wir das vertraute Los entgegen.

Wenn jedoch unverhofft das Unglück naht
Dem hoffnungsfreudigen Familienkreis
Und wendet sich das Leben im Verrat
Von den ihm kaum vertrauten Lidern leis
Und wenn der Tod das junge Glück zertrat,
Eh es noch gab die Festgewänder preis …
Dann wird der Geist erzittern und erbeben,
Unwillen wird sich in der Brust erheben.

Einbußen sind's, die uns das Leben bringt;
Ein Lidschlag dem Geliebten nur gehört;
Die Trauer nicht, die Freude ist beschwingt,
Und einzig das Vergangne ewig währt …
Was frommt's, daß mancher Traum in uns entspringt:
Die Träume werden unerfüllt zerstört?
Der Hoffnung lauschend, die ein Lied uns singt,
Sind taub wir, wenn das Unheil zu uns dringt.

Wen, eilst du, junge Schönheit, zu empfangen
An deiner Tür, so freudig, sag mir, wen?
Wohin nur gehst du, spürst du denn kein Bangen,
Gewohnt, im Leben nur ein Spiel zu sehn?
Nicht Freude, nein, das Grab klopft unerbeten,
So zögre, diese Schwelle zu betreten;
Erstorben ist noch nichts, bleibst du nur hier;
Ein Schritt – und das Geliebte flieht von dir.

Des Lebens Leiden mußtest du bestehen,
Dir konnte kein Verlust verborgen sein,
Du eilst in Hoffnung auf ein Wiedersehen …
Oh, geh in die Gemächer nicht hinein:
Ein Fest wird man dort nimmermehr begehen,
Zum Festmahl lädt kein Glücklicher dich ein:

Das Heim, das du besuchen willst, ist leer …
Und seine junge Herrin lebt nicht mehr.

Ein bös Gerücht, das einem Untier gleicht –
Bald eilt es durch die Hauptstadt –, sich erhebt;
Und schon hat es der Zarin Hof erreicht,
Die Schreckensworte flüsternd. Es erbebt
Ein jeder, jegliches Gesicht erbleicht …
Jedoch die Mutter wähnt, die Tote lebt;
Unwissend spürt die Seele keine Regung,
Träumt von der jüngstvergangenen Begegnung.

Was mußt du uns so zart ins Antlitz sehen,
O Glück, wenn du schon von uns ziehst? Mit List
Und falschem Gruß gibst du uns zu verstehen
Im raschen Scheiden, daß du *ewig bist!*
Warum lockst du durch Anmut uns, zu gehen
Zum Liebsten, das der Welt *erstorben* ist?
Die Tochter hast zum Opfer du geschmückt,
Als du die Mutter zärtlich noch bestrickt.

So liebt, wenn es durch Kälte uns vernichtet,
Das Schicksal, daß es uns sein Lächeln zeigt.
Erloschen ist dies Leben … Doch die Mutter
Sich über trügerische Seiten neigt;
Sie sieht dort, falscher Hoffnung hingegeben,
Die Tochter, schenkt den toten Zügen Leben,
Lauscht, dort der Toten Stimme zu entdecken,
Träumt, sie zu neuem Leben zu erwecken.

Was hoffst du noch, was harrst du wie gebannt,
Verwaister Gatte, über sie geneigt?
Die Freundlichkeit aus ihrem Antlitz schwand;
Ihr Aug, das deine nicht erkennend, schweigt;

Vergebens drückst du mit erstarrter Hand
Die ihre, die doch keine Regung zeigt.
Der Kinder Rufe bleiben ungehört …
Glaub, Vater, nun, daß sie nicht wiederkehrt.

Schließ nun das stille Heim auf immerdar,
Wo flüchtig für dich lebte der Gefährte,
Der deiner Seele Schild und Zeuge war,
Der mit des Lebens Last dich nicht beschwerte,
In dem Gedanken ihren Führer fanden:
Bezaubernd noch, als schon die Kräfte schwanden –
Das Irdische verließ er vor der Zeit,
Des Daseins jugendliche Herrlichkeit.

Und nun, als Zarin für den Augenblick,
Gibt sie der Tod, der bittre, uns zurück;
Das Herrscherzepter ihrer Hand geraubt,
Entkrönt ward das erhabne Haupt;
Den grausgen Sarg, schon deckt der Purpur ihn,
Das Schicksal tilgte, jedes Mitleids bar,
Zur Stunde alles, was so herrlich war,
Was, alle lockend, so verlockend schien.

O Gatte, geh zur Trennung, es ist Zeit!
Nicht länger kann der Kranz dem Haupt gebühren;
Witwer, zum letzten irdischen Geleit
Der Mutter mußt du nun die Waisen führen.
Gebt ihr den letzten Kuß, macht euch bereit.
Dort, wo verschlossen werden alle Türen,
Sagt ihr: *Verzeih*! die nicht mehr hören kann.
Was gut war, traut mit ihr der Erde an.

Blume, verzeih, so reich hast du geblüht
Und hast doch nur dem Morgenrot gehört;

Leben, verzeih der Schönen, daß sie schied.
Wie trügerischer Freude Botschaft flieht,
So schwandest du; du hast das Herz betört
Und doch der Hoffnung keinen Tag gewährt.
Vergib auch du, du löbliches Bestreben;
Der Lohn der Tat, er ward dir nie gegeben …

Solln wir, die wir des Glücks Vergängnis sehen,
Das Leben nur verachtungsvoll verklagen?
O nein, es gilt, gesenkten Haupts zu stehen,
Vertrauend der verborgnen Hand, zu tragen
Des Unglücks Bürde, für uns ausersehen.
Blind sollst den Weg du bis ans Ende gehen …
Und dort erst wirst du Blinder alles sehen.

Erbe des Himmlischen ist dieses Leben –
Kein Feind das Unglück, das uns vieles lehrt,
Rettend und streng, als Partner uns gegeben,
Der flüchtge Freuden tötet und zerstört,
Der, klar es kündend, alles Große ehrt;
Uns an die Schwelle zum geheimen Leben
Geleitend, bricht er vor uns jede Mauer,
Macht uns zum Freund des Himmels durch die Trauer.

Die Freude ist hier unsre Habe nicht;
Vorüberfliegende, anmutge Sterne
Geben im Flug unsicheren Bericht
Vom Heil, das uns erwartet in der Ferne.
Ein treuer Erdenbürger ist das Leiden,
Und unser Los, mit ihm uns zu bescheiden.
Zwar hörten wir, es müsse Wonnen geben:
Doch ist des Leidens Kind das Erdenleben.

Groß wird die Seele durch das Leiden! Nicht
Vermögen Freuden vor ihm zu bestehen!

Wenn abschiednehmend sie voll Zuversicht
Muß in der demutsvollen Stille stehen,
Schweigend vor jenem schrecklichen Gericht,
Dann ... dann erst wird sie von den hellen Höhen
Den ganzen Weg der Vorbestimmung sehen,
Erfüllt von Gott, weiß sie ihn zu verstehen.

Unfaßbar, ach, ist einer Mutter Leid,
Und kein Gedanke holt es jemals ein!
Verborgen wie die liebste Kostbarkeit,
Wie das der Seele eins gewordne Sein,
So hat sie Teil am Himmelreich allein ...
Was soll ihr irdische Vermessenheit?
Was zählt des Erdentrostes Niederung
Vor ihrer himmlischen Begeisterung?

Hörst, Trauernde, in deiner Einsamkeit
Denn keine Stimme, Mutter, die dir Kunde
Aus jenem Lande bringt, so weit, so weit,
Dahin uns alles lockt zum ewgen Bunde,
Wo das Geliebte birgt sich vor der Zeit,
Geschenkt wird, was man nahm für eine Stunde?
Kommt er zur Seele nicht, der Heil verheißt,
Des Himmels Sinn, der Erde Armut weist?

Ist, von Verzagtheit weit empor gehoben,
Vom Glauben deine Seele nicht erfüllt?
So daß das Irdische dir als die Pforte
Zum ewgen Vaterhause gilt?
Scheint, weil auf dich dort deine Lieben warten,
Dir alles Himmlische vertraut und mild?
Liegt offen vor dir das Geheime nicht
Und auch des Daseins heiliges Gesicht?

Horch, wenn im Münster der Gesang verklingt,
Die höhre Kraft nun zu uns niedersteigt
Auf den Altar, wo man das Opfer bringt,
Wo strahlend sich der Kelch der Liebe zeigt;
Da Flehn vom Himmel um den Segen ringt
Für dich und deine Kinder feierlich;
Geheimnisvolle Stunde, da die Welt
Des Himmels unsre Welt umfangen hält. –

Seit dieser Stunde wird – nicht, wie es war –
Deiner Gefangnen einer Namen geben;
Die Erde auf ihr schweigt nun immerdar;
Längst ward den Himmlischen sie übergeben.
Der Vorhang fiel, er wird sich nie mehr heben.
In Gottes Tempel wird sie fortan leben,
Schweigend vor dem geweihten Thron zu stehen:
Für uns verborgen, kann sie uns doch sehen.

Symbol des Trostes und der Zuversicht!
Da am geheimnisvollen Tor wir stehen;
Des Vorbestimmten Vorhang hebt sich nicht,
Doch dreist begehrt der Blick hindurchzuspähen;
Wie alles eins dort wird, kann er nicht sehen,
Wir aber hören, wie die Stimme spricht:
»Faßt Mut, laßt trauernd nicht die Seele schmachten!
Nach Hoffnung nur und Glauben sollt ihr trachten!«

1819

Nachdichtung: Uwe Grüning

Lalla Rookh

Lieber Traum, bestrickst die Seele,
  Wunderschön stiegst du herab,
Segensreicher, gabst die Ehre
  Uns mit deiner Gegenwart.
Ich hab gierig dich genossen,
  Wenn auch nur den Augenblick:
Hab gesehn als guten Boten
  Dich vom himmlischen Geschick.

Im Gelobten Land zu streifen,
  Voller Eintracht, schien es mir,
Glaubte mit der Hand zu greifen
  Friedlich duftenden Kaschmir.
Und ich seh: sie feiern ein
  Fest des Frühlings und der Rose,
Einer Fremden gilt's allein,
  Hergeeilt aus ferner Zone.

Glanzumflossen und berückend
  Wie ein Engel aus der Höh
Ohne Makel, voll Entzücken
  Ich sie vor mir stehen seh;
Schatten warf der lichte Schleier
  Auf die Züge des Gesichts,
Schüchtern sie den Kopf nun neigte
  Und den anmutsvollen Blick.

Ihre ängstliche Verschämtheit
  Unterm Glanz des Diadems,
Wie das kindlich Lebensvolle
  Und Erhabne ihres Gehns,

Die Beseeltheit ihrer Züge,
  Friedevoll und ruhereich –
Alles fügte sich natürlich,
  Ohne Kunst zu Schönheit leicht!

Ich sah hin – doch die Vision
  (Meine Seele nach sich ziehend)
Glitt vorbei ohn Wiederholn;
  Ich ihr nach – die Spur verlierend.
Und im Nu, wie Zuversicht,
  Tauchte sie in Glanz das Leben;
Ließ die Sage nur zurück,
  Daß es sie dereinst gegeben!

Ach! nicht auf dem Erdenrunde
  Wohnt der Schönheit Genius rein;
Und er kehrt nur manche Stunde
  Aus den Himmeln bei uns ein;
Phantasiegleich er sich flüchtet,
  Wie der Morgentraum aus Wind;
Doch im heiligen Gedächtnis
  Herz und Traum nicht trennbar sind!

Nur in reinen Augenblicken
  Unsres Seins sucht er die Erd,
Offenbarung uns zu bringen,
  Segensreich für unser Herz;
Daß das Herz vom Himmel wisse
  In dem finstern Erdental,
Läßt durch Schleier er die Blicke
  Dorthin wandern manches Mal.

Und in allem Schönen *hier*,
  Das die Welt erfüllt mit Leben,

Will emphatisch, ohne Zier
   Er zu unsrer Seele reden;
Ist er weit von uns geflogen,
   Läßt er, sichtbar uns und gern,
Angesteckt am Himmelbogen,
   Leuchten einen Abschiedsstern.

1821

Nachdichtung: Marga Erb

Gedenken

Sprich über die Gefährten, die einstmals wir so sehr
Geliebt, die Odem in die Welt gehaucht uns haben,
  Nicht kummervoll: *Sie sind nicht mehr;*
  Sag du mit Dankbarkeit: *Sie waren.*

1821

Nachdichtung: Roland Erb

Das Meer

O sprachloses Meer, o lasurblaues Meer du,
Verzaubert an deinem Abgrund ich steh.
Lebendig bist du; du atmest; verwirrter Liebe,
Besorgter Gedanken bist du erfüllt.
O sprachloses Meer, o lasurblaues Meer du,
Erschließ dein Geheimnis, dein tiefes, mir!
Wodurch bewegt sich dein Schoß unergründlich?
Und womit atmet die wogende Brust?
Oh, zieht dich vielleicht aus dem irdischen Zwange
Der helle, fernleuchtende Himmel zu sich?
Erfüllt von dem heimlichen, süßen Leben,
Bist rein du in seiner Gegenwart rein:
Verströmst dich in sein Lasurblau erstrahlend.
Im Morgen- und Abendschein du erglühst,
Liebkosest mit Inbrunst die goldenen Wolken
Und funkelst mit seinen Gestirnen beglückt.
Doch wenn sich die düsteren Wolken versammeln,
Um ihn dir zu rauben, den klaren Himmel,
Dann tobst du und heulst und schlägst mit den Wogen,
Dann reißt du und zerrst an dem feindlichen Schwarz ...
Das Schwarz, es verflüchtigt sich, fortziehn die Wolken,
Doch wirfst, vom erlittenen Kummer erfüllt,
Du lang noch die höchst erschrockenen Wellen.
Der Himmel, der wieder in Sanftmut erstrahlt,
Gibt dir nicht zurück die einstige Ruhe;
Denn deiner Reglosigkeit Anblick trügt;
Im ruhigen Abgrund verbirgst du Verwirrung,
Den Himmel bewundernd, du zitterst um ihn.

1822

Nachdichtung: Roland Erb

Nähe des Frühlings

Im Himmel Stille wohnt;
Geheimnisvoll der Mond,
Von Nebel fein umwoben;
Und übern Berg geschoben
Hat sich der Liebesstern;
Im blauen Abgrund, fern,
Die Körperlosen, schwebend,
Bezaubernd und belebend
Die Stille und die Nacht,
Begrüßen Frühlingspracht.

1822

Nachdichtung: Kurt Drawert

Der 19. März 1823

Du standest vor mir,
Und warst ganz ruhig.
Die zagen Blicke
Von Wehmut sprachen.
Herauf sie riefen
Das teure Früher ...
Der letzte Blick war's
In dieser Welt mir.

Bist fortgegangen,
Ein Engel ruhvoll;
Es ist dein Grabmal
So paradiesstill!
Dort sind die irdschen
Erinnerungen,
Sind an den Himmel
Gedanken heilig.
Des Himmels Sterne
Und Ruh der Nacht! ...

1823

Nachdichtung: Roland Erb

Die Erscheinung

Im Bäumeschatten, Saitenklang und Stieben
Der Abendstrahlen, die vergehn,
Erschien sie wie der Zauber erster Liebe,
Wie erste Jugendtage schön
Und stand voll Anmut vor mir in dem Kleide,
Das war wie Nebelschwaden weiß,
Und von azurnem Blau ein Lüfteschleier
Umspielte ihren luftgen Leib;
Geheimnisvoll ließ sie ihn um sich drehen
Und sich entfalten über ihr;
Bald, wenn er sank, konnt unverhüllt ich sehen
Die rabenschwarze Lockenzier;
Bald, wenn den Stoff sie wundersam gebreitet,
Verschwand sie wie ein Geist darin;
Bald hat, am Mund den Finger, leicht geneiget,
Sie mit der Augen lichtem Sinn
Melancholie mir um das Herz gewoben.
Doch jäh ... riß sie den Schleier hoch ...
Sie winkte dreimal mir mit dem erhobnen ...
Wie ungeschehn ... das Bild zerstob!
Nicht dauern wollt der Rausch, es war vergebens,
Sie kehrte nicht mehr bei mir ein;
Vom lieben Luftgebilde meines Sehnens
Die Seele blieb erfüllt allein.

1823

Nachdichtung: Manfred Ostückenberg

So manches Mal war's mir gelungen,
Daß ich die junge Muse sah,
Vom Himmel kamen Eingebungen,
Sie waren ungerufen da;
Auf Sterblichkeiten sie ihn lenkte,
Den Strahl, der lebensspendend war –
Zu jener Zeit, die Leben schenkte,
Da Leben Poesie gebar.

Doch der die Hymnen eingegeben,
Er hat mich lange nicht besucht;
Die alten Seelenbilder fehlen,
Der Harfe Stimme mich nicht ruft.
Ob seine Rückkehr ich erlebe?
Ob der Verlust auf ewig währt?
Was ich auch tu, was ich auch gebe,
Der Harfe Klang bleibt mir verwehrt.

Doch das, was mir davon geblieben,
Von jener Zeit, in der er kam,
Was ich von jenen dunklen, lieben
Und klaren Tagen mit mir nahm –
Des Traums in meinen Einsamkeiten
Und dieses Lebens Blumenzier –
Leg ich auf den Altar allzeiten,
O Geist der reinen Schönheit, dir!

Noch ist er nicht zurückgekommen,
Die Eingebungen bleiben fern –
Doch hab ich dich nicht wahrgenommen,
Und leuchtet nicht für mich dein Stern?

So lange ich sein Leuchten sehe,
Und mir der Seelenblick nicht bricht:
Hoff' ich, daß abermals geschehe,
Wovon vergang'ner Zauber spricht.

1824

Nachdichtung: Kurt Drawert

Der geheimnisvolle Gast

Schönes Luftgebild, wer bist du?
  Woher kamst du, fremder Gast?
Bist entschwunden, ohne daß du
  Antwort uns gegeben hast.
Wo bist du? Wo hältst du Einkehr?
  Sag, wohin bist du enteilt?
Weshalb bist aus Himmelshöhen
  Du gesandt dem Erdenkreis?

Bist die Hoffnung du, die junge,
  Die von Zeit zu Zeit uns naht
Aus dem Reich des Unbekannten
  Tief verschleiert, zauberhaft?
Unnachgiebig hielst wie sie
  Du für eine Stunde Frohsinn
Uns bereit, verweilend nie,
  Bist mit ihm davongeflogen

Hast die Liebe insgeheim du
  Durch dein Bild uns dargestellt? ...
Jene Tage, als allein nur
  Sie verschönte uns die Welt,
Damals, ach, in jenen Hüllen
  Schien sie uns kein irdscher Raum ...
Schleierlos, ohn Lieberfüllen
  Öd die Welt, und Glück ein Traum.

Ist die Zauberin Besinnung
  Uns in dir erschienen nun?
Fern von allem Weltgetümmel
  Träumerisch auf ihren Mund

Hat, wenn sie, wie du zuzeiten,
  Kommt, den Finger sie gelegt,
Ins Vergangene zu leiten,
  Schweigend sie voran uns geht.

Oder war die Poesie
  Heilig bei uns eingezogen? …
Hat, wie du, vom Paradies
  Mit zwei Schleiern uns umwoben:
Einem strahlend himmelblauen,
  Einem weißen für die Erde:
Schön ist ihr das Nahgeschaute
  Und vertraut die weite Ferne.

Oder flog ein leises Ahnen
  Uns mit deinem Bilde an,
Wollt ans Himmlische gemahnen,
  Heilige, weit aufgetan?
Oft geschieht's und wird erlebt:
  Naht sich einer von den Lichten,
Daß den Schleier sacht er hebt,
  Fernhin unsern Blick zu richten.

1824

Nachdichtung: Manfred Ostückenberg

Der Falter und die Blumen

Ihr Blumen stiller Wiesen, Waldes Zier,
Ein sanfter Duft geht von euch aus,
Doch kurz und flüchtig ist die Schönheit hier,
Als Bild des Trug's kommt ihr heraus;
Ihr blüht in Gleichmut, das ist euch bestimmt,
Bespiegelt euch im klaren Bach
Und höhnt, daß wechselvoll die Bahnen nimmt
Und unbeständig wär, der Falter.

Erwacht an einem klaren Frühlingstag,
Als Morgenrot von Osten schien,
Kam er herab ins schöne Blumental
Und wollte seiner Höhe fliehn.
Im Zauber des Erblühens weit und breit,
Und auch geblendet stark vom Schein,
Erinnernd unbeschwerte Zeit,
Kam er und wollte euer sein.

Ihr wärt verwandt mit ihm und kamt hierher
Als Umsiedler aus gleichen Höh'n,
Auch ihr besäßet Flügel, glaubte er,
Und eine Seele, frei und schön;
Doch hier, ihr Blumen, seid ihr festgefügt,
Und hier auf Erden sterbt ihr bald;
Die Augen ihr mit Glanz betrügt,
Das Herz indes bleibt leer und kalt.

Auch zur Beachtung seid ihr nicht geborn;
Des Herzens Sprache ist euch fremd;
Wer nach euch strebt, hat Hoffnung schon verlorn;
Rasch kommt, was man Vergessen nennt.

Mag flüchtig euch umschmeicheln, euch umfrein
Des Windes Hauch, dem ihr wohl gleicht.
Auf einen ander'n Reiz läßt er sich ein,
Der Bote der Unsterblichkeit ...

Zwei Auserwählte sind bei euch bekannt,
Zwei Blumen, die kein Hochmut krönt;
Mit Herzensnamen wurden sie benannt,
Die er, der Falter, fesselnd fand,
Denn sie sind ohne falschen Glanz und Prunk;
Auch eitle Schönheit ziert sie nicht:
Die eine Blume heißt Erinnerung,
Die andre – Herzenssprache spricht.

Erinnerungen sind sehr kostbar doch,
Wenn nichts mehr ist auf dieser Welt!
Bleibt nur ein Herzenstraum, bleibt Hoffnung noch
Auf beßre Tage, die uns hält
Und an Beständigkeiten glauben läßt!
Ja der ist froh, der euch bewahrt,
Und der durch euch den Schwindel gar vergißt,
Ders Leben schändet und es narrt.

1824

Nachdichtung: Kurt Drawert

An Goethe

Du wecktest der Begeistrung Kraft!
Und ich bewahre tief in mir
Die Augenblicke, zauberhaft
Und glücksdurchdrungen, nah bei dir!

In deinem abendlichen Leuchten
Kündet den Untergang kein Ruf!
Ein Jüngling bist du durch dein Wirken!
Dein Genius schafft, so wie er schuf.

Die Hoffnung nährt mein Herz: Ich werde
Dich nochmals sehn von Angesicht:
Dein *Genius* schenkt so bald der Erde
Die bitteren Gewänder nicht.

Im fernen Licht der Mitternacht
Konnt ich durch deine Muse leben.
Das Leben, erst von ihm entfacht,
Hat *Goethes Genius* mir gegeben.

Warum hab ich in meiner Jugend,
Schicksal warum? dich nicht erkannt?
Dann wäre meiner Seele Feuer
An deinen Flammen hell entbrannt.

Dann flammte rings um mich ein Licht
So festlich und so wunderbar;
Dann blieb den Nachfahrn das Gerücht
Von mir, daß ich ein Dichter war.

1827

Nachdichtung: Uwe Grüning

Traumbild

Alles wird beherrscht vom Zauber!
Ihm ist alles untertan!
Und er schlingt als Zauberschleier
Sich um diese ganze Welt;
Undurchdringlich ist der Schleier
Unsern Blicken, die verwirrt;
Einst fällt er von selbst. Vertraue,
Sterblicher, versuche nicht.

1831

Nachdichtung: Roland Erb

Aus einem Album für die Gräfin Rostoptschina

Die Rose

Nur ein Morgen – und ach, die Rose verblich; ihre Schönheit
Suchst du, Jungfrau, umsonst; Dornen nur findest du hier.

Der Lorbeer

Oh, ihr bacchantischen Sänger der aphroditischen Orgien:
Fürchtet euch, mich zu berührn: jungfräulich ist jeder Zweig.
Daphne war ich. Vor der Begier des begehrenden Gottes bewahrte
Sich als Lorbeer die Maid. Achtet die Jungfrau in ihr.

Grabspruch für einen Jüngling

Hört, so wie ihr schwamm auch ich durch die Wogen des wankenden Lebens;
Heiße Anonymus nun. Rasch fand ein Ende mein Weg.
Jäh hervor brach ein Sturm; als ein junger, kraftloser Schwimmer
Stellt ich mich gegen den Strom; rasch trugen Wogen mich fort.

Stimme eines Kindes aus dem Grab

Mutter Erde und Mutter Ilithyia einzig beschenkten
Für einen Augenblick mich. Diese verhalf mir zum Sein,
Sanft deckte jene mich zu; das Übrige aber: woher ich
Kam, wer ich bin und mein Los – zeigte das Leben mir nicht.

Jugend und Alter

Heitere Jugend, ach, und ach, so trauriges Alter!
Eilends flieht jene von uns! Jäh hat uns dieses erreicht!

Phidias

Selbst vom Olymp stieg entweder der Donnerer in dir hernieder,
Oder du flogst zum Olymp, suchtest ihn selber dort auf!

Das Schicksal

Lichten Hauptes mit bleischweren Füßen, so wandelt das Schicksal
Unter uns! Schreite, o Mensch, tapfer und grade voran!
Senkst du, sobald du es trafst, nicht die Lider und schaust ihm ins Antlitz
Stillen Auges, so wird dir auch das Angesicht hell;
Stürzt du jedoch, von seinem Anblick erschreckt, ach, so setzt es
Auf dich den bleiernen Fuß, tritt dich hinab in den Staub.

Der Neider

Mit Haß verfolgt der Neider
Das, was die Götter lieben;
In Zwietracht zu den Göttern,
Die lieben, treibt sein Wahn ihn.
Aus all den schönen Blüten
Trinkt einzig er das Gift nur.
Wie süß ist mir's zu lieben
Das, was die Götter lieben.

Nachdichtung: Uwe Grüning

Er lag da ohne Regung, als ob von erschöpfender Arbeit
Endlich die Hände herab fielen. Still senkt ich den Kopf,
Vor ihm verharrte ich lang, allein und aufmerksam
 schauend
Starr auf das Antlitz dem Leichnam, dem längst die Lider
 man schloß;
Wie altvertraut das Gesicht mir, es schien höchst
 bedeutend,
Was in ihm ausgeprägt war; als er noch lebte,
Sahn wir ein solches nimmer darauf. Der Eingebung
 Flamme
Loderte nicht auf ihm; nicht glänzte Geist,
Nein! Doch umwoben von einem Gedanken, einem
 erhabenen
Tiefen Gedanken war's: So, als sei eben jetzt
Ein Gesicht ihm erschienen, dies war mein untrüglicher
 Eindruck,
So als erfülle sich etwas für ihn, und ich wollte fragen:
 Was siehst du?

1837

Nachdichtung: Roland Erb

Liebe

Im freien Felde,
Auf duftenden Wiesen,
Im blühenden Tale,
In Prunkgemächern,
Und unterm Geglitzer
Der lautlosen Nächte
In dir nur ich atme.
Tiefinnere Wonne,
Tiefinnere Flamme
Verströmst du ins Herz mir.
Im Frühling belebend,
In köstlichen Blüten,
Willst du mich umfangen
Mit himmlischer Ruhe,
Heilige Liebe!

1838

Nachdichtung: Roland Erb

Schwermut

Leichten Sinns die Jugend flattert
Unterm Kranz des frohen Muts,
Und das Leben ist ihr herrlich,
Reich geschmückt mit Blumen frisch.
Doch für mich liegt in den Düften
Dieses Frühlings, der betört,
Eine Sehnsucht, nicht zu sagen,
Schwermut, die nichts sagen kann.
Und mein Herz ist ganz durchdrungen
Tief von namenloser Qual;
Ach, es ruft mich eine Stimme
Fort von hier und läßt nicht ab.

1838

Nachdichtung: Roland Erb

Sinnen und Trachten

Oft, unterm Mondlicht in heimlicher Traurigkeit mich verzehrend,
Sitz ich allein in der Stille und seufze und weine, doch plötzlich
Bebt meine Seele in wonnigen Schauern, und jenes frische
Reine, lebendige Leben, es strömt in die Seele mir; und ich
Seh mit den Augen, was sonst in der Saiten Wohllaut verborgen,
Und ich erblicke ein niemals durchmessenes Land, und es leuchtet
Mir aus der Ferne so heiter und hell ein Gestirn der Hoffnung.

1838

Nachdichtung: Roland Erb

Der Schwan von Zarskoje Selo

Weißbeschwingter Schwan, die weiße Brust so rein,
Sitzt du als ein Eremit krank und allein
Und von einsamen Gewässern rings umschlossen!
Freunde, deines frühren Lebens Weggenossen,
Hast du überlebt; in tiefer, stiller Klage
Denkst du ihrer und der längst vergangnen Tage!
Düstrer Eremit, aus deiner tiefen Einsamkeit
Schaust du auf die Jugend einer neuen Zeit
Trüben Blicks. Was früher war, ist längst zerspellt
Und verworfen. In die junge Schwanenwelt
Nicht zum Fest, dem fröhlichen, zu Gast gebeten,
Scheust du dich, in den dir argen Kreis zu treten
Einer übermütgen Jugend. Auf den Seen,
Wo die kaiserlichen Schlösser prunkend stehen,
Vor dem stolzen Glanz der Tschesme-Säule, groß,
Kräuseln junge Schwäne den tiefblauen Schoß,
Plätschernd, rudernd durch der mächtgen Schwingen
  Schlag.
Ihre weißen Hälse baden sie. Den Tag
Grüßen jubelnd sie mit ihren hellen Stimmen;
Sich im durchsichtigen Spiegel schauend, schwimmen
Sie wie ein Geschwader, ziehn die weiße Spur
In der Sonne durch den ruhigen Lazur
Des Gewässers; schweben nachts am Sternenzelt,
Dem der stille See ihr Bild entgegenhält,
Eine Perlenwolke, die hoch droben fliegt,
Und ein Schatten, der sich auf den Wassern wiegt.
Zieht die Mondensichel durch den Sternenbogen,
Gleicht die junge Brut – ihr Fittich peitscht die Wogen,
Die vom Glanz des Mondenschimmers widerglühn,
Bis die Tropfen grell wie Funken sie umsprühen –

Gleicht, von eigenwillger Lebenskraft erfüllt,
Eines Elfenreigens zauberischem Bild.
Du jedoch, du alter, trauriger Geselle,
Schreckst nur, weil du einem Denkmal gleichst, die schnelle
Jugend: einzig Langeweile flößt du ein.
Und dein Gast will keiner jener Jungen sein,
Die so sorglos schweifen, fliegend in den Tag
Mit des heutgen Lebens flüchtgem Flügelschlag.
Alter, Schwanenvater, klage nicht dein Leid:
Du entstammst ja Katharinas großer Zeit,
Dich liebkoste damals noch der Zarin Hand;
Und als beider Schlachten Ehrenmal entstand –
Von Kagul, von Tschesme, sahst du zu.
Mit der Ära Alexanders altertest auch du.
Im Jahrhundert Nikolais – fast hundertjährig –
Siehst du schwindend, wie das heilge Rußland sich,
So wie alter Efeu Eichen grün umringt,
Um die Zarenmacht, die Zarenkrone schlingt,
Suchend Schutz vor der Gewitter wildem Brand.

Und die Tage rannen hin, und einsam schwand
Der vergeßne Schwan; jedoch die junge Brut,
Sie vergaß die Zeit im Lebensübermut …
Aber zauberhaft in all dem Lärm erklang
Eine Stimme, die der Himmel Kluft durchdrang.
Lauschend wurden still die Schwäne, und sie flogen,
Von geheimnisvollen Kräften angezogen,
Auf die Stimme zu: jung und voll Fröhlichkeit
Sang der alte Schwan aus Katharinas Zeit,
Sang, das weiße Brustgefieder ausgestreckt,
Auf geschwungnem Hals das Haupt emporgereckt
Stolz gen Himmel; wie von Flammen wild durchglüht,
Abschiednehmend, sang der Schwäne Sterbelied!

Aufwärts schauend, endete er den Gesang.
Mächtig mit den schwachen Flügeln schlagend, schwang
Wie in eine ferne Zeit er sich empor …
Und hoch droben, nah dem Himmel schon, verlor
Sich sein Leben … Und er stürzte sterbend nieder,
Schon erstorben, breitete er sein Gefieder,
Auf dem Rücken liegend, so, als flög er droben,
Stolz gen Himmel den erloschnen Blick gehoben.

1851

Nachdichtung: Uwe Grüning

Das Märchen vom Zaren Berendej, seinem Sohn Iwan-Zarewitsch, den Listen Koschtschejs des Unsterblichen und der Weisheit Marja-Zarewnas, der Tochter Koschtschejs

Zar Berendej lebte einst, dem der Bart auf die Knie fiel. Drei Jahr schon
War er vermählt nun in Eintracht mit seiner Frau; dennoch schenkte
Gott ihnen keine Kinder, das war für den Zaren ein Kummer.
Da ward es nötig, daß der Zar seinen Staat besuchte;
Nahm also Abschied von seiner Zarin, und er verbrachte
Acht lange Monate in der Ferne. Als sich der neunte
Neigte und der Zar, seiner Hauptstadt nahe, auf freiem Felde
Wegen der Hitze zu ruhen gedachte, schlug man ein Zelt auf;
Schwül ward es dort dem Zaren, und es verlangte ihn heftig,
Kühles Wasser zu trinken. Doch gab's auf dem Felde keines …
Was war zu tun? Es wurde schlimmer und schlimmer. Endlich
Faßte er den Entschluß, selbst eine Quelle zu suchen:
Und vielleicht winkte ihm Glück. Er ritt und sah einen Brunnen,
Stieg schnell vom Pferd und fand ihn mit Wasser gefüllt bis zum Rande:
Und eine goldene Kelle zum Schöpfen schwamm auf des Wassers
Fläche. Der Zar Berendej griff nach der Kelle – aber

Fort war die Kelle, der Hand flugs entglitten. Ungeduldig
Griff er bald mit der Rechten, bald mit der Linken nach dem
Stiel aus Bernstein, der weicht ihm aus nach der linken und rechten
Seite, er foppt nur den Zaren und will sich ihm nicht ergeben.
Ach, woran liegt das? Nun aber wartet er, bis jene Kelle
Anhält, und packt sie zur gleichen Zeit mit der Rechten und Linken –
Wieder vergeblich! Sie glitscht aus den Händen und taucht wie ein Fischlein
Ganz auf des Brunnens Grund und kommt gleich wieder nach oben,
So als sei nicht das geringste geschehn. ›Na warte nur (dachte
Zar Berendej), jetzt trinke ich ohne dich‹; kurz entschlossen
Führte er seine Lippen heran, und den Strahl der Quelle
Schlürfte er, und er gewahrte nicht, wie sein Bart in dem Wasser
Völlig versank. Als er sich satt getrunken, wollt er
Heben den Kopf ... doch halt! Man erlaubt es ihm nicht; und jemand
Hält seinen Bart fest. Der Zar, er stemmt sich gegen des Brunnens
Rand, er will sich losreißen, er schüttelt und dreht seinen Kopf –
Aber man hält ihn fest. »Wer ist das? Laßt los!« so ruft er.
Keine Antwort, nur eine schreckliche Fratze vom Grunde
Starrt: zwei riesige Augen glänzen wie Diamanten;
Aufgerissen das Maul lacht ein seltsames Lachen; zwei Reihen
Großer Perlen leuchten darin, die ausgestreckte

Zunge, sie neckt den Zaren; und Krebsscheren haben sich
in den
Bart gekrallt anstelle von Fingern. Es tönt eine heisre
Stimme alsbald aus dem Wasser: »Gib dir, o Zar, keine
Mühe;
Denn ich laß dich nicht los. Doch wenn du begehrst nach
Freiheit,
Dann gib mir das, was dein eigen ist und von dem du nichts
weißt.«
›Was denn‹, dachte der Zar, ›gibt's, was ich nicht weiß? Ich
weiß doch
Alles!‹ Er gab der Fratze die Antwort: »Einverstanden!«
»Gut!« tönt von neuem die heisere Stimme. »So sieh du
nur zu,
Daß du auch Wort hältst, damit dir nicht Kränkung und
Leid entstehe!«
Und verschwunden waren die Krebsschern. Die Fratze
versunken.
Als der Zar seinen ehrbaren Bart gerettet, schüttelte
Er sich voll Stolz und bespritzte die Höflinge, die sich
verbeugten.
Schwang sich endlich aufs Roß und ritt los; ich weiß nicht,
wie lange;
Schon ist er nahe der Hauptstadt; es kommt ihm entgegen
des Volkes
Haufe, und die Geschütze donnern, von Türmen
läuten
Glocken. Der Zar naht sich dem Palast mit goldenen
Kuppeln –
Da steht die Zarin schon auf der Treppe; und neben der
Zarin
Harrt der Erste Minister; er hält ein brokatenes Kissen
Auf seinen Armen; dort liegt ein Säugling, schön wie die
helle

Sichel des Mondes, und regt sich in seinen Windeln. Erraten
Hatt' es der Zar, er stöhnte: »Das ist's, was ich nicht wußte!
Teufel, verfluchter, du willst mich töten!« Er weinte bitter.
Alle waren verwundert. Doch schwiegen sie. Schließlich nahm der
Zar Berendej das Kind in die Arme und weidete lange
Seine Augen daran, er legt' es zurück in die Wiege,
Hielt seinen Schmerz geheim und herrschte wie früher. Niemand
Wußte von dem Geheimnis, doch alle gewahrten, daß er
Öfter sehr traurig war – stets erwartend, man nehme den Sohn ihm;
Tagsüber fand er nicht Ruh und schloß in der Nacht kein Auge.
Aber die Zeit verging, und niemand kam. Erstaunlich
Rasch wuchs der Zarewitsch heran, und seine Schönheit erblühte.
Endlich hatte auch Zar Berendej, was vormals geschehen,
Völlig vergessen … Doch andre waren minder vergeßlich.
Einst war beim Jagdvergnügen im Wald der Zarewitsch geraten
Tief in das Dickicht. Er sah: eine Lichtung inmitten der Wildnis;
Rings schwarze Tannen, im Gras eine tief ausgehöhlte Linde.
Plötzlich ein Rascheln. Er sah, es kam aus der Höhlung gekrochen
Hurtig ein komischer Alter mit grünem Bart und ebenso
Grünen Augen. Er sprach: »Willkommen, Iwan-Zarewitsch!
Lang haben wir gewartet, er sollte sich nun erinnern.«
»Sag mir, wer bist du?« dies fragte der Zarewitsch. »Davon
Später; jetzt überbring nur Zar Berendej, deinem Vater,

Meinen Gruß und richte ihm aus: Ob es nicht Zeit sei,
Daß der Zar Berendej seine Schuld begleiche.
Längst schon
Ist jene Frist verstrichen. Er wird schon wissen.
Auf später!«
Damit verschwand der bärtige Alte. Iwan-Zarewitsch
Ritt in Gedanken versunken nach Haus aus dem finsteren
Walde.
Nun trat er vor seinen Vater, vor Berendej den Zaren.
»Väterchen Zar, mein Gebieter«, sprach er, »es geschah
mir ein
Wunder.« Und er erzählte, was er gehört und gesehen.
Zar Berendej wurde fahl wie ein Leichnam. »Welch
großes Unglück,
Herzensgeliebter Iwan-Zarewitsch!« so rief er weinend.
»Ach, ich fürchte, wir müssen uns trennen!« Und er
vertraute
Ihm das Geheimnis an, und was er beschworen.
»Mein Vater,
Weine und gräme dich nicht; nicht allzu groß ist
das Unglück.
Gib mir ein Pferd; ich reit in den Wald; und du
harre meiner;
Wahr das Geheimnis und sorge, daß keiner ein Wort
davon wisse,
Auch nicht das Mütterchen Zarin. Doch kehr ich nach
einem ganzen
Jahr noch immer nicht zu euch zurück, dann wisset,
daß ich
Nicht mehr am Leben bin.« Mit allen Dingen, die nötig,
Rüsteten sie ihn für die weite Reise. Der Vater schenkte
Schwert ihm und Harnisch und einen Rappen; die Zarin
hängte
Ihm ein Kreuz mit Reliquien um; man sprach Gebete,

Zärtlich küßten sie sich und weinten. »Gott bewahr dich!«
Dann ritt Iwan-Zarewitsch davon. Was mocht ihn erwarten?
Einen Tag ritt er, den zweiten und dritten; am vierten –
Kaum ging die Sonne unter – gelangte er an ein Gewässer;
Glatt war der See wie Glas, bis zum Rand reichte das Wasser;
Ringsum war alles öde; umloht von des Abends Röte
Dunkelten langsam die Wasser. Es spiegelte sich das grüne Ufer, das dichte Schilf – es war, als läg alles im Schlummer;
Still stand die Luft, es regte kein Rohr sich, man hörte kein Rauschen
Weit in der hellen Strömung. Iwan-Zarewitsch, was sah er?
Dreißig kleine graue Enten mit Federhäubchen
Schwimmen unweit vom Ufer, und dreißig weiße Hemden
Liegen beim Wasser im Gras. Iwan-Zarewitsch stieg lautlos
Etwas vom Ufer entfernt vom Pferd; und verdeckt vom Grase,
Kroch er heran, dann nahm er vorsichtig eines der weißen
Hemden; und rasch verbarg er sich im Gebüsch, um zu warten.
Unterdessen schwammen die Entchen und planschten und tauchten.
Als sie endlich genug gespielt und getaucht und geplanscht,
Kamen sie an das Ufer, neunundzwanzig von ihnen,
Watschelten zu ihren Hemden, warfen zur Erd sich und waren
In schöne Jungfern verwandelt, die sich anzogen und verschwanden.
Nur das dreißigste Entchen wagte sich nicht mehr ans Ufer.
Mutterseelenallein, mit Klageschreien schlug es

Dicht am Ufer das Wasser, reckte schüchtern das Hälschen,
Schaute ganz ratlos umher, flatterte auf, ließ sich nieder.
Leid tat das Entchen Iwan-Zarewitsch. Er trat aus den Büschen,
Ging auf es zu, da sprach es bittend mit menschlicher Stimme:
»Gib mein Gewand mir zurück, Iwan-Zarewitsch, dein Schaden
Soll es nicht sein.« Er legte gehorsam das Hemd auf die Wiese,
Trat beiseite und stellte sich hinters Gebüsch. Das Entchen
Warf sich ins Gras. Doch was erblickt der Zarewitsch? Die Jungfrau
Steht im weißen Kleide vor ihm, von solcher Schönheit,
Daß man es weder im Märchen erzählen noch aufschreiben könnte.
Dann reicht sie ihm errötend die Hand, und gesenkten Blickes
Sagt sie – die Stimme klingt wie Saitenmusik: »Ich dank dir,
Lieber Iwan-Zarewitsch, dafür, daß du gehorcht hast;
Denn du hast dir einen Dienst erwiesen, zufrieden wirst du
Noch mit mir sein: Ich bin die Tochter Koschtschejs des Unsterblichen,
Marja-Zarewna genannt. Aber Koschtschej hat dreißig
Töchter im Zarenreich unter der Erde. Lang schon erwartet
Deinen Besuch er, er ist schon böse; doch sei ohne Sorge,
Tu du nur immer, was ich dir rate. Höre also:
Wenn du Koschtschej erblickst, so fall auf die Knie unverzüglich.
Kriech auf ihn zu: Er wird mit den Füßen stampfen – erschrick nicht;

Und was danach geschieht, wirst du sehn. Nun aber folge
mir.«
Marja-Zarewna stampfte jäh mit dem Fuß auf;
die Erde
Öffnete sich, dann stiegen sie abwärts ins Reich der Tiefe.
Vor ihnen ragte Koschtschejs des Unsterblichen Schloß
auf: Gemeißelt
Ganz aus Karfunkelsteinen, und heller noch als die Sonne,
So überstrahlte es alles dort unten. Iwan-Zarewitsch
Trat mutig ein: Auf dem Thron saß Koschtschej mit
glitzernder Krone;
Wie Smaragde glänzten die Augen, bewehrt warn die Arme
Gräßlich mit Krebsscheren. Als ihn Zarewitsch erblickte,
fiel er
Gleich auf die Knie. Koschtschej, der fing an zu trampeln,
es blitzten
Furchtbar die Augen, er schrie, da bebten die Grundfesten
seines
Unterirdischen Reiches. Folgend nun Marja-Zarewnas
Ratschlag, rutschte er auf seinen Knien, um zum Thron zu
gelangen;
Tobte der Zar auch, Iwan kroch weiter und weiter.
Schließlich
Mußte der Zar sogar lachen. »Gut gemacht, Schelm«, so
sprach er,
»Da dir's geglückt ist, mich zum Lachen zu bringen,
so will ich
Jetzt keinen Streit vom Zaun brechen. Sei uns willkommen
Im unterirdischen Reich; aber wisse, du mußt uns drei
Dienste
Für deinen Ungehorsam erweisen; doch davon morgen;
Denn es ist spät.« Zwei Höflinge faßten Iwan-Zarewitsch
Flink bei den Armen, und sie führten ihn ausgesucht höf-
lich

Nach einer Schlafkammer, die ihm bestimmt war, sie schlossen die
Tür auf, verneigten sich tief vor Iwan-Zarewitsch und gingen.
So blieb er dort allein. Er legte sich sorglos zur Ruhe,
Sank bald in tiefen Schlummer. Am nächsten Tag, früh am Morgen
Rief Zar Koschtschej unverzüglich Iwan-Zarewitsch zu sich.
»Nun, mein Iwan-Zarewitsch«, sprach er, »wollen wir sehen,
Ob du geschickt bist. Errichte uns doch zum Beispiel einmal
Heut in der Nacht ein Schloß: Das Dach aber soll von Gold sein,
Marmorn die Wände, kristallen die Fenster und ringsum ein Garten,
In dem Garten ein Teich mit Karauschen. Wenn du errichtest
Diesen Palast, so wirst du des Zaren Gunst dir erringen;
Anderenfalls, nimms mir nicht übel, wirst du den Kopf verlieren!«
›Ach, du verfluchter Koschtschej‹, dachte zornig Iwan-Zarewitsch,
›Dies also hast du ausgebrütet!‹ und tiefbekümmert
Ging er in seine Kammer zurück; und schon war es Abend;
Da kam ein funkelndes Bienchen zu seinem Fenster geflogen,
Pochte leis an die Scheibe – er hört: »Laß mich hinein!«
Wie er das Fenster öffnet, fliegt die Biene herein, sie verwandelt
Rasch sich in Marja-Zarewna. »Gruß dir, Iwan-Zarewitsch,
Worüber denkst du jetzt nach?« – »Da muß man ja nachdenklich werden«,

Sagt er. »Dein Väterchen trachtet mir nach dem Kopf.«
»Was willst du
Dagegen tun?« – »Dagegen? Nichts. Soll er ihn haben,
Meinen Kopf; um den Tod kommt man ohnedies nicht herum.«
»Nein, mein Iwan-Zarewitsch, wir dürfen den Mut nicht verlieren.
Ist das ein Unglück? Das Unglück steht noch bevor; sei nicht traurig;
Guter Rat kommt, wie du weißt, über Nacht: So leg dich ruhig
Schlafen; und morgen steh auf; dann wird dein Schloß schon gebaut sein;
Du aber geh mit dem Hammer herum und klopf an die Wände!«
So geschah es. Vor Tau und Tag trat Iwan-Zarewitsch
Aus seiner Kammer ... Er sah erstaunt, daß das Schloß schon gebaut war.
Herrlich war es und unbeschreiblich. Koschtschej war verwundert;
Wollte den Augen nicht trauen. »Dir fehlt's gewiß nicht an Schlauheit«,
Sprach zu Iwan-Zarewitsch der Zar, »du hast, scheint's, geschickte
Hände; nun wollen wir sehn, ob du ebenso scharfsinnig sein kannst.
Dreißig Töchter nenn ich mein eigen, schöne Zarewnas.
Morgen stell ich sie alle auf in der Reihe, aber
Du sollst dreimal an ihnen vorübergehn und beim dritten
Mal meine jüngste Tochter Marja-Zarewna erkennen;
Wenn du sie nicht erkennst, dann verlierst du den Kopf. Leb wohl nun.«
›Klug ist's ersonnen!‹ so dachte Iwan-Zarewitsch am Fenster.

Marja-Zarewna, sie zu erkennen, ist's denn so schwierig?‹
»Wohl ist es schwierig«, sprach Marja-Zarewna,
die gehuscht kam als Bienchen,
»Helf ich dir nicht, dann droht dir sicher ein Unheil.
Dreißig
Schwestern sind wir, und wir sind zum Verwechseln
ähnlich.
Und selbst der Vater erkennt uns nur an unseren
Kleidern.«
»Sag, was ich tun soll!« – »Es bleibt nur ein einziges
Mittel. Ich werde
Jene der Schwestern sein, bei der auf der rechten Wange
Eine winzige Fliege zu sehn ist. Gib nun Obacht,
Leicht ist's, sich dabei zu täuschen. Leb wohl!« Und das
Bienchen entschwirrte.
Zar Koschtschej rief am nächsten Tag nach Iwan-Zare-
witsch.
Schon warn die Zarentöchter versammelt, alle im gleichen
Kleid in der Reihe stehend, gesenkten Blicks. »Nun,
Geschickter«,
Sprach Zar Koschtschej, »geh dreimal vorüber an diesen
Schönen,
Und bei dem dritten Mal zeigst du uns Marja-Zarewna.«
Unser Iwan-Zarewitsch ging los; er schaute und schaute:
Wirklich, sie waren erschreckend ähnlich! Beim ersten
Male
Keine Fliege zu sehn, und beim zweiten Male ebenfalls
Keine; doch wie er zum dritten Mal geht, da sieht er dieses:
Kaum erkennbar huscht eine Fliege dort über die frische
Wange, die brennt lichterloh; und mit frohlockendem
Herzen
Sagte er dem Koschtschej: »Dort ist die Marja-Zarewna!«
Und er reichte der Schönen die Hand. – »O weh, es geht
dies

Nicht ganz mit rechten Dingen zu«, brummte Koschtschej, er glotzte
Bös den Zarewitsch an mit den grünen Augen. »Richtig
Hast du Marja-Zarewna erkannt; aber wie, möcht ich wissen.
Richtig erkannt, doch mit Ach und Krach. Jetzt will ich dich fassen!
Denn in drei Stunden sollst du von neuem bei uns erscheinen;
Freun wir uns doch des Gastes, und du mußt uns dein Können zeigen
Gleich hier an Ort und Stelle: Ich will einen Strohhalm anzünden;
Du aber sollst, indes er noch brennt, mir Stiefel nähen,
Ohne vom Fleck dich zu rühren, Stiefel, die schön verziert sind.
Wisse im voraus: Nähst du sie nicht, ist dein Kopf verloren.«
Da ging Iwan-Zarewitsch sehr zornig in seine Kammer.
Schon war das Bienchen Marja-Zarewna dort, und sie fragte:
»Warum, o lieber Iwan-Zarewitsch, bist du denn wieder
So voller Sorge?« – »Sicher wirst du«, gab er zur Antwort,
»Ebenso sorgenvoll sein, denn es ließ sich dein Vater einfalln
Einen weiteren Spaß. Jetzt soll ich ihm Stiefel nähen;
Bin ich vielleicht ein Schuster? Zarensohn bin ich; nicht schlechter
Scheint mir doch mein Geblüt als das seine. Aber unsterblich,
Sagt man, sei der Koschtschej! Schon viel Unsterbliche sah man.«
»Ach, mein Iwan-Zarewitsch, was willst du nun tun?« »Das fragst du?

Will keine Stiefel nähn. Soll er den Kopf mir
abschlagen!«
»Nein, mein Liebster, und da wir einander nunmehr
verlobt sind,
Will ich versuchen, dein Leben zu retten; wir wollen
gemeinsam
Retten uns oder zugrunde gehn. Wir müssen fliehen,
Bleibt keine andere Möglichkeit.« Bei diesen Worten
Spie Marja-Zarewna ans Fenster, der Speichel war gleich
gefroren;
Und sie verließ mit Iwan-Zarewitsch die Kammer, ver-
sperrte
Mit dem Schlüssel die Tür, dann warf sie den Schlüssel
weit fort.
An den Händen sich haltend, stiegen sie in die Höhe,
Und sie erreichten den Ort, von wo sie hinabgegangen
In das untere Reich. Sie sahen den See, das Ufer,
Und auf der Wiese trabte munter Iwan-Zarewitschs
Tapferes Roß. Und kaum daß es seinen Reiter gewittert,
Wieherte es, tanzte und stürmte zu ihm. Schließlich aber
Stand es wie angewurzelt vor ihm. Iwan-Zarewitsch
Schwang sich aufs Pferd, und hinter ihm die Zarewna;
dann schnellten
Sie wie ein Pfeil von dannen. Doch schickte Koschtschej
seine Diener
Zur bezeichneten Stunde, Iwan-Zarewitsch zu fragen,
Ob er nicht kommen wolle. Er harrte. Die Diener standen
Vor der verschloßnen Kammer. Sie klopften. Antwort gab
ihnen
Hinter der Tür der Speichel, als sei es Iwan-Zarewitsch:
Ja, ich komme. Die Antwort brachten die Diener dem
Zaren;
Der aber harrte und harrte – Iwan-Zarewitsch, er kam
nicht;

Abermals schickte Koschtschej erbost nun die gleichen
Boten;
Immer das gleiche Lied: *Ja, ich komme.* Koschtschej wurde
zornig:
»Will er mich denn verspotten? Geht, brecht die Tür auf
und packt ihn,
Bringt ihn, den ungehobelten Kerl! Die Diener rannten …
Aufgebrochen bald war die Tür … niemand da; doch am
Fenster
Lachte schallend der Speichel. Koschtschej, der in
Tobsucht schäumte,
Schrie: »Der verfluchte Dieb! Leute, macht schneller,
Leute!
Nehmt die Verfolgung auf! … Und alle werde ich hängen,
Wenn er entkommt! …« Die Hetzjagd begann … »Ich
höre Getrappel«,
Flüsterte Marja-Zarewna, sacht an Iwan-Zarewitsch
schmiegend
Ihre erhitzte Brust. Er stieg vom Pferd, an die Erde
Legte er's Ohr und sprach: »Sie sind schon nahe.« – »Da
bleibt kein
Zögern«, sagte Marja-Zarewna und ward zum Flusse,
Aber Iwan-Zarewitsch zur eisernen Brücke, zum schwarzen
Raben das Pferd, und der breite Weg, der teilte sich listig
Hinter der Brücke in drei verschiedene Pfade. Die Diener
Folgten der frischen Spur; doch, wie sie am Fluß
angekommen,
Standen sie starr vor Staunen: Man sah die Spur bis zur
Brücke;
Doch dann verschwand die Fährte, der Weg zerfiel in drei
Pfade.
Nichts zu machen! Zurück! Und heimkehrten nun die
Klugen.
Schrecklich zornig wurde Koschtschej, als er das hörte.

»Teufel! Der Fluß und die Brücke, das sind sie gewesen! Ihr konntet's
Raten, ihr Tölpel! Reitet zurück! Denn ich muß ihn haben! ...«
Wieder ging die Verfolgung an ... »Ich höre Getrappel«,
Flüsterte Marja-Zarewna Iwan-Zarewitsch rasch zu.
Der stieg vom Pferd und legte das Ohr an die Erde, sagte:
»Ach, im Galopp reiten sie und sind schon sehr nah.« Da haben
Marja-Zarewna, Iwan-Zarewitsch, und mit ihnen
Auch das Pferd, sich in einen verwachsenen Wald verwandelt.
In dem Wald gab es unzählige Wege und Stege, dahinter,
Scheint's, galoppierte ein Roß mit zwei Reitern. Den frischen Spuren
Folgend, erreichten die Diener den Wald in wilder Hetze.
Mitten im Walde sahn sie die Reiter und folgten ihnen.
Aber der Wald erstreckte sich bis zu Koschtschejs Gebieten.
Schnell ritt die Schar der Verfolger, doch das Roß war unermüdlich,
Manchmal schien es, als konnten sie's greifen, nein, vergeblich.
Seht! Sie standen am Tor zum unterirdischen Reiche,
Wo sie Iwan-Zarewitschs Verfolgung begonnen hatten,
Alles verschwunden: Kein Pferd mehr, kein dichter Wald. Und mit leeren
Händen erschienen sie wieder vor Zar Koschtschej. Und wütend
Wie ein Hund an der Kette tobte dieser: »Der Schurke,
Dem will ich's zeigen! Gebt mir ein Pferd! Er darf nicht entkommen!«
Wieder hatte Marja-Zarewna Iwan-Zarewitsch ganz leise
Zugeflüstert: »Ich höre Getrappel«; und wieder sprach er:

»Ach, im Galopp kommen sie und sind schon sehr nah.«
»Habt Erbarmen!
Das ist Koschtschej, mein Vater; doch reicht bis zur ersten Kirche
Nur noch sein Reich. Und weiter zu reiten wird er nicht wagen.
Gib mir dein Kreuz mit der Reliquie!« Ihr willfahrend,
Nimmt nun Iwan-Zarewitsch sein goldenes Kreuz vom Halse,
Aber wie er es ihr in die Hand gibt, wird sie zur Kirche,
Er wird ein Mönch und das treue Roß ein Turm mit zwei Glocken. –
Und schon erreicht Koschtschej mit dem Gefolge die Kirche.
»Hast du, ehrbarer Alter, nicht Reiter vorüberziehn sehen«,
Fragt er den Mönch. – »Gerade waren Iwan-Zarewitsch
Und seine Marja-Zarewna hier; sie betraten die Kirche,
Beteten, und sie hießen mich eine Kerze anzünden
Auf dein Wohl, und ich sollte dich grüßen, wenn du vorbeikommst.«
»Ah, die Verfluchten, ich wünschte, daß sie den Hals sich brächen!«
Schrie Zar Koschtschej, er wandte sein Roß um und stürmte von Sinnen
Mit dem Gefolge nach Hause, und ohne Erbarmen peitschte
Er alle Diener aus bis zum letzten. Iwan-Zarewitsch
Aber ritt weiter mit Marja-Zarewna, denn jene Treibjagd
Fürchteten sie nicht mehr. Im leichten Trab ritten sie; schon neigte
Sich die Sonne gen Westen, als vor ihnen herrlich eine
Stadt im Abendlichte erschien. – »Iwan-Zarewitsch!«

Sprach nun Marja-Zarewna. »Reit nicht hinein. Mein banges
Herz, es sagt mir, daß dort ein Unheil geschieht.« – »Was fürchtest
Du, meine Marja-Zarewna? Für kurze Zeit doch nur reiten
Wir in die Stadt, dann kehrn wir zurück.« »Hineinzureiten
Ist nicht schwer, schwer ist's, hinauszureiten. Doch sei es!
Geh nur, ich bleibe hier, als ein weißer Stein will ich liegen
Hier am Wege; sei auf der Hut: Der Zar und die Zarin
Und ihre Tochter, die werden vors Tor dir entgegenkommen
Mit einem herrlichen Kind; oh, küsse es nicht, und gibst du
Ihm einen Kuß, vergißt du mich auf der Stelle; dann bleib ich
Nicht auf der Welt und sterbe vor Kummer durch dein Verschulden.
Hier am Weg will ich drei Tage warten, kommst du am dritten
Noch nicht zurück … aber nun reite.« Iwan-Zarewitsch
Nahm von ihr Abschied und ritt allein in die Stadt. Am Wege
Blieb die Zarewna liegen als weißer Stein. Und der erste
Tag ging dahin und der zweite und dritte – Iwan-Zarewitsch
War nicht zurückgekommen. Die arme Marja-Zarewna!
Ach, ihrer Warnung folgte er nicht. Aus der Stadt sind getreten,
Ihn zu empfangen der Zar, die Zarin und ihre Tochter;
Mit ihnen kam vor das Tor gelaufen ein wunderbares
Kind, ein lockiger Knabe, des Äuglein wie Sterne glänzten;
Der warf sich gleich in die Arme Iwan-Zarewitschs; dieser

War von des Kindes Schönheit gefesselt, und ganz von Sinnen
Fing er an, ihm die heißen Wangen zu küssen, zur gleichen
Stunde umwölkte sich sein ganzes Erinnern an früher,
Und er vergaß auch Marja-Zarewna. Die dachte traurig:
›Nun ich von dir verlassen bin, will ich nicht länger leben.‹
Da verwandelt Marja-Zarewna sich aus dem weißen
Stein sogleich in eine lazurene Blume des Feldes.
›Hier am Weg will ich bleiben, vielleicht wird mich jemand zertreten.
Tief sink ich dann in die Erde.‹ So sprach sie, und ihre Tränen
Glitzerten hell auf den blauen Blättchen der Blüte. Ein Alter
Kam auf dem Weg vorüber, und er erblickte die Blume;
Von ihrer Schönheit geblendet, grub er sie mit der Wurzel
Sorgfältig aus und trug sie in seine Hütte. Dort pflanzte
Er sie in einen Topf, er goß sie, begann sie zu pflegen.
Doch, was geschah? Seit diesem Tage änderte manches
Sich in des Alten Hütte; ein wunderlich Treiben erwachte:
Wenn sich der Alte erhob, war aufgeräumt schon in der Hütte,
Nirgends sah man auch nur ein Stäubchen. Und kam er mittags
Hungrig nach Haus, dann war das Essen schon fertig; ein reines
Tischtuch war aufgelegt. Er konnte sich's schmecken lassen.
Da war er höchst verwundert und wußt es sich nicht zu erklären;
Als ihn nun Furcht ergriff, entschloß er sich, Rat zu suchen
Bei einer Wahrsagerin. Und dieses sagte die Alte:
»Folgendes mußt du tun: Erheb dich vorm Morgengrauen,
Noch vor dem Krähn der Hähne, und wende kein Auge von allem;

Was sich in deiner Hütte zu regen beginnt, das mußt du
Mit diesem Tuch bedecken. Du wirst schon sehn, was
darunter.«
Ohne ein Auge zu schließen, lag der Alte im Bette
Die ganze Nacht. Als der Morgen graute und in der Hütte
Etwas zu sehn war, gewahrte er plötzlich, daß die blaue
Blüte vom dünnen Stengel aufflog, sie begann zu schweben
Quer durch die ganze Hütte. Dabei stellte sich alles
An seinen Platz, der Staub wurde weggewischt, das Feuer
Flammte im Öfchen auf. Sehr eilig stand da der Alte
Von seinem Bett auf, er warf das Tuch rasch über die
Blume,
Und es erschien vor ihm die schöne Marja-Zarewna.
»Ach, was hast du getan?« so sprach sie. »Warum gibst du
Mir das Leben zurück? Iwan-Zarewitsch, der schöne,
Der mein Bräutigam war, er hat mich verlassen,
vergessen.«
»Dein Zarewitsch heiratet heut. Zum Hochzeitsmahle
Haben schon Gäste sich eingefunden.« Bitterlich weinte
Da die Marja-Zarewna. Doch wischte sie ab die Tränen;
Hüllte sich in einen Sarafan und ging als Bäurin
In jene Stadt. Sie kam in des Zaren Küche; dort liefen
Köche in weißen Schürzen und Mützen herum. Ein lautes
Lärmen, Poltern und Klopfen. Da trat die Marja-Zarewna
Vor den höchsten der Köche und sprach mit gewinnender
Stimme:
»Lieber Koch, erlaub mir, daß ich den Hochzeitskuchen
Backe für unsern Iwan-Zarewitsch.« Der Koch, höchst
beschäftigt,
Wollte sie ärgerlich in die Schranken weisen. Aber
Plötzlich erstarben die Worte ihm auf den Lippen, als er
Marja-Zarewna ansah; er gab ihr freundlich zur Antwort:
»Glück dir, du schöne Jungfrau, was immer du wünschst,
das tue.

Deinen Kuchen, den bring ich selbst zu Iwan-Zarewitsch.«
Nun war der Kuchen gebacken, und alle Geladenen saßen
Nach alter Sitte am Tisch und taten sich gütlich. Der freundliche
Koch, er stellte mit würdiger Miene den Kuchen auf silberner Platte
Grad vor Iwan-Zarewitsch. Verwundert waren die Gäste,
Als sie den Kuchen erblickten. Kaum hatte Iwan-Zarewitsch
Oben ihn angeschnitten, begab sich ein weiteres Wunder!
Aus dem Kuchen kam ein graublauer Tauber geflattert
Mit einem weißen Täubchen. Die trippelten über die Tafel,
Und es gurrte das Täubchen: »Täuberich, lauf doch nicht, warte;
Wirst mich vergessen wie Iwan-Zarewitsch die Marja-Zarewna!«
Ach, wie Iwan-Zarewitsch aufstöhnte bei diesen Worten;
Als ob er wahnsinnig, stürzte er fort, doch hinter der Pforte
Stand schon wartend Marja-Zarewna. Und an der Treppe
Tänzelte ungeduldig der frisch gesattelte Rappe.
Da gab's kein Zögern; und so ritt Iwan-Zarewitsch mit seiner
Marja-Zarewna von dannen. Sie ritten, und endlich gelangten
Sie ins Reich Berendejs des Zaren. Der Zar und die Zarin
Nahmen sie fröhlich auf, so fröhlich hat man gesehen
Niemals und nirgends die Menschen. Es gab kein längeres Zaudern,
Alles ward nun zum Feste bereitet, die Gäste kamen,
Und man hielt Hochzeit; dort war auch ich und trank Bier und Met,
Über den Bart floß es mir, nicht in den Mund. Das ist alles.

1831

Nachdichtung: Roland Erb

Das Märchen von Zarensohn Iwan und dem Grauen Wolf

Einstmals gebot in einem Königreich
Der mächtge Zar Demjan Danilowitsch.
Sein Land regierte er mit hoher Weisheit,
Und er besaß drei Söhne: Klim-Zarewitsch,
Zarewitsch Peter und Iwan-Zarewitsch.
Und ihm gehörte auch ein schöner Garten
Mit einem wunderbaren Apfelbaum;
Von purem Golde waren alle Früchte
In seinen Zweigen. Aber eines Tages
Erwies es sich, daß viele Zarenäpfel
Verschwunden waren. Und der Zar Demjan
Danilowitsch betrübte sich darüber
So sehr, daß er den Appetit verlor
Und mager wurde und nicht schlafen konnte.
Da ließ er schließlich seine Söhne rufen
Und sprach: »Ihr, meine Herzensfreunde, meine
Leiblichen Söhne, Klim-Zarewitsch, Peter-
Zarewitsch und Iwan-Zarewitsch, hört:
Ihr könnt mir heute einen Dienst erweisen;
Denn Nacht für Nacht kommt in den Zarengarten
Ein Dieb geschlichen, und er streicht umher;
Schon viele goldne Äpfel sind verschwunden,
Und daß ich sie verlor, bekümmert mich
Mehr als der Tod. So hört denn, meine Freunde:
Demjen'gen unter euch, dem es gelingt,
Den nächtgen Dieb am Apfelbaum zu fangen,
Dem schenke ich die Hälfte meines Reichs,
Solang ich lebe, und nach meinem Tode
Erbt er das ganze Reich.« Die Söhne kamen,
Des Vaters Worte wägend, überein,

Daß einer nach dem andern eine Nacht
Im Zarengarten wachen und dem Dieb
Auflauern sollte. Und als erster ging
Klim in den Garten, als die Nacht kam, legte
Sich unterm Apfelbaum ins dichte Gras,
Und schlief nach einer halben Stunde ein,
So fest, daß es schon Mittag war, als er
Aufstand und sich die Augen rieb und gähnte.
Zurückgekehrt, sprach er zu Zar Demjan,
Daß in der Nacht kein Dieb gekommen wäre.
Die zweite Nacht brach an; da setzte Peter-
Zarewitsch sich, dem Diebe aufzulauern,
Unter den Apfelbaum; und eine ganze Stunde
Sah er mit großen Augen in das Dunkel.
Blind aber blieb die Finsternis, und schließlich
Sank er, dem Schlaf nicht widerstehend,
Ins Gras und schnarchte, daß der Garten dröhnte.
Als er erwachte, war es längst schon Tag.
Dem Zaren aber sagte er das gleiche
Wie Klim-Zarewitsch, daß den Zarengarten
In dieser Nacht kein Dieb betreten habe.
Am dritten Abend aber ging Iwan-
Zarewitsch in den Garten, um den Dieb
Endlich zu stellen. Unterm Apfelbaum
Verbarg er sich; mucksmäuschenstill
Saß er, hielt fleißig Ausschau und schlief nicht;
Und da, um Mitternacht: hell wird der Garten,
Als zucke jäh ein Blitz. Und was erblickt
Iwan-Zarewitsch? Pfeilschnell fliegt von Osten
Ein Feuervogel. Wie ein roter Stern
Glänzt er und läßt taghell die Nacht erscheinen.
Iwan sitzt, an den Apfelbaum geschmiegt,
Er rührt sich nicht, er atmet nicht, er wartet:
Doch was geschah? Der schöne Feuervogel

Flog auf den Baum und machte sich ans Werk
Und pflückte wohl zehn Äpfel. Nun erhob
Sich aus dem Gras ganz sacht der Zarensohn
Und haschte nach dem Schwanz des Diebes; der
Ließ rasch die Äpfel niederfalln und zerrte
Mit ganzer Kraft, bis er die Steuerfedern
Dem Zarensohn entriß und fliehen konnte.
Doch in der Hand Iwans blieb eine Feder
Zurück und blendete und strahlte so,
Daß wie von Feuerglanz der ganze Garten
Erleuchtet wurde. Zu Demjan, dem Zaren,
Trat nun Iwan-Zarewitsch und erklärte,
Daß sich der Dieb gefunden habe und
Kein Mensch sei, nein, ein Vogel: und zum Zeichen,
Daß er die Wahrheit spreche, übergab
Iwan dem Zaren ehrfurchtsvoll die Feder,
Die er im Garten aus dem Schwanz des Diebes
Gerissen hatte. Voller Freude küßte
Der Zar ihn. Keine goldnen Äpfel wurden
Fortan gestohlen, und der Zar Demjan
Ergötzte sich und wurde rundlich, aß
Und trank und schlief wie früher. Doch in ihm
Entbrannte heiß ein Wunsch: den Dieb der Äpfel
Begehrte er, den wundervollen Vogel.
Er ließ die beiden ältren Söhne rufen
Und sagte: »Freunde, Klim-Zarewitsch und
Zarewitsch Peter, es ist an der Zeit,
Daß ihr hinauszieht, Leute seht und euch
Vor ihnen zeigt. So nehmt denn meinen Segen;
Mit Gottes gütgem Beistand reitet aus
Zu Heldentaten und erwerbt euch Ruhm
Und Ehre. Aber ich, der Zar, begehre
Den Feuervogel. Wer ihn mir verschafft,
Dem schenke ich die Hälfte meines Reichs,

Solang ich lebe, und nach meinem Tode
Erbt er das ganze Reich.« Die Zarensöhne
Verneigten vor dem Vater sich und brachen,
Ohne zu zögern, auf. Nach kurzer Zeit
Trat auch Iwan-Zarewitsch vor den Zaren
Und sprach zu ihm: »Mein Vater, großer Herrscher
Demjan Danilowitsch, erlaube mir,
Den Brüdern nachzureiten; auch für mich
Ist's an der Zeit, die Welt zu sehn, und Ruhm
Und Ehre bei den Menschen zu erwerben.
Auch dir, mein Zar, will ich gefällig sein,
Den Feuervogel möchte ich beschaffen.
So gib mir deinen väterlichen Segen
Und laß mit Gott mich meiner Wege ziehn.«
Der Zar entgegnete: »Iwan-Zarewitsch,
Gar jung bist du, gedulde dich und warte,
Bis deine Stunde kommt, bleib jetzt bei mir.
Ich bin schon alt und habe nicht mehr lange
Auf dieser Welt zu leben. Aber wem
Soll ich mein Zarenreich denn hinterlassen,
Wenn einsam ich dahingeh?« Doch Iwan
Beharrte fest auf seiner Absicht, bis
Der Zar ihn, wenn auch ungern, segnete.
Und unverzüglich brach Iwan nun auf.
Er ritt und ritt und kam an eine Stelle,
Wo in drei Pfade sich sein Weg verzweigte;
Und einen Pfahl sah er am Scheideweg,
Und auf dem Pfahl las er die Inschrift: ›Wer
Geradeaus zieht, wird den ganzen Tag
Hungern und frieren; reitet er nach rechts,
Bleibt er am Leben, doch sein Pferd kommt um;
Wählt er den linken Weg, so stirbt er selbst,
Jedoch sein Pferd wird leben.‹ Dies bedenkend,
Beschloß Iwan-Zarewitsch, sich nach rechts

Zu wenden. Und er ritt nicht lange: Plötzlich
Kam aus dem Wald der Graue Wolf gelaufen
Und stürzte sich wie rasend auf das Pferd;
Und eh Iwan-Zarewitsch noch sein Schwert
Ergreifen konnte, war das Pferd verschlungen
Und nichts vom Grauen Wolfe mehr zu sehn.
Betrübt ging nun Iwan-Zarewitsch weiter,
Er ging zu Fuß; jedoch er ging nicht lange.
Erneut erschien der Graue Wolf vor ihm
Und sprach zum Zarensohn mit Menschenstimme:
»Mir tut es leid, Iwan, mein lieber Freund,
Daß ich dein gutes Pferd gefressen habe.
Doch schließlich hast du ja mit eignen Augen
Gesehn, was auf dem Pfahl zu lesen stand;
So mußte es geschehen. Aber du,
Betrübe dich nicht länger, steige nur
Auf meinen Rücken. Ich will treu und redlich
Dir fortan dienen: Nun, verrate mir,
Wohin des Wegs und wonach steht dein Sinn?«
Iwan, der Zarensohn, erzählte alles
Dem Grauen Wolf. Der aber sprach zu ihm:
»Wo du den Feuervogel finden kannst,
Das weiß ich wohl, so zögre nicht, sitz auf,
Iwan-Zarewitsch, laß mit Gott uns reiten!«
Der Graue Wolf flog schneller als ein Vogel
Mit seinem Reiter übers Land und hielt
Vor einer Mauer gegen Mitternacht.
»Wir sind am Ziel, Iwan-Zarewitsch!« sagte
Der Wolf. »Doch hör, in einem goldnen Käfig
Hängt hinter dieser Wand der Feuervogel:
Hol ihn behutsam aus dem goldnen Käfig,
Doch hüte dich, rühr nicht den Käfig an,
Denn du gerätst, greifst du danach, in Not.«
Über die Mauer stieg Iwan-Zarewitsch;

Und sah im Garten bald den Feuervogel
In einem reichen goldnen Käfig sitzen.
Der Garten war erhellt wie von der Sonne.
Er nahm den Feuervogel aus dem Käfig
Und überlegte: »Wie soll ich ihn tragen?«
Den Rat des Grauen Wolfs vergessend, nahm er
Den goldnen Käfig an sich. Doch es waren
Saiten von überall zu ihm gespannt.
Und deshalb hob ein lautes Klingen an.
Die Wächter schraken auf; sie kamen eilends
Gelaufen, und im Garten griffen sie
Iwan und brachten ihn vor ihren Zaren.
Als ihn der Zar – er hieß Dalmat – erblickte,
Sprach er: »Wer bist du? Und wo kommst du her?«
»Ich bin Iwan-Zarewitsch, und mein Vater,
Demjan Danilowitsch, beherrscht ein großes Reich;
Seht, Euer Feuervogel flog des öftern
Bei Nacht in unsern Garten, und er stahl
Dort goldne Äpfel: Nach dem Feuervogel
Hat mich mein Vater ausgesandt, der Herrscher
Demjan Danilowitsch.« Der Zar Dalmat
Erwiderte: »Ob du ein Zarensohn
Bist oder nicht, das weiß ich nicht zu sagen.
Sprichst du jedoch die Wahrheit, so geziemt
Dein Tun mitnichten einem Zaren; hättest
Du um den Feuervogel mich gebeten,
Ich hätt ihn dir mit eigner Hand gegeben
Aus Ehrerbietung, weil der Zar Demjan
Danilowitsch, den wegen seiner Weisheit
Der ganze Erdball rühmt, dein Vater ist.
Doch hör, ich will dir meinen Feuervogel
Gern überlassen, wenn du mir das Pferd
Goldmähne dafür herschaffst. Es gehört
Afron, dem mächtgen Zaren. Hinter dreimal

Neun Ländern magst du in sein Zarenreich,
Das dreimal zehnte, treten und das Pferd
Goldmähne dann vom mächtgen Zar Afron
Für mich erbitten. Oder hilf dir selbst
Durch eine List. Doch kehrst du, junger Freund,
Nicht mit dem Pferd zurück, so werde ich
In aller Welt verbreiten, daß Iwan
Kein Zarensohn, nein, nur ein Diebskerl ist.
Das wird dir große Schmach und Schande bringen.«
Betrübten Herzens ging Iwan-Zarewitsch
An jenen Ort, wo er den Grauen Wolf
Zurückgelassen hatte. Und der Wolf
Sprach zu ihm: »Zarensohn, zu Unrecht hast du
Nicht auf mein Wort geachtet; doch zu helfen
Ist da nichts mehr; sei künftig klüger, laß
Uns denn durch dreimal neun Gemarken reiten.«
Und schneller als der schnellste Vogel flog
Der Graue Wolf dahin mit seinem Reiter.
Zur Nacht gelangten sie ins Reich Afrons,
Und an den Toren zu des Zaren Marstall
Machten sie halt. »Hör zu, Iwan-Zarewitsch!«
So sprach der Graue Wolf. »Geh in den Stall!
Sei unbesorgt, die Pferdeknechte schlafen.
Aus seinem Laufstall kannst du leicht das Pferd
Goldmähne führen. Doch berühre nicht
Sein Zaumzeug; wieder stürzt du dich ins Unglück.«
Iwan trat in den Pferdestall des Zaren,
Er führte rasch das Pferd aus seinem Stand,
Doch fiel sein Blick zum Unglück auf das Zaumzeug,
Und es verlockte ihn, so daß er gänzlich
Vergaß, was ihm der Wolf geraten hatte.
Vom Nagel holte er das Zaumzeug. Aber
Es führten auch zu ihm gespannte Saiten;
Ein Klirrn hob an; die Pferdeknechte sprangen

Jäh auf. So wurde samt dem Pferd Iwan
Gefangen, und man brachte ihn zum Zaren.
Streng fragte ihn der Zar Afron: »Wer bist du?«
Die gleiche Antwort, die er auch dem Zaren
Dalmat gegeben hatte, gab Iwan-Zarewitsch.
Afron entgegnete: »Du bist mir schon
Ein rechter Zarensohn! Gebührt dies Handwerk
Denn Zarensöhnen? Ist es Zarenart,
Nachts herzuschleichen und ein Pferd zu stehlen?
Wohl könnte ich dir den verwegnen Kopf
Abschlagen; doch mich dauert deine Jugend.
Ich will dich schonen und will dir das Pferd
Goldmähne überlassen. Aber reite,
Laß hinter dir die dreimal neun Gemarken,
Ins dreimal zehnte Zarenreich von hier
Und bringe mir von dort die Zarentochter,
Die wunderschöne Helena, das Kind
Kassims, des mächtgen Zaren. Kehrst du aber
Nicht mit ihr wieder, lasse ich verkünden,
Daß du ein Gauner bist, ein Dieb und Strolch.«
Betrübten Herzens ging Iwan erneut
An jenen Ort, wo ihn der Graue Wolf
Erwartete. Der Graue Wolf empfing ihn:
»O du, Iwan-Zarewitsch, wenn ich dich
Nicht herzlich liebte, würde ich dich längst
Verlassen haben. Doch genug geseufzt!
Sitz auf! Nun, reiten wir mit Gott durch dreimal
Neun Länder zu Kassim, dem mächtgen Zaren;
Das ist jetzt meine, nicht mehr deine Sache.«
Und wieder stürmte mit Iwan-Zarewitsch
Der Graue Wolf dahin. Schon haben dreimal
Neun Länder sie durchritten, und schon sind sie
Im dreimal zehnten Zarenreich. Da hielt
Der Graue Wolf und hieß Iwan-Zarewitsch

Absitzen; und er sprach: »Der Zaubergarten
Liegt in der Nähe; dorthin gehe ich
Allein, doch unter dieser grünen Eiche
Erwarte mich.« Der Graue Wolf ging los,
Sprang über die Umfriedung in den Garten,
Kroch unter einen Busch und lag dort still,
Ganz still, bis Helena Kassimowna,
Die Wunderliebliche, mit ihren schönen
Jungfrauen, mit den Ammen, Wärterinnen
Lustwandelnd durch den Garten ging. Der Wolf,
Der darauf nur gelauert hatte, sprang,
Als sich die Zarentochter vom Gefolge
Ein Stück entfernte, aus dem Busch hervor,
Ergriff die Zarentochter, und er warf sie
Auf seinen Rücken. Wie ein Wirbelwind
Stob er davon. Die Ammen, Wärterinnen
Und Jungfraun schrien fürchterlich; der ganze
Hof lief herbei: Minister, Kammerherren
Und Generäle; und der Zar befahl,
Die Jäger zu versammeln und sogleich
Windspiele und Jagdhunde loszulassen –
Vergebens: Mit der Zarentochter war
Und mit Iwan schon weit der Graue Wolf.
Die Spur war längst erkaltet. In den Armen
Iwan-Zarewitschs lag bewegungslos
Die schöne Zarentochter Helena
(So hatte sie der Graue Wolf erschreckt).
Allmählich aber kam sie wieder zu sich;
Sie regte sacht sich, und sie öffnete
Die schönen Äuglein: und nun ganz erwacht,
Schlug sie zum Zarensohn Iwan sie auf.
Errötend glutete ihr Angesicht
Wie eine Purpurrose, und mit ihr
Errötete Iwan, und augenblicklich

Gewannen sie einander lieb – so lieb,
Daß es kein Märchen je erzählen könnte
Und keine Feder es beschreiben kann.
In tiefe Trauer fiel Iwan-Zarewitsch:
Er wollte sich um nichts auf dieser Welt
Von Helena der Wunderschönen, trennen
Und sie Afron, dem Zaren, übergeben.
Auch ihr erschien dies schlimmer als der Tod.
Der Graue Wolf bemerkte ihren Kummer:
»Iwan-Zarewitsch«, sagte er, »umsonst
Betrübst du dich und marterst dir das Herz.
Ich helfe dir in deinem Kummer. Denn
Das ist nur ein geringer Dienst, der wahre
Steht noch bevor.« Und schon sind sie im Reich
Des mächtigen Afron. Da sprach der Wolf:
»Iwan, uns hilft nur Klugheit weiter, ich
Verwandle mich nun in die Zarentochter;
Und du erscheine mit mir vor Afron,
Gib mich in seine Hand. Wenn du das Pferd
Goldmähne dann bekommen hast, so reite
Mit Helena Kassimowna voraus,
Und an geheimem Ort erwartet mich.
Lang werdet ihr nicht warten.« Darauf stürzte
Der Graue Wolf zu Boden, und er wurde
Zur Zarentochter Helena. Iwan-
Zarewitsch übergab ihn eigenhändig
Dem Zaren. Doch, kaum daß er auf dem Pferd
Goldmähne saß, schoß er schon wie ein Pfeil
Zur wahren Zarentochter in den Wald.
Indessen wurde im Palast des Zaren
Afron zur Hochzeit überall gerüstet:
Am gleichen Tage schritt er mit der Braut
Zu ihrer Trauung. Als nach der Vermählung
Der Frischgetraute seine junge Frau

Zum ersten Male küssen sollte, spürte
Afron ein rauhes Wolfsmaul an den Lippen;
Und dieses Wolfsmaul biß ihm in die Nase,
Und was, was mußte Zar Afron erblicken?
Statt einer schönen Gattin stand ein Wolf
Vor ihm. Und nicht viel Federlesens machte
Der Graue Wolf, er fegte mit dem Schwanz
Afron zu Boden und sprang aus der Tür.
Zu schrein begannen alle: »Haltet ihn!
So fangt ihn! Fangt ihn!« Weit gefehlt! Schon längst
Hat unser flinker Grauer Wolf Iwan
Und Helena, die Schöne, eingeholt.
Iwan-Zarewitsch ist im Nu vom Pferd
Goldmähne auf den Grauen Wolf gestiegen,
Und wiederum, schnell wie ein Wirbelwind,
Fliegen sie vorwärts. Und im Handumdrehn
Sind sie im Reich Dalmats. Der Graue Wolf
Sprach: »Ich verwandle mich nun in das Pferd
Goldmähne, aber du, Iwan-Zarewitsch,
Eil wie zuvor mit Helena voraus,
Nachdem als Tauschpfand für den Feuervogel
Du mich dem Zaren übergeben hast.
Bald hole ich euch ein.« Und so geschah's.
Der Zar Dalmat befahl alsbald, das Pferd
Goldmähne frisch zu satteln, und er ritt
Mit seinem Hofgefolge aus zur Jagd.
Doch, einen Hasen hetzend, ließ er alle
Weit hinter sich; »Seht«, rief da sein Gefolge,
»Verwegen galoppiert der Zar Dalmat!«
Doch im Galopp schoß unter seinen Beinen
Ein struppger Wolf hervor: da purzelte
Der Zar Dalmat, eh er sich's recht versah,
Kopfüber und die Beine in der Luft
Nach unten. In der aufgepflügten Erde

Versank er bis zur Schulter, und er stemmte
Sich mit den Armen gegen sie. Vergeblich
Versuchte er, die Beine aufwärts werfend,
Sich zu befreien. Da kam sein Gefolge
Herangesprengt; und es erlöste ihn
Aus seiner Lage. Und danach schrien alle
Aus Leibeskräften: »Fangt ihn! Jagt ihn! Fangt ihn!«
Doch keiner war zu jagen. Auf dem Wolf
Saß wie zuvor Iwan, und auf dem Pferd
Goldmähne saß die schöne Zarentochter;
Und unter ihr stolzierte, tänzelte
Goldmähne; ohne sich zu eilen, ritten
Gemächlich sie auf der Chaussee dahin,
Ritten im Schritt; und ob auch ihre Reise
Kurz oder lange währte – sie erreichten
Am Ende jene Stelle, wo Iwan-
Zarewitsch einst zum allerersten Mal
Den Wolf getroffen hatte, und dort lagen
Noch die verblichnen Knochen seines Pferdes.
Und seufzend sagte zu Iwan-Zarewitsch
Der Graue Wolf: »Iwan-Zarewitsch, sieh,
Jetzt ist die Zeit gekommen, uns zu trennen;
Ich habe dir in Treu und Redlichkeit
Bis heut gedient und bin von deiner Güte
Gerührt und werde dich, solang ich lebe,
Niemals vergessen, und zum Abschied will ich
Dir einen guten Rat erteilen: Sei
Vorsichtig; böse sind die Menschen. Auch
Den eignen Brüdern traue nicht. Ich bete
Zu Gott, daß glücklich du nach Haus gelangst
Und daß du mich mit einer angenehmen
Kunde von dir erfreust. Leb wohl, Iwan.«
Nach diesen Worten war der Wolf verschwunden.
Iwan-Zarewitsch trauerte ihm nach.

Doch dann ritt er mit Helena im Sattel,
Den Feuervogel über seiner Schulter
Im goldnen Vogelbauer, auf dem Pferd
Goldmähne, und sie ritten drei ... vier Tage.
Da, an des Zarenreiches Grenze, das
Der weise Zar Demjan Danilowitsch
Regierte, war ein reichgeschmücktes Zelt
Auf einer grünen Wiese aufgeschlagen.
Und aus dem Zelt, sie zu begrüßen traten –
Wer wohl? Die Zarensöhne Klim und Peter.
Iwan war hochbeglückt, auf sie zu treffen.
Jedoch den Brüdern kroch wie eine Schlange
Der Neid ins Herz, als sie den Feuervogel
Und in Iwan-Zarewitschs starken Armen
Die Zarentochter Helena erblickten:
Denn sie ertrugen den Gedanken nicht,
Mit leeren Händen vor den Zarenvater
Zu treten, während stolz ihr jüngster Bruder
Mit einer wunderschönen Braut, dem Pferd
Goldmähne und sogar dem Feuervogel
Zurückkehrt und das halbe Zarenreich
Erhält und, wenn der Vater stirbt, das ganze.
Und sie ersannen eine Freveltat:
Sich freundlich stellend, luden sie Iwan
Und auch die Zarentochter Helena,
Die Wunderschöne, ein, in ihrem Zelt
Sich auszuruhen. Ohne Argwohn traten
Die beiden ein. Da legte sich Iwan,
Vom langen Weg ermüdet, nieder, sank
Alsbald in tiefen Schlaf. Die bösen Brüder,
Die darauf nur gelauert hatten, stießen
Ein scharfes Schwert ihm spornstreichs in die Brust.
Auf freiem Felde ließen sie ihn liegen:
Die Zarentochter und den Feuervogel

Mitnehmend und das goldne Pferd, begaben
Sie sich nach Haus wie gute Leute. Aber
Blutüberströmt lag auf dem weiten Feld
Iwan-Zarewitsch reglos. So verging
Der ganze Tag; schon neigte sich im Westen
Die Sonne; und das Feld war wüst und leer;
Schon kreisten über dem Getöteten
Laut krächzend und mit ausgespannten Flügeln
Ein gieriger Rabe und sein schwarzes Junges.
Doch plötzlich, hast du nicht gesehn, erschien
Der Graue Wolf. Das große Unheil ahnend,
Kam er zu Hilfe; es war höchste Zeit,
Und fast wär es zu spät gewesen. Ahnend,
Warum der Rabe kreiste, ließ er ihn
Sich auf den toten Körper niedersetzen
Und packte – schnapp! – ihn, eh er sich's versah,
Am schwarzen Schwanz; der alte Rabe krächzte.
»Laß frei mich, Grauer Wolf!« so kreischte er.
»Ich laß dich nicht«, erwiderte der Wolf,
»Eh mir dein Rabenjunges nicht das Wasser
Des Lebens und des Todes bringt!« Der Rabe
Befahl dem Jungen, eilig aufzufliegen,
Daß er des Lebens und des Todes Wasser
Ihm hole. Der flog fort. Der Wolf begann,
Als er den Vater fest umklammert hatte,
Höflich und achtungsvoll mit ihm zu reden:
Der Rabe wußte vieles zu erzählen
Von dem, was er in seinem langen Leben
Gesehen hatte, sei's bei Vögeln, sei es
Bei Menschen. Aufmerksam vernahm der Wolf
Des Raben Rede und bewunderte
Die hohe Weisheit. Aber immer hielt er
Ihn fest am Schwanz und drückte ihn bisweilen,
Damit er sich beileibe nicht vergäße,

Mit seinen Pfoten sanft. Die Sonne sank;
Die Nacht brach an und ging; der Morgen graute,
Als sich das Rabenjunge, in zwei Fläschchen
Des Lebens und des Todes Wasser tragend,
Den beiden näherte. Der Graue Wolf
Ergriff die Fläschchen, und dem alten Raben
Gab er die Freiheit. Mit den Fläschchen trat er
Zum reglos liegenden Iwan-Zarewitsch:
Zuerst besprengte er ihn mit dem Wasser
Des Todes – und im Augenblicke schloß sich
Die Wunde, und aus ihrer Starrheit lösten
Die toten Glieder sich, und in die Wangen
Stieg Röte; er besprengte mit dem Wasser
Des Lebens ihn – er öffnete die Augen,
Er rührte sich und reckte sich, stand auf
Und sprach: »Wie lang hab ich geschlafen!«
»Und ewig hättest du geschlafen, wäre
Ich nicht gekommen!« sprach der Graue Wolf.
»Iwan-Zarewitsch, einen wahren Dienst
Hab ich dir heut erwiesen, aber wisse,
Es war mein letzter Dienst; von nun an sorge
Für dich allein. Nimm meinen Rat nun an
Und tu, was ich dir sage. Deine Brüder,
Die Bösewichter, sind nicht mehr am Leben;
Denn ihnen hat der Zauberer Koschtschej,
Der Mächtige und der Unsterbliche,
Die Köpfe abgedreht, und euer Reich
Hat er in Schlaf gesenkt; dein Vater schläft
So tief wie alle seine Untertanen.
Doch deine Zarentochter samt dem Pferd
Goldmähne und dem Feuervogel hat
Der Dieb Koschtschej geraubt: sieh, alle drei
Hält er in seinem Zauberschloß gefangen.
Doch du, Iwan-Zarewitsch, fürchte nichts

Für deine Braut; denn keine Macht gewinnt
Koschtschej, der Böse, jemals über sie:
Denn deine schöne Zarentochter schützt
Ein starker Talisman; doch nimmer kann sie
Das Schloß verlassen; Koschtschejs Tod allein
Schenkt ihr die Freiheit. Doch wo dieser Tod
Zu finden ist, das weiß ich nicht zu sagen.
Die einzige, die davon weiß, ist Baba-
Jaga. Und du, Iwan, du mußt sie finden.
Sie wohnt in einem dichten, finstren Wald,
Im grauen, tiefen Tann in einer Hütte
Auf Hühnerbeinen; und in diesem Wald
Hat keiner jemals einen Weg gebahnt;
Kein wildes Tier ist in ihn eingedrungen;
Kein Vogel flog dorthin. In einem Mörser –
So weit, so hoch der Himmel reicht – reist Baba-
Jaga; und sieh, mit einem Eisenstößel
Treibt sie ihn an, und ihre Spur verwischt sie
Mit einem Besen. Nur von ihr, Iwan,
Wirst du erfahren, wo der Tod Koschtschejs
Verborgen ist. Doch ich verrate dir,
Wo du das Pferd triffst, das dich gradewegs
In den noch nie betretnen Wald zu Baba-
Jaga geleiten wird. Geh jetzt gen Osten;
Du kommst auf eine grüne Wiese; dort
Wirst du drei Eichen sehen; zwischen ihnen
Liegt in der Erde eine Tür aus Eisen
Mit einem Ring; so heb an diesem Ring
Die Tür nach oben; steig die Treppen nieder!
Zwölf Türen halten dort ein Reckenroß
Gefangen; doch aus diesem Erdgewölbe
Kommt es von selbst zu dir. Besteig das Pferd
Und reite dann mit Gott; es wird vom Weg
Gewiß nicht irren. Und nun lebe wohl,

Iwan-Zarewitsch, und wenn Gott es will,
Daß wir uns wiedersehen, kann es nur
Auf deiner Hochzeit sein.« In Windeseile
Lief nun der Graue Wolf zum Wald; Iwan-
Zarewitsch schaute ihm mit Wehmut nach.
Am Waldrand drehte sich der Graue Wolf
Noch einmal um und winkte mit dem Schwanz
Von ferne und verschwand. Nun wandte tapfer
Iwan-Zarewitsch sein Gesicht gen Osten
Und schritt voran. So geht er einen Tag,
Geht einen zweiten, und am dritten kommt er
Zur grünen Wiese, und auf dieser Wiese
Wachsen drei Eichen; zwischen ihnen findet
Er eine Eisentür mit einem Ring;
Er hebt die Tür auf; unter dieser Tür
Liegt eine steile Treppe; er betritt sie
Und steigt hinab und findet eine zweite
Gußeisentür, von einem Hängeschloß
Verschlossen und verwahrt; und plötzlich hört er
Das Wiehern eines Pferds, und dieses Wiehern
War so gewaltig, daß die Eisentür
Aus ihren Angeln riß und mit entsetzlichem
Gedröhn zu Boden stürzte, und mit ihr
Zerbrachen noch elf weitre Eisentüren.
Denn hinter diese zwölf Gußeisentüren
Hatte ein Zauberer das Reckenroß
Vor langer, langer Zeit gesperrt. Iwan-
Zarewitsch pfiff; den Reiter spürend, sprengte
Das Roß bei diesem Pfiff aus seinem Stand
Und lief herbei: leicht, kräftig, schön, die Augen
Wie Sterne und wie Flammen seine Nüstern,
Wie eine Wolke wehte seine Mähne;
Kurzum: ein Wunder und kein Pferd. Iwan,
Um zu erkennen, wieviel Kraft es habe,

Strich mit der Rechten über seinen Rücken;
Da schnaubte laut das Roß und wankte stark;
Jedoch die Hufe auf den Boden stemmend,
Hielt es den Reckenhänden stand und sprach
Mit Menschenstimme: »Einen solchen Reiter
Wie du es bist, Iwan, du guter Recke,
Begehre ich, ich bin bereit und will
Fortan in Treu und Redlichkeit dir dienen.
Sitz auf! Wir wolln uns auf den Weg begeben
Mit Gottes Hilfe; alle Wege kenn ich
Auf dieser Welt. Wohin soll ich dich führen?
Befiehl! Ich führe dich an jeden Ort!«
Und in zwei Worten tat Iwan-Zarewitsch
Dem Pferde alles kund, dann saß er auf
Und trieb es an. Vor Freude wiehernd, bäumte
Das starke Pferd sich auf. Der Reiter schlägt
In seine festen Flanken, und das Roß
Sprengt los, die Erde zittert unter ihm;
Wild jagt es über regungslose Bäume,
Jagt unter ziehnden Wolken wild dahin,
Wild läuft es durch ein breites, breites Tal,
Verdeckt ein enges Tal mit seinem Schwanz,
Mit seiner Brust durchbricht es alle Sperren,
Fliegt wie ein Pfeil, und seine leichten Hufe,
Sie drücken keinen Halm zur Erde nieder,
Kein Staubkorn wirbeln sie vom Boden auf.
Nachdem sie im Galopp den ganzen Tag
Geritten waren, da ermüdete
Das Pferd am Ende, Schweiß rann an ihm nieder,
Wie Rauch umgab es dichter, heißer Dampf.
Damit es sich verschnaufe, ritt Iwan
Im Schritt. Der Abend nahte sich, und über
Ein weites Feld ritt nun Iwan-Zarewitsch
Und freute sich am Sonnenuntergang.

Doch plötzlich hört er einen wilden Schrei.
Er sieht: da raufen auf dem Weg sich zwei
Waldteufel, beißen, schlagen, stoßen sich
Mit ihren Hörnern. Langsam ritt Iwan
Heran und fragte sie: »Worum, ihr Burschen,
Geht euer Handel?« – »Darum«, sprach der eine,
»Drei Kostbarkeiten wurden uns zuteil:
Tarnkappe, Prügel, Tischleindeckdichtuch –
Wir aber sind nur zwei; wie sollen wir
Gerecht denn teilen? So gerieten wir
In Streit, und eine Schlägerei begann.
Du bist verständig, gib uns einen Rat,
Was solln wir tun?« – »Was ich euch sage«, sprach
Iwan-Zarewitsch, »diesen Pfeil will ich
Abschießen, eilt ihm nach! Und von der Stelle,
Wo er zu Boden fällt, lauft um die Wette
Zu mir zurück; und wer als erster hier ist,
Der nehme sich nach seiner Wahl zwei Schätze;
Dem anderen bleibt eine Kostbarkeit.«
»Ist's recht so?« – »Wir sind einverstanden«, schrien
Die Teufelchen und stellten sich zum Wettlauf.
Iwan-Zarewitsch spannte seinen Bogen
Und schoß den Pfeil ab: die Gehörnten rannten
Ihm stracks mit aufgerißnen Augen nach,
Das Tischtuch und die Kappe ließen sie
Sowie die Keule liegen. Ruhig setzte,
Das Tischtuch und den Prügel an sich nehmend,
Iwan die Zauberkappe auf und wurde
Unsichtbar samt dem Pferd. Nun ritt er weiter,
Den dummen Teufelchen es überlassend,
Ob sie von neuem ihre Prügelei
Beginnen oder sich versöhnen wollten.
Das Reckenroß erreichte, eh die Sonne
Gesunken war, den dichten Wald, wo Baba-

Jaga zu finden ist. Dort staunt Iwan-
Zarewitsch über das gewaltge Alter
Der mächtgen Eichen und der großen Föhren,
Die matt vom Abendrot beschienen sind;
Im Wald ist alles still, die Bäume schlafen,
Kein Blatt bewegt sich, und kein Grashalm zittert,
Im stummen, schwarzen Waldesinnern ist
Nichts Lebendes; und auf den Zweigen wiegt sich
Kein Vogel, keine Raupe kriecht im Gras;
Im Schweigen nur, das über allem liegt,
Erdröhnen laut die Pferdehufe. Endlich
Gelangt Iwan-Zarewitsch vor die Hütte
Auf Hühnerbeinen. »Hütte, Hütte!« sprach er,
»Dreh mit dem Rücken dich zum Wald, zu mir
Stell mit der Vorderseite dich.« Da drehte
Die Hütte sich vor ihm, und er trat ein,
Doch in der Tür bekreuzigte er sich,
Blieb stehen und verneigte sich nach allen
Vier Seiten, wie es sich gehörte, spähte
Mit seinen Augen in die Hütte; Baba-
Jaga lag auf dem Boden, ihre Beine
Gegen die Decke stemmend, ihren Kopf
In einer Ecke. Doch als sie das Klopfen
An ihrer Tür vernahm, da rief sie: »Pfui!
Was für ein Wunder! Bis zum heutgen Tag
War hier von einem Russen nichts zu sehen
Und nichts zu hören. Plötzlich, welch ein Wunder!
Steht einer vor mir. Sag, was führt dich her,
Iwan-Zarewitsch? War es ungewollt,
Geschah es willentlich? Bis heute
Kam nie ein Tier des Waldes hier vorüber,
Vorbeigeflogen ist kein Vogel je,
Noch je ein kühner Recke durchgeritten;
Wie hat dich Gott hierhergeführt, Iwan?«

»Du hirnverbrannte Hexe!« sprach zu Baba-
Jaga der Zarensohn Iwan. »Zuerst
Gib mir, dem braven Mann, zu essen und
Zu trinken, und dann richte mir ein Bett.
Ausschlafen laß mich, danach frag mich aus!«
Kaum hatte er's gesagt, erhob sich Baba-
Jaga und wusch im Dampfbad ihn und ließ
Ihn schwitzen, wie es sich gehörte, speiste
Und tränkte ihn und legte ihn zum Schlafen
Alsdann zu Bett, und dabei sagte sie:
»Schlaf, guter Recke, denn der Morgen ist
Weit klüger als der Abend, und du wirst dich
Hier gut erholen, Deinen Kummer aber
Erzähl mir morgen, und ich will dir helfen,
So gut ich kann.« Iwan, der Zarensohn,
Sprach sein Gebet und legte sich ins Bett.
Im Handumdrehn fiel er in tiefen Schlaf
Und schlief bis Mittag fest. Dann stand er auf,
Wusch sich und kleidete sich an. Erst jetzt
Erzählte er des langen und des breiten,
Warum er in den tiefen Wald zu Baba-
Jaga geritten war; da gab ihm Baba-
Jaga zur Antwort: »Ach, du guter Bursche
Beginnst ein gar verwegnes Unterfangen.
Doch gräm dich nicht, mit Gott gelingt uns alles.
Ich sage dir, wie du den Tod Koschtschejs,
Der als unsterblich gilt, erlangen kannst.
So hör: Im Weltmeer auf der großen Insel
Bujan steht eine alte Eiche, unter
Der alten Eiche aber eine Truhe
Verschlossen und mit eisernen Beschlägen;
In dieser Truhe hockt ein flauschger Hase,
Im Hasen aber eine graue Ente,
In dieser Ente ist ein Ei; im Ei

Jedoch der Tod Koschtschejs. Nimm dieses Ei
Und geh damit zum Zauberer Koschtschej.
Sobald du seinem Schloß dich näherst, siehst du
Den Drachen mit zwölf Köpfen, der den Eingang
Zu diesem Schloß bewacht. Denk nicht daran,
Den Kampf mit diesem Drachen aufzunehmen:
Dein Prügelholz wird ihn beschwichtigen.
Geh zum unsterblichen Koschtschej, doch deine
Tarnkappe setze auf, bevor du gehst.
Wenn du in seiner Gegenwart das Ei
Zerdrückst, wird er im Augenblick verenden.
Jedoch du darfst, wenn du dann heimwärts reitest,
Die Harfe, die von selbst tönt, nicht vergessen.
Denn hör, ihr Spiel allein kann deinen Vater
Demjan Danilowitsch und seinen ganzen
Mit ihm in Schlaf gesunknen Staat erwecken.
Und nun, Iwan-Zarewitsch, lebe wohl,
Gott sei mit dir! Jedoch dein gutes Pferd,
Es findet selbst den Weg; und hast du deine
Verwegne Tat dereinst vollbracht, gedenke
Auch meiner und gedenk der Alten nicht
Im Bösen, nein, im Guten nur.« Von Baba-
Jaga nahm Abschied nun Iwan-Zarewitsch.
Er setzte sich aufs Pferd, bekreuzigte
Sich, pfiff verwegen. Und das Pferd griff aus,
Und in der Ferne schwand der Urwald hinter
Iwan-Zarewitsch rasch, und bald schon blinkte
Am Himmelsrand das Meer als blauer Streifen
Und schimmerte. Schon ist Iwan-Zarewitsch
Herangesprengt ans Meeresufer, schaut
Sich um und sieht am Strand ein Fischernetz
Und sieht, daß in dem Netz ein Meereshecht
Verzweifelt zappelt ... Aber plötzlich spricht
Der Hecht zum Zarensohn mit Menschenstimme:

»Iwan-Zarewitsch, nimm mich aus dem Netz,
Wirf mich zurück ins Meer; ich werde dir
Zu guter Stunde nützlich sein.« Sogleich erfüllte
Iwan-Zarewitsch diese Bitte, und
Noch einmal schlug der Hecht aus Dankbarkeit
Mit seinem Schwanz und tauchte dann ins Meer.
Doch unentschlossen schaut Iwan-Zarewitsch
Aufs Meer; an dessen Grenze, wo der Himmel
Gleichsam mit ihm zusammenfließt, erblickt er
Als dunkelnden und langgestreckten Streifen
Bujan, die Insel; und sie ist nicht fern.
Wer aber soll ihn übersetzen? Plötzlich
Begann das Pferd zu sprechen: »Was bedenkst du?
Ach, grübelst du, Iwan, wie wir zur Insel
Bujan gelangen können? Leichter nichts
Als das! Ich bin dein Schiff, bleib auf mir sitzen
Und halte dich gut fest und sei nicht ängstlich;
Im Augenblick schon sind wir hingeschwommen.«
Tief in die Pferdemähne griff Iwan-
Zarewitsch, und die prallen Flanken preßte
Mit seinen Beinen er; aufbäumte sich
Das Pferd und, Anlauf nehmend, sprang es wild
Vom steilen Ufer in den Meeresschlund.
Für wenge Augenblicke nur verschwand es
Mit seinem Reiter in der Tiefe; plötzlich
Zerteilten rauschend sich die Meereswogen:
Das Pferd mit seinem kühnen Reiter tauchte
Empor und schlug mit Brust und Hufen heftig
Das Wasser, und die Wellen teilte es;
Und ringsum brodelten die Meereswogen,
Sie kochten, gischteten und schäumten auf.
Jedoch mit kräftgen Hufen trat das Pferd
Das ringsum tobende Gewässer, und
Mit starken Sprüngen strebte es voran,

So wie ein leichtes Segelschiff im Fahrtwind,
Und eine lange Spur lief ihm wie eine
Zischende weiße Schlange nach, bald hatte
Der großen Insel Küste es erreicht,
Und mutig strebte es nun aus dem Meer,
Lief auf den flachen Strand, bedeckt von Schaum.
Iwan-Zarewitsch ruhte nicht, er ließ
Das Pferd auf einer seidig-weichen Wiese
Nach Herzenslust sich tummeln, laufen, grasen
Und Labkraut zupfen, raschen Schrittes ging er
Zur Eiche, die am Meeresufer wuchs
Hoch auf der Kuppe eines Rasenhügels.
Als er dort angekommen war, ergriff er
Die Eiche, zog an ihr mit Reckenhand.
Die kräftge Eiche schwankte nicht! Noch einmal
Riß er an ihr – die Eiche knarrte, und
Er rüttelte zum dritten Mal, da wankte
Die Eiche stark, und ihre Wurzeln hoben
Die Erde auf. Jetzt zog Iwan-Zarewitsch
Mit ganzer Kraft an ihr, und krachend stürzte
Sie nieder, und von allen Seiten krochen
Wie Schlangen ihre Wurzeln aus dem Boden
Und hoben sich. Sie gaben eine Grube
Im Erdreich frei. Iwan erblickte dort
Die Truhe mit den eisernen Beschlägen.
Sogleich zog er die Truhe aus der Grube
Und schlug das Hängeschloß entzwei, den Hasen,
Der drinnen hockte, nahm er bei den Ohren
Und riß ihn auseinander; doch kaum hatte
Er ihn zerrissen, flatterte aus ihm
Die Ente, eh er sich's versah, heraus.
Schnell schwang sie sich empor und flog zum Meer.
Iwan-Zarewitsch sandte einen Pfeil
Ihr nach, und so genau traf er sein Ziel,

Daß die zu Tod getroffne Ente schnatternd
Sich überschlug, und plötzlich löste sich
Das Ei und fiel direkt ins Meer, und wie
Ein Schlüssel sank es auf den Grund. Iwan-
Zarewitsch stöhnte auf; da glänzte jäh
Ein Meerhecht auf dem Wasser; kräftig seine
Schwanzflosse schlagend, tauchte er zum Grund,
Schoß dann herauf und näherte sich sacht
Dem Ufer mit dem Ei im Maul; er legte
Es in den Sand und sprach: »Iwan-Zarewitsch,
Du siehst nun selbst, daß ich zur rechten Stunde
Dir nützlich war.« Nach diesen Worten schwamm
Der Hecht davon. Iwan-Zarewitsch nahm
Das Ei, und sicher trug ihn von der Insel
Bujan, durchs tiefe Meer, sein mächtges Pferd
Ans feste Ufer. Weiter sprengte es,
Bald kamen sie an einen steilen Berg.
Auf seinem Gipfel lag das Schloß Koschtschejs.
Doch seinen Fuß umspannte eine Mauer
Aus Eisen; und am Tor der Eisenwand
Lag der zwölfköpfge Drache auf der Wacht.
Er wachte und er schlief zugleich, von seinen
Zwölf Köpfen schliefen immer sechs, die andern
Sechs Köpfe schliefen nicht; und zweimal lösten
Einander sie am Tag beim Wachen ab;
Und angesichts des Eisentores wagte
Nicht einer haltzumachen, sei es auch
In großer Ferne: Richtete der Drache
Sich auf, so gab es kein Entkommen mehr
Vor seinen Zähnen. Er war unverletzlich:
Ihn konnte keine fremde Kraft bezwingen,
Einzig er selbst vermochte, sich zu töten.
Jedoch besonnen war das Pferd; es brachte
Auf die dem Drachen abgewandte Seite

Des Berges seinen Reiter, und Iwan-
Zarewitsch setzte nun behutsam seine
Tarnkappe auf, und leise, leise ritt er
Dem Drachen näher; sechs der Köpfe schauten
Wachsam nach allen Seiten; ihre Mäuler
Aufsperrend, bleckten sie die Zähne, während
Am Boden auf den langgestreckten Hälsen
Die andern Köpfe ruhten. Und sie schnarchten
In tiefem Schlaf. Da stieß Iwan-Zarewitsch
Den Knüppel an, der still am Sattel hing,
Und flüsterte ihm zu: »Nun denn, fang an!«
Der Knüppel aber fackelte nicht lange
Und sprang vom Sattel auf die Erde, stürzte
Sich auf den Drachen: und schon hagelte
Es Schläge auf die schlafenden und auf
Die wachen Köpfe. Wütend warf der Drache
Sich auf und zischte, doch der Knüppel walkte
Und walkte ihn, so sehr er sich auch wälzte.
Kaum sperrt der Drache einen Rachen auf,
Um ihn zu schnappen – aber nein, ich bitte,
Nicht so zu eilen –, drischt ihm schon der Knüppel
Ein andres Maul; der Drache öffnet alle
Zwölf Mäuler, um den Knüppel festzuhalten –
Vergebens, denn er tanzt auf allen Zähnen,
Als wären sie zur Schau gefletscht, und putzt
Die Beißer; heulend und die Nase rümpfend,
Sperrt nun das Untier alle Rachen zu
Und müht sich, unsern Knüppel mit den Tatzen
Zu greifen, aber da bewirtet der
Die Nacken ihm, ja, alle zwölf zugleich.
Als wäre er von Sinnen, warf der Drache
Sich hin und her, er heulte, überschlug sich,
Spie wütend Feuer und fraß Erde – alles
Vergebens! Ohne Eile, überlegt,

Mit jedem Schlage treffend, setzt der Knüppel
Die Arbeit fort und drischt ihn gut und kräftig
So wie ein fleißger Flegel auf der Tenne.
Und schließlich war der Drache so erbost,
Daß er sich selbst zerfleischte. Plötzlich schlug er
Die Krallen in die eigne Brust und riß,
Riß und zerriß sich in zwei Teile, stürzte
Winselnd zur Erde und verreckte so.
Der Knüppel wollte nun sein Werk am Toten
Fortsetzen wie am Lebenden; jedoch
Iwan-Zarewitsch rief ihm zu: »Genug!«
Und augenblicklich hing der Knüppel wieder
Am Sattel so, als wäre nichts gewesen.
Nachdem Iwan das Tischleindeckdichtuch
Am Boden ausgebreitet hatte, daß
Sein Pferd nach Herzenslust sich laben konnte,
Ließ er's am Tor zurück. Bedeckt mit seiner
Tarnkappe, ging er selbst ins Schloß Koschtschejs;
Den Knüppel nahm er mit für alle Fälle
Und auch das Ei. Beschwerlich war es ihm,
Den steilen Gipfel zu erklimmen, aber
Am Ende kam Iwan-Zarewitsch sicher
Zum Schloß Koschtschejs. Da plötzlich hört er, wie
Die Harfe, die von selber tönt, im Garten,
Ganz in der Nähe, spielt. Als er den Garten
Betreten hatte, sah er, daß die Harfe
An einer Eiche hing und spielte. Unter
Der Eiche aber saß tief in Gedanken
Die wunderschöne Helena. Sogleich
Nahm er die Zauberkappe ab und trat
So vor sie hin und gab ihr mit der Hand
Ein Zeichen, daß sie schweige. Und dann raunte
Er ihr ins Ohr: »Ich hab den Tod Koschtschejs
Gefunden, und ich trag ihn bei mir, warte

Auf mich an dieser Stelle, bald schon hab ich
Ihn überwältigt, dann kehr ich zurück.
Dann machen wir uns spornstreichs auf den Weg.«
Iwan-Zarewitsch setzte alsbald seine
Tarnkappe auf, um den unsterblichen
Koschtschej im Zauberschlosse aufzuspüren.
Jedoch Koschtschej kam von allein und stellte
Sich vor die wunderschöne Helena,
Und er begann sie wegen ihres Kummers
Zu schelten. Und er sprach zu ihr: »Iwan,
Dein Zarensohn, wird niemals wiederkommen;
Wir können ihn nicht auferstehen lassen.
Wieso bin ich kein Bräutigam für dich,
Warum nur, meine schöne Zarentochter?
Genug getrotzt, es hilft dir nichts, zu schmollen,
Denn er entreißt dich meinen Händen nicht;
Gleich werde ich ...« Da flüsterte Iwan
Dem Knüppel zu: »Fang an!« Der Prügel walkte
Koschtschej den Buckel, daß er mit Geschrei
Wie toll zu purzeln und zu springen anfing.
Jedoch Iwan-Zarewitsch, ohne seine
Tarnkappe abzunehmen, sagte leise:
»Mach weiter, Knüppel, es geschieht ihm recht;
Du Hundeseele, stiehl nicht fremde Bräute,
Belästige mit deinem Wolfsmaul nicht
Und dummer Werbung schöne Zarentöchter,
Versenke fürder keine Zarenreiche
In bösen Schlaf. Hau ihn noch stärker, Knüppel!«
»Wo bist du denn? So zeig dich!« schrie Koschtschej.
»Was bist du für ein Bursche?« – »Dies bin ich!«
So sprach Iwan-Zarewitsch und zog seine
Tarnkappe ab und schleuderte zugleich
Das Ei zu Boden; splitternd brach's entzwei;
Da überschlug sich der unsterbliche

Koschtschej und gab den Geist auf und krepierte.
Iwan-Zarewitsch ging mit Helena,
Der Wunderschönen, aus dem Garten und
Vergaß die Harfe, die von selbst tönt, nicht,
Nahm auch den Feuervogel und das Pferd
Goldmähne mit und lief den Berg hinab.
Und als zu Pferd sie auf dem Heimweg waren,
Da fiel der Berg und mit ihm auch das Schloß
Mit einem fürchterlichen Knall zusammen,
Ein See erschien an jenem Fleck, und lange
Stand, sich verdichtend, schwarzer Rauch darüber,
Der mit Gestank die Gegend überzog.
Doch währenddessen ritt Iwan-Zarewitsch,
Den Pferden selbst die Gangart überlassend,
Fröhlich voran mit seiner schönen Braut.
Das Tischleindeckdichtüchlein diente ihnen
Voll Eifer unterwegs, und immer stand
Ein gutes Frühstück, Mittag, Abendessen
Zur rechten Zeit bereit: auf duftendem
Grasland des Morgens, unter einem dicht-
Belaubten Baum des Mittags und zur Nacht
In einem Seidenzelt; es wurde immer
Aus zwei getrennten Teilen neu errichtet.
An jeder ihrer Tafeln aber spielte
Die Harfe, die von selbst tönt, und des Nachts
Erhellte ihren Platz der Feuervogel;
Und Wache stand der Knüppel vor dem Zelt.
Die Pferde, die sich angefreundet hatten,
Sie spielten miteinander oder tollten
Auf samtig-weichen Wiesen oder zupften
Tauige Halme oder schliefen ruhig,
Den Kopf abwechselnd auf des andern Rücken.
So ritten sie des Wegs, und so gelangten
Zu guter Letzt sie in das Zarenreich,

In dem Iwan-Zarewitschs weiser Vater,
Der weise Zar Demjan Danilowitsch,
Regierte. Und das ganze Zarenreich –
Von seinen Grenzen bis zum Zarenschloß –
Lag still, in tiefen, tiefen Schlaf versunken.
Und wo sie auch vorüberkamen: alles
Schlief fest; die Ochsen standen schlafend
Im Acker vor dem Pflug; bei ihnen schlief
Der Landmann, und er hatte seine Peitsche
Zum Schlag erhoben und war eingeschlafen;
Und auf der großen Straße schlief ein Reiter
Auf seinem Pferd, der aufgewirbelte
Staub stand als unbewegliches Gewölk
Darüber; in der Luft war toter Schlaf;
Die Blätter an den Bäumen schlummerten,
Und in den Zweigen schliefen stumm die Vögel;
Und über Stadt und Land lag eine Stille
Tief wie im Grab; die Menschen in den Häusern
Und auf den Straßen: gehend, sitzend, stehend,
Die Hunde, Katzen, Hühner, Pferde, Schafe,
Die Fliegen an der Wand, im Schornstein Rauch –
Ja, alles schlief. So kam Iwan-Zarewitsch
Mit Helena, der schönen Zarentochter,
Am Ende in die väterliche Hauptstadt.
Sie ritten in den Zarenhof hinein,
Dort aber sahen sie zwei Leichen liegen:
Die Zarensöhne Klim und Peter, die
Koschtschej erschlagen hatte. An der Wache,
Die schlafend auf Parade stand, vorüber,
Geleitete die Braut Iwan-Zarewitsch
Die Stufen abwärts in die kaiserlichen
Gemächer. Damals tafelte im Schloß,
Die Ankunft beider ältrer Zarensöhne
Zu feiern, eine festliche Gesellschaft

Gerade zu der Stunde, als Koschtschej
Die Zarensöhne tötete und Schlaf
Auf alles senkte: und die ganze Tafel
War sofort eingeschlafen, einer saß,
Ein zweiter ging, ein dritter tanzte, und
So fand Iwan-Zarewitsch sie im Schlaf;
Im Stehen schlief Demjan Danilowitsch,
Sein Hofminister schnarchte neben ihm
Mit offnem Mund, die nichtbeschlossne Rede
Noch auf den Lippen; vor dem Zaren standen,
In strammer Haltung schlafend, Höflinge,
Die Augen, die vom Schlaf erloschen waren,
Auf ihn gerichtet; auf den Lippen lag
Ein eingeschlafnes Lächeln, sklavische
Ergebenheit auf schläfrigen Gesichtern.
Mit Helena, der Wunderschönen, trat
Iwan-Zarewitsch vor den Zaren, und
Er sprach: »Spiel, Harfe, die von selber tönt.«
Die Harfe fing von selbst zu spielen an …
Und jäh erwachte alles und begann
Zu reden und zu springen und zu tanzen,
Als wär das Fest nie unterbrochen worden.
Demjan Danilowitsch jedoch, gewahrend,
Daß sein geliebter Sohn, Iwan-Zarewitsch,
Am Arm die Zarentochter Helena,
Die Wunderschöne, vor ihm stand, verlor
Vor Freude beinah den Verstand; er lachte
Und weinte, blickte ohne Unterlaß
Den Sohn an, küßte, herzte, drückte ihn
Und wurde so vergnügt, daß er die Hände
In seine Hüften stemmte und zum Tanz
Mit Helena, der Wunderschönen, schritt.
Doch dann gab er Befehl, Salut zu schießen,
Die Glocken ließ er läuten, Herolde

Ausrufen in der Hauptstadt, daß sein Sohn
Zurückgekehrt sei und daß Zar Demjan
Danilowitsch ihm gleich das halbe Reich
Zu eigen gibt und ihn zu seinem Erben
Ernennt und daß schon morgen seine Trauung
Mit Helena, der schönen Zarentochter,
Vollzogen werde in der Hofkapelle
Und daß der Zar zur Hochzeit seines Sohnes
Sein ganzes Volk lädt: Militärs, Zivile,
Minister, Generäle, alle Reichen
Von Adel, auch den niederen Adel und
Kaufleute, Bürger, schlichte Leute; Bettler
Nicht ausgenommen. Braut und Bräutigam
Geleitete Demjan Danilowitsch
Am nächsten Morgen zum Altar, und nach
Vollzogner Trauung überbrachten ihnen
Glückwünsche alle hohen Würdenträger
Beider Geschlechter; auf dem Schloßplatz wogte
Und brodelte das Volk so wie ein Meer;
Als mit den Jungvermählten dann der Zar
Hinaustrat auf den goldenen Balkon,
Erbebten in der Hauptstadt alle Häuser
Vom Schrei: »Es lebe Zar Demjan Danilowitsch!
Der Kronprinz lebe hoch, Iwan-Zarewitsch!
Vivat der Zarentochter Helena,
Der Wunderschönen!« Von den in die Luft
Geworfnen Mützen war der Tag verdunkelt.
Nun kamen alle Gäste, die der Zar
Zum Mahl geladen hatte – seine ganze Hauptstadt;
Zu Haus geblieben waren nur die Kranken,
Die Kinder, Katzen und die Hunde. Jetzt
Bewies das Tischleindeckdichtüchlein seine
Gewandtheit: denn es wuchs und breitete
In der gesamten Stadt sich aus, da stellten

Von selbst sich Tische auf den Platz; und Tische
In Doppelreihen säumten alle Straßen;
Auf allen prunkte goldenes Geschirr,
Kristall nur sah man dort, kein Glas, und unter
Den Tischen lagen Seidenteppiche;
In reichen goldenen Livrees bedienten
Heiducken alle Gäste; und es war
Ein Mahl, wie es noch nie ein Mensch zuvor
Gesehen hatte; in den Töpfen glänzte
Fischsuppe wie ein See geschmolznen Bernsteins,
Und fette, achsenlange Sterlette,
Wie sie die Wolga nährt, bedeckten goldne
Verzierte Schalen; und es gab Pasteten
Mit süßer Füllung, Brei mit saurem Rahm,
In Butter schwimmende Piroggen, frisch
Gebackne Plinsen, angefüllt mit frischem
Und perlengroßem Kaviar, und Gänse
Mit Pfifferlingen. In kristallnen Krügen,
Da schäumte Kwas und Märzenbier, es gab
Duftenden Met und Wein aus allen Landen:
Champagner, Ungarwein, Madeira und
Rheinwein und allerlei Liköre – kurz
Gesagt, das Tischleindeckdichtuch vollbrachte
Ein wahres Wunder durch die Köstlichkeiten.
Doch auch der Knüppel ruhte sich nicht aus:
Zum Zarentisch war die gesamte Garde
Geladen, ja, die ganze Polizei
Der Stadt – der Knüppel diente brav für alle
Allein, hielt Wache im Palast des Zaren
Und ging durch alle Straßen, überall
Auf Ordnung achtend, und wenn einer ihm
Betrunken in den Weg lief, bracht er ihn
Durch Stöße in den Rücken gradewegs
Zum Polizeirevier; wen er beim Diebstahl

In einem leeren Haus ertappte, den
Verwalkte er so sehr, daß er vom Stehlen
Für immer abließ und den Weg der Tugend
Fortan beschritt, – mit einem Wort, der Knüppel
Erwies beim Festgelage unserm Zaren,
Den Gästen und der Stadt unglaubliche
Und sagenhafte Dienste. Währenddessen
Ging es hoch her im Schloß, die Gäste aßen
Und tranken eifrig, bis der Schweiß von ihren
Geröteten Gesichtern rann. Hier zeigte
Die Harfe, die von selbst tönt, ihre Kunst:
Wer sie vernahm, der brauchte kein Orchester,
Die Gäste hörten eine herrliche
Musik, die sie noch nie, auch nicht im Traum,
Vernommen hatten. Als der Zar Demjan
Danilowitsch mit einem weingefüllten
Toastbecher selber nun den Jungvermählten
Ein langes Leben wünschen wollte, schallte
Vom Platz ein dröhnender Trompetenstoß;
Verwundert sind nun alle und bestürzt;
Der Zar tritt mit dem jungen Paar ans Fenster;
Was, glaubt ihr, zeigt sich ihren Augen wohl?
Durch die vom Volk gesäumte Straße jagt
(Voran eilt ein Trompeter) eine Kutsche
Zur Schloßauffahrt, gezogen von acht Pferden.
Und golden ist die Kutsche und ihr Bock
Bedeckt von einer samtnen Decke und
Von einem Kissen; sechs Heiducken hinter
Der Kutsche und sechs Läufer an den Seiten.
Aus grauem Tuch sind die Livrees mit Tressen
An allen Nähten; auf dem Kutschschlag prangt
Das Wappen, zeigt auf purpurrotem Grund
Den Wolfsschwanz unter einer Grafenkrone.
Und in die Kutsche schauend, rief Iwan-

Zarewitsch aus: »Da sehe ich doch meinen
Wohltäter, seht den Grauen Wolf!« und lief
Hurtig herbei, ihn zu begrüßen. Ja,
Der Graue Wolf saß wirklich in der Kutsche.
Herbeigesprungen, öffnete Iwan
Die Schläge selbst und ließ das Fußbrett nieder;
Der Gast stieg aus; sie küßten sich;
Er nahm ihn bei der Pfote, führte ihn
Ins Schloß und stellte ihn dem Zaren vor.
Der Graue Wolf verbeugte sich, dann schritt er
In stolzer Haltung auf den Hinterpfoten
Die Reihe, Männer, Damen, ab und machte,
Wie sich's gehörte, allen Komplimente;
Vortrefflich war sein Aufzug, rot die Kappe
Mit einer Troddel, unterm Maul befestigt,
Und um den Hals trug er ein Seidentuch
Und dazu eine goldbestickte Jacke;
Und Fransen zierten die Glacéhandschuhe;
Und seine scharlachroten Pluderhosen
Aus Atlas gürtete ein dünner Schal;
An seinen Hinterläufen trug er Schuhe
Aus Saffianleder und ein Netz aus Silber
Mit einer Perlenquaste auf dem Schwanz.
Alle bezauberte der Graue Wolf
Mit seinem Umgang, nicht nur die geringen
Und mittlern Ränge unterm schlichten Adel,
Nein, auch die Hofbeamten und die hohen
Staatsdamen und die Hoffräulein entzückte
Er über alle Maßen. Ihm zu Seiten
Hieß Zar Demjan den Grauen Wolf sich setzen,
Stieß mit ihm Becher gegen Becher an
Und wünschte Wohlergehn den Neuvermählten,
Und eine Salve dröhnte auf ihr Wohl.
Der Schmaus des Zaren und des Volkes währte

Bis an die Nacht, und als die Dunkelheit
Sich senkte, stellte man den Feuervogel
Auf den Balkon in seinem goldnen Käfig;
Und heller als der Tag beleuchtete
Der Feuervogel Zarenschloß und Platz
Und die von Menschen überschwemmten Straßen.
Bis in den Morgen tafelte die Hauptstadt.
Der Graue Wolf bekam ein Nachtquartier.
Als er am andern Morgen von Iwan-
Zarewitsch Abschied nehmen wollte und
Zur Reise schon gerüstet war, begann
Iwan-Zarewitsch, ihn zu überreden,
Bei ihnen doch ein Leben lang zu bleiben,
Jegliche Ehre würde ihm zuteil,
Und wohnen sollte er im Schloß, an Rang
Den Höchsten gleich: er sollte alle Orden
Sofort erhalten, dies und mehr versprach er.
Der Graue Wolf besann sich kurz und gab
Zum Zeichen, daß er einverstanden sei,
Iwan die Pfote, und Iwan-Zarewitsch
War so gerührt, daß er die Pfote küßte.
Und wie ein Zar lebt, lebte nun fortan
Der Graue Wolf im königlichen Schloß.
Und schließlich starb nach langer, friedlicher
Ruhmreicher Herrschaft der so weise Zar
Demjan Danilowitsch; den Thron bestieg
Iwan Demjanowitsch; mit seiner Zarin
Erreichte er ein hohes, hohes Alter,
Der Herr beschenkte sie mit vielen Kindern;
Ein Herz und eine Seele aber blieb
Fortan der Graue Wolf mit Zar Iwan
Demjanowitsch; er wartete die Kinder,
Und tollte flink mit ihnen wie ein Kind.
Den Kleineren erzählte er oft Märchen,

Und unterwies die Älteren im Lesen,
Im Schreiben und auch in der Arithmetik
Und bildete zugleich ihr Herz. Dann starb
Iwan Demjanowitsch, nachdem er lange
In seinem Königreich als weiser Zar
Geherrscht und es verwaltet hatte. Nach ihm
Starb auch der Graue Wolf. Ich aber fand
In seiner Hinterlassenschaft gar viele
Notizen über alles, was er je
Im Wald und in der Welt erfahren hatte.
Und nach des Wolfs Notizen haben wir
Getreu der Wahrheit all dies hier berichtet.

1845

Nachdichtung: Uwe Grüning

Prosa
Literaturkritik

Die drei Gürtel

Ein russisches Märchen

Zur Zeit der Herrschaft des Großfürsten Wladimir lebten unweit von Kiew am Ufer des schnellen Dnepr in einer einsamen Hütte drei junge Mädchen, drei Waisenkinder, die untereinander enge Freundschaft hielten. Die eine hieß Peresweta, die andere Miroslawa und die dritte Ludmila. Peresweta und Miroslawa waren schön wie ein Maientag, und die Nachbarn nannten sie zwei hübsche Rosen, was die beiden wohl ein bißchen selbstgefällig machte. Ludmila dagegen sah nicht so hübsch aus, niemand lobte sie, und ihre Freundinnen, die sie von ganzem Herzen liebte, sagten jeden Tag, den Gott werden ließ, zu ihr: »Ach Ludmila, du Arme wirst niemals einen Mann bekommen. Wer soll dich schon mögen, denn du bist weder schön noch reich.« Die gute Ludmila glaubte ihnen in der Einfalt ihres Herzens, doch sie grämte sich nicht. ›Sie sprechen die Wahrheit, ich werde niemals heiraten. Wozu auch? Ich liebe Peresweta und Miroslawa mehr als alles auf der Welt, und sie lieben mich ebenfalls – welch größeres Glück könnte ich mir wünschen?‹ So dachte die herzensgute Ludmila, und ihre reine Seele war ruhig. Sie wurde fünfzehn Jahre alt, doch noch keinerlei trübes Verlangen erregte ihr unschuldiges Herz: Ihre Freundinnen zu lieben, Blumen zu pflücken und Lieder zu singen wie die zarte Gartengrasmücke, darin bestand ihr ganzes Vergnügen.

Eines Tages gingen die drei Freundinnen am Ufer eines von Fichten und Birken überschatteten Baches spazieren. Peresweta und Miroslawa suchten Blumen, um Kränze für ihr Haar zu flechten, und Ludmila half ihnen dabei, ohne an einen ebensolchen Schmuck für sich selbst auch nur zu denken. Plötzlich erblickten sie am Bachufer eine alte

Frau, die in tiefem Schlafe lag; die Sonnenstrahlen trafen ungehindert ihr nur von wenigen grauen Haarsträhnen geschütztes Haupt. Peresweta und Miroslawa lachten auf. »Schwester«, sagte die eine, »wie gefällt dir diese Schöne?« – »Oh, hinter der mußt du dich verstecken, Miroslawa!« – »Und du dich auch, Peresweta!« – »Safran ist gewiß nicht gelber als diese hübschen Wangen, die so herrliche Runzeln zieren.« – »Und die Nase, Peresweta, biegt sie sich nicht höchst sittsam zum Kinn?« – »Die Wahrheit zu sagen, das Kinn ist ebenso schön wie die Nase.« – »Sie sind zusammengewachsen, Schwesterchen.« Während dieses Gespräches lachten beide unaufhörlich. »Ach, liebe Schwestern«, sprach da die stille Ludmila, »es ziemt euch nicht, über die alte Frau zu spotten. Was hat sie euch getan? Sie ist alt: Kann sie etwas dafür? Auch ihr werdet dereinst sein wie sie, ihr verhöhnt also die Gebrechen, die euch selbst bevorstehen. Wer sich über alte Leute lustig macht, der verlacht nur im voraus sich selbst. Seid vernünftig, oder, besser gesagt, habt Mitleid mit ihr. Seht doch, wie der Armen die Sonne aufs Haupt brennt. Wir wollen Birkenzweige brechen und ein kleines Zelt über sie bauen, damit sie ruhig und ungefährdet schlafen kann. Wenn sie erwacht, wird sie uns segnen und für uns beten; die Gebete der Alten und der Armen aber erhört der Himmel, das hat mir mein verstorbenes Mütterchen gesagt.« Peresweta und Miroslawa erkannten ihren Fehler; sie brachen mit Ludmila Birkenzweige und stellten sie über dem Haupt der Schlafenden zu einem Dach zusammen. Bald darauf erwachte die alte Frau. Sie sah den Sonnenschutz über sich, schaute sich verwundert um und erblickte Peresweta, Miroslawa und Ludmila. »Ich danke euch, ihr lieben unbekannten Mädchen«, sprach sie. »Kommt her zu mir, ich will euch etwas geben zum Zeichen meines Dankes. Hier sind drei Gürtel: Jede von euch mag sich den wählen, der ihr der schönste scheint und am besten zu ihr paßt.« Damit legte die Alte drei Gürtel ins Gras: Zwei davon waren überaus reich mit großen Perlen und Edelsteinen geschmückt, der dritte hingegen bestand aus einem einfachen schneeweißen Band mit eingewebten Veilchen. Peresweta und Miroslawa stürzten sich sogleich auf die mit Perlen und Diamanten besetzten, Ludmila nahm den weißen. »Ich danke dir«, sagte sie zu der alten Frau, »diese schlichte Zier ist das Rechte für mich. Peresweta und Miroslawa sind schön von Angesicht, sie brauchen auch schöne Kleider, mir aber frommt etwas Einfaches und Bescheidenes.« – »Du sprichst die Wahrheit, mein Kind«, erwiderte die Alte, während sie Ludmila den Gürtel anlegte. »Nimm dieses Band niemals ab, um keine Schätze der Welt; glaube den Menschen nicht, die dir sagen, es stehe dir nicht zu Gesicht, hüte dich vor den Verlockungen des Stolzes: Du würdest mit diesem Gürtel dein Glück verlieren, das untrennbar mit ihm verbunden ist.« Ludmila küßte die alte Frau und versprach ihr, das Geschenk niemals wegzugeben. Darauf verschwand die Alte. Peresweta und Miroslawa hatten ihre Worte nicht gehört; ganz in den Anblick ihrer Perlen und Edelsteine versunken, waren sie kaum imstande gewesen, ihr zu danken.

Sich an den Händen fassend, liefen Peresweta und Miroslawa zu ihrer Hütte. Ludmila, welche merkte, daß sie etwas vor ihr verbargen, ging ihnen nach. Schließlich drehte sich Miroslawa zu ihr um und sagte: »Wahrhaftig, ein kostbares Geschenk hat dir die wunderliche Alte gegeben.« – »Kostbar ist es nicht, doch es gefällt mir sehr; ich liebe keinen Prunk.« – »Aber warum hat sie dich nicht ebenso reich bedacht wie uns?« – »Darüber mache ich mir keine Gedanken. Was man mir gibt, ist mir lieber als das, was man mir vorenthält.« – »Sieh doch, wie unsere Edelsteine blitzen.« – »Dafür ist mein Band so herrlich weiß.« – »Bist du nicht neidisch auf uns?« – »Beneidet man denn jemanden, den man liebt? Es stimmt mich froh, euch glücklich zu sehen.« – »Du bist ein gutes Mädchen, Ludmila. Bleib du hier zu Hause, wir aber wollen nach Kiew gehen und uns neue Kleider kaufen, denn die unseren sind zu ärmlich für solche Gürtel, die Perlen und Edelsteine zieren. Für eine einzige Perle bekommen wir zehn Paar herrliche Gewänder.« So gingen Peresweta und Miroslawa nach Kiew, Ludmila aber blieb, um die Blumen zu gießen und ihre Vögel zu füttern.

Am Abend kehrten die beiden aufs prächtigste ausgestattet in ihre Hütte zurück. »Wir haben eine wichtige Neuigkeit, Schwesterchen«, sagte Peresweta zu Ludmila. »Der junge Fürst Swjatoslaw, Wladimirs Sohn, strahlend wie ein Frühlingstag und tapfer wie der Recke Dobrynja, will sich eine Braut erwählen. Viele schöne Bojarentöchter und auch einfache Dorfmädchen sind aus den fernen Städten Rußlands, aus Dörfern und Hütten nach Kiew gekommen. Warum sollten nicht auch wir uns um die Hand des herrlichen Fürsten Swjatoslaw bewerben? Gott hat uns Schönheit geschenkt, und dank der guten Alten sind wir reich. Miroslawa und ich wollen nach Kiew ziehen: Mit unseren kostbaren Gürteln können wir vor jedermann in Ehren bestehen. Dies ist unser Entschluß, und schon morgen brechen wir auf. Du, liebe Ludmila, kannst mit uns gehen und unser Haus besorgen; so wirst auch du die feierliche Brautwahl erleben, die sicherlich ein großartiges Schauspiel wird.« – »Gern tue ich nach eurem Willen, Schwestern«, erwiderte Ludmila erfreut. »Ich werde euch frohen Herzens dienen, denn euer Vergnügen ist mein Glück. Bemüht euch nur, den herrlichen Fürsten für euch zu gewinnen, ich aber will zu Gott beten, daß er ihn euch geneigt macht.«

Gesagt, getan. Am frühen Morgen des nächsten Tages brachen die Freundinnen auf nach Kiew. Miroslawa und

Peresweta gaben sich für Töchter eines reichen Statthalters in Nowgorod aus. Ein Bojar Wladimirs schrieb ihre Namen in die Liste derer ein, die sich der Wahl des Fürsten Swjatoslaw zu stellen gedachten. Ludmila blieb im Verborgenen; sie bat Gott um Glück für die beiden, nähte ihnen Kleider, fädelte ihnen Halsketten auf und bestickte ihre Sarafane mit Gold und Edelsteinen. Ohne an sich selbst zu denken, lebte sie nur für ihre geliebten Freundinnen.

Schließlich nahte der feierliche Tag der Wahl. Am Abend erhellten tausend Lichter das Schloß des Großfürsten Wladimir; der für die Festlichkeit bestimmte Saal war mit himbeerfarbenem Samt ausgeschlagen, über den Bänken, auf denen die von fernher angereisten oder auch aus Kiew stammenden Schönen sitzen sollten, lagen seidene Teppiche mit goldenen Fransen, für den Großfürsten Wladimir und den Fürsten Swjatoslaw aber standen auf einem erhöhten Platz zwei goldverzierte elfenbeinerne Thronsessel bereit. In der Straße zum Fürstenhof drängte sich das Volk unter bunten Laternen. Endlich ertönten Schellentrommeln, und ein prächtiges Schauspiel begann: Hundert Schönheiten, blühend wie Frühlingsrosen, schritten paarweise durch die Menge der begeisterten Kiewer auf das Schloß des Großfürsten zu, jede mit ihrer Dienerin. Ludmila begleitete Peresweta und Miroslawa. Sie trug ein weißes Kleid und ihren Gürtel; ihr blondes Haar war zu einem Zopf geflochten, den ein schlichtes Band zusammenhielt. Klopfenden Herzens betrat sie den Festsaal; dort setzte sie sich hinter ihre Freundinnen und schaute mit bangem Vorgefühl zu der Tür, durch die der Großfürst Wladimir und sein schöner Sohn Swjatoslaw hereinkommen mußten. Lange herrschte tiefe Stille in dem weiten Raum. Plötzlich ertönten Fanfarenstöße; die Tür öffnete sich geräuschvoll, und zwei Reihen Bojaren und Recken betraten den Saal, in reichen Brokatgewändern die einen, die anderen in stattlichen Kriegerrüstungen, goldenen Kettenhemden und blitzenden Helmen mit weißen Federn darauf. Sie stellten sich zu beiden Seiten des Fürstenthrones auf. Jetzt verstummte die kriegerische Musik, zarte Flöten erklangen, und aller Augen blickten erneut zu der offenen Tür. Großfürst Wladimir erschien in kostbarem Ornat. Neben ihm schritt, von ihm an der Hand geführt, der junge Swjatoslaw, schlicht gekleidet, unbedeckten Hauptes, von dem ihm hellblonde Locken zur Schulter fielen, strahlend in seiner Jugendfrische; auf seinen Wangen spielte das Rot von Frühlingsrosen, in seinen großen schwarzen Augen leuchtete unter dichten Wimpern ein sanftes Feuer; schlank und elastisch war seine Gestalt, majestätisch sein Gang, angenehm wirkten all seine Bewegungen. Ach, Ludmila, arme Ludmila, was ging in deinem Herzen beim ersten Anblick dieses herrlichen Jünglings vor? ›Warum bin ich nicht schön, warum bin ich nicht reich?‹ dachte sie seufzend, und ihr Haupt sank nieder auf ihre Brust, in der sie noch stärkere Beklommenheit fühlte als zuvor; bald aber hob sie wider ihren Willen erneut die Augen, den liebreizenden Fürsten zu betrachten, der allein inmitten des weiten Saales stand, strahlend wie ein Engel in Menschengestalt. Was empfand sie? Ihre ganze Seele war in Bewegung – da begegnete ihr Blick dem des herrlichen Swjatoslaw. O Himmel, er kam auf sie zu ... Miroslawa und Peresweta erhoben sich, weil sie glaubten, die Wahl werde auf eine von ihnen fallen. Doch Swjatoslaw reichte Ludmila die Hand. »Das ist sie«, sprach er, »die meine Seele in ihren Träumen des Nachts und bei Tage vor sich sah. Ihr gebe ich meine Hand und mein Herz.« Ludmila verlor fast das Bewußtsein, sie traute ihren Ohren nicht, zitterte am ganzen Körper und wurde abwechselnd bleich und rot. Swjatoslaw aber führte seine auserkorene Braut dem Großfürsten Wladimir zu und setzte sie neben ihn auf den Thron aus goldverziertem Elfenbein. Ein Raunen ging durch den Saal. »Was ist das für eine Wahl!« tuschelten die gekränkten Schönen untereinander, während sie die bescheidene Ludmila musterten, die so einfach gekleidet und gar nicht besonders hübsch war. Peresweta und Miroslawa gerieten außer sich vor Ärger und Neid. »Wer hätte das gedacht«, sagte eine zur anderen. »Er zieht Ludmila uns vor – welche Verblendung!« Auch alle Männer starrten Ludmila an, doch sie hegten andere Gefühle. »Wie ist sie doch bezaubernd!« riefen alte und junge. »Seht ihre einnehmende Bescheidenheit, ihren unschuldigen Blick! Welch zarte, liebe Seele spiegelt ihr hübsches Antlitz wider! Das reinste duftende Märzenveilchen!« Ludmila wußte sich das zarte Empfinden selbst nicht zu deuten, das ihr Herz erfüllte; sie wagte den herrlichen Fürsten Swjatoslaw nicht anzusehen und wirkte durch solche anmutige Verwirrtheit nur noch hübscher. Swjatoslaw drückte ihre Hand und machte ihr mit seinem feurigen Blick Mut.

Doch da sprach der Großfürst Wladimir, und alles wurde still. »Mein Sohn«, sagte er zu dem herrlichen Swjatoslaw, »deine Wahl gefällt meinem Vaterherzen, jedoch darf Schönheit nicht der einzige Vorzug einer Gattin sein, ich möchte, daß sie mit verläßlicheren Eigenschaften und Gaben einhergeht. Die von dir erwählte Braut übertrifft alle anderen durch die Reize ihres Antlitzes; laß uns sehen, ob ihre Fähigkeiten und ihr Verstand mit ihnen Schritt halten.« Ludmila erblaßte, als sie diese Worte vernahm. »Ach!« rief sie, »ich habe ja nichts gelernt! So dient denn dieser kurze Triumph nur dazu, aller Welt meine Unwissenheit vorzuführen. Laßt mich gehen, Großfürst Wladimir, ich bin nicht hierhergekommen, um anderen, Würdigeren das Glück streitig zu machen, für das ich nicht geboren wurde, ich wollte mich vielmehr am Glück meiner lieben Freundinnen erfreuen. Laßt mich gehen, mein Los ist meine arme Hütte, dort will ich nach meinen Blumen sehen und mit meinem niedrigen Stand zufrieden sein, ohne je von einem prächtigen Thron zu träumen.« Der Großfürst Wladimir betrachtete die bescheidene Ludmila mit einem wohlwollenden Lächeln und befahl ihr, auf ihrem Platz zu bleiben. Eine wohlklingende Gusli wurde gebracht. Alle versammelten Schönen sangen nacheinander Lieder zum Preise kühner Ritter oder der zärtlichen Liebe, wobei jede die Zuneigung auszudrücken versuchte, die sie für den herrlichen Fürsten Swjatoslaw empfand. Schließlich kam die Reihe auch an Ludmila. Sie wurde blaß und zitterte, doch da flüsterte ihr plötzlich jemand unsichtbar ins Ohr: ›Nur Mut, Ludmila, ich schütze dich! Sing das Lied, das dich deine Mutter gelehrt hat – du weißt noch nicht, mit welchen Talenten du von der Natur begabt bist!‹ Ludmila erkannte die Stimme der wohltätigen Fee, das heißt der alten Frau, die ihr den Gürtel geschenkt hatte. Sie trat an das Instrument, setzte sich und – o Wunder! – ihre Finger flogen mit der Leichtigkeit des Windes über die Saiten; ihre Stimme klang rein und hell wie die einer Nachtigall: Sie drang in die Seele, weckte in ihr süße Wonnen, machte sie nachdenklich und versetzte sie in wohlige Träume. Ludmila sang das Lied, das ihre zärtliche Mutter ihr einst an der Wiege gesungen hatte:

»›Rose, du Frühlingsblume,
verbirg dich im Schatten
des laubigen Hains!
Meide die Strahlen
der sengenden Sonne,
du zartes Gewächs!‹
Dies flüstert' ein goldener Falter
warnend der Rose zu.

Die Rose aber hörte nicht
den wohlgemeinten Rat;
die Rose sah allein nur
des hellen Lichtes Glanz!
›Die strahlende Sonne liebt
mich und wird mir nichts tun!
Warum also soll meine Schönheit
ich im Schatten verstecken?‹

O törichter Hochmut!
Du arme Blume!
Die Sonne sandte
ihren vernichtenden Strahl:
Da senkte die Rose
das herrliche Haupt,
ihre Blätter welkten,
ihr Duft entschwand.

Du schönes Mädchen,
du zarte Blume!
Gedenke der stolzen Rose
und folge ihr nicht nach!
Gedeihe als schlichtes Veilchen
bescheiden an deinem Ort
und wachse in friedlicher Unschuld
zu einer Blüte der Seele.

Das dir vom Schicksal erteilte
unscheinbare Los,
nimm es, schönes Mädchen,
freudig hin als dein Glück!
Rinnt doch, im Haine verborgen,
auch der klare Bach,
ungetrübt von Stürmen,
friedlich plätschernd dahin!«

Ludmila schwieg, doch ihre Stimme klang noch in den Herzen der Zuhörer. Der junge Fürst drückte sie in unbeschreiblichem Entzücken an sein Herz und rief: »Du kannst keine Sterbliche sein, du bist ein Engel, vom Himmel herabgeflogen, um Swjatoslaw glücklich zu machen!« – »Ach nein, ich bin die arme Ludmila und begreife selbst nicht, was mit mir vorgeht; ein Zauber blendet Euch. Ihr glaubt, ich sei schön, doch das ist ein Trug, ich war es nie. Swjatoslaw, du willst mich auf den Thron erheben, aber ich bin nur ein Dorfmädchen, geboren für ein Leben in einer ärmlichen Hütte.«

Wieder spielte die Musik, und man begann zu tanzen. Ludmilas Rivalinnen setzten die Zuschauer mit ihren anmutigen Bewegungen und ihrer leichtfüßigen Schnelligkeit in Erstaunen, sie selbst aber, wiederum ermutigt von der Fee, ließ alle Kunst durch ihre reizende Ungezwungenheit verblassen: In jedem ihrer Schritte lag etwas Bezauberndes – Bescheidenheit, gepaart mit liebenswürdigem Frohsinn. Sie erschien jedermann als die im Spiel sich vergnügende Unschuld; man konnte sich nicht sattsehen an ihr, und die Herzen flogen ihr nur so zu. Doch da verstummte die Musik. Ludmila begab sich mit gesenktem Blick und hochroten Wangen zu ihrem Platz – sie wagte nicht, sich zu freuen oder den herrlichen Swjatoslaw anzusehen.

Mitternacht war längst vorüber. Der Großfürst nahm seinen Sohn bei der Hand und verließ mit ihm den Saal, gefolgt von den Bojaren und den Recken. Auch die Bewerberinnen gingen nach Hause. Damit war aber die Prüfung nicht zu Ende: Sie sollte drei Tage dauern. Ludmila wurde in ein prunkvoll eingerichtetes Gemach des Schlosses geführt, wo eine Menge Dienerinnen ihr aufwarteten. Als sie schließlich allein blieb, versank sie in tiefe Gedanken, beherrscht von ihr bis dahin unbekannten Gefühlen und das liebe Bild des herrlichen Swjatoslaw im Herzen.

Auch wir wollen sie für einige Zeit verlassen und uns ihrer beiden Freundinnen Peresweta und Miroslawa erinnern. »Wer hätte das gedacht!« sagte Miroslawa, in ihre Wohnung zurückgekehrt, zu Peresweta. »Ludmila uns vorzuziehen! Sie müssen alle blind sein! Das kann nicht mit rechten Dingen zugehen. Was meinst du, Peresweta? Vielleicht ist in dem Gürtel, den sie von der alten Hexe bekommen hat, ein Talisman verborgen? Wenn die Alte zu uns so großzügig war, hat sie Ludmila gewiß nicht weniger reich beschenkt. Womöglich ist ihr schlichter Gürtel noch wertvoller als unsere mit Perlen und Edelsteinen besetzten? Hast du bemerkt, wie strahlend weiß er den ganzen Abend an ihr geleuchtet hat?« – »So muß es sein, Miroslawa, du hast recht: Ludmila besitzt einen Talisman, von dem sie selbst nichts weiß. Wir müssen ihn ihr abnehmen – dann werden wir ja sehen, ob sie dich und mich weiterhin an Schönheit und Talent übertreffen kann.«

Gleich früh am Morgen des nächsten Tages begaben sich Peresweta und Miroslawa ins Schloß zu Ludmila. Sie warf sich ihnen in die Arme, küßte sie überschwenglich und errötete, als die beiden sie heuchlerisch beglückwünschten. »Liebe Freundinnen«, sagte sie bescheiden, »ich schäme mich der Ehrungen, mit denen ich gestern überschüttet wurde, und verstehe selbst nicht, wieso man mich, die arme, häßliche Ludmila, euch vorgezogen hat, die ihr doch schön und reich seid und dies alles viel eher verdient.« – »Gute Ludmila«, erwiderte Miroslawa, »was dir so seltsam scheint, finden wir ganz natürlich, wir sind nicht neidisch, sondern freuen uns aufrichtig über dein Glück. Es ist an der Zeit, dir die Augen zu öffnen: Du sollst dich nicht länger für häßlich halten. Gott hat dich mit einem reizenden Antlitz begabt; nur aus Liebe zu dir haben wir immer das Gegenteil gesagt, denn unsere Bewunderung hätte dein unschuldiges Herz verdorben. Nun aber hat es keinen Sinn mehr, sich zu verstellen – du mußt endlich erfahren, liebe Ludmila, daß du an Schönheit, Liebenswürdigkeit und Begabung alle anderen Frauen übertriffst.« – »Schwestern, macht ihr euch nicht über mich lustig?« – »Ach, liebste Freundin, wie kannst du so was von uns denken? Wir sprechen die reine Wahrheit. Doch erlaube uns einen freundschaftlichen Rat: Du hast zwei ernste Fehler, die dich daran hindern, deine natürlichen Gaben zu nutzen: Du bist zu schüchtern, und du achtest zu wenig auf deine Kleidung. Heute abend werden wir erneut dem Großfürsten Wladimir und seinem Sohn, dem herrlichen Swjatoslaw, vorgestellt; man sagt, es sei aus Pskow eine weitere Bewerberin nach Kiew gekommen, ein Engel an Schönheit, aufs erlesenste gekleidet, sie könnte dir die Zuneigung des herrlichen Swjatoslaw streitig machen. Putze dich so sorgsam wie möglich. Deine Schönheit verlangt auch ein prunkvolles Gewand; wir haben dir einiges zur Auswahl mitgebracht, ziehe an, was dir am besten zu Gesicht steht, damit wir uns über deinen Sieg freuen können.«

Miroslawa und Peresweta breiteten mehrere wunderschöne Kleider aus. Da erwachte in der Seele der unschuldigen Ludmila ein neues Gefühl: Sie hielt sich für die Schönste in ganz Rußland und errötete, als sie jetzt ihr schlichtes, ärmliches Gewand betrachtete. Eins nach dem anderen probierte sie die mitgebrachten Kleider und wählte schließlich das prächtigste; dann wollte sie den kostbaren Gürtel über das ihr von der alten Frau geschenkte weiße Band schnallen, doch er erwies sich unglücklicherweise als zu eng. Peresweta und Miroslawa redeten auf sie ein, das einfache Band doch dem prachtvollen Perlengürtel zu opfern. Ludmila zögerte, am Ende aber tat sie doch, was die beiden verlangten – sie gab Peresweta das weiße Band und legte den Perlengürtel an. »Welch herrliche schlanke

Taille!« riefen die beiden Freundinnen. »Die Schöne aus Pskow ist vergebens nach Kiew gekommen, sie wird den Triumph unserer Ludmila noch vollkommener machen. Leb wohl, liebe Freundin, wir sehen uns heute abend im Schloß des Fürsten Wladimir.« Darauf gingen sie weg. Ludmila betrachtete sich verzückt im Spiegel, hingerissen von dem feinen neuen Kleid; immer wieder betastete sie den Perlengürtel, das weiße Band war vergessen. Ach, Ludmila! Nun weidest auch du dich an deiner Schönheit wie eine eitle hoffärtige Kokotte, du drehst dich vor dem Spiegel, wo du doch vordem sogar in einen klaren Bach nur deshalb geschaut hast, um dich an seiner Reinheit, seinem leicht dahinströmenden Wasser und den glänzenden Kieseln auf seinem Grunde zu erfreuen!

Endlich nahte der ersehnte Augenblick. Erneut versammelten sich die Schönen, die Bojaren und die Recken im Schloß des Großfürsten Wladimir. Erregten Herzens blickte der herrliche Swjatoslaw zu der Tür, durch die Ludmila treten mußte. Sanfte Flötenklänge ertönten, und sie kam herein, von einem weißen Schleier verhüllt und umgeben von einer Menge reich gekleideter Dienerinnen. Swjatoslaw flog förmlich auf sie zu und zog ihr mit ungeduldiger Hand den Schleier vom Haupt. Doch o Gott, welche Verwandlung! Er erkannte Ludmila nicht wieder. »Was sehe ich?« rief er verblüfft. »Wer bist du, Unbekannte, und wo ist meine Ludmila?« – »Ich bin es doch, erkennst du mich denn nicht, du herrlicher Swjatoslaw?« – »Du bist Ludmila? Das kann nicht sein, ich bin betrogen!« Ein unwilliges Raunen lief durch den fürstlichen Saal; niemand erkannte Ludmila. Swjatoslaw ließ sie stehen und suchte mit irrendem Blick in der Menge der Schönen nach dem bezaubernden Mädchen, das sein Herz gewonnen hatte. Da hob der Großfürst Wladimir die Hand, und alle verstummten. »Du nennst dich Ludmila«, sagte er zu der zitternd und traurig Dastehenden. »Nun gut, ich glaube dir, und ich will auch einräumen, daß du deine Schönheit von einem Tag auf den anderen verloren hast, doch deine Talente müssen dir geblieben sein. Bringt die Gusli; setz dich nieder und singe uns das Lied, das wir gestern von dir gehört haben.« Ludmila trat, ein wenig ermutigt, an das Instrument, doch o Wunder! ihre Finger waren steif, ihre Stimme klang rauh und unangenehm. Da erhob sich der Großfürst in großem Zorn von seinem Thron und befahl ihr, sich zu entfernen. Die Prüfung wurde auf den folgenden Abend verschoben.

Was aber geschah mit der bedauernswerten herzensguten Ludmila? Sie weinte bitterlich, verzweifelt über ihre unglückliche Liebe. Wo war ihre einstige Ruhe, wo die frühere Sorglosigkeit ihrer unschuldigen Seele? In Tränen eilte die arme Waise aus der Stadt Kiew, um sich in ihrer kärglichen Hütte nahe des klaren Quells unter den verzweigten Birken zu verbergen, wo sie ihre blühende Kindheit verbracht hatte. ›Warum, warum habe ich dich verlassen, meine stille Hütte?‹ dachte sie, während sie auf dem vertrauten gewundenen Pfad durch den Wald lief. Als sie sich dem Hause näherte, sah sie, daß dort das Herdfeuer brannte. Sie erschrak, unschlüssig, ob sie eintreten sollte oder nicht. Schließlich faßte sie sich ein Herz und öffnete die Tür. Und wen erblickte sie? In der Stube saß die alte Fee, ihre Bekannte. Starr vor Staunen, brachte Ludmila lange kein Wort über die Lippen. Endlich kam sie zu sich, und bittere Tränen liefen erneut über ihre Wangen. »Ach«, sagte sie zu der alten Frau, »du allein bist schuld an meinem Unglück! Wozu hast du mich durch deinen bösen Zauber gestern auf den Thron geführt, den ich nie erstrebt habe, ja, an den ich niemals auch nur denken konnte? Und warum muß ich jetzt, nachdem verlockende Hoffnungen meine Seele umnebelt hatten und die deinem Tun zufolge in meinem Herzen aufgekeimte Liebe mir mehr bedeutet als selbst die Ehre solch hoher Stellung, warum muß ich dies alles jetzt plötzlich in Schanden wieder verlieren, noch dazu abermals durch dich? Ich habe dir nichts Böses getan, ich wollte dir vielmehr Gutes tun, ohne einen Lohn dafür zu erwarten. Ach, warum hast du den Blick des herrlichen Swjatoslaw verblendet? Was wird jetzt aus der armen Ludmila in ihrer einsamen Hütte? Ein Gefängnis ist von nun an für mich der wunderschöne Ort, an dem ich geboren bin und meine Kindheit verbracht habe! Meine Seele weilt in den Mauern der prunkvollen Stadt Kiew. Niemals werde ich vergessen, was ich verloren habe, nachdem ich es eine Minute besessen. Welch irdisches Glück könnte mir den lieben Blick des herrlichen Swjatoslaw ersetzen, der mein vordem zufriedenes und fröhliches Herz entzündete? Ach, ihr meine duftenden Blumen, ihr werdet welken – wer wird euch gießen, wer euch pflegen? Und ihr lieben sangesfrohen Vögel, ihr werdet nicht mehr zu meiner Hütte kommen, wenn niemand euch Körner streut und in euer fröhliches Lied einstimmt! Ich werde an der großen Straße sitzen und nach der fernen Stadt Kiew ausschauen, in die ich meine Seele sende. Was habe ich dir zuleide getan, Zauberin, daß mich dein Zorn verfolgt?«

»Hör mich an, herzensgute Ludmila«, erwiderte die Fee, »es wird mir nicht schwerfallen, mich vor dir zu rechtfertigen. Ich war dir vom ersten Blick an zugetan und habe dir zum Zeichen meiner Erkenntlichkeit den Zaubergürtel geschenkt, der die Kraft hat, jede Frau zu verschönen. Seine Besitzerin wird stets über all ihre Rivalinnen triumphieren, er verleiht ihr alle erdenklichen Vorzüge und Talente. Ohne ihn jedoch verlieren diese ihren gewinnenden Reiz, sie wird vielleicht bewundert, aber nicht geliebt. Warum nur, Ludmila, hast du meine kostbare Gabe nicht besser gehütet? Warum hast du den *Gürtel der Bescheidenheit* gegen den der *Eitelkeit* vertauscht? Mit dem Talisman, der deinen Triumph bewirkte, hast du auch deine in ihm steckende Anmut weggegeben; nicht einmal dein Liebster konnte dich mehr in deinem neuen Aufputz erkennen.« – »Ach!« rief Ludmilla, »wie beklagenswert ist doch mein Los! Ich bin selbst an allem schuld, habe mir mein Glück selbst verscherzt! Nie mehr wird es für mich so sein wie früher. Verflogen ist der Frohsinn meiner Seele, die einstigen Freuden sind dahin, nie werden meine Tränen versiegen: Eine andere wohnt im Herzen des herrlichen Swjatoslaw.« Sie bedeckte ihr Antlitz mit beiden Händen und weinte bitterlich. »Tröste dich, meine Freundin«, versetzte da die Zauberin und faßte sie freundlich lächelnd am Arm. »Dich haben deine Unerfahrenheit und die Ränke deiner neidischen Freundinnen getrogen, im Herzen aber bist du unschuldig. Du sollst deinen Gürtel zurückerhalten. Ich bin Peresweta und Miroslawa unsichtbar gefolgt, als sie dich mit ihrer Beute verließen. Sie haben sich entsetzlich gestritten: Jede wollte den Gürtel, doch keine hat ihn bekommen, denn ich habe ihn an mich genommen. Ich gebe ihn dir zurück, denn du allein bist in deiner Gutherzigkeit und Bescheidenheit würdig, ihn zu besitzen.« Ludmila küßte ihrer Wohltäterin erregt die Hände; diese wischte ihr die Tränen ab, küßte sie auf die rosigen Wangen und legte ihr das zaubermächtige Band um die Hüften.

Auf ein Wort der Fee öffnete sich plötzlich das Dach der niedrigen Hütte, und vor Ludmilas erstauntem Blick schwebte eine prächtige Kutsche herab, gezogen von zwei geflügelten Hirschen mit silbernem Fell und goldenem Geweih. Statt der häßlichen Alten stand unversehens eine junge Frau von wundersamer Schönheit da, gekleidet in zauberhafte, aus rosaroten Strahlen gewebte Gewänder, um die Hüfte einen weißen Gürtel, an dem golden die Zeichen des Tierkreises blitzten. Dobrada – so hieß die Fee – half

Ludmila in die Kutsche, die Hirsche mit dem goldenen Geweih breiteten ihre goldenen Flügel aus, und in weniger als einem Augenblick erreichte das Gefährt die Mauern der prächtigen Stadt Kiew. Die Fee brachte Ludmila in das einsame Gemach, gebot ihr, es bis zum Abend nicht zu verlassen, segnete sie und verschwand.

Am Abend ging Ludmila, sehr schlicht gekleidet und mit dem weißen Band gegürtet, hinab in den großen Saal und setzte sich auf ihren ehemaligen Platz hinter Peresweta und Miroslawa. Die beiden bemerkten sie nicht, sie lachten miteinander über Ludmilas törichte Leichtgläubigkeit und machten sich stolze Hoffnungen. Doch Ludmila beachtete sie gar nicht, sie sah nur Sjwatoslaw. Er saß neben dem Großfürsten Wladimir auf einem der beiden Thronsessel aus goldverziertem Elfenbein, das Haupt nachdenklich in die Hand gestützt, ohne die ihn umgebenden Schönen auch nur eines Blickes zu würdigen: Sein Herz verlangte allein nach Ludmila, einzig ihr bezauberndes Bild schwebte ihm vor wie der liebe verlockende Abglanz verlorenen Glücks. Da plötzlich – o Freude! – entdeckte er sie auf dem Platz, wo er sie zum erstenmal gesehen hatte, in demselben einfachen Kleid, die Augen voller inniger, zarter Liebe auf ihn gerichtet. »O Ludmila!« rief er, stürzte zu ihr und kniete vor ihr nieder. »Es lebe die reizende Ludmila!« riefen auch die Bojaren, die Recken und die Ritter wie aus einem Munde. Swjatoslaw, außer sich vor Entzücken, umarmte seine liebe Braut, die mit ihrem züchtig gesenkten Blick und ihren erröteten Wangen allen wieder ein Engel an Schönheit und Tugend schien; dann geleitete er sie zum Großfürsten Wladimir und setzte sie auf den Thron aus goldverziertem Elfenbein ihm zur Rechten. Peresweta und Miroslawa erbleichten vor Neid und Ärger. Die Musik spielte, und alle mußten wieder Ludmila im Tanzen und Singen den Vorrang lassen. Sie stellte aufs neue ihre Rivalinnen in den Schatten, und alle, außer Peresweta und Miroslawa, erkannten sie einmütig als ihre Bezwingerin an, ja, sie freuten sich sogar ihres Sieges, so mächtig wirkte der Zauber ihrer bescheidenen Schönheit, ihrer Herzensgüte und Tugendhaftigkeit. Plötzlich gellten laute Schreckensschreie durch den Saal. Was war geschehen? Zwei gräßliche Schlangen mit aufgerissenen Rachen, spitzen Giftzähnen und brennenden Augen wanden sich statt der Perlengürtel um Pereswetas und Miroslawas Hüften! Ludmila stürzte hinzu, um ihre Freundinnen vor dem Biß der furchtbaren Ungeheuer zu bewahren, doch sie konnte nichts tun. Die Zuschauer erstarrten vor Entsetzen. Da ertönte unversehens leiser Gesang, begleitet vom Klang magischer Saiten; ein angenehmer Duft nach Rosen und Feldveilchen breitete sich aus, und die Fee Dobrada stand im Raum, von einem sanften rosaroten Licht umgeben. Ludmila fiel vor ihr auf die Knie. »Rette Peresweta und Miroslawa!« rief sie, die Arme nach ihr ausstreckend. »Meine Ludmila«, erwiderte die Fee, »ich will ihnen um deinetwillen vergeben. Die Schlangen, die sie bedrohen, sind die giftigen Nattern *Selbstgefälligkeit* und *Neid*. Berühre sie mit deinem weißen Band, und sie werden verschwinden.« Ludmila tat, wie ihr Dobrada geheißen, und die Untiere entwichen. Peresweta und Miroslawa sanken ihrer gutherzigen Gefährtin in die Arme; sie schworen ihr aufrechte Freundschaft und liebten sie fortan in der Tat, nachdem sie sie noch eine Minute zuvor gehaßt hatten und bereit gewesen waren, sie ins Verderben zu stürzen.

Der Großfürst Wladimir gab seinem Sohn und Ludmila den Segen. »O Swjatoslaw«, sagte die herrliche Braut zu ihrem herrlichen Bräutigam, wobei sie auf die Fee Dobrada zeigte, »dies ist meine Wohltäterin, ihr verdanke ich dein Herz! Ach, noch vor drei Tagen war ich die arme Ludmila, ein einfaches Dorfmädchen, und nun? Niemals wäre der

Blick des herrlichen Swjatoslaw auf mich gefallen, hätte mir nicht die barmherzige Dobrada die Gaben verliehen, die mir die Natur versagt hat. In diesem Zaubergürtel, Swjatoslaw, liegen meine Schönheit und all meine Talente verborgen.«

Dies schlichte Bekenntnis machte die anmutige Ludmila für Swjatoslaw noch liebenswerter. »Meine Freundin«, sagte Dobrada, »hüte den Gürtel als eine kostbare Gabe meiner Zuneigung: Nichts ziert eine Frau mehr als er, ob sie in einer armen Hütte lebt oder in fürstlichen Gemächern; solange du ihn trägst, wirst du vergöttert von deinem Gatten, deinen Freunden und deinen Untertanen bis zur letzten Stunde.«

Damit entschwand Dobrada. Muß noch erzählt werden, was weiter geschah? Kann man sich vorstellen, daß Swjatoslaw nicht glücklich wurde, nachdem er Ludmila besaß?

1808

Der Marienhain

Eine Legende aus alter Zeit

Ein stiller, kühler Abend löste bereits den glutheißen Tag ab, als Uslad, der junge Sänger, sich der Moskwa nahte, an deren Ufern er die Jahre seiner blühenden Jugend verlebt hatte. Auf dem glatten, von einem leichten Windhauch nur sanft berührten Wasser ruhte der rote Widerschein der sinkenden Sonne; am Rande spiegelten sich auf der einen Seite ein dichter Wald und die von einem hohen Eichenpfahlzaun umgebene Burg des schrecklichen Rogdai (sie stand auf einem steilen Hügel, demselben, auf dem wir heute die gezinnten Mauern des Kremls, die Prunkpaläste der alten russischen Zaren, die Kathedralen mit ihren goldenen Kuppeln und den Glockenturm Iwan Weliki erblikken), auf der anderen die mit Buschwerk bewachsenen grünen Gestade, an denen in verstreuten niedrigen Katen das Landvolk wohnte. Ruhe herrschte allenthalben, in der Luft lag der Wohlgeruch blühender Linden; mitunter erschollen aus der Tiefe des Waldes das Lied der Nachtigall oder der traurige Ruf der Goldamsel, manchmal schüttelte ein mutwilliger Windstoß die Wipfel, und ein furchtsamer Hase floh, von dem Rauschen erschreckt, durch raschelnde dürre Reiser in ein Gebüsch. Uslad folgte dem zwischen den Bäumen sich schlängelnden schmalen Pfad, seinen Erinnerungen nachhängend, das Herz voller tiefer Schwermut. Das Vergangene, die Zeit, in der er sich glücklich geschätzt hatte, drang mit all ihrem vergangenen Zauber in seine Gedanken. »Wo bist du, meine Freude?« rief er betrübt. »Wo bist du, entschwundene Zeit? Ich kehre an den Ort zurück, an dem ich mein Leben einst eitel Frohsinn nannte: Du schattiger Hain, du klarer Fluß, ihr grünen Ufer – ihr seid geblieben, mein Glück aber ist dahin. Wie ehedem duften die Linden, wie ehedem lassen die sangesfrohe Nachtigall und die scheue Goldamsel im tiefen Waldesdickicht ihre Stimmen ertönen, doch der, der einst den süßen Duft der Lindenblüten genoß und beim Lied der Nachtigall und dem Klagen der Goldamsel über sein Glück noch freudiger nachsann, gleicht sich selbst nicht mehr. Ach, ihr erkennt mich nicht, ihr anmutigen Stätten; meine Augen sind trübe, meine Wangen blaß geworden vor Gram, die Trübsal hat mein Antlitz verdüstert.« Er gelangte an einen reinen Bach,[1] der zwischen grünem Gesträuch murmelnd und glitzernd über goldenen Sand zur Moskwa floß, und sein Blick fiel auf den jähen Hügel mit der einsamen Burg des schrecklichen Rogdai. Der letzte Abendglanz erleuchtete das Holzdach über dem obersten Zimmer und die scharfen Spitzen des hohen Pfahlzaunes; die Wipfel der uralten Eichen, Birken und Linden, die, einander überragend, die ganze Anhöhe bedeckten, wurden allmählich fahl und versanken endlich vollends im Dunkel. Nur der hohe Herrensitz, der, einem Riesen gleich, sich über den Wald erhob, lag noch eine Weile in dem sterbenden Licht, bis schließlich auch dieses erlosch und die Finsternis alles einsog. Uslad war, kaum daß er Rogdais Burg erblickte, erzitternd stehengeblieben und hatte sie lange betrachtet, schweigend, unbeweglich, düster, die Arme über Kreuz gelegt; nun flossen Tränen aus seinen Augen. »Ach, Maria!« rief er, aus tiefstem Herzen seufzend, und das Haupt sank ihm auf die Brust.

Der junge Uslad war in einer armen Hütte am Ufer der Moskwa als Sohn ehrsamer Eltern geboren. Die Natur hatte ihn mit einer schönen Seele, einem gefälligen Äußeren und mit der Gabe bedacht, sich herrliche Lieder auszudenken. Oft spielte er im Abendrot, am Flußrand der hellen Moskwa

[1] heute die trübe Neglinnaja (Anm. Shukowskis).

ausgestreckt und in ihre silbernen Wellen schauend, auf seinem wohlklingenden Hirtenhorn. Die zarten Töne breiteten sich über die Ufer aus, und der schattige Hain warf ihr Echo zurück. Gern lauschten die jungen Dorfmädchen ihm auch, wenn er in schlichten Versen den Frühling, den Frieden der ländlichen Hütten, den freien Flug der Schwalben unter dem Himmel und die Zärtlichkeit der Turteltauben im Walde pries oder die Schönheit des ›Mutterseelchens‹ – des Veilchens – beschrieb, dessen Duft er mit der guten Seele einer ihre Kinder liebenden Mutter verglich. Er war der willkommenste Gast bei abendlichen Spinnstunden, denn niemand konnte so schön wie er Schauermärchen erzählen, bei denen sich die Mädchen ängstlich an ihre Mütter schmiegten und den jungen Männern die Haare zu Berge stiegen; mit keinem anderen auch tanzten alle so gern den Reigen, vereinte man sich so bereitwillig zu verschiedenen Spielen wie mit dem liebenswürdigen, fröhlichen und gutherzigen Uslad. Im Dorf nannte man ihn ›die Nachtigall‹. Die alten Frauen legten ihre verdrießliche Miene ab und schalten ihre Töchter nicht mehr, sobald er hereintrat; ihre Männer lebten in seinem Beisein auf und fühlten sich wieder jung. Alle Mädchen des Dorfes vergafften sich in ihn, denn er hatte zu alledem ein hübsches Gesicht mit sanften, von langen Wimpern überschatteten, unter dunklen dichten Brauen leuchtenden schwarzen Augen; hellblondes Haar, das ihm in leichten Locken über die schöne Stirn und auf den offenen schneeweißen Nacken fiel, rahmte seine Wangen, frisch und rot wie junge Rosen. Häufiger aber und mit zärtlicherem Gefühl als alle anderen sah die liebreizende Maria zu ihm hin. Ihre Hütte stand an eben der Stelle, wo der flinke Bach sich in die glasklare Moskwa ergoß. Maria zählte fünfzehn Jahre und hatte ein gutes Herz, war aber noch ein rechtes Kind: Alles stimmte sie fröhlich, alles rührte sie und weckte ihre Anteilnahme. Sie liebte ihre alte Mutter mehr als sich selbst; oft sah sie ihr in die Augen und sagte zu ihr unter Tränen: »Ach, mein Mütterchen, ich hab dich so lieb, daß ich dir meine Seele geben möchte.« Sie weinte bitterlich, wenn die Alte kränkelte oder traurig war, zugleich aber vermochte die geringste Kleinigkeit ihre Aufmerksamkeit abzulenken: Dann lief sie plötzlich einem bunten Schmetterling nach oder lachte reinen Herzens über ein spaßiges Wort oder ein mißgestaltetes Gesicht. Es fehlte ihr nicht an Empfindsamkeit, vielmehr wohnte das Zartgefühl fest in ihrem Herzen, doch konnte jeder neue, noch so flüchtige Eindruck es sie (wenn auch nur für kurze Zeit) vergessen machen.

Die gute Maria blühte wie ein Feldveilchen im Schutz der elterlichen Hütte, behütet durch die Liebe der Mutter. Seit einiger Zeit loderte in ihr eine geheime Flamme, die auch all ihre anderen Empfindungen belebte. Das war die Liebe zu dem schönen Uslad. Dieses Gefühl nahm ihr jedoch nicht den Frohsinn, es hinderte sie nicht daran, wie vordem ihre Blumen zu gießen, ihrer Gartengrasmücke Futter zu streuen, fröhliche Lieder zu singen, wenn sie mit der Mutter spinnend auf der Hausschwelle saß, und herzlich über lustige Geschichten zu lachen, die Freundinnen ihr erzählten. Der schöne Sänger aber verspürte eine schmachtende Schwäche in der Brust, sobald er der gutherzigen Maria in die Augen sah. Ach, auch er liebte sie leidenschaftlich! Ihr trautes Bild schwebte vor ihm, wenn er einschlief, es erschien ihm im Traum und war schon im ersten Morgenstrahl. Versonnen gedachte er ihrer, wenn er nicht bei ihr weilte, versonnen betrachtete er sie, wenn er sie lebendig, ausgelassen und fröhlich vor sich sah. Maria seufzte, und ihr Antlitz verriet herzliche Zuneigung, wenn beider Blicke sich trafen. Tiefe Freude erfaßte sie, als Uslad sie seiner zärtlichen Liebe versicherte: Sie küßte ihn auf die rosigen Wangen und sprach zu ihm: »Guter Uslad, du bist mein Glück.«

Einmal, zur Abendzeit, lag Uslad neben einer Quelle, Marias Hütte vor Augen, und spielte auf seinem Hirtenhorn. Als Maria die vertrauten Klänge vernahm, ergriff sie einen Krug und ging nach Wasser zu dem klaren Born. Bei Uslad angekommen, stellte sie das Gefäß ins grüne Gras, setzte sich neben ihren Freund und küßte ihn auf die glühende Wange, dann legte sie ihren weißen Arm um ihn und barg ihren hübschen Kopf an seiner Schulter. So saßen sie lange nachdenklich. Der Abend war still und heiter; den vom wiedergekehrten Frühling neu belebten Hain erfüllte der herbe Duft des Faulbaums und der Wohlgeruch von Maiglöckchen, Veilchen und aromatischen Kräutern, ein leichter Wind strich über die Bäume, Nachtigallen schlugen in der Ferne, Insekten summten, das dem Quell entspringende Rinnsal, vergoldet von den durch das schüttere Geäst dringenden letzten Sonnenstrahlen, plätscherte leise im Verein mit dem Raunen des Röhrichts und der zitternden blühenden Heckenrosen über dem flachen Brunnenrand. All diese Geräusche vereinten sich in bezaubernder Harmonie, die das Herz rührte und es sinnend träumen ließ. Uslad und Maria schwiegen, trunken von ihrer Liebe.

»Ach, Maria«, sagte schließlich Uslad, »ich liebe dich mehr als mein Leben! Erinnerst du dich, daß wir uns schon einmal an dieser hellen Quelle trafen? Du warst mit deinem Krug gekommen, um frisches Wasser zu schöpfen, standest nachdenklich unter der dichten Birke dort und lauschtest der Nachtigall; ich kehrte aus Nowgorod zurück, müde von der Reise in der Sommerhitze. Du stilltest meinen Durst und sahst mich so zärtlich an, daß augenblicks unsägliche Wonne mich erfüllte. Ach, seither bin ich nicht mehr Herr meiner selbst, mein einziges Glück ist es, bei dir zu sein oder an dich zu denken. Durch dich wurde Gottes herrliche Welt für mich noch schöner. In allem, was mein

Herz erfreut, entdecke ich dein liebes Bild. Deine Stimme erquickt mich mehr als das Gurren der Goldamsel im Abendsonnenglanz, dein Gang ist beschwingter als der tänzelnde Frühlingswind, der über die stille Moskwa weht oder das zarte Gras wiegt. Wenn ich im Hain den Duft der Nachtviole verspüre, denke ich: Er gleicht dem lieblichen Atemhauch meiner Maria. Scheint der volle Mond durchs Geäst, erfaßt mich sinnende Wehmut; ich sehe in seinem hellen Schimmer über mir dein Bild und fühle dich mir nahe. Oftmals verweile ich während des heraufziehenden Abends eine ganze Stunde selbstvergessen in der Nähe deiner Hütte und betrachte dich, hinter einem Heckenrosenbusch verborgen, wenn du mit deiner Mutter vor der Tür sitzt, vom roten Abendlicht erleuchtet; deine Mutter teilt dein langes hellblondes Haar und flicht es zu Zöpfen, sie küßt dich und nennt dich ihre Freude, du singst ein Lied wie eine Nachtigall oder richtest deinen zärtlichen, unschuldigen Blick voll inniger Entrückung empor zu deiner Mutter, und ich ... Nein, mein Lieb, meine herrliche, herzensgute Maria, ich vermag dir nicht zu sagen, was ich dann empfinde. Ach, in solchen Augenblicken entflieht mir meine Seele, sie eilt zu dir, erfüllt von der reinsten, makellosen Liebe für dich.« So sprach Uslad. Maria blieb stumm, sie seufzte nur und umfaßte ihn noch fester mit ihrem weißen Arm, schmiegte noch zärtlicher ihren hübschen Kopf an seine Brust. »Wir werden Hochzeit halten«, fuhr Uslad fort, »sobald du dein sechzehntes Jahr vollendet hast. Sechsmal muß der volle Mond noch die Wipfel der Bäume bescheinen, ehe du die Meine wirst; wir nehmen deine liebe Mutter mit in unsere Hütte, dort wird sie ihr Alter friedlich verleben wie den Abend eines heiteren Tages. – Jetzt, liebste Freundin«, setzte er nach kurzem Schweigen hinzu, »muß ich für eine Weile fort von dir. Der alte Pereswet, mein Lehrer und Wohltäter, kehrt zurück in seine Heimat, zu seinen Freunden und Verwandten, und ich möchte ihn geleiten, denn wir werden uns gewiß nie wiedersehen. Meine Reise wird bis zum dritten Vollmond dauern. Vergiß mich nicht, Maria, während meiner Abwesenheit. Gehe bei Aufgang des Mondes hierher zur Quelle«, in diesem Augenblick glitten die goldenen Hörner des nächtlichen Himmelslichts hinter einer Wolke über Rogdais Burg hervor, »und wenn der Widerschein des Mondes im Wasser glitzert, dann denke an Uslad: Seine Seele ist über dir. In jedem deinem Ohr schmeichelnden Laut, der süße Sehnsucht in dir weckt, erkenne die zärtliche Stimme seines Herzens.« Maria weinte, Uslad schwieg, und sie standen auf. Der Sänger sah hinauf zu Rogdais hoher Wohnstatt – eine schwarze Gewitterwolke zog über ihr und stimmte ihn unwillkürlich traurig, sie schien ihm ein Abbild seines Schicksals. ›Was wirst du mir bringen, unbekannte, ferne Zukunft?‹ dachte er. Ein plötzlich zuckender Blitz zog eine Flammenfurche durch die Wolke, der Himmel leuchtete auf und erlosch sofort wieder. Uslads Herz krampfte sich zusammen, und er sah betroffen zu Maria hin. Auf ihrem lieblichen Antlitz lag banges Erschrecken, ihr Blick schien die Spur des entschwundenen Blitzes in der Wolke zu suchen. Sie seufzte, küßte Uslad, und ging langsam ihrer ärmlichen Behausung zu. Uslad bestieg sein Boot und ruderte ans andere Ufer der Moskwa, wo seines Vaters Hütte stand. Dort legte er sich ins Gras und schaute, traurig den Kopf in die Hand gestützt, lange hinüber zu Marias Haus, aus dem noch ein Lichtschein schimmerte, ab und zu verdunkelt durch einen huschenden Schatten. Schließlich erlosch das Licht. Uslad bedeckte seine Augen mit den Händen und weinte: Ihm war, als habe er in dieser Minute das Glück seines Lebens verloren, als sei für ihn Maria nicht mehr auf der Welt.

Das Morgenrot fand ihn schon nicht mehr an den Ufern

der hellen Moskwa. In den ersten beiden Tagen seiner Abwesenheit weinte und grämte sich Maria ohne Unterlaß. Das Haupt gesenkt, die Schürze vor den tränenfeuchten traurigen Augen, saß sie betrübt auf der Schwelle, ohne auf die Tröstungen ihrer guten Mutter zu hören. Am dritten Tag begab sie sich zu der Quelle. Da nahte sich ihr plötzlich ein unbekannter Recke in glänzender Rüstung mit einem Helm auf dem Kopf und einem Bärenfell um die Schultern. Sein Antlitz wirkte gebieterisch streng; seine tiefliegenden Augen blitzten hell unter dichten Brauen, ein schwarzer zerzauster Bart bedeckte zur Hälfte seine braungebrannten Wangen. Maria stand wie erstarrt. Der Unbekannte musterte sie unverhohlen.

»Wer bist du, schöne Jungfrau?« fragte er.

Erschreckt von der Donnerstimme, wagte Maria nicht den Blick zu heben, sie wandte sich um und lief spornstreichs nach Hause. Der Ritter folgte ihr nach. Es war Rogdai, der ruhmreiche, mächtige Recke. Ihm gehörten die weiten Felder, durch die sich die glasklare Moskwa schlängelte, ihm gehörte die Burg hinter dem Eichenholzzaun. Er hatte mit seiner Kraft lange dem großen Nowgorod gedient; seine Kampfgenossen nannten ihn den Eisenarm, im einfachen Volk jedoch hieß er Rogdai mit dem grausamen Herzen, denn jegliches menschliches Fühlen war ihm fremd, nie wichen die Zornesfalten von seiner Stirn, schrecklich, unbezähmbar in seiner Rache, vermochten weder Wehklagen noch das Lächeln eines unschuldigen Kindes seine unerbittliche Seele zu rühren. Eines Tages tötete er auf einer Volksversammlung einen der angesehensten Nowgoroder Ratsherren; darauf mußte er mit seinen Getreuen eilends aus der ehrwürdigen Stadt fliehen und gelangte in das berühmte Kiew zum Großfürsten Wladimir, für den er von nun an zusammen mit den Recken Ilja, Tschurila und Dobrynja focht. In dem Verlangen, sein

Erbe und die väterliche Burg wiederzusehen, wo er seine Kindheit verbracht hatte, besuchte er jetzt, zwei Tage nach der Abreise des Sängers Uslad, auf einer seiner Fahrten die Ufer der Moskwa.

Die Begegnung mit Maria an der Quelle erweckte in Rogdai ein gänzlich neues Gefühl. Täglich erschien er in der Hütte ihrer Mutter. Während er mit der Alten plauderte, betrachtete er verstohlen die liebreizende Tochter, die, gesenkten Hauptes, mit erröteten Wangen und zitternden Händen spann und jedesmal die Spindel fallen ließ, wenn ihr zaghafter Blick unversehens Rogdais nachdenkliche, in düsterem Feuer lodernde Augen gewahrte. Unstillbare Leidenschaft, gepaart mit quälendem Verlangen und insgeheim nagender Eifersucht wogte im Herzen des gefürchteten Ritters. Zum erstenmal verspürte er den Wunsch, geliebt zu werden, zum erstenmal bemühte er sich, seine Donnerstimme zu dämpfen; mitunter trat sogar ein Lächeln auf seine Lippen. Unablässig dachte er an Maria, er suchte ihr an der Quelle und in der Tiefe des Hains zu begegnen, er folgte ihr ins Dorf und mischte sich sogar, um ihr zu gefallen, nicht selten in das fröhliche Treiben der Hüttner und Hüttnerinnen. Täglich schickte er ihr kostbare Geschenke: mal ein glänzendes Perlengeschmeide, mal einen mit wertvoller Tresse benähten seidenen Sarafan, ein Band mit Silberfransen, Ohrgehänge oder einen goldenen Ring. »Maria«, sagte er zu ihr, »schenk mir dein Herz, ich werde dich glücklich machen. Alle meine Schätze sollen dir gehören, meine Burg, meine Felder und Haine. Du wirst in Silber und Gold gekleidet gehen. Ich führe dich in die herrliche Stadt Kiew vor den Großfürsten Wladimir, du wirst den Reckenspielen zusehen und die Schönste der Schönen sein, eine Zier der Fürstenpaläste und die Freude der ganzen Stadt.«

Was ging in deinem Herzen vor, woran dachtest du, gute

Maria? Anfangs grämte sie sich und vergoß bittere Tränen. »Uslad, mein Geliebter, warum bist du nicht bei mir?« sprach sie angesichts des rieselnden Quells, an dem sie voneinander Abschied genommen hatten. O weh, sie fühlte bereits, daß sie Uslads Anwesenheit brauchte, um die feste Verbundenheit mit ihm in sich zu bewahren. Uslad war für sie das Glück ihres Lebens, bei dem Gedanken an Rogdai aber sah sie nur dessen unermeßlichen Reichtum, die prunkvolle Stadt Kiew (die sie nur vom Hörensagen kannte), die ruhmreichen Recken und den Glanz des prächtigen Fürstenschlosses; niemals dachte sie an ihn selbst, denn wie hätte sie sonst schwanken können zwischen dem herrlichen Uslad und dem schrecklichen Ritter, dessen düsteres Bild sie zittern machte. Aber ach, ihr geblendeter Verstand trog auch ihr zartes Herz. Im Verlaufe des ersten Monats ging sie jeden Tag, den Gott werden ließ, zur Quelle, Uslads zu gedenken – und jedesmal traf sie dort den Ritter Rogdai. Im zweiten Monat lieh sie schon seinen Anträgen ihr Ohr: In ihrer vordem so untadeligen Seele erwachten stolze Träume von Glanz, Reichtum und dem Triumph ihrer Anmut. Der dritte Monat brach an – und Maria reichte Rogdai ihre Hand. Ach, wer hätte das gedacht, du gute Maria? Doch dein reines Herz trägt keine Schuld. Es hat Uslad niemals verraten. Du hast dich selbst betrogen, Maria, als du meintest, deinen Freund nicht mehr zu lieben. Bald schon wird deine Verblendung weichen, bald die alte Liebe in deiner Seele auferstehen, an die du dich gewöhnt hattest, mit der du so glücklich warst. Und was wird dann sein, du unschuldige, betrogene, unglückliche Maria?

Uslad nahte bereits den heimatlichen Gefilden, er sah aus der Ferne schon Rogdais hohe Burg und den Rauch, der sich über den vom Frührot vergoldeten Hüttendächern kräuselte. Erregte Freude, Liebe und Ungeduld sprengten fast seine Brust. In diesem Augenblick begegnete er einem Hirten, der, ein Morgenlied auf den Lippen, seine Herde zur Weide trieb.

»Du armer Uslad, warum kehrst du in deine Heimat zurück?« rief der Hirte.

Uslad erbleichte.

»Was ist geschehen?« fragte er mit veränderter Stimme.

»Viel Wasser ist dahingeflossen, seit du unser Dorf verlassen hast«, erwiderte der Hirte. »Deine Maria ist ein Zugvogel, sie hat ihr trautes Nest aufgegeben, um in die Fremde zu fliegen, sie liebt dich nicht mehr, sondern ist dem reichen, mächtigen Ritter Rogdai gefolgt. Ach, du armer Uslad, weshalb bloß bist du zurückgekehrt?«

Der Hirte sah ihn voller Mitleid an, seufzte und trieb seine Herde weiter, erneut sein Morgenlied anstimmend. Uslad fand kein Wort zur Antwort, er stand wie vom Donner gerührt und starrte lange unbeweglichen Blickes in die Wellen, in denen sich der reine Himmel spiegelte. Eine Lerche stieg tirilierend auf zu den Wolken, der Morgenwind blies ihm ins Angesicht, die weite Flur duftete nach Blüten und Kräutern – Uslad fühlte nichts. Die Sonne ging auf, ihre ersten Strahlen umspielten das Dach der hohen Burg: Da hob er unwillkürlich den Blick, eine tiefe Erregung bemächtigte sich seiner, er stürzte weinend ins Gras und blieb so den ganzen Tag reglos liegen, seufzend und vom Schmerz gepeinigt. Am Abend kamen die Feldarbeiter und die Hirten von ihrem Tagewerk. Ihre fröhlichen Stimmen weckten Uslad aus seiner Erstarrung. Er stand auf, sah noch einmal hinauf zu der Burg und betrachtete sie lange, endlich nahm er den mit Marias Haar gebundenen Strauß vertrockneter Maiglöckchen von seiner Brust, den sie ihm am Abend ihrer Trennung geschenkt hatte, und warf ihn in den Fluß. Eine Zeitlang folgte sein Blick den Maiglöckchen in der Strömung, dann senkte er das Haupt, bemüht, die in ihm empordrängenden Seufzer zu unterdrücken, und schritt davon, um niemals, niemals an diesen Ort zurückzukehren, wo alles, was ihn im Leben erfreut hatte, für immer vernichtet war.

Der Herbst verging und der Winter, Uslad aber wanderte noch immer ziellos durch Städte und Dörfer. Er gedachte auf solche Weise das Vergangene, sein verlorenes Glück zu vergessen, doch ach, er vermochte es nicht. Eben die Lieder, mit denen er Städter und Dorfbewohner erfreute, um nicht Hungers zu sterben, priesen die zarten Gefühle, die ehedem auch ihn beseelt hatten, erzählten von jenem glücklichen Landstrich, wo er froh in jeden neuen Morgen getreten und allabendlich voller Hoffnung entschlummert war. Als der Frühling kam, flammte seine ganze, fast schon erloschen geglaubte Liebe von neuem in ihm auf. »Nein«, rief er, »ich kann nicht atmen, fern von ihr; es ist mein Los, wo ich auch bin, vor Liebe zu vergehen und vor Gram dahinzuwelken; hier in der Fremde ist mir nichts vertraut, dort aber, in meiner Heimat, finde ich in allem noch die Zeugen meines Glücks, die an meiner Trauer teilhaben werden. Ich werde Maria nicht treffen, aber doch in ihrer Nähe sein, ich werde um ihre Wohnstatt streifen, ihr ungesehen in die Tiefe des Hains folgen, manchmal vielleicht ihre Stimme vernehmen und den Wind atmen, der ihre Brust umfächelt oder ihre hellen Locken bewegt hat; meine Tränen werden auf die Spuren ihres leichten Schritts im Gras fallen, wonnetrunken werde ich, im Dunkel der Nacht verborgen, das Licht des Lämpchens vor der Ikone in ihrem Gemach durchs Fenster schimmern sehen und zugleich mit ihr um ihr Lebensglück zur Gottesmutter beten. Ja, du meine Heimat und ihr, altvertraute Haine und blühende Ufer der Moskwa, ihr sollt Uslad wiedersehen. Ich kehre zu euch zurück, um in eurem

Schoß, in dem mein Frohsinn geblüht hat und gewelkt ist, das Ende meiner Tage zu erwarten. Ach, der Kummer, einen anderen im Besitz meines Glückes zu sehen, wird mich gewiß bald dahinraffen. Eines Morgens wird eine frühe Schwalbe zu den Wolken auffliegen, ein Wind wird durch die Baumwipfel streichen und das Herbstlaub raschelnd abfallen; dann wirst du, Maria, aus dem Fenster deiner hohen Burg sehen und sagen: ›Du Morgenschwalbe, was steigst du so früh in den Himmel? Du Herbstwind, warum zerstörst du die Schönheit des Eichenhains? Weshalb überkommt meine Seele eine so seltsame Trauer?‹ Du wirst hinausgehen in die Felder, deine Trübsal zu zerstreuen, und von dem krummen Pfad aus am Friedhofsrand im Schatten der alten Birken ein frisches Grab erblikken, das du nachdenklich betrachtest. ›Hier ruht der Sänger Uslad‹, werden die betrübt um den Hügel versammelten Dorfmädchen dir verkünden. Du wirst dich unserer früheren Freuden erinnern und im Gedenken an den Sänger Uslad trauernd in deine Burg zurückkehren, aus tiefstem Herzen seufzen und zu dir sagen: ›Er hat mich geliebt, aber es gibt ihn nicht mehr.‹

Die Sonne war fast untergegangen, als Uslad den von der Quelle strömenden Bach erreichte, Rogdais Burg vor Augen.

Lange sah er voller Wehmut hinauf zu Marias Wohnstatt, sein Blick suchte den Schimmer des Heiligenbildlämpchens im Fenster ihres einsamen Gemachs, doch vergebens – tiefes Dunkel herrschte in der Feste des Ritters Rogdai. Schon schwand im Westen der letzte Streifen des Abendrots, im Osten stieg gleich dem Widerschein einer fernen Feuersbrunst der Vollmond auf und tauchte die ganze Burg in sein fahles Licht. Uslad gewahrte deutlich, daß alle sonst verriegelten Fenster offenstanden und das starke Balkentor sich unverschlossen in den eisernen Angeln bewegte. Eine bange Vorahnung ergriff unwillkürlich sein Herz. ›Was hat das zu bedeuten?‹ dachte er. ›Woher rührt diese Düsternis in Rogdais Burg? Was ist dir widerfahren, Maria?‹ Er überschritt den Quellbach an einer Furt und stieg auf einem durch Buschwerk sich windenden Pfad bergan. Oft blieb er lauschend stehen, doch er hörte nichts als das Murmeln des Baches und dessen leichtes Rauschen im Sand, allenfalls zirpte irgendwo eine Grille, oder ein welkes Blatt löste sich und fiel zitternd zur Erde. »Was kündest du mir, schreckliche Stille?« sprach er bei sich mit einem scheu forschenden Blick, doch ringsum war nur traurige Öde. Plötzlich glaubte er ein Rascheln zu vernehmen. Jemand lief den Hügel herab, trockenes Laub knisterte unter seinen Füßen, das Geräusch kam näher ... Uslad verbarg sich im Gebüsch und erblickte von dort eine Frau. Der Mond erleuchtete ihr Antlitz – es war die gutherzige Olga, Marias liebste Freundin. Uslad trat ihr entgegen; sie schrie auf und bedeckte ihr Gesicht mit beiden Händen.

»Steht mir bei, ihr Himmelsmächte!« rief sie. »Ein Gespenst, der Geist des Uslad!« Die Beine versagten ihr den Dienst, sie wäre ins Gras gesunken, hätte Uslad sie nicht in seinen Armen aufgefangen.

»Was ist dir, gute Olga? Warum fürchtest du dich vor Uslad?« Sie zitterte wie Espenlaub, wagte nicht die Augen aufzuschlagen, bekreuzigte sich und sprach leise ein Gebet. »Besinne dich doch, liebe Olga, sieh mich an! Ich bin kein Geist, ich bin Uslad, der lebendige Uslad, der in seine Heimat zurückgekehrt ist, um Maria wiederzusehen.«

Die vertraute Stimme machte der Verängstigten Mut. Zwar erholte sie sich nicht sogleich von ihrem Schreck, aber sie hob doch endlich die Lider.

»Sehe ich wirklich Uslad?« fragte sie. »Ja, es ist sein Gesicht, sein freundlicher Blick und seine bekannte Stimme.

Ach, guter Uslad, warum bist du hier? – Aber laß uns weggehen von dieser Stätte, ich fürchte mich. Es wird bald Mitternacht, niemand aus dem Dorf wagt sich um diese Zeit hierher. Ich habe mich unbedacht im Hain verspätet, gehen wir, Uslad, der Ort ist schrecklich.«

Sie lief voraus, Uslad hinter sich her ziehend, und nach zwei Minuten befanden sie sich bereits an dem klaren Quell.

»Olga«, sagte Uslad, »ich gehe nicht weiter und lasse dich nicht, ehe du mir berichtest, warum dir Rogdais Burg solche Angst macht und was mit Maria geschehen ist.«

»Ach, mein guter Uslad, frage mich nicht danach!«

»Sprich, liebe Olga, ich bitte dich um Gottes willen, die Ungewißheit ist quälender als der Tod.«

»Gut denn, Uslad, so höre. Setz dich nahe zu mir, hier fühle ich mich ruhiger, unsere Hütte jenseits der Quelle vor Augen.«

Sie ließen sich nieder. Uslad zitterte, sein Herz ahnte Entsetzliches.

»Viel, Uslad, sehr viel hat sich verändert seit der Zeit, da du unser Dorf verlassen hast«, begann Olga ihre Erzählung. »Meine arme Freundin hat ihren Leichtsinn teuer bezahlt. Barmherziger Himmel, warum hat sie bloß auf die arglistigen Beteuerungen des Verführers gehört, ohne ihr Herz zu befragen? Uslad, deine Maria hat dich nicht eine Minute lang aus ihren Gedanken verbannt. Sie war nur geblendet wie ein Kind von den Goldbrokatstoffen, Perlen und Bändern, die der schreckliche Rogdai ihr schenkte, von der eitlen Hoffnung, mit ihrer Anmut in der herrlichen Stadt Kiew zu glänzen. Aber ach, sie betrog sich selbst, als sie ihre frühere Liebe erloschen glaubte und ihr stolzer Sinn sich zu dem mächtigen Rogdai hingezogen wähnte. Nein, Uslad, du darfst nicht schlecht von ihr denken, ihr Herz war nie wankelmütig. Wie könnte man auch, mein Freund, jemals die süßen Empfindungen vergessen, die unserer Seele in den besten Jahren unseres Lebens Kraft spenden, die alle unsere Hoffnungen auf das Glück in sich bergen und uns den Himmel auf Erden schaffen? Seit der Zeit, da sie die elterliche Hütte verlassen mußte, hatte Maria keine frohe Minute mehr. Vernimm: Am Abend vor der Hochzeit, als es für sie galt, sich tags darauf in Gottes Kirche, vor dem heiligen Altar, Rogdai für immer zu verbinden und bei sich selbst zu schwören, Uslad auf ewig zu vergessen, da suchte ich meine Freundin auf. Wo aber fand ich sie? Hier an dem reinen Quell, an eben der Stelle, wo du, Uslad, von ihr Abschied genommen hattest. In tiefer Trübsal saß sie da, das hübsche Köpfchen auf die Brust gesenkt, mit erloschenem Blick und welken Wangen, wie eine zum Tode Verurteilte. Ach, Uslad, ehe sie noch Rogdais Burg betreten hatte, waren ihre Träume von dem vermeintlich dort sie erwartenden Wohlleben verflogen, sie dachte nur noch daran, was sie verlor; einzig die Erinnerung an das Vergangene, an die entschwundenen Freuden erfüllte ihr trauerndes Herz. Als sie mich erblickte, stand sie auf, gab mir ein Zeichen, ihr zu folgen, und ging schweigend zu ihrer Hütte. Ihre Mutter war nicht zu Hause; eine Kerze brannte vor dem Muttergottesbild. ›Bete mit mir‹, sagte sie, tränenüberströmt zu Boden sinkend. ›Du heilige Trösterin‹, rief sie dann, ›ich bitte dich nicht um meinetwillen, für mich gibt es kein Glück mehr, ich erflehe es nicht und werde nicht danach suchen, denn ich habe es selbst verwirkt, doch erbarme dich meines verlassenen, verwaisten lieben Freundes, nimm ihn in deine Hut, du Beschützerin aller Unglücklichen.‹ Am anderen Morgen brachte man ihr reiche Gaben von Rogdai – sie betrachtete sie gleichgültig. Die Dorfmädchen sangen fröhliche Lieder vor ihrer Tür – sie schien sie nicht zu hören. Ihre Mutter schmückte sie zur Trauung und schmeichelte ihr mit Worten und Blicken – Maria sah sie liebevoll an, küßte ihr die Hand, seufzte und weinte stumm. Der schreckliche Recke Rogdai wunderte sich sehr, als sie, traurig und bleich wie Linnen, in die Kirche trat und ihm zitternd die Hand reichte. Sein Gesicht blieb während des ganzen Zeremoniells düster, er musterte in strengem Argwohn seine Braut, die vor dem Altar stand wie ein zur Schlachtbank geführtes Opferlamm. So wurden sie getraut. Uslad, ich wiederhole es: Deiner Maria ward nicht eine einzige Freude zuteil, seit sie die elterliche Hütte verließ. Wir haben uns täglich gesehen: Immer fand ich sie in Nachdenken versunken. Manchmal setzte sie sich des Abends an den Berghang und sang deine herrlichen Lieder; manchmal verweilte sie bekümmert an der Quelle; zumeist aber ging sie an den Fluß und schaute nach deiner fernen Hütte hin. Die rauhe Strenge des Ritters Rogdai ließ sie erzittern: Er liebte sie leidenschaftlich, doch selbst in seiner Zärtlichkeit lag noch etwas von seiner grimmigen Härte. Die redliche Maria, deren Worte und Blicke stets ihrer innersten Herzensstimmung entsprachen, erwiderte seine Liebe einzig durch stille Ergebenheit: Sie nahte sich ihm nur, wenn er es befahl, erlaubte sich nie eine Tändelei mit ihm, sondern duldete lediglich demütig seine gebieterische Liebkosung. Ach, die unglückliche Maria, die vordem so fröhlich und leichtfüßig im Kreise ihrer munteren Gespielinnen getollt hatte, sie lächelte fast niemals mehr, und wenn sie es tat, so blieb doch ein Abglanz ihrer Trübsal. Rogdai bemerkte ihre Schwermut, und sein Blick ruhte oft voll düsterem Argwohn auf ihrem blassen Antlitz. Dann erschrak sie und richtete die Augen zu Boden. Mehrfach setzte er an, sie nach dem Grund solch unablässiger Trauer zu fragen, doch er ging jedesmal weg, ohne zu Ende gesprochen zu haben. Was hätte ihm Maria auch antworten können? So verstrichen drei Wochen. Eines Vormittags (Maria und ich saßen beisammen und fädelten Perlen zu einem Halsband für ihre Mutter) trat Rogdai in ihr Gemach. ›Maria‹, sprach er, ›übermorgen reisen wir nach Kiew, halte dich bereit.‹ Sie erbleichte, ihre Arme sanken herab, sie wollte etwas erwidern, stattdessen rannen Tränen in Strömen aus ihren Augen. ›Was soll das heißen?‹ herrschte der Ritter mit seiner schrecklichen Donnerstimme sie an. Maria faßte nach seiner Hand (zum erstenmal erkühnte sie sich solcher Freiheit). ›Ich bitte dich um Gottes willen‹, rief sie, den Blick mitleidheischend auf ihn gerichtet, ›verweile noch einen Monat, nur einen Monat noch laß mir, mich an den betrüblichen Gedanken zu gewöhnen, daß ich für immer von meiner Heimat scheiden, meine Mutter und meine Freundinnen, die vertrauten Felder und Haine verlassen muß.‹ Das hübsche Antlitz an die Hand des schrecklichen Ritters gepreßt, weinte sie bitterlich. Welches Herz hätte ihr flehendes Klagen nicht gerührt? Eine Weile schwieg der gestrenge Rogdai, in seinem düsteren Blick leuchtete Mitgefühl auf. ›Ich kann dir nichts abschlagen, Maria‹, entgegnete er schließlich in sanfterem Ton, ›zu gern gewähre ich dir Trost. So will ich denn noch einen Monat bleiben. Aber, Maria‹, hier sah er sie argwöhnisch an, ›du erwiderst meine leidenschaftliche Liebe nur schlecht: Wehe dir, wenn nicht allein die Anhänglichkeit an deine Mutter, deine Freundinnen und deine Heimat dich an diesem Ort zurückhält.‹ Damit entfernte er sich. Maria hob den Kopf zu mir und sprach kein Wort, wir seufzten beide.

Zwei weitere Wochen vergingen – die traurigsten für die arme Maria. Sie bemühte sich, die Erinnerungen an Uslad zu verdrängen, und dachte doch wider ihren Willen unablässig: ›Nun wird er bald zurückkehren, um sich mir für immer zu verbinden, erfüllt von süßer Hoffnung und der früheren Liebe, und ich …‹ So quälte sie sich, unfähig, ihre

Trauer und ihre Tränen vor Rogdai zu verbergen; er sah sie leiden, schwieg jedoch, aber seine strengen Blicke wurden von Stunde zu Stunde düsterer, schreckliche Eifersucht grollte in seinem Herzen. ›Maria‹, sprach er einmal, das Auge unverwandt auf sie gerichtet. ›du bist voller Unruhe, dein Gewissen verrät dich: Mein Blick ist dir unerträglich.‹ Und mit Donnerstimme, die die Unglückliche erstarren ließ, setzte er hinzu: ›Ich liebe dich leidenschaftlich, doch wehe, wenn du mich betrügst!‹

Schließlich nahte die Zeit deiner Heimkehr, und die arme Maria geriet gänzlich außer sich. Ach, sie fürchtete den schrecklichen Rogdai, sie fürchtete deine liebe Anwesenheit, sie fürchtete ihr eigenes Herz: Das leiseste Geräusch ließ sie erzittern. Sie wollte dir nicht begegnen, der Gedanke daran erschreckte sie, und dennoch, Uslad, wich sie, gleichsam deiner harrend, nicht vom Fenster ihres Gemachs; sie saß stundenlang an der Moskwa und sah starr hinüber zur anderen Seite auf das Strohdach deiner Hütte. Eines Morgens – es war am Tag nach deiner Begegnung mit unserem Dorfhirten – fand ich sie wieder allein und traurig wie immer am Ufer, an derselben Stelle, die sie schon die Tage zuvor aufgesucht hatte. Ich erzählte ihr, daß man dich am Abend zuvor gesehen habe und daß du auf die Nachricht von ihrer Heirat hin das Dorf gar nicht habest betreten wollen, sondern mit unbekanntem Ziel wieder von dannen gezogen seist. Maria brach in Tränen aus. ›Sein Schutzengel begleite ihn‹, sagte sie. ›Möge er glücklich werden und, so er kann, Maria vergessen.‹ Ihr Blick war gen Himmel gerichtet. Wir standen dort, wo der Fluß eine kleine Bucht bildet und sein Wasser sich leise plätschernd über helles Gestein ergießt. In diesem Augenblick rollte eine Welle bis vor Marias Füße und hinterließ, zurückweichend, etwas im Sand. Ich bückte mich, hob einen Strauß welker Maiglöckchen auf, mit Haar gebunden, und zeigte ihn Maria. O Gott, wie soll ich ihren Schrecken schildern! Es war, als sehe sie ein grausiges Gespenst, sie zitterte entsetzt und erbleichte. ›Das ist mein Haar!‹ rief sie. ›Uslad weilt nicht mehr unter den Lebenden, er hat sich in den Fluß gestürzt.‹ Ohnmächtig sank sie mir zu Füßen. In diesem Augenblick erschien Rogdai. Er trat heran, sah die bewußtlose Maria, bettete sie auf seinen Arm und starrte bestürzt in ihr totenblasses Angesicht; dann riß er sich den Helm vom Kopf, ließ mich darin Wasser schöpfen und benetzte Marias Haupt, das wie eine welke Rose auf ihre rechte Schulter hing. Lange mühten wir uns, sie ins Leben zurückzurufen, endlich schlug sie die Augen auf, doch ihr Blick war trübe, sie sah Rogdai an und erkannte ihn nicht. ›Ach, Uslad‹, sagte sie mit ersterbender Stimme, ›ich habe dich mehr geliebt als mein Leben; ihr letzten Freuden, ihr letzten Hoffnungen, lebt wohl.‹ Wie soll ich die Wirkung beschreiben, die ihre Worte auf den schrecklichen Rogdai hatten? Sein Gesicht wurde blutrot, seine Augen blitzten wie Kohle, gräßlich knirschte er mit den Zähnen. ›Uslad?‹ schrie er, außer Atem vor Wut. ›Wer ist Uslad? Was sagst du da, Unglückselige?‹ Doch Maria schien völlig entrückt, sie fühlte nicht, daß Rogdai neben ihr kniete, preßte krampfhaft seine Hand an ihr Herz und sprach: ›Was soll ich noch auf dieser Welt? Ich habe ihn mehr geliebt als mein Leben, nun ist alles zu Ende!‹ Rogdai bebte am ganzen Körper, wie von Sinnen ergriff er sie mit einem Arm und schleppte sie eilends davon wie ein wilder Wolf seine Beute, hinauf zu seiner schrecklichen Burg. Ich wollte ihm folgen. ›Hinweg!‹ brüllte er mit heiserer Stimme, seine Augen blitzten mich an wie die eines Raubtieres, und meine Beine trugen mich nicht mehr. Seitdem, Uslad, habe ich unsere Maria nicht wiedergesehen. Am selben Abend noch erstieg ich wieder den Berg. In der hohen Burg herrschte Grabesstille, Marias Gemach war verlassen.

Ich lauschte lange, doch alles blieb stumm, nur der Fluß rauschte in der Ferne, und die Eichen raschelten leise. Das Blut gefror mir in den Adern. O Gott, dachte ich, was ist mit dir geschehen, unglückliche Maria! Drei Tage hintereinander ging ich hinauf – dasselbe Schweigen, dieselbe Öde. ›Wohin hat es Maria verschlagen, wo steckt der Ritter Rogdai?‹ fragten unsere Bauern. Einer wagte es, die Burg zu durchforschen, aber er fand weder den Ritter noch Maria, noch Rogdais Diener, sondern nur kahle Wände, alles war leer, jegliches Hausgerät verschwunden, als habe nie eines Menschen Fuß diese Heimstatt des Schweigens betreten. Ach, Uslad, seither wissen wir nichts über das Schicksal deiner Maria. Niemand hat den Mut, sich Rogdais Burg auch nur zu nähern. Wehe dem verirrten Wanderer, der sich erdreistet, dort zur Mitternacht Unterschlupf zu suchen! Gottes Verdammnis lastet auf diesem Hort des Frevels, sagt unser Dorfgeistlicher. Wir schauen bangen Herzens vom Fluß aus hinauf und beten zum himmlischen Vater um Frieden für Marias Seele. Ihre arme Mutter ist vor Gram gestorben; Gott hatte es mir beschieden, ihr die Tochter zu ersetzen, ich habe einen Heckenrosenstrauch und eine junge Linde auf ihr Grab gepflanzt. Wer weiß, Uslad, vielleicht hat sie sich in der anderen Welt schon mit ihrer Maria getroffen.«

Olga schwieg, und auch Uslad brachte kein Wort über die Lippen. Der Unglückliche hielt gesenkten Hauptes beide Hände vor sein Gesicht – er befand sich in einem schrecklichen Gemütszustand. Eine Weile saßen beide in stummer Trauer. Dann sah Uslad Marias Freundin an: Sie weinte, und er küßte sie auf die Wange.

»Liebe Olga«, sagte er, »gehe heim zu deiner Mutter, sie ist gewiß in Sorge über dein langes Ausbleiben. Mich aber laß hier, ich werde nie von diesem Berge weichen, er soll mein Grab sein. Gott sei mit dir, herzensgute Olga, werde glücklich! Sage im Dorf, daß der arme Uslad lebt, daß er zurückgekehrt ist, um an eben dem Ort zu sterben, wo seine unglückliche Maria gelitten und ihr Verderben gefunden hat.«

Sie küßten sich abermals, Olga lief jenseits der Quelle davon, und Uslad stieg auf dem gewundenen Pfad hinauf zu der schrecklichen Burg.

Es ging auf Mitternacht. Der Vollmond leuchtete fast senkrecht über dem späten Wanderer vom Zenit. Uslad erreichte sein Ziel und trat durch das breite Tor, dessen weit geöffnete Flügel sich knarrend bewegten. Der Innenhof lag still und verlassen. Auf dem Weg vom Tor bis zu dem von einem hohen Geländer umgebenen Hausvorplatz wucherten Brennesseln, Wermut und Kletten. Mit Mühe setzte Uslad einen Fuß vor den anderen; endlich erklomm er die Stufen und schritt zur Eingangstür. Ein scheuer Fuchs, erschreckt durch das unverhoffte Auftauchen eines Menschen an diesem öden Ort, floh mit blitzenden Augen an ihm vorüber in das hohe Gras; ein von dem Geräusch aufgestörter Uhu breitete hastig die Schwingen aus und flog aufs Dach, von wo er klagend schrie. Beklommen sah Uslad sich um. Das Licht des Mondes erhellte ein geräumiges Zimmer mit einem an die Wand gerückten langen Tisch und zwei oder drei umgeworfenen Bänken; in einer Ecke stand das jetzt leere Altarpult für die Ikonen, der Fußboden war von Scherben zerschlagener Tonkrüge übersät – hier hatte der gestrenge Rogdai mitunter die Männer und Frauen seines Dorfes bewirtet. Noch durch mehrere andere Räume lief Uslad: Er fand nichts als kahle Wände und tiefe Stille, die allenfalls von über ihm aufflatternden Fledermäusen unterbrochen wurde. Endlich erblickte er eine kleine Tür und eine schmale Treppe, die sich schraubenähnlich um eine Säule wand. Sein Herz schlug schneller – sie führte zu Marias Zimmer. Er stieg die Stufen hinauf und gelangte in ein von dem ungehindert in die offenen Fenster scheinenden Mond hell erleuchtetes Gemach. Unsägliche Trauer bemächtigte sich seiner: Hier hatte die arme Maria ihre letzten Tage verbracht, hier war sie des Morgens seufzend erwacht und abends wehmütig in Schlaf gesunken. Es bereitete ihm eine schmerzliche Befriedigung, dieselbe Luft zu atmen wie einst sie, ja, er fühlte förmlich in der stillen mitternächtlichen Kühle ihre Anwesenheit. Alles war erfüllt von ihr, jedes Detail betrachtete er in unbeschreiblicher Erregung, denn er glaubte überall die Spuren der verlorenen Geliebten zu entdecken. In einer Ecke lag ihr Stickrahmen mit einer nicht vollendeten, nun schon fast vermoderten Nadelarbeit, in einer anderen glänzte etwas – er sah näher hin, und was fand er? Dort hing das silbergefaßte kleine Muttergottesbild, das er ihr einmal aus Kiew mitgebracht und das sie bis zu ihrer Trennung am Hals getragen hatte. Weinend fiel er davor nieder, er nahm es von der Wand, küßte es und barg es an seiner Brust. Darauf setzte er sich ans Fenster und schaute lange hinab auf die Moskwa, die sich still um den Fuß des Berges schlängelte und in ihren Wellen die waldbedeckten Ufer wie auch den blauschwarzen Himmel mit seinen leichten Silberwolken spiegelte. Die ganze in einen durchsichtigen weißen Lichtschleier gehüllte Umgebung lag in tiefer Ruhe, es schwiegen der Wind, das Wasser und die Wälder. Uslad überließ sich seinen Gedanken, das Vergangene zog als ätherische Vision an ihm vorüber, er sah Maria in ihrer strahlenden Schönheit und dahingewelkt in der Blüte ihrer Jahre. ›Hier hat sie betrübt am Fenster gesessen‹, dachte er, ›und mir, den Blick in die nebelhafte Ferne gerichtet, ihre Seufzer geschickt; hier hat sie unter Tränen vor der heiligen Ikone gebetet, und vielleicht, o barmherziger Gott, vielleicht ist ihr hier auch ihr Mörder entgegengetreten!‹ Ihn schauderte, der Schreck fuhr ihm in alle Glieder, er glaubte ein Stöhnen zu hören wie aus einem Grab, und ihm war, als schleiche ein verzweifeltes, trauerndes Gespenst durch die Räume der verlassenen Burg. Seine Adern pulsten heftig, das Blut stieg ihm zu Kopf und tönte in seinen Ohren wie Totenklagen. Die mitternächtliche Stunde, das Schweigen ringsum, die düstere Leere des schrecklichen Gebäudes – dies alles stimmte sein Gemüt auf etwas Ungewöhnliches ein und erfüllte ihn mit geheimnisvoller Erwartung. Er lauschte reglos – alles blieb stumm, kein Laut, kein Raunen war zu hören. Plötzlich erhob sich von dem Eichenhain her ein leichter Wind: Die Blätter der nächststehenden Bäume raschelten, der helle Mond glitt hinter eine Wolke, die ganze Umgebung verschwand im Dunkel; ein sanfter, kaum spürbarer Hauch strich über Uslads heiße Wangen und durch sein zerzaustes Haar – es war, als wehe Frühlingsduft ihn an, und zugleich meinte er eine zarte harmonische Melodie zu vernehmen wie fernen Harfenklang. Er blickte auf – und was sah er? O Schreck, o Freude – er sah Maria! Als helles Luftgebilde schwebte sie vor ihm, strahlend in rosigem Glanz; ein leichtes Gewand, durchscheinend wie eine Morgenwolke vor der aufgehenden Sonne, hüllte sie in fließende Falten; ihr lilienweißes Antlitz schien traurig, um ihre lieben Lippen spielte ein wehmütiges Lächeln, ihr nachdenklicher Blick ruhte fest auf Uslad. Heilige Ehrfurcht ergriff sein Herz.

»Bist du es, die Seele meiner Maria?« rief er, der Erscheinung die bebenden Hände entgegenstreckend. »O sprich, warum hast du deine himmlische Wohnstatt verlassen? Trägst du mir auf, vom Leben zu scheiden? Willst du mich in deine Seligkeit einbeziehen?«

Er verstummte, doch es kam keine Antwort. Aber die Gestalt wollte offensichtlich, daß er ihr folgte: Sie deutete mit der einen Hand auf den dichten Wald, mit der anderen winkte sie ihm. Mutig machte er ein paar Schritte, und sie schwebte ihm voran; er blieb stehen – da verhielt auch die Erscheinung, den Blick erneut flehentlich auf ihn gerichtet. Uslad zögerte, er wußte nicht, was er tun sollte. Am Ende überwand er seine Furcht und vertraute sich der geheimnisvollen Führerin an. Sie geleitete ihn hinab in den verödeten Hof, von dort durchs Tor und schließlich in einen Wald, der sich mehrere Werst weit hinter Rogdais Burg erstreckte. Immer tiefer drang Uslad in die lautlose Finsternis ein, in der sich kein lebendes Wesen sehen ließ – die wilden Tiere schienen die ihn führende überirdische Erscheinung zu wittern und ihr ängstlich aus dem Wege zu gehen ... Er aber folgte schweigend dem entschwebenden bleichen Schimmer nach. Mehrere Stunden schon währte sein einsamer Gang, da erblickte er plötzlich einen Fluß, der sich im Schatten uralter Eichen, buschiger Birken und düsterer Tannen dahinschlängelte. Er sah zu seiner lichten Begleiterin hin – sie bewegte sich nicht weiter vorwärts, die Wehmut in ihrem Blick war strahlender himmlischer Heiterkeit gewichen; Uslad zugewandt, zeigte sie hinauf in den Himmel, dann breitete sie lächelnd die Arme vor ihm aus und zerflog gleich einem flüchtigen morgendlichen Traum unversehens im luftigen Nichts. Um Uslad wurde es dunkel, er stand allein mitten in dem dichten Wald, in einer beängstigenden, wilden Gegend. Da entdeckte er in der Nähe einen schwachen Lichtschimmer. Er ging ihm nach und gelangte zu einer strohgedeckten niedrigen Hütte. Als er die Tür öffnete, erblickte er einen gebrechlichen alten Mann, der beim Schein der Nachtlampe vor einem Kruzifix betete. Das Kreischen der Tür ließ ihn aufhorchen. Er drehte sich um, sah Uslad forschend an, lächelte und reichte ihm die Hand.

»Gott segne deinen Eingang«, sagte er. »Mir ist in Traumgesichten seit langem prophezeit, daß du in diese Einöde finden wirst. Ich erkenne in dir den Jüngling, der mir schon des öfteren zu mitternächtlicher Stunde erschienen ist, wenn ich nach des Tages Arbeit und meinem Abendgebet in erholsamem Schlafe lag.«

»Wer bist du, guter Alter?« fragte Uslad ergriffen und in geheimer Furcht.

»Ich bin der demütige Einsiedler Arkadi«, erwiderte der Greis. »Zwei Jahre sind es, seit ich diese einsame Hütte am Ufer der hellen Jausa bewohne. Hier verbringe ich meine Tage im Gebet und bereue meine ehemaligen Verirrungen um meines Seelenheils willen. Tritt in meine Klause, du unglücklicher Beladener, hier wirst du deine verlorene Ruhe finden und alles zurückliegende Böse vergessen. Doch sage mir, wer hat dir den Weg zu meiner verborgenen Hütte gewiesen?«

Uslad schilderte ihm das Unglück seines Lebens.

»So vernimm denn«, rief Arkadi, nachdem er Uslads Bericht gehört hatte: »Hier am Ufer der Jausa ruht deine bedauernswerte Maria; ich wurde nach Gottes Ratschluß dazu auserkoren, ihre letzten Blicke zu empfangen und ihre entweichende Seele mit dem Himmel zu versöhnen. Höre: Eines Morgens sammelte ich Wurzeln an der Jausa, da drang plötzlich klägliches Stöhnen in mein Ohr. Ich ging ihm nach und fand etwa fünfzig Schritt entfernt eine Frau, jung und von vollendeter Schönheit, in ihrem Blut – das war deine Maria; ein Stück weiter ertönte Hufschlag, ein geharnischter Krieger tauchte noch ein paarmal zwischen den Bäumen auf und verschwand im Wald – das war der Mörder Rogdai. Ich stützte Maria mit meinen Armen, doch ach, sie lag in den letzten Zügen, ihre Lippen und ihre Wangen waren bleich, ihre Augen brachen. Langsam hob sie ihren erlöschenden Blick zu mir. ›Empfange meine Seele und segne mich‹, sprach sie, bemüht, meine Hand auf ihr Herz zu legen. Ich schlug das Kreuz über der Sterbenden, und sie sah mich dankbar an. ›Du trostspendender

Engel‹, sagte sie, die Arme vor mir ausbreitend, ›bitte für mich und für Uslad.‹ Ihr Blick trübte sich, ihr Haupt sank zur Schulter – so starb sie. Hier in der Nähe ist ihr Grab. Du kannst es bald sehen, das Morgenlicht zieht schon auf.«

»Ach, die Unglückliche!« rief Uslad. »Welch bitteres Los hat sie ereilt! Und ihr Mörder lebt! – Nein, frommer Mann, ich bleibe nicht, ich schwöre hier zu deinen Füßen …«

»Warte noch mit deinem Schwur, Uslad«, erwiderte der Greis. »Die himmlische Gerechtigkeit hat Rogdai bereits gestraft: Er ist in der Jausa ertrunken, in die ihn sein Pferd trug, als es vor einem wilden Wolf scheute. Bezähme dein Herz, mein Freund, und sprich mit mir: Die ewige Barmherzigkeit möge Marias Mörder gnädig sein!«

Uslad schwieg lange still.

»Nun wird es klar vor meinen Augen!« rief er schließlich, dem heiligen Klausner zu Füßen sinkend. »Maria hat ihre Liebe zur mir selbst noch im Tode bewahrt. Dir, mein Vater, ihrem Gedenken und dem Dienst für Gott will ich den Rest meines Lebens weihen.«

Das Frührot erstrahlte am Himmel, der Morgengesang der Vögel belebte den Wald. Der Alte führte Uslad an die Jausa und sprach, auf ein Holzkreuz deutend:

»Hier liegt deine Maria begraben.«

Uslad fiel auf die Knie und preßte sein tränenfeuchtes Antlitz in den frischen Rasen.

»Liebste Freundin«, rief er, »Gott hat uns kein gemeinsames Leben beschieden, du bist früher als ich aus dieser Welt gegangen, doch du hast mir ein wertvolles Unterpfand deines Erdendaseins hinterlassen – dein vorzeitiges Grab. Gewiß ist deine gerechte Seele vom Himmel herabgestiegen, um mir meinen Hafen zu zeigen und meinen freudlosen Irrfahrten durch diese Welt ein Ende zu setzen.

Ich will der heiligen tröstenden Stimme meiner verlorenen Freundin gehorchen; ein dem Grab meiner Maria geweihtes Leben wird für mich nicht betrüblich sein, sondern ein frohes Warten, ein linderndes Hoffen auf das nahe Ende unserer Trennung.«

Fortan bewohnte Uslad mit Arkadi dessen Klause. Sie errichteten über Marias Grab eine Kapelle im Namen der Muttergottes. Ein Jahr darauf schloß Uslad dem frommen Einsiedler die Augen. Er selbst wartete noch mehrere Jahre in der Einöde des Waldes auf sein Ende, bis schließlich auch seine letzte Stunde nahte. Er starb, das Haupt auf dem Stein, mit dem er Marias Grab geschmückt hatte.

Die Hütte des Eremiten Arkadi, die bescheidene Muttergotteskapelle und der Stein auf Marias Grab – dies alles ist verschwunden, einzig den Namen *Marienhain* hat die treue Überlieferung für uns bewahrt. Fährt man auf dem Wege zum Troizki-Kloster bis zum Mytischtschi-Kanal, so bietet sich rechter Hand dem Blick ein blauschimmernder Wald; dort, wo eine Biegung der klaren Jausa ihn berührt und ihre stillen Wasser die uralten schattigen Buchen wie auch einige am Ufer verstreute arme Hütten spiegeln, dort starb einst die unglückliche Maria, dort stand über ihrem Grab die Kapelle mit dem Namen der Muttergottes und verbrachte endlich auch Uslad den traurigen Rest seines Lebens.

1809

Der Schriftsteller in der Gesellschaft

Die Situation des Schriftstellers in der Großen Welt scheint Ihnen schwierig; Sie sagen, er könne dort nicht auf Erfolg hoffen – eine ziemlich weit verbreitete Meinung. Im Gegensatz dazu erlaube ich mir zu behaupten, daß auch der Schriftsteller gleich allen anderen seine Rolle auf der Bühne der Großen Welt erfolgreich zu spielen vermag.

Fragen wir uns zunächst einmal: Was versteht man gewöhnlich unter der Großen Welt? Was heißt in ihr Erfolg haben, und welches sind die Mittel, ihn zu erlangen?
Der Begriff *die Große Welt* bezeichnet einen Kreis auserwählter – ich sage nicht besserer – Menschen, welche die anderen an Vermögen, Bildung, Rang oder Herkunft übertreffen; sie ist eine Republik mit besonderen Gesetzen, in der eine eigene ideelle, jeden Augenblick willkürlich wandelbare Macht – die Mode – regiert, in der man eine gemeinsame Meinung hegt und dem feinen Geschmack huldigt, in der alle Auszeichnungen verteilt und Urteile über Tugenden oder Begabungen gefällt werden. Denken Sie sich eine Anzahl von Menschen beiderlei Geschlechts, die Fortuna entweder mit Überfluß oder mit vornehmer Herkunft beschenkt hat, vereint durch den natürlichen Hang zur Gemeinschaft, die sie allein des Vergnügens wegen pflegen, einander zu gefallen – und Sie gewinnen eine recht klare Vorstellung von dem, was Sie die Große Welt nennen. Folglich ist ein Mann von Welt derjenige, der ständig in mehr oder weniger enger Verbindung zu denen steht, die zur Großen Welt gehören, und die Gepflogenheiten und Gesetze dieser ideellen Republik genau kennt – nur jemand, der die Annehmlichkeiten der Welt genießt, aber auch zu bereiten versteht, der die allgemeinen, von jedermann als gültig anerkannten Mittel zu gefallen be-

herrscht, jedoch über sie hinaus auch spezifische, nur ihm eigene, in der Besonderheit seines Verstandes, seines Charakters und seiner Fähigkeiten begründete besitzt, nur ein solcher Mann, sage ich, kann mit Applaus seine Rolle auf dem weitläufigen Theater spielen, bei dem ein jeder Akteur und Zuschauer zugleich ist. Die weltlichen Erfolge sind von zweierlei Art. Zur ersten hat man die momentanen Triumphe zu zählen, die durch brillante, doch unbedeutende Mittel erzielt werden. Stellen Sie sich einen Menschen vor, dessen gesamtes Trachten einzig darauf ausgerichtet ist, immer, überall und jedermann zu gefallen – durch sein Äußeres, durch seine Kleidung oder den Ausdrucksreichtum seiner Sprache, seiner Mimik und seiner Gesten; ein solcher Mensch versteht es mit erstaunlicher Geistesgegenwart, jeden Umstand für sich zu nutzen, er kann sich in seinen Gesprächen heiter oder wichtig geben, er ist unnachahmlich in kleinen Dingen, etwa in der Kunst, fesselnd und flüssig eine Anekdote oder Geschichte zu erzählen, kraft seiner Erfindungsgabe die allgemeine Unterhaltung zu beleben, etwas Ernstes lustig oder etwas Lustiges ernst vorzubringen oder auf angenehme Weise jemandem zu schmeicheln; er fliegt von einer Gesellschaft zur anderen, beflügelt eine jede während seiner kurzen Anwesenheit, enteilt nach einer Weile, um anderswo aufzutauchen und auch dort wieder zu verschwinden. Einen solchen Menschen wird man liebenswürdig nennen, er ist gefragt, weil er zur allgemeinen heiteren Stimmung beiträgt, das heißt er hat in der Welt Erfolg; niemanden kümmert sein moralischer Wert, man ist ihm dankbar für das Vergnügen, das er den anderen im Augenblick des Zusammenseins mit ihm bereitet. Die andere Art Erfolg, solider und schwieriger zu erlangen, beruht auf der Achtung, die man in der höheren Gesellschaft der Klugheit wie auch moralischen Qualitäten zollt. Hier bedarf es eines vollkommenen Charakters, fester Lebensregeln, eines hochgebildeten Verstandes und einer Betätigung für das Gemeinwohl; zu diesen gewichtigen Vorzügen muß sich die triviale, doch für die Gunst der Gesellschaft unbedingt notwendige Fähigkeit angenehmen Umgangs gesellen. Natürlich muß derjenige, der ausschließlich das edle Ziel verfolgt, die allgemeine Achtung durch hervorragende Taten und Charaktereigenschaften zu gewinnen, in gewissen Details hinter dem zurückbleiben, der all seine Gaben nur darauf verwendet, sich in der Kunst des Scharmierens zu vervollkommnen; natürlich kennt jener vielleicht gewisse kleine Tricks des letzteren nicht, oder er mißachtet sie, doch eben die Gesellschaft, die der oberflächliche Erfolgreiche mit seiner Liebenswürdigkeit bestrickt, zieht im stillen immer den ernsteren vor, man hegt für ihn ein beständigeres Gefühl, das auch in seiner Anwesenheit gleichbleibt, da seine schlichten, doch angenehmen Umgangsformen seinem Charakter entsprechen. Die Ansichten über den lediglich Liebenswürdigen wechseln zwangsläufig mit den Umständen seines Auftretens in der Gesellschaft, er unterliegt keiner generellen Meinung, die Zuneigung für ihn erlahmt oder schwindet in dem Augenblick, in dem er sich entfernt; er muß auf der Bühne stehen, soll man sich an ihn erinnern und ihn bewundern.

Nun fragen wir: Wieso kann nicht auch ein Schriftsteller in der Gesellschaft Erfolg haben? Widerspricht sein Beruf dem Status eines Mannes von Welt? Sie werden vielleicht antworten: Ein Schriftsteller steht durch die Art seiner Tätigkeit zu weit abseits vom lärmenden, vielfältigen und stets auf Zerstreuung bedachten weltlichen Leben. Dem stimme ich zu, sofern Sie unter dem weltlichen Leben das öde Dasein von Müßiggängern verstehen, die sich ausschließlich den gesellschaftlichen Vergnügungen verschrieben haben, die ständig außerhalb ihres eigenen Ichs leben, das heißt weder eine eigene Beschäftigung kennen noch in staatlichem Dienst stehen, und deren Devise es ist, ohne jeden Nutzen, ja manchmal sogar zum Schaden anderer angenehm zu wirken. Doch Sie haben gesehen, daß der Erfolg in der Welt – nicht der ephemere, sondern der echte und dauerhafte – unbedingt eine nutzbringende Tätigkeit und hohe Qualitäten voraussetzt. Niemand wird sich lediglich als Mann von Welt bezeichnen, jeder hat daneben eine Beschäftigung oder sollte sie haben, die ihn zeitweilig von der Welt trennt und seine mehr oder weniger lange Absonderung fordert; viele haben dienstliche Pflichten und alle doch zumindest familiäre. Die Aufgabe des Schriftstellers bindet diesen an sein einsames Arbeitszimmer; aber scheidet sie ihn von der Gesellschaft, verwehrt sie es ihm, der Großen Welt anzugehören gleich den anderen, die ebenfalls ihre besonderen Sorgen und Pflichten haben? Natürlich kann ein Schriftsteller, wie alle, die ein gewichtiges Ziel verfolgen, niemals von dem leichten, angenehmen Glanz umgeben sein, der Menschen ziert, die die Kunst, in der Welt zu leben, sozusagen als ihr einziges Handwerk betrachten, aber er verfügt doch über nicht weniger wirkungsvolle und ohne Zweifel höchst edle Mittel zu gefallen.

Gehen denn einem Schriftsteller allein seines Berufes wegen die Eigenschaften eines liebenswürdigen Menschen ab? Nimmt ihm sein Reichtum an Gedanken, die er besser als andere auf dem Papier auszudrücken versteht, die Fähigkeit, auch angenehm zu plaudern? Ist er, wenn er die längste Zeit in seinem Arbeitszimmer mit Büchern verbringt, unbedingt dazu verurteilt, ein im Umgang mit Menschen ungeübter Sonderling zu sein? Ich glaube nicht, daß das eine unausweichlich das andere zur Folge hat.

Sie behaupten, ein Autor müsse in der Gesellschaft zwangsläufig das Opfer hinterhältiger Neugier von seiten der Männer und fordernder Selbstgefälligkeit seitens der

Damen werden – eine Ansicht, die ich für nicht ganz richtig halte. Ein Schriftsteller, der als Mann von Welt auftritt und ständig in der Welt verkehrt, wird eben deshalb keine besondere Aufmerksamkeit erregen, weil seine Person bereits bekannt ist und er die gleiche Rolle spielt wie alle, nämlich die eines Gesprächspartners, der sich in seinen Umgangsformen, seinem Äußeren und seinem Ton den anderen anpaßt. Man schätzt in der Welt kein Anderssein, man bewundert ungern, und nur selten wird etwas zum Gegenstand der Neugier, das allein für sich schon ein Unterscheidungsmerkmal ist. Die Große Welt verlangt von niemandem viel, vielleicht aus dem Grunde, weil hohe Forderungen untrennbar mit der Anerkennung großer Überlegenheit verbunden sind, die jedoch die Menschen, besonders die von Welt, wenngleich im allgemeinen gerecht, niemals gern sichtbar zugestehen.

Wir fügen hinzu: Der Schriftsteller hat in der Gesellschaft den weltlicher Gesinnten etwas Wesentliches voraus; er vermag geordneter und besser zu denken. Die geistige Arbeit, der er den größten Teil seines Tages widmet, lehrt ihn, alle Gegenstände gründlich zu erfassen, die der Mann von Welt nur eben bemerkt; er ist sehr oft mit sich allein und hat daher weit mehr Zeit, sich in Erinnerung zu rufen, was seine Augen gesehen haben; die Gewohnheit, seine Gedanken zu ordnen, in einen Zusammenhang zu bringen und exakt auszudrücken, verhilft ihm zu besonders klaren, bestimmten und vollständigen Begriffen, wie sie ein Mensch, der sich ausschließlich mit weltlichen Dingen beschäftigt, niemals erlangt, da er sich der Vielfalt der in großer Schnelligkeit an ihm vorüberhuschenden Gegenstände wegen sein Urteil sozusagen im Fluge bilden muß und auf das Einzelne nur beiläufig achten kann. Die Einsamkeit macht den Schriftsteller tiefsinnig; in der Gesellschaft lernt er, rasch zu denken, und am Ende entlehnt er ihr die

Kunst, selbst seine tiefsten Gedanken mit leichten, angenehmen Ausdrücken zu verbrämen. Natürlich wird er sich zufolge seiner mehr oder weniger eingegrenzten Lebensweise in gewissem Maße von den anderen unterscheiden – aber ist es dasselbe, sich von den anderen zu unterscheiden oder seltsam zu sein? Hat nicht vielmehr ein gewisses Anderssein, sofern es nicht zu augenfällig, sondern nur eben bemerkbar ist, auch seine Annehmlichkeiten? Der Mensch liebt seiner Natur nach die Abwechslung. Gewöhnt sich ein Schriftsteller daran, seine Abgeschiedenheit gelegentlich durch ein Stück weltliches Leben zu unterbrechen, so kann er besser als andere die Eigenart seiner Physiognomie bewahren; er wird natürlich den anderen nicht völlig gleichen, aber auch nicht in krassem (und folglich unangenehmem) Gegensatz zu ihnen stehen. Originalität, sofern sie natürlich und nicht gekünstelt ist, birgt etwas Liebenswertes in sich. So wirkt zum Beispiel nachdenkliche Wortkargheit, die mit einem gefälligen Verstand einhergeht und weder auf Unbeholfenheit noch auf einem mürrischen Charakter beruht, eben deshalb sympathisch, weil sie einen leichten Gegensatz zu der heiteren, doch sehr oberflächlichen Redelust der Menschen von Welt bildet.

Weshalb aber, fragen Sie, haben die meisten Schriftsteller keinen Erfolg in der Welt, weshalb sind sie ungeschickt im Umgang, weshalb werden sie allgemein weniger geachtet als ihre Bücher? Ich sehe hier drei Gründe, von denen zwei auch für andere Menschen gelten: Leidenschaftliche Ergebenheit an ihre Kunst, Ehrgeiz und beschränkte Vermögensverhältnisse.

Jede Leidenschaft, die eines Menschen Seele an einen einzigen geliebten Gegenstand fesselt, trennt den ihr Verfallenen von allem Äußeren und diesem Gegenstand Fremden. Denken Sie zum Beispiel an einen leidenschaftlich Verliebten: Wie verhält er sich in Gesellschaft? Schweigsam, zerstreut, sein Antlitz spiegelt versonnene Wehmut, der weltliche Zwang ist ihm eine Pein, seine Gedanken sind dort, wo sein Herz weilt; spricht man ihn an, so antwortet er etwas Unzusammenhängendes oder Sinnloses, er wirkt langweilig, schwerfällig und sonderbar. Ganz ähnlich benimmt sich ein seinen geheimen Plänen hingegebener Ehrgeizling, und ebenso beträgt sich auch der ausschließlich seinen Ideen nachhängende Schriftsteller. Er begibt sich nur ungern in Gesellschaft, und ist er dort, scheint er dennoch abwesend: Er bringt die Einsamkeit seines Arbeitszimmers mit in die lärmende Menge. Außerstande, sich den anderen anzupassen, kränkt er diese oft durch seine Zerstreutheit oder seine grobe Mißachtung der üblichen, ihm allein unbekannten Anstandsregeln; er vermag nicht angenehm zu plaudern, weil er nicht aufmerksam zuhören kann: Während man mit ihm redet, beschäftigt ihn vielleicht ein philosophisches Problem, beschreibt er in seiner Phantasie einen stillen Abend, die Wehmut einer unglücklichen Liebe oder das Zauberschloß der Alkyone. In dem Glauben, die ihm am Herzen liegenden Dinge müßten jeden anderen gleichermaßen fesseln, fällt er einem mit diesen zur Last, und er hört nicht mehr zu, sobald man von eigenen wichtigen Angelegenheiten zu ihm spricht. Braucht ein solcher Mensch die Gesellschaft, die sozusagen für ihn nicht existiert? Er lebt in einer besonderen, nur ihm allein bekannten oder gar von ihm selbst geschaffenen Welt; erdachte Wesen sind seine ständigen Gesprächspartner, seine Bedürfnisse sind auf die natürlichen beschränkt: Alles, was er braucht, befindet sich in ihm, in den Ideen und Träumen seiner blühenden Phantasie.

Der zweite Grund für die Erfolglosigkeit des Schriftstellers in der Großen Welt scheint mir eine übermäßige Selbstgefälligkeit zu sein, die auch allen anderen Menschen eigen sein kann, bei einem Schriftsteller jedoch im allgemeinen augenfälliger, blind und lächerlich wirkt. Betrachten Sie die Leute von Welt: Manch einer, der ein paar schwache oder leichtfertige Frauen verführt hat, hegt fortan die Überzeugung, daß ihm jede zu Willen sein würde, und wird durch solche übermäßige Hochachtung vor sich selbst, durch seine Selbstgefälligkeit und den fixen Glauben an seine Schönheit, sein gewinnendes Wesen und seine Unwiderstehlichkeit zur komischen Figur; ein anderer, dem einmal in Gesellschaft einige scharfsinnige Worte gelungen sind, mit denen ihn seine Freunde auf anderen Gesellschaften zitiert haben, bringt aus lauter Stolz nur noch Geistreicheleien vor und sucht nach jedem von ihm geäußerten Wort bewundernde Zustimmung in den Augen seiner Zuhörer, womit er jedoch statt Wohlgefallen nur Spott erntet. Ganz ähnlich kann es einem Schriftsteller ergehen, der durch einige hervorragende Schöpfungen berühmt geworden ist und sich daraufhin *triumphierend* in Gesellschaft begibt, von den anderen Bewunderung als einen ihm zustehenden Tribut fordernd. Er redet in kategorischem Ton, weil er glaubt, seine von jedermann erwartete Meinung müsse den Ausschlag geben und könne nicht anders als mit Respekt aufgenommen werden; in seinem Stolz auf seine dichterischen Erfolge verwechselt er diese mit dem Erfolg in der Welt, und statt sich den anderen anzupassen, wähnt er im Gegenteil, diese hätten sich nach ihm zu richten. Sieht ihn jemand forschend an, meint er, man suche in seinem Antlitz den überragenden Verstand, der aus seinen Werken strahlt. Hüllt sich jemand neben ihm in Schweigen, so deutet er dies als die Angst, in Anwesenheit des bedeutenden Mannes etwas Dummes zu sagen, ein Geschwätziger dagegen will sich ohne Zweifel vor ihm mit seiner Beredsamkeit, seinen Kenntnissen und seinem Scharfsinn brüsten. Zwei ihm Unbekannte flüstern miteinander in einer Ecke, einer davon wirft ihm ganz zufällig einen

Blick zu – das genügt: Sie sprechen von ihm, bewundern seine Prosa wie seine Verse und sind begeistert von seinem außerordentlichen Talent. Ein solcher Mensch wirkt naturgemäß wie ein Pedant, lächerlich, starrsinnig und täppisch; er reizt die Eigenliebe der anderen gegen sich auf, erregt Mißgunst und wird durch seine hervorgekehrte Sonderstellung nicht, wie erhofft, zum Gegenstand der Bewunderung, sondern im Gegenteil zum Objekt beißenden Spottes und scheeler Blicke. Zudem ist die Selbstgefälligkeit eines Literaten weit augenfälliger und lächerlicher als die raffinierte, kunstvolle und verstecktere der Verführer, der geistreichen Redner und ihresgleichen. Diese Leute bewegen sich ständig in der Großen Welt, folglich überraschen ihre Eigenheiten auch nicht so sehr; sie verbergen ihren eitlen Stolz unter der Maske der Treuherzigkeit und verraten sich nur selten. Der Schriftsteller dagegen, der meist mit sich allein ist und demzufolge mehr Eigenes in seinem Charakter und seinem Umgang bewahrt, unterscheidet sich auch mit seinen lächerlichen und absonderlichen Seiten deutlich von den anderen. Ein Mann von Welt hat dank der häufigen Beobachtung anderer gelernt, die lächerliche Seite seiner eigenen Selbstgefälligkeit zu erkennen, und er versteht es, sie mit den Farben des Angenehmen zu kaschieren – ein Schriftsteller handelt in dieser Hinsicht einfältiger. Da ihn die anderen nicht kümmern und er gegen sich selbst blind ist, kann er seine Selbstgefälligkeit nicht verbergen, ja er versucht es nicht einmal und legt sie folglich in all ihrer Absonderlichkeit bloß.

Der dritte Grund, die beschränkte Vermögenslage, ist zufälliger Art. Er kann einen Schriftsteller so gut wie jeden anderen daran hindern, die Vorteile der Großen Welt zu nutzen und ihre Forderungen zu befriedigen. Dem Mittellosen bleibt es versagt, die gleiche Rolle zu spielen wie die mit Überfluß Gesegneten, und der Dichter, der nicht in der Lage ist, diesen dieselben Vergnügungen zu bereiten, wie er sie von ihnen empfängt – weil ihm zusammen mit seiner Begabung auch das Los der Armut in die Wiege gelegt wurde –, kann nur selten in der Gesellschaft erscheinen, und auch dann lediglich als Zuschauer, der in keiner engeren Verbindung mit den auf der Bühne Agierenden steht. Diese zwangsläufige Funktion eines bloßen Zuschauers macht es ihm unmöglich, sich die Kunst des Umgangs anzueignen, die Anstandsregeln kennenzulernen und in alle notwendigen Rituale des weltlichen Lebens eingeweiht zu werden. Er hat nichts gemein mit den Menschen der Großen Welt, denen er durch seine Vermögenslage und seine ihnen unbekannten Lebensumstände entfremdet ist; da er ihnen nur selten vor Augen tritt, bleibt er für sie immer ein neues Gesicht, das heißt, er erregt jedesmal ihre Aufmerksamkeit, die jedoch nicht seiner persönlichen Würde, sondern lediglich dem neuen Gegenstand gilt und also schlichter, womöglich gar kränkender Neugier entspringt. Er fühlt seine Einsamkeit und seine Ungleichheit hinsichtlich der Mittel, das weltliche Leben zu genießen, selbst vor Leuten, die in jeder anderen Beziehung unter ihm stehen, aber in der Welt dank ihres Reichtums oder ihrer Herkunft ihren festen Platz haben, er empfindet seine mangelhaften Kenntnisse in der Wissenschaft des Lebens, die stets jedem geläufig ist, der zur Großen Welt gehört und allein zu ihr gehören kann – dies alles macht ihn zaghaft und unsicher vor sich selbst, folglich auch linkisch und absonderlich; das Peinliche seiner Rolle in der Gesellschaft drängt ihn immer mehr in die Einsamkeit, er entfremdet sich immer mehr der Großen Welt und wird demzufolge immer unfähiger, in ihr einen Erfolg zu erringen.

Muß aber ein Schriftsteller, der seiner beschränkten Vermögenslage wegen nicht über die Mittel verfügt, die Annehmlichkeiten der Großen Welt zu genießen, dies als einen schwerwiegenden Verlust ansehen? Natürlich nicht. Das weltliche Leben bietet viel Verlockendes, jedoch nur für die, denen es beschieden ist, alle seine Vorzüge ohne Ausnahme zu nutzen. Jemand, der ungeachtet der ihm von der Armut auferlegten Hindernisse jenen Glücklichen die ihnen sozusagen von Fortuna selbst rechtens zuerkannten Annehmlichkeiten streitig machen wollte, wird nur das bedrückende Gefühl der eigenen Ohnmacht zum Lohn gewinnen. Den wahrhaft begabten Schriftsteller hat die Natur für alle Kränkungen der parteiischen Fortuna großzügig entschädigt. Da ihm nur die edle Tätigkeit des Denkers, des mit Gefühlsreichtum und der Liebe zu allem Schönen begabten Menschen vor Augen steht, ist er in der Stille der Seele mit seinem bescheidenen Los und seinem Wirken im kleinen Kreis zufrieden, er begnügt sich mit der Ausbreitung seines Geistes und der Beschränkung seines Herzens. Den Mangel an Abwechslung in seinen Freuden ersetzt ihm deren Beständigkeit und Vollkommenheit. Die menschliche Gesellschaft umfaßt für ihn zwei Kreise. In den einen, größeren, begibt er sich selten, fest entschlossen, nur als stiller, kühler Betrachter aufzutreten, ohne ehrgeizige Forderungen und Hoffnungen, ohne mit denen zu wetteifern, die dort ihren Triumph suchen, gleichgültig gegenüber seiner eigenen Erfolglosigkeit, sondern allein in der Absicht, neue Eindrücke und Erkenntnisse zu gewinnen, die er für sein Schaffen braucht; er wird auf diese Weise zwar nicht beachtet, erregt aber auch kein Befremden, denn dies widerfährt in der Großen Welt nur den Selbstgefälligen, die vergebens danach trachten, die anderen durch gewisse Vorzüge zu übertreffen – stille Bescheidenheit ist seine Zier. Sein Wirken in diesem Kreis beschränkt sich einzig auf den Einfluß, den er möglicherweise kraft seiner Begabung auf ihn hat. Der zweite, engere Kreis ist der, in dem er sich glücklich fühlt, in dem er liebt und geliebt wird, in dem ihm der Erfolg ohne jede Anstrengung, ohne Zuhilfenahme raffinierter, hinterhältiger Künste zuteil wird; hier findet er die Abgeschiedenheit, um das Leben in ungestörter nützlicher Arbeit zu genießen, hier ist der Ort, wo er mit sich selbst plaudert, wo er durch hehre Gefühle und Gedanken seine Seele vervollkommnet, wo er den Schatz des eigenen Denkens und Fühlens zum Nutzen seiner Zeitgenossen, ja vielleicht auch noch zum Nutzen der Nachwelt zu Papier bringt; hier leben seine Freunde, ihm vereint durch die gleiche Tätigkeit, durch ein ähnliches Schicksal, ähnliche Neigungen und Gaben – ihr strenges Urteil bildet ihn, ihr wohltätiger Wettstreit schürt in ihm die schöpferische Flamme, ihr aufrichtiges Lob ist sein Lohn und sein Ruhm; hier endlich lebt auch seine Familie. Ein Schriftsteller bedarf mehr als jeder andere der Familienbande – durch seine Tätigkeit an einen Platz gefesselt, ist er darauf angewiesen, in seiner Umgebung jenes Behagen zu finden, das die Natur für des Menschen Seele fordert; er muß in seiner einsamen Wohnstatt nach anhaltendem geistigem Schaffen die freundliche Stimme seiner Lieben hören, er muß in ihrem Kreise sich erholen und neue Kraft für seine Arbeit schöpfen, denn da er in der Ferne nichts seinem Trachten Entsprechendes sieht, verlangt es ihn, alles seinem Herzen Teure in nächster Nähe zu haben – er wünscht sich das gesamte Universum mit all seinen Freuden in das friedliche Heim, wo er denkt und wo er liebt.

1808

Über die Kritik

Ein Brief an die Herausgeber des ›Europäischen Boten‹

Als eifriger Leser Ihrer Zeitschrift, der Ihnen bei deren Herausgabe aufrichtig Erfolg wünscht, halte ich es für meine Pflicht, Ihnen ein unlängst von mir gehörtes bemerkenswertes Gespräch mitzuteilen, das anläßlich Ihrer in den Moskauer Zeitungen erschienenen Anzeige mit dem Programm des ›Boten‹ für das kommende Jahr zustande kam.

Ich aß dieser Tage bei einem meiner Bekannten zu Mittag. Derselbe ist ein Mann der alten Zeit, keineswegs gelehrt, doch mit einem gesunden Verstand begabt; er beherrscht keine Fremdsprache, schätzt jedoch die Literatur und liest alle in Russisch gedruckten guten Bücher (Originale und Übersetzungen) von der ersten bis zur letzten Seite. Seine Liebe gilt auch der Poesie, allerdings nur der russischen, denn ausländische Poeten kennt er einzig vom Hörensagen oder aus ein paar Übersetzungen (das heißt er kennt sie so gut wie nicht, da die meisten Nachdichtungen, wie Sie mir zugeben werden, *falschen Gerüchten* gleichen, die oft genug auch die Wahrheit für uns unglaubwürdig machen). Besagter Bekannter verfügt über einen gewissen Geschmack, dennoch könnte man ihn bezüglich seiner Ansichten über Literatur zu Recht als abergläubisch bezeichnen, denn er findet alles Alte allein deshalb schön, weil es alt ist. Überhaupt hält er von der Kritik herzlich wenig: Da er das Schöne sehr wohl zu empfinden vermag, sorgt er sich kaum darum, daß es mitunter *vermischt* mit Schlechtem einhergeht, ja mehr noch: Das Schlechteste wird für ihn durch das Zusammengehen mit Gutem entweder erträglich, oder er bemerkt es gar nicht. – Ich traf bei ihm einen gemeinsamen Bekannten, einen klugen und äußerst gebildeten Mann, der selbst nicht schreibt, aber mit großer Sachkenntnis über schriftstellerische Werke urteilt. Er liebt die schöne Literatur und hat sich in Sonderheit mit deren Theorie beschäftigt; seine Meinung über Dichter, Redner und allgemein über Kunst basiert auf den Regeln eines sicheren, geschulten Geschmacks.

Während wir über Literatur redeten, kamen wir auch auf Ihren ›Boten‹ zu sprechen. »Da habe ich eine Neuigkeit«, sagte mein *Starodum* (ich nenne ihn so) und reichte unserem gemeinsamen Freund eine der Zeitungen, in denen Ihre Anzeige abgedruckt ist. »Die Herausgeber wollen uns künftighin auch mit Kritiken traktieren: Ich bin gespannt, was dabei herauskommt – offen gestanden, verspreche ich mir nichts Gutes. Was soll es für einen Sinn haben, über die Schriftsteller herzufallen, von denen es ohnehin nur sehr wenige bei uns gibt? Wozu einen Bürgerkrieg in der ruhigen Republik der Literatur entfesseln und sie in ein Schlachtfeld verwandeln, auf dem Sieger wie Besiegte gleichermaßen Unehre ernten werden? Ist es nötig, daß wir Leser, bei alledem nur Zuschauer, uns so etwas ansehen müssen, um womöglich darüber zu lachen oder gar die Bedauernswerten zu verachten, die da zu unserem Ergötzen im Streit liegen? Läßt sich solch Zwist zwischen Autor und Kritiker nicht zu Recht mit einem Hahnenkampf vergleichen, an dem nur diejenigen Vergnügen finden, die ihm zusehen und hoch gewettet haben? Ich bin sicher, daß derlei erheiternde Kontroversen der Literatur mehr schaden und der Ehrbarkeit des Schriftstellers zwangsläufig Abbruch tun.«

»Erlauben Sie, daß ich Ihnen widerspreche«, erwiderte unser gemeinsamer Freund. »Ich versichere Ihnen: Sie lassen sich durch Hirngespinste schrecken. Vielleicht irre ich mich, doch mir scheint, Sie tun der Kritik sehr unrecht. *Streit, Kampf, Bürgerkrieg* – alle diese schrecklichen Begriffe, die Sie im Zusammenhang mit dem friedlichen Wort *Kritik* nennen, gehören durchaus nicht zu deren *Gefolge.* Kritik ist ein unparteiisches, freies Urteilen auf Grund der Regeln des geschulten Geschmacks. Sie lesen ein Poem, betrachten ein Bild, hören eine Sonate und empfinden Befriedigung oder Unwillen – entsprechend Ihrem Geschmack; suchen Sie dazu nach der Ursache solcher Wirkung, so üben Sie Kritik. Der ganze Unterschied zwischen Ihnen und einem professionellen Kritiker besteht nur darin, daß Sie allein für sich urteilen, während dieser sich zu demselben Gegenstand vor einem großen Publikum äußert, dem es indes völlig freigestellt bleibt, ihm zuzustimmen oder nicht – heißt das, einen Bürgerkrieg in der ruhigen Republik der Literatur entfesseln? Und weshalb sollte es ehrenrührig sein, laut seine Meinung über einen Gegenstand zu sagen, der selbst das Produkt einer festen Meinung ist? Ich denke dabei an alle Werke der Literatur wie überhaupt der schönen Künste.«

»Aber wollen Sie gütigst bemerken, daß Sie selbst der Kritik den Nutzen absprechen, wenn Sie sagen, jeder Leser sei allein für sich schon ein Kritiker? Darf denn dann ein *einzelner* die Gesamtheit vertreten? Und ist es nicht eine törichte Anmaßung, sich für die Stimme des Publikums zu halten oder die Gesetze für dessen Urteil liefern zu wollen?« – »Auch hierin erlaube ich mir, anders zu denken als Sie. Es besteht keinerlei Veranlassung, dem Kritiker die unlautere Absicht zu unterstellen, als Gesetzgeber aufzutreten. Man kann die Situation eines Autors in gewisser Hinsicht mit der eines Menschen vergleichen, der sich in Gesellschaft unterhält: Jener redet in langen Monologen, auf die er – wenn überhaupt – durch die Kritik Antwort erhält; dieser spricht nur wenige Sätze, hört die Antworten, erwidert sie, und auch das ist Kritik, gleichgültig, ob sie auf dem Papier oder in gesprochenen Worten erfolgt. Wo liegt da eine Absicht, Meinungsgesetze aufzustellen? Eine notwendige Bedingung ist dabei die Höflichkeit. Man legt seine Gedanken dar, ohne zu glauben, daß sie unangefochten bleiben. Es stimmt, daß jeder Leser allein für sich schon ein Kritiker ist, denn er überdenkt und beurteilt das, was er liest; aber folgt daraus, daß die professionelle Kritik nutzlos wäre? Das bezweifle ich. Es gibt zwei Arten von Lesern: Die einen hegen nach der Lektüre eines Buches nur verschwommene und sehr ungeordnete Vorstellungen von diesem – entweder, weil sie es nicht gewöhnt sind, zusammenhängend zu denken, oder aber, weil eine gewisse Sorglosigkeit sie daran hindert, den Ideen des Autors konzentriert zu folgen und die aus den Vorzügen oder Schwächen seines Werkes gewonnenen Eindrücke zu analysieren; die anderen lesen, denken, fühlen, registrieren das Schöne, sehen die Mängel und machen sich am Ende ein recht gutes, umfassendes Bild. Hinzufügen muß ich, daß manchen allerdings dieses Bild von einem Werk der schönen Künste auch krumm und schief gerät, weil ihr Geschmack und ihr Urteilsvermögen durch Vorurteile beeinträchtigt oder aber noch zu wenig geschult sind und der Ausrichtung bedürfen. Den Erstgenannten nützt eine kluge Kritik als Ariadnefaden für ihr Denken und Fühlen, das sich ohne diesen im Labyrinth ihrer ungeordneten Vorstellungen und Eindrücke verirrt; die Kritik erleichtert ihnen die Verstandesarbeit, sie verbindet und systematisiert, was sich ihnen in scheinbar zusammenhanglosen Einzelheiten darstellt, sie überwindet auch ihre Sorglosigkeit und führt sie ohne eigenes lästiges Sichkonzentrieren auf kürzester Strecke zum Ziel, das sie ohne Wegweiser nicht erreichen würden. Den anderen bietet sie Gelegenheit, die eigene Absicht mit einer fremden, mehr oder weniger fundierten zu vergleichen, das heißt sie stellt ihnen den Gegenstand, den sie selbst schon von einem oder mehreren Gesichtspunkten aus betrachtet haben, in einem noch anderen Blickwinkel dar; der Vergleich weckt neue Vorstellungen oder erklärt und festigt die alten. Der hauptsächliche und wesentlichste Nutzen der Kritik aber besteht in der Verbreitung des guten Geschmacks, und eben dies macht sie zu einem der wichtigsten Zweige der ästhetischen Literatur wie auch, möchte ich hinzufügen, der Moralphilosophie. Was ist Geschmack? Das Gefühl für und das Wissen um das Schöne im Kunstschaffen, das die sittliche und physische Abbildung der Natur zum Ziel hat. Wenn wir lernen, die Schönheit der Nachahmung lebhafter zu erfühlen, werden wir notwendigerweise auch empfindsamer für die Schönheit des Vorbildes. Ein Mensch mit geschultem Geschmack (der immer auf dem Gefühl beruht und vom Verstand nur *gelenkt* wird) steht zwangsläufig auch in seiner sittlichen Haltung höher als der Ungebildete. Die Kritik fördert mit der Verbreitung des richtigen Begriffs von Geschmack zugleich die Moral; das *Gute*, das moralische Schöne in der Natur, entspricht dem, was wir an deren Nachahmungen durch die Kunst *schön* nennen; folglich geht mit der Vervollkommnung des einen die des anderen Hand in Hand. Aus allem von mir Gesagten ersehen Sie, wie überaus wichtig und schwierig der Beruf des Kritikers ist. Meiner Idealvorstellung nach gilt für seinen Charakter dies: Der wahre, von der Natur mit einem tiefen und feinen Gefühl für das Schöne begabte Kritiker besitzt einen durchdringenden, sicheren Verstand, von dem er sich bei seinen Urteilen leiten läßt; sein Gefühl zeigt ihm das Schöne dort, wo es sich befindet, in allen Schattierungen, selbst den zartesten und verborgensten, sein Verstand nennt es beim rechten Wort und verhindert, daß ein trügerischer Glanz ihn blendet. Er kennt alle Regeln der Kunst und alle überragenden Verkörperungen des Schönen, unterwirft sich aber in seinen Urteilen nicht sklavisch diesen Regeln und Vorbildern, sondern hegt in seiner Seele vielmehr ein eigenes Ideal des Vollkommenen, das er sich sozusagen aus sämtlichen von ihm in den Kunstwerken empfundenen Schönheiten zusammengestellt hat und mit dem er jede neue Schöpfung eines Künstlers vergleicht, ein Ideal des *Möglichen*, das ihm als zuverlässige Richtschnur bei der jeweiligen Einordnung in die Wertskala dient. Doch damit nicht genug: Um über Kunstwerke zu urteilen, die ja nichts anderes sind als eine Nachahmung der Natur, muß man auch das Vorbild, also eben die Natur, genau kennen. Nehmen Sie zum Beispiel die höchste aller Arten der Dichtkunst, das epische Poem. Dort sehen Sie die sittliche Welt mit all ihren Leidenschaften und die physische mit all ihren Reizen und in ihrer ganzen Großartigkeit. Ich frage Sie: Ist ein Kritiker in der Lage, die Leistung des Dichters bei der Gestaltung der Leidenschaften und Charaktere zu ermessen, wenn er das Wirken der Leidenschaften und der Geheimnisse des Charakters nicht kennt, wie sie an den Menschen selbst zu beobachten sind? Kann er eine Darstellung der physischen Natur für richtig oder falsch erklären, wenn er sich nicht schon selbst an deren Schönheit ergötzt hat, wenn der Zauber einer Abendstimmung oder die ruhige Majestät eines Morgens, die Behaglichkeit schattiger Täler oder die Schrecken wildzerklüfteter Felsen neben einem von ihnen herabstürzenden Wasserfall sein Herz nicht höher schlagen lassen? Der wahre Kritiker muß sowohl Moralphilosoph sein als auch einen unmittelbaren Sinn für die Schönheiten der Natur besitzen. Mehr noch: Er muß selbst *moralisch gut* sein oder zumindest eine entschiedene Bereitschaft zum Guten in seiner Seele nähren, denn die Moral bildet, wie gesagt, die Grundlage für das ästhetische Gefühl, und sofern er nicht beides in sich vereint, wird er nie die erforderliche Verläßlichkeit erlangen. Endlich erwarte ich von ihm eine glühende Liebe zur Kunst: Er muß alle Hochachtung in sie setzen, soll sich in seinem Hirn jemals das erwähnte Ideal des Vollkommenen herausbilden, ohne das seine Gedanken weder lebendig noch überzeugend sein werden. Von selbst versteht sich, daß es nur sehr wenige Kritiker gibt, die meiner Idealvorstellung nahe kommen. Männer wie Longinos, Johnson, Addison, Laharpe oder Lessing sind ebenso selten wie die großen Künstler, deren Werke zu bewundern sie uns lehrten.«

»Ich muß schon sagen: Ihr Bild von einem Kritiker kann den unerschrockensten Ritter dieser Art verzweifeln lassen, und ich habe Grund zu glauben, daß die Herren Herausgeber des ›Boten‹, die laut ihrer Zeitungsannonce so kühn die Bühne der Kritik betreten, Ihren Idealvorstellungen – verzeihen Sie, ich wiederhole nur Ihren Ausdruck – nicht entsprechen. Aber erlauben Sie mir eine Bemerkung: Berechtigen Ihre Ansichten nicht zu dem Schluß, daß nur ein Künstler ein Kritiker sein kann, wie Sie ihn beschreiben? Wer könnte besser als ein Maler über Malerei urteilen und wer besser über Dichtkunst als ein Dichter? Jeder Künstler dringt zwangsläufig tiefer als andere in die Geheimnisse seines Metiers ein – muß also nicht jemand zunächst einmal selbst etwas Hervorragendes zustande bringen, um die Fähigkeit und das Recht zu erlangen, Kunstwerke zu kritisieren?«

»Ihr Einwand ist richtig, wenn Sie so wollen, und doch zugleich auch falsch. Gewiß ist ein guter Künstler notwendigerweise ein guter Richter auf seinem Gebiet, doch daraus folgt nicht, daß die Fähigkeit, Kunstwerke zu beurteilen, mit der Gabe verbunden sein muß, solche zu schaffen. Laharpe war ein mittelmäßiger Tragiker, aber wer übertrifft ihn an Kenntnissen in der Theorie der dramatischen Kunst? Sind seine Bemerkungen über die Tragödien Racines und Voltaires nicht unvergleichlich viel besser als die, welche der große Corneille, dieser hervorragende Dramatiker, über seine eigenen Trauerspiele schrieb? Der Dichter folgt seiner Eingebung: Er erfaßt das Schöne intuitiv, das der Kritiker, geleitet von seinem ästhetischen Gefühl, mit bedachtsamer Vernunft von der Quelle her untersucht. Diese bedächtige Arbeit des *analysierenden* Geschmacks dürfte dem raschen *Schöpfergeist* kaum angemessen sein, und wir finden beides nicht immer in ein und derselben Person vereint. Die Fähigkeit, sich für das Schöne zu begeistern und den Weg zu ergründen, auf dem ein schöpferischer Genius sein Ziel, das heißt die Schaffung eines Kunstwerks, erreicht hat, zeugt noch nicht ebenfalls von schöpferischer Genialität, sie steht eine Stufe niedriger; nicht jedem ist es von der Natur gegeben, Großes hervorzubringen, jedoch kommt derjenige dem Großen am nächsten, der treffender als andere dessen Geheimnisse errät. Und wenn jemand vor der Wahl stünde, dann würde ich jedem mit den letztgenannten Eigenschaften Begabten empfehlen, sich als Interpret des Kunstschaffenden zu betätigen, da er tiefer in gewisse Details einzudringen vermag, die dieser, da er alles mit einem Blick als Ganzes überschaut, für nutzlos hält und deshalb unbeachtet läßt, so daß er uns sein künstlerisches Vorgehen nicht befriedigend erklären könnte.«

»Ich danke Ihnen, Sie haben mich mit der Kritik ausgesöhnt, wenngleich man einräumen muß, daß nicht jeder ihr so gnädig zugetan ist wie Sie. Ich könnte Ihnen mehrere bekannte Schriftsteller nennen, die sowohl die Kritik als auch die wichtigtuerischen Herren Kritiker geradezu hassen. Zum Beispiel bezeichnet Fielding (dessen herrlicher Roman, der beste überhaupt, bei uns in Rußland das Opfer einer gottlosen Übersetzung geworden ist) sie als öffentliche Verleumder, die den *guten Ruf* eines Buches erbarmungslos beschmutzen. Die freundlichen Prädikate, mit denen man sie bedenkt, lassen sich gar nicht alle aufzählen:

Neider, giftende Pasquillanten, Feinde des Ruhmes und so weiter und so fort. Was sagen Sie dazu?«

»Nun, ich sage, daß dies allein den Mißbrauch der Kritik betrifft und daß derlei Bezeichnungen nur Leuten gebühren, die sich der Kritik nicht zum Nutzen der Geschmacksbildung befleißigen, sondern zur Befriedigung ihrer niederen Leidenschaften wie Neid, Rachegelüste und so weiter. Doch das sind Pseudokritiker, und ihre lächerlichen Händel mit den Schriftstellern ließen sich in der Tat mit Hahnenkämpfen vergleichen, die allein der Unterhaltung des Publikums dienen. Einige von ihnen fallen nur aus Haß auf das Überragende über manchen vortrefflichen Autor her, andere rächen sich auf Kosten des guten Geschmacks für eine persönliche Kränkung, wieder andere (und zwar die meisten, wie mir scheint) zerpflücken mit geistreichen Bissigkeiten wahllos Gutes wie Schlechtes, nur um der angeborenen Lachlust der Leser zu gefallen. Solche erheiternde oder eher verächtliche Schauspieler finden wir vor allem im Bereich der französischen Literatur sehr viele, und einige (wie zum Beispiel Fréron) sind durch ihre Ruchlosigkeit gar berühmt geworden. Bei uns gab es dergleichen noch nicht, wahrscheinlich, weil wir nicht viel an eigenen Werken besitzen, vielleicht auch, weil uns Russen alles Russische ziemlich gleichgültig läßt, eine Kritik aber, sie sei gut oder schlecht, nur dort aufkommt, wo die Literatur zu den bevorzugten Gegenständen der allgemeinen Aufmerksamkeit gehört. Wie dem auch sei, der Mißbrauch einer Sache vermindert jedenfalls nicht ihren Wert. Doch ich muß hinzufügen, daß der Beruf des Kritikers an sich mit einigen unausweichlichen Gefahren verbunden ist: Ein Kritiker hat mit der Selbstgefälligkeit zu tun, vor allem mit der von Autoren (die bezüglich ihrer raschen Reizbarkeit den ersten Platz vor allen anderen Arten der Selbstsucht einnimmt), das heißt er muß ständig befürchten, jemanden zu kränken, auch wenn sein Urteil noch so zurückhaltend und maßvoll ausfällt. Seine einzige Rettung sind die folgenden Regeln: Er muß völlig unparteiisch sein (Objektivität ist geradezu mit seiner *Redlichkeit* gleichzusetzen); er muß ausschließlich das Wohl der Kunst im Auge haben und jede Voreingenommenheit vermeiden, das heißt er darf sich nicht erlauben, in Fällen als Richter aufzutreten, in denen persönliche Belange irgendwelcher Art unmerklich sein Urteil beeinflussen könnten. Ich meine sogar, daß er bei der Betrachtung eines Kunstwerkes mehr auf dessen schöne Seiten als auf Mängel eingehen sollte, indem er nur die augenfälligen Fehler anmerkt und vor allem das Gelungene herausstellt, denn jedes neue schöne Moment ist ein Gewinn für die Kunst, die sich damit einen weiteren Schritt auf das Vollkommene zubewegt. Endlich hat er sich einer ernsten, schlichten Sprache zu befleißigen und nur in unumgänglichen Fällen (wenn die sachliche Belehrung nicht ausreicht) zur Waffe der Ironie zu greifen. Spott überzeugt nicht, sondern schafft Vorurteile; er darf allein der gesunden Logik als Hilfsmittel dienen, da seine besondere Gefahr darin besteht, daß er auch das Höchste in den Schmutz zu ziehen vermag. Bekanntlich haben Voltaires amüsante Sophismen den bedeutsamen, heilbringenden Wahrheiten des Christentums in vielen Köpfen geschadet.«

»Alle Ihre Argumente sind richtig, aber ich frage mich: Wird denn ein Kritiker, wie Sie ihn schildern, bei uns überhaupt ausreichend Gelegenheit finden, sein ästhetisches Ideal auf Werke russischer Schriftsteller und Künstler anzuwenden? Muß man nicht zu Recht befürchten, daß ihm jegliches Betätigungsfeld fehlt?«

»Sie haben recht, wir sind noch nicht reich an hervorragenden Werken, unsere Literatur entwächst eben erst den Kinderschuhen, originale russische Bücher gibt es sehr wenig (ich denke dabei nur an gute). Dafür erscheinen eine Menge Übersetzungen, und was für welche! Man kann sie getrost als *Originale* bezeichnen, denn sie ähneln ihrer Vorlage nicht im geringsten. Was kann ein Kritiker inmitten dieser Flut tun, in der unsere unglückliche Literatur ertrinkt? Über Kunst und Stil anhand von Büchern zu sprechen, in denen beides nicht mal andeutungsweise vorhanden ist, wäre ein Kampf gegen Windmühlen. Aber ich halte auch die Rezension schlechter Bücher in Ermangelung von guten für nicht ganz nutzlos. Die Kritik könnte auf diese Weise bei uns als *Wegbereiterin* des Guten auftreten. Indem sie die greulichen Romanübersetzungen, mit denen uns die Buchhändler erbarmungslos traktieren, analysiert und gegebenenfalls verspottet, macht sie uns zumindest anspruchsvoll, und wir lernen doch wenigstens, das Schlechte schlecht zu nennen; um uns aber wahrhaft Schönes vorzuführen, mag sie unser Augenmerk auf die Werke unserer alten oder längst bekannten klassischen Schriftsteller lenken. Im Schaffen Lomonossows, Dershawins, Dmitrijews, Karamsins und auch einiger der neuesten Autoren findet sich manches, das dem ästhetischen Ideal recht nahe kommt, wie es jedem Kritiker vorschweben muß. Was nun die Ursachen der Armut unserer Literatur angeht ...«

An dieser Stelle wurde das Gespräch durch die Ankunft einiger solchen Fragen Fernstehender unterbrochen. Ich verabschiedete mich von meinem Bekannten und ging eilends nach Hause, um das Gehörte für Sie aufzuschreiben, denn ich hoffe, daß einige Gedanken meines verehrten Advokaten der Kritik auch Ihnen nützlich sein können.

1808

Über die Fabel und die Fabeln Krylows

Was verstehen wir in unserer Zeit unter einer Fabel? Die dichterische Schilderung eines Vorfalls, bei dem in der Regel Tiere oder auch unbelebte Gegenstände als handelnde Personen auftreten und deren Ziel es ist, dem Verstand eine dem Gemeinleben entlehnte und demzufolge mehr oder weniger nützliche moralische Lehre einzuprägen.

Eine abstrakte Lehre, dargeboten in der normalen, meist nur für wenige Leute wohlklingenden und allein auf die geistigen Fähigkeiten wirkenden Sprache der Moralphilosophen, hinterläßt in uns nur schwache, sehr bald wieder verschwindende Spuren. Zeigt sich uns diese selbe Lehre jedoch in Aktion, so daß sie zusätzlich auch unser Gefühl und unsere Vorstellungskraft anspricht, dann gewinnt sie in unseren Augen greifbare Gestalt; sie prägt sich dem Verstand nachdrücklicher ein und bleibt somit länger in ihm haften. Wie unvergleichlich wirkungsvoller wird ein trockener Begriff, wenn er uns nicht in einfache Worte gekleidet, sondern lebendig, geziert durch den Reiz des Erdichteten, in spezifischer, unsere Phantasie anregender Form vorgetragen wird! Dies zu tun ist die *Hauptaufgabe* des Fabeldichters.

Die handelnden Personen einer Fabel sind gewöhnlich unvernünftige Tiere oder tote Gegenstände. Ich sehe dafür vier entscheidende Gründe. Der erste ist der jedem Tier eigene *besondere Charakter*. Die Fabel ist Moral in Aktion; hier werden allgemeingültige, dem Gemeinleben entnommene sittliche Begriffe, wie oben gesagt, im Einzelfall angewendet und dadurch faßbar gemacht. Die Welt der Fabel ist gewissermaßen ein klarer Spiegel, in dem sich die *Welt der Menschen* abbildet. Die Tiere geben Menschen wieder, jedoch nur in bestimmter Hinsicht, mit bestimmten Eigenschaften, wobei jedes Tier gemäß seiner festliegenden Art sozusagen ein *fertiges Bild* des jeweiligen Menschen und seines Charakters liefert. Ist die Rede von einem Wolf, so sehe ich einen blutrünstigen Räuber, tritt ein Fuchs auf, denke ich an einen Schmeichler oder Betrüger, ohne daß der Erzähler erst viel erklären muß. Zweitens: Indem man die Phantasie des Lesers in eine neue, erträumte Welt führt, verschafft man ihm das Vergnügen, das Erdachte dem Tatsächlichen (dessen Gleichnis jenes ist) *gegenüberzustellen*, wobei das Vergnügen des Vergleichs auch die vermittelte Lehre annehmbar macht. Drittens: Eine Fabel ist eine ethische *Lektion*, die der Dichter den Menschen an Hand von Tieren und toten Gegenständen erteilt. Dadurch, daß dies am Beispiel von Dingen geschieht, die sich ihrer Natur nach von uns unterscheiden und uns völlig fremd sind, wird unser Selbstgefühl geschont, so daß wir in der Lage sind, unparteiisch zu urteilen und unvoreingenommen einen strengen Richterspruch über uns selbst zu fällen. Der vierte Grund ist der *Reiz des Wunderbaren.* Die Bühne, auf der man den Menschen als handelnde Figur zu sehen gewohnt ist, bevölkern kraft der Poesie Geschöpfe, die in Wirklichkeit ihrer Natur nach dort nicht auftreten – es geschieht etwas Verwunderliches, das uns ebensosehr gefällt wie das Erscheinen von übernatürlichen Mächten, Geistern, Sylphen, Gnomen und dergleichen in einem epischem Poem. Das Besondere des Wunderbaren teilt sich gewissermaßen auch der vom Dichter unter ihm verborgenen Moral mit, und der Leser ist, um sie zu erfassen, bereit, es als etwas Natürliches hinzunehmen.

Man schreibt die Erfindung der Fabel fälschlich der Sklaverei zu[1] und meint, daß diese Ehre in Sonderheit

[1] Il est vraisemblable que les fables, dans le goût de celles qu'on attribue à Esope et qui sont plus anciennes que lui, furent inventées en Asie par les premiers peuples subjugués; des hommes libres n'auraient pas eu toujours

einem asiatischen Volk gebühre. Ich weiß nicht, wieso es für einen Sklaven angemessener sein sollte, in Gleichnissen zu reden, als für einen Freien. Wenn ein Unfreier aus Furcht vor dem Zorn des Tyrannen die Wahrheit unter der Maske einer erdachten Geschichte verbergen muß, so zwingt den Freien nicht weniger die Reverenz vor der Eigenliebe – einem Tyrannen anderer, vielleicht noch anspruchsvollerer Art –, die von ihm beabsichtigte Belehrung in eine angenehme Form zu kleiden. In beiden Fällen ist die Lage des Moralisten die gleiche. Was aber die Erfindung der Fabel anlangt, so scheint uns, daß sie nicht auf ein bestimmtes Volk zurückgeht, sondern Allgemeingut ist wie auch alle anderen Arten der Dichtkunst. Wahrscheinlich gehörte die Fabel ehedem weniger in den Bereich der Dichter, als vielmehr in den der Redner und Philosophen. Beide Letztgenannten verwendeten bei ihren politischen oder ethischen Betrachtungen der größeren Klarheit halber Vergleiche und Beispiele aus dem Gemeinleben oder der Natur. Das einfache Beispiel, das lediglich die Übereinstimmung der dargebotenen Idee mit dem entlehnten Gegenstand zeigte, konnte leicht zur Fabel werden, in der sich die vorgetragene Lehre aus einer *Handlung* ableiten läßt, die zwar nur erdacht ist, aber doch zur Wirklichkeit in Beziehung steht und sie sozusagen vertritt (denn um einen möglichst starken Eindruck zu erzielen, muß die erdachte Fabelhandlung – bedingt – glaubhaft erscheinen und für

besoin de déguiser la vérité: on ne peut parler à un tyran qu'en paraboles, encore ce détour même est-il dangereux. – *Voltaire, Questions sur l'Encyclopédie. Art. Fable* (Anm. Shukowskis).
frz., Es scheint wahrscheinlich, daß die Fabeln im Geiste derer, die Äsop zugeschrieben werden und älter sind als er, in Asien von den ersten versklavten Völkern erfunden worden sind; Freie hatten es gewiß nicht nötig, die Wahrheit zu maskieren, mit einem Tyrannen hingegen kann man nur in Gleichnissen sprechen, und selbst dieser Trick ist gefährlich. – *Voltaire, Fragen zur Enzyklopädie. Artikel Fabeln.*

möglich gehalten werden, als habe sie in der Tat stattgefunden). Das Beispiel erläutert einen Gedanken, ohne ihn selbst vorzutragen, es geht sozusagen in ihm auf. Die Fabel dagegen ist ein selbständiges Ganzes, sie bietet eine in sich geschlossene, uns fesselnde Handlung und macht durch all dies auch die aus ihr zu ziehende Lehre für uns zu etwas Verlockendem.

Die Geschichte der Fabel läßt sich in *drei* hauptsächliche Epochen unterteilen: In der ersten ist sie noch nichts anderes als eine bloße rhetorische Methode in Form des Beispiels oder des Vergleichs; in der zweiten gewinnt sie ein selbständiges Dasein als eines der wirksamsten Mittel zur Darlegung einer moralischen Wahrheit durch Redner oder Moralphilosophen – hierher gehören die von Äsop, Phädrus oder in unserer Zeit von Lessing geschaffenen Fabeln; in der dritten gelangt sie aus dem Gebiet der Beredsamkeit in das der Dichtkunst, das heißt sie erhält die Form, die wir aus unserer Zeit von La Fontaine und seinen Nachahmern und aus dem Altertum von Horaz[1] kennen. Die alten Philosophen dichteten keine Fabeln (die Fabelschöpfer der Antike sind eher zu den bloßen Moralisten zu zählen als zu den Poeten); sie trugen sie für den jeweiligen Bedarf vor, wobei sie sie je nach den Umständen oder der Lehre entsprechend abwandelten, die sie zu erteilen beabsichtigten, sie wollten kein literarisches Kunstwerk schaffen, sondern lediglich belehren, benutzten also die Fabel zur Argumentation und achteten daher weniger auf deren Form als vielmehr darauf, daß die von ihnen erdachte Geschichte der aus ihr zu ziehenden Moral respektive dem aus dem Gemeinleben genommenen Fall entsprach, dem sie als Beispiel diente. Das spezifische Merkmal der antiken Fabel war folglich deren Kürze. Der Moralist, der dem Leser

[1] Satire VI, Buch II (Anm. Shukowskis).

oder Hörer eine bestimmte Regel der praktischen Moral einzuprägen gedachte, mußte jede epische Weitläufigkeit tunlichst vermeiden und demnach jede *Ausschmückung* für überflüssig erachten. Er konnte ferner nur in einer sehr einfachen, knappen Sprache reden, das heißt in Prosa (Phädrus schrieb in gebundener Rede, doch seine Verse unterscheiden sich von der schlichten Prosa nur durch die Metrik); endlich konnten die Tiere und toten Gegenstände, die er handelnd auftreten ließ, nur *Allegorien* der darzustellenden Charaktere sein, er durfte sie lediglich in eine gewisse Beziehung zu diesen setzen, nicht aber jedem eigene, artgebundene und nicht nur relative Wesensmerkmale geben, denn das hätte die Aufmerksamkeit vom Hauptthema, der Moral, weggeführt und auf das Beiwerk, das heißt auf die allegorischen Figuren der Fabel, gelenkt. Das beste Beispiel für diese Art Fabeln liefern meiner Ansicht nach die Lessingschen. – Sobald die Fabel jedoch in das Metier des Dichters gelangte, änderte sie ihre Form: Was vordem schlichtes Beiwerk gewesen war – ich spreche von der Handlung –, wurde nun zur Hauptsache, für den Dichter ebenso wichtig wie die eigentliche Moral. Man nennt die Poesie eine *Nachahmung der Natur*, deren Ziel es ist, unserer Phantasie dadurch zu *gefallen*, daß sie Herz und Verstand bildet. Demzufolge ist auch der Fabeldichter verpflichtet, wenn er das Stück Natur nachahmt, das ihm als Beispiel dient, mit seinem Abbild der Phantasie zu *gefallen*. Ich muß also in der poetischen Fabel hinter der Maske des Erdichteten die existierende Welt mit all ihren Schattierungen wiederfinden. Die Tiere der Fabel stellen Menschen dar: Folglich müssen sie in meiner Vorstellung nicht nur ihre eigene naturgegebene, sondern auch die ihnen vom Dichter beigelegte relative Gestalt bewahren, so daß ich in ein und derselben Figur alle spezifischen Merkmale sowohl des Tieres als auch des von ihm verkörperten menschlichen Charakters vor mir sehe. – Der Fabeldichter komponiert *eine phantastische* Welt aus *zwei realen* Welten: Der einen entnimmt er die Charaktere, die moralischen Eigenschaften und die eigentliche Handlung, der anderen nur die Figuren. Und was erwarte ich von ihm? Er soll meine Vorstellungskraft durch getreue Darstellung der Figuren fesseln; er soll mich durch seine Erzählung zu lebhafter Anteilnahme für sie zwingen; er soll meine Aufmerksamkeit und mein Gefühl in Anspruch nehmen, indem er sie gemäß den ihnen beigelegten moralischen Eigenschaften handeln läßt; er soll mich durch die Zauberkraft der Poesie in die erdachte Welt entführen, die seine Phantasie geschaffen hat, so daß ich sozusagen zeitweilig ihr Mitbewohner bin, und er soll am Ende meinen Verstand durch eine moralische Lehre befriedigen, die letztlich das Ziel ist, zu dem er mich auf blütengesäumtem Pfad geleitet. Solcherart sind die Werke der neuesten Fabeldichter, in Sonderheit La Fontaines.

Aus allem bisher Gesagten folgt, daß die Fabel (ungeachtet der von Lessing etwas überspitzt getroffenen Einteilung) naturgemäß zwei Formen haben kann – eine *prosaische*, in der die erdachte Geschichte ohne allen Zierat und allein auf die schlichte Darstellung beschränkt nur der durchsichtigen Bemäntelung einer moralischen Lehre dient, oder eine *dichterische*, bei der die Handlung mit allen Reichtümern der Poesie ausgeschmückt ist und das Hauptanliegen des Verfassers darin besteht, mit dem ethischen Appell an die Vernunft zugleich der Phantasie zu gefallen und das Gefühl anzusprechen.

Was aber, so fragen wir, macht eine Fabel vollkommen? In der prosaischen Form sind es die Kürze, der klare Stil und die Übereinstimmung des erdachten Geschehens mit der aus ihm zu ziehenden Lehre. Und in der dichterischen? Hier ist weit mehr vonnöten, deshalb wollen wir uns zur Ermittlung der diesbezüglichen Voraussetzungen den Dichter näher ansehen, der die ersten poetischen Fabeln schuf und in dieser Hinsicht für immer ein unerreichtes Vorbild bleiben wird, nämlich La Fontaine. Mit dem Charakter dieses einzigartigen Dichters definieren wir zugleich das wahre Wesen der *vollkommenen* Fabel.

Mir scheint, es kann niemand zu den erforderlichen hohen Leistungen in dieser Dichtart gelangen, ohne den Charakter La Fontaines zu besitzen, den seine Zeitgenossen *gutmütig* nannten. Der Fabeldichter ist vor allen anderen Poeten ein Sohn der Natur. Gewiß kann selbst der gewöhnlichste Verstand eine moralische Belehrung in eine Phantasiegeschichte kleiden, in der Tiere auftreten oder tote Gegenstände sprechen, aber wird sein Geistesprodukt jenen Zauber ausstrahlen, den wir in den Fabeln wie überhaupt in allen Werken La Fontaines finden? Um mit all den unbedeutenden Dingen wirklich zu leben, denen der Fabeldichter seine *intensive Beachtung* schenken muß, und sie selbst für den gefühlskältesten Leser anziehend zu machen, bedarf es jener ungekünstelten Emotionalität des unschuldigen Herzens, die dieses ausnahmslos allen Naturgeschöpfen verbindet; jener Seelengröße, die uns auch dann glücklich sein läßt, wenn wir sämtliche von der Gesellschaft und Fortuna bereitgehaltenen Vorzüge entbehren müssen, in der wir froh sind für uns allein und beschäftigt ohne Arbeit; jener Aufgeschlossenheit für das Gute, mit der wir jegliche Erscheinung in der Gesellschaft wie in der Natur als schön empfinden, weil wir alles mit unserem eigenen Fühlen verbrämt sehen; jener Sorglosigkeit, die uns völlige Freiheit läßt, zu unserem Vergnügen Dingen nachzugehen, welche für andere scheinbar nicht existieren oder von ihnen verachtet werden; sowie endlich auch jener *Einfalt*, die uns glauben macht, alle anderen fühlten gleich uns und nähmen Anteil an eben den Sachen, die allein uns verlokken. Bei solcher Einstellung ist die ganze Natur für uns voller bekannter, unserem Herzen vertrauter Wesen; jegliches Geschöpf bildet mit uns eine Familie – uns betrübt das Los einer welkenden Blume, wir teilen die Fürsorge der Schwalbe, die ein Nest für ihre Jungen baut, wir lauschen anteilnehmend dem Gesang der einsamen Nachtigall und bedauern sie, *fest davon überzeugt*, daß auch sie ihren Kummer hat. Alle diese Gefühle sind lebendig, weil eine von ihnen erfüllte reine Seele sich ihnen in kindlicher Unbekümmertheit hingibt, ungestört von anderen Sorgen oder aufwühlender Leidenschaft. Eben dies war La Fontaines Wesensart. Was Wunder, daß seine Fabeln auf jedermann einen so unermeßlichen Zauber ausüben? Er berichtet uns von den ihm nahestehenden Geschöpfen und ist als erster völlig von der Wahrheit seiner Geschichten überzeugt. Man könnte meinen, die Natur habe ihn zum Historiker jener Welt benannt, in der er sich kraft seiner Phantasie angesiedelt hat; nun erzählt er mit Hingabe von seiner Heimat, von dem Wunsch beseelt, daß auch andere das Land lieben lernen, das ihm so teuer und vertraut ist. Er spricht nicht als Belehrender zu uns, sondern weil ihm das Erzählen Spaß macht; man wird in seinen Fabeln auch keine Moral entdecken – sie fehlt bei ihm! –, dafür aber seine Seele, die sich uns in zutiefst edlen Gefühlen und schlichten, für jedermann verständlichen Gedanken ohne Hintersinn und ohne Erkünsteltes zur Gänze erschließt; man lauscht einem lieben Kind von großer Weisheit und wird, je mehr man es liebgewinnt, selbst innerlich besser und zugleich zufriedener mit dem eigenen Dasein, so daß man unmerklich alles um sich herum schön findet. Bei der Lektüre La Fontaines erwacht in unserer Seele jenes Gefühl, das uns gewöhnlich die Anwesenheit eines bescheidenen, liebenswerten und durch und durch gutherzigen Weisen vermittelt – Ruhe, Glück und Zufriedenheit mit der Natur wie mit uns selbst. Zu solchem hervorragenden Charakter gesellte sich bei La Fontaine ein dichterisches Talent von höchster Vollendung. Was nenne ich dichterisches Talent? Einfallsreichtum, um den zu behandelnden Gegenstand lebendig und von seiner fesselndsten Seite darzustellen; die Fähigkeit, ihn für andere in allem gebührenden Kolorit sowie auf eine Weise wiederzugeben, die ihn jedermann in der gleichen Klarheit zeigt, in der ihn der Dichter selbst sieht, und schließlich die (in Sonderheit für den Fabeldichter unerläßliche) Gabe, schlicht, angenehm und zwanglos zu erzählen, und zwar in dichterischer Rede, die den einfachen Bericht unaufdringlich mit gehobenen Ausdrücken und poetischen Gedanken und Bildern schmückt und durch geschickte Übergänge Abwechslung in ihn bringt. Dies alles beweist La Fontaine in seinen Fabeln. Kein anderer versteht es wie er, so ungezwungen vom Alltäglichen zum Erhabenen, von der einfachen Erzählung zur dichterischen überzuwechseln, kein anderer hat eine solche Vielfalt von Wendungen, so bildhafte Ausdrücke und eine so kunstreiche Art, durch bloße Schilderung scharfsinnige Gedanken oder zarte Gefühle zu vermitteln. In der Fabel ›Die Falken und die Tauben‹ (livre[1] VII, fable[2] VIII) wird ein Kampf beschrieben: Bei der Lektüre könnte man meinen, es handele sich um eine Schlacht zwischen Römern und Germanen, so sehr ist der Bericht dichterisch verbrämt, und doch scheint einem der Ton keineswegs dem wirklichen Gegenstand unangemessen. Wie kommt das? Es rührt daher, daß der Dichter dem Ereignis gleichsam beiwohnt und vor jedem anderen völlig von dessen Bedeutsamkeit überzeugt ist; er will uns nicht betrügen, sondern betrügt sich selbst. Dieselbe Fabel läßt die erstaunliche Kunst La Fontaines erkennen, bei der

[1] frz., Buch. – [2] frz., Fabel.

Abhandlung eines Gegenstandes beiläufig fernerliegende, angenehme Gegenstände aufzugreifen. Von den Falken redend, sagt er:

Certain sujet fit naître la dispute
Chez les oiseaux – non ceux que le printemps
Mène à sa cour et qui sous la feuillée,
Par leur exemple et leurs sons éclatants
Font que Vénus est en nous réveillée ...[1]

Man sieht sich in den erwachenden Frühling mit grünenden Bäumen versetzt, in denen Vögel singen, und wird dennoch nicht vom Hauptthema abgelenkt, da sich das herrliche Bild auf natürliche Weise in die Handlung einfügt. Weiter unten, wo er von den Tauben spricht, zeichnet La Fontaine mit einem einzigen Strich deren Äußeres wie auch ihren Charakter:

... d'une autre nation
Au col changeant, au cœur tendre et fidèle.[2]

Der erste Teil der Verszeile vermittelt ein Bild, der zweite ein rührendes zartes Gefühl; der Dichter zeigt uns bei der Darstellung seines Gegenstandes zugleich seine eigene liebevolle Zuneigung für ihn. Hierin besteht La Fontaines unnachahmliche Kunst.

Aus all dem vorstehend Gesagten sind die allgemeinen

[1] frz., Irgendein Anlaß führte zu einem Streit
unter den Vögeln – doch nicht unter denen, die der Frühling
in sein Schloß führt und die im Laubwerk
durch ihr Beispiel und ihre Lieder
Frau Venus in uns wecken ...

[2] frz., ... eine andere Art
mit beweglichem Hals, mit zartem und treuem Herzen.

Regeln für den Fabeldichter leicht abzuleiten. Wir überlassen diese Mühe unseren Lesern und wenden uns den *Fabeln Krylows* zu, die der Anlaß zu dieser Erörterung waren.[1] Um diesen unseren russischen Dichter zu charakterisieren, muß man seine Fabeln von einem anderen Gesichtspunkt aus betrachten als üblicherweise die Fabeln La Fontaines. Diesen letzteren schätzen wir als einen originalen Dichter, obwohl er keine einzige seiner Fabeln selbst erdacht hat. Der Grund dafür ist offenkundig: La Fontaine entlehnt zwar von anderen die Idee, von niemandem aber weder den Zauber seines Stils noch den emotionalen Gehalt, die Gedanken, die wahrhaft poetischen Bilder und die *Schlichtheit* – Dinge, in die er das Entlehnte kleidet und die es dadurch sozusagen zu seinem Eigentum machen. Die *Erzählweise* ist sein Werk, und eben sie ist in der gedichteten Fabel die Hauptsache. Krylow dagegen übernimmt (in den meisten seiner Fabeln) von La Fontaine sowohl die Idee als auch die Erzählweise: Sein Recht, als eigenständiger Autor bezeichnet zu werden, ist also allein in der Kunst zu sehen, fremde Gedanken, fremde Gefühle und eine fremde geniale Begabung wiederzugeben. Selbst auf die Gefahr hin, Widerspruch zu erregen, möchte ich ganz entschieden behaupten, daß der nachahmende Dichter durchaus ein *originaler* Autor sein kann, auch wenn er nichts Eigenes geschrieben hat. Der *Prosa*übersetzer ist ein Sklave, der *Lyrik*übersetzer ein Rivale. Man stelle sich zwei Schauspieler vor, die von einem dritten die Kunst der Deklamation lernen: Der eine ahmt die Blicke und Gesten seines Vorbildes mit sklavischer Genauigkeit nach, der andere hingegen verwendet im Wettstreit mit diesem um die beste Darbietung einer bestimmten Rolle auch *eigene* Mittel, die

[1] Die Rede ist hier von der *ersten* Ausgabe Krylows in einem Band von 1808 (Anm. Shukowskis).

nur zu ihm allein passen. Der originale Dichter setzt seine ganze Schaffenskraft für die *in seiner Phantasie* vorhandene Idee ein, der nachahmende Dichter in gleichem Maße für das Vorbild, das bei ihm an die Stelle der eigenen Idee tritt: Der Übersetzer hat folglich, obwohl er die Palme der Urheberschaft dem Originalautor überläßt, in jedem Falle nahezu den gleichen Einfallsreichtum, die gleiche Stilkunst sowie die gleiche Geisteskraft und Gefühlstiefe zu beweisen. Mehr noch: Wenn der Nachahmer auch nicht der Erfinder des Ganzen ist, so muß er ein solcher doch in allen Details sein. Einzelne Schönheiten lassen sich selten aus einer Sprache in die andere übertragen, ohne etwas von ihrer Vollkommenheit zu verlieren. Was bedeutet das für den Übersetzer? Er muß selbst Sprachschönheiten ersinnen, die das Fehlende *ersetzen*, folglich produziert er *Eigenes*, gleichermaßen Vortreffliches: Wird er damit nicht schöpferisch tätig? Und braucht er dazu nicht die Begabung eines originalen Schriftstellers? Es sei bemerkt, daß für einen Fabelübersetzer eine solche Originalität noch viel notwendiger ist als für den Übersetzer von Oden, Epopöen und anderen *feierlich-erhabenen* Dichtungen. Alle Sprachen ähneln sich weitgehend im gehobenen Stil, unterscheiden sich jedoch völlig in der einfachen, besser gesagt der volkstümlichen Ausdrucksweise. Oden und dergleichen gehobene Dichtungen lassen sich ziemlich wortgetreu übersetzen, ohne ihre Originalität einzubüßen; Fabeln hingegen (die, wohlgemerkt, alle Schönheiten der anderen Lyrikarten in sich einbeziehen) werden durch eine zu nahe Übersetzung völlig verdorben. Was also hat ein nachahmender Fabeldichter zu tun? Er muß in seiner Wiedergabe schöne Momente schaffen, die den von ihm im Original entdeckten gleichkommen. Wie aber, wenn er weder über die Gefühlstiefe noch über die Phantasie des nachgeahmten Dichters verfügt? Dann wird er mit seiner Übersetzung nur eine lächerliche Karikatur des schönen Originals zustande bringen.

Wir erlauben uns die Behauptung, daß Krylow zu den kunstreichen Übersetzern zählt und eben deshalb ein origineller Dichter genannt zu werden verdient. Der Ton seiner Fabeln ist im allgemeinen leicht, klar und stets angenehm. Er erzählt freimütig und nicht selten mit jener treuherzigen Einfalt, die uns bei La Fontaine so sehr gefangennimmt. Dennoch versteht er es, seinen Stil dem jeweiligen Gegenstand geschickt anzupassen: Bald hebt er ihn zur Beschreibung von Erhabenem, bald rührt er uns durch die schlichte Wiedergabe eines zarten Gefühls, bald amüsiert er durch einen lustigen Ausdruck oder eine spaßige Wendung. Als kunstvoller Maler besitzt er die Gabe, seine Gegenstände überaus lebendig darzustellen und sie dadurch der Imagination des Lesers einzuprägen; jede seiner Fabelfiguren gewinnt einen nur ihr eigenen Charakter und ihre spezifische Gestalt, so daß der Leser sich in der vom Dichter geschilderten Handlung gleichsam anwesend wähnt.

Für die besten aus den dreiundzwanzig Fabeln, deren jede ihren besonderen Reiz hat, halten wir die folgenden: ›Die beiden Tauben‹, ›Die Braut‹, ›Die Grille und die Ameise‹, ›Der Einsiedler und der Bär‹ und ›Die Frösche, die sich einen Zaren wünschten‹.

›Die beiden Tauben‹, aus La Fontaine übersetzt, scheinen uns *fast* so vollkommen wie Dmitrijews gleichnamige Fabel: In beiden Versionen wird das Geschehen ansprechend erzählt; die Dmitrijews bestrickt durch mehr Poesie, Kürze und kraftvollen Stil, während Krylow, so wir nicht irren, die Gefühle mit größerer Schlichtheit ausdrückt.

Два Голубя как два родные брата жили;
Друг без друга они не ели и не пили;
Где видишь одного, другой уж верно там;

И радость и печаль, все было пополам.
Не видели они, как время пролетало:
Бывало грустно им, а скучно не бывало.[1]

Anstelle dieser sechs Verszeilen, zur Gänze vom Nachschöpfer eingefügt, steht ein einziger vortrefflicher Vers bei La Fontaine:

Deux pigeons s'aimaient d'amour tendre.[2]

Dennoch werden sie gewiß niemandem überflüssig vorkommen. Läßt sich das glückliche Einvernehmen zweier Freunde besser darstellen? Dies eben heißt, die Schönheiten des Originals durch eigene zu ersetzen. Dem Leser wird gewiß der letzte Vers als besonders schlicht und zartfühlend aufgefallen sein:

Бывало грустно им, а скучно не бывало.[3]

Ein weiteres Beispiel:

Ну, кажется, куда б хотеть
Или от милой, иль от друга? –
Нет, вздумал странствовать один из них:
  лететь.[4]

Auch diese Zeilen stehen nicht im Original – aber sie drükken in liebenswürdiger Schlichtheit ein zärtliches Gefühl aus.

[1] russ., Zwei Tauben lebten wie leibliche Brüder,
Keine aß und trank ohne die andere.
Wo man die eine sah, war gewiß auch die andere.
Freude und Trübsal, alles teilten die beiden.
Sie spürten nicht, wie die Zeit verflog:
Zwar empfanden sie manchmal auch Trauer, doch Langeweile nie.

[2] frz., Zwei Tauben waren einander in zärtlicher Liebe zugetan.

[3] russ., Zwar empfanden sie manchmal auch Trauer, doch Langeweile nie.

[4] russ., Nun scheint es, wohin sollte man
Von der Liebsten, vom Freunde weg sich sehnen?
Doch nein, die eine wollte reisen, fliegen.

Wünscht jemand Bilder zu sehen? Hier die Darstellung eines Gewitters in einem pittoresken Vers:

Вдруг в встречу дождь и гром;
Под ним, как океан, синеет степь кругом.[1]

Oder die bildhaft beschriebene Gefahr für die von einem Habicht verfolgte reisende Taube:

Уж когти хищные над ним распущены;
Уж холодом в него с широких крыльев пышет.[2]

La Fontaine hat diese Verse nicht, sein Nachahmer wollte mit ihnen wohl zwei andere ersetzen, die er durch seine Übersetzung jedoch etwas abschwächt:

… quand des nues
Fond à son tour un aigle aux ailes étendues.[3]

Zu bedauern ist auch, daß Krylow den herrlichen Vers ausgelassen hat, den Dmitrijew auf so gelungene Weise wiedergibt:

Le pigeon profita du conflit des voleurs …[4]
Итак, благодаря стечению воров.[5]

Die Stelle ist besonders wichtig, weil uns der Dichter hier beiläufig, mit einem einzigen Federstrich, daran erinnert, daß in der Welt mitunter ein Zwist zwischen den Bösewichtern der Unschuld die Rettung bringt. Solche Kunst des *Andeutens* bemerkt man in Sonderheit bei La Fontaine. Der

1 russ., Plötzlich dicht vor ihr Regen und Donner
Und unter ihr, wie ein Meer, nur blaudunkle Steppe.
2 russ., Schon spreizen die Krallen des Räubers sich über ihr,
Schon weht es kalt von den weitausladenden Schwingen.
3 frz., … Wie aus den Wolken
stürzte jetzt ein Adler hernieder, die Schwingen ausgebreitet.
4 frz., Die Taube nutzte den Streit der Diebe.
5 russ., So gelingt es ihr dank des Streites der Räuber …

Schluß der Fabel ist in beiden Übertragungen vortrefflich gestaltet, mit dem Unterschied lediglich, daß Krylow die Verse des Originals durch eigene ersetzt, während Dmitrijew sehr nahe bei La Fontaine bleibt und sich ihm angleicht. Beide Lösungen seien hier angeführt:

Кляня охоту видеть свет,
Поплелся кое-как домой без новых бед …
Счастлив еще: его там дружба ожидает!
К отраде он своей,
Услугу, лекаря и помощь видит в ней;
С ней скоро и беды и горе забывает.
О вы, которые объехать свет вокруг
Желанием горите,
Вы эту басенку прочтите
И в дальний путь такой пускайтеся не вдруг:
Что б ни сулило вам воображенье ваше –
Не верьте, той земли не сыщете вы краше,
Где ваша милая и где живет ваш друг.[1]

Krylow

[1] russ., Der Lust, die Welt zu sehen, verfluchend,
Fand ohne neue Not sie heim,
Am Ende glücklich noch, denn dort erwartete sie Freundschaft!
Zu ihrer Erquickung
Stand sie ihr zu Diensten, war sie ihr Arzt und Hilfe,
Leid und Unbill bald schon zu vergessen.
O ihr, die ihr die weite Welt zu durchstreifen
In heißem Wunsche trachtet,
Lest diese kleine Fabel,
Und zögert, auf so weite Fahrt zu gehen,
Hört nicht darauf, was euch die Phantasie verheißt –
Glaubt es nicht, denn kein schöneres Land werdet ihr finden als das,
Wo eure Liebste wohnt und euer Freund.

О вы, которых бог любви соединил,
Хотите ль странствовать? Забудьте гордый Нил
И дале ближнего ручья не разлучайтесь.
Чем любоваться вам? Друг другом восхищайтесь;
Пускай один в другом находит каждый час
Прекрасный, новый мир, всегда разнообразный.
Бывает ли в любви хоть миг для сердца праздный?
Любовь, поверьте мне, все заменит для вас.
Я сам любил – тогда за луг уединенный,
Присуствием моей любезной озаренный,
Я не хотел бы взять ни мраморных палат,
Ни царства в небесах ... Придете ль вы назад,
Минуты радостей, минуты восхищений?
Иль буду я одним воспоминанием жить?
Ужель прошла пора столь милых обольщений,
И полно мне любить?[1]

Dmitrijew

Die zuletzt angeführten Verse sind besser als die ersten – aber läßt sich hier überhaupt ein Vergleich ziehen? Krylow, der keine weitere Übersetzung anfertigen wollte

[1] russ., O ihr, die euch der Gott der Liebe einte,
Ihr wollt auf Wanderschaft? Vergeßt den stolzen Nil
Und zieht nicht weiter als zum nächsten Bach.
Woran sollt ihr euch ergötzen? Sucht Gefallen aneinander;
Mag einer jederzeit im anderen finden
Eine schöne, neue Welt, stets mannigfaltig.
Ist in der Liebe denn fürs Herz ein einziger leerer Augenblick?
Die Liebe, glaubt mir, sie ersetzt euch alles.
Ich habe selbst geliebt – nie hätt' ich die versteckte Wiese,
Die meiner Liebsten Dasein mir verklärte,
Selbst gegen Marmorschlösser eingetauscht
Noch Königreiche in den Wolken! – Werdet ihr wiederkehren,
Ihr frohen Augenblicke der Entrückung?
Oder muß ich stets nur der Erinnerung leben?
Ist sie dahin, die Zeit so lieber Lockung,
Hab ich genug geliebt?

und sich vielleicht auch nicht zutraute, etwas Besseres zu liefern als das, was schon in höchster Vollendung vorlag, ersetzt die Schönheit des Originals durch Eigenes. Der Schluß seiner Fabel (unabhängig von La Fontaine wie auch von Dmitrijews Übersetzung betrachtet) ist allein für sich großartig. Schon der eine herrliche und zartfühlende Vers rührt uns nach den eingehend geschilderten Reiseabenteuern der unglücklichen Taube zutiefst:

Счастлив еще: его там дружба ожидает.[1]

Der Verfasser stellt allein die Freundschaft den lebendig beschriebenen Mißhelligkeiten gegenüber, und man ist hinsichtlich des weiteren Schicksals der enttäuschten Reisenden völlig beruhigt. Er überläßt es unserer Phantasie, sich die Tröstungen auszumalen, die seine zu ihrem Freund zurückkehrende Taube findet. Jede weitere Einzelheit wäre hier fehl am Platze, sie würde nur die Gesamtwirkung mindern. Ein mittelmäßiger Autor hätte wahrscheinlich die Gelegenheit genutzt, den Leser mit den üblichen Gefühlsäußerungen zu langweilen – die wahre Begabung aber übt Enthaltsamkeit: Sie zeigt sich ebensogut in dem, was ein Dichter sagt, wie darin, was er verschweigt und dem Empfinden des Lesers anheimstellt. Die letzten drei Verse sind herrlich in ihrer Schlichtheit und Zartheit.

Doch genug; der Leser mag selbst die *Fabeln Krylows* aufschlagen und in ihnen die weiteren Schönheiten entdecken, die wir aus Zeit- und Platzmangel nicht erwähnt haben. Nur noch eine allgemeine Bemerkung über ihre Mängel. Krylows Stil scheint uns stellenweise zu ausgewalzt und zu schwach (wohingegen wir nirgends auch nur im geringsten

[1] russ., Am Ende glücklich noch, denn dort erwartete sie Freundschaft!

etwas Gekünsteltes an seiner Erzählweise festgestellt haben); auch findet man Verstöße gegen die Sprache sowie dem guten Geschmack widersprechende grobe Ausdrücke, die um so mehr auffallen, als seine Schreibart im übrigen stets leicht und angenehm wirkt.

1809

Über die Satire und die Satiren Kantemirs

Kantemir gehört zu den wenigen klassischen Dichtern Rußlands, und dennoch greift selten ein Russe nach seinen Satiren – ihr altertümlicher Stil schreckt den Leser ab, der in der Dichtung nur nach leichterem Genuß sucht. Man könnte Kantemir mit einem Menschen vergleichen, dessen äußere Strenge einem anfangs nichts Gutes verheißt und den man erst näher kennenlernen muß, um seinen Charakter zu schätzen und Freude am Gespräch mit ihm zu empfinden. Ich hoffe, mir den Dank meiner Leser zu verdienen, wenn ich ihr Augenmerk auf diesen Dichter lenke; zuvor jedoch erlaube ich mir einige Betrachtungen über die Satire im allgemeinen.

Womit befaßt sich die Satire? Sie verspottet menschliche Verirrungen, Dummheiten und Laster. Lachen macht fröhlich, Frohsinn aber gilt als einer der glücklichsten Geisteszustände des Menschen. In allen mir bekannten Sprachen, sagt Addison, gibt es die Metapher *die Fluren lachen, die Wiesen lachen* – ein Beweis dafür, daß das Lachen als solches etwas Verlockendes und Herzerfrischendes hat. Es belebt die Seele, indem es entweder unsere Trübsal vertreibt, wenn wir gedrückter Stimmung sind, oder unsere Schaffenskraft erneuert, wenn wir uns nach anstrengender geistiger Arbeit erschöpft fühlen. Sulzer unterscheidet zwei Arten des Lachens: das reine, uns einfach nur fröhlich stimmende, und das hintergründige, bei dem noch andere Gefühle und Vorstellungen mitspielen. Etwas allein für sich Lächerliches reizt lediglich unsere Lachmuskeln, weiter nichts – das ist das reine Lachen; verbirgt sich jedoch hinter der Maske des Lächerlichen etwas Abstoßendes oder Verachtenswertes, so empfinden wir zwangsläufig zugleich Ärger, Unwillen oder Abscheu, und eben dies ist das hintergründige Lachen. Die Gabe, jemanden auf geistreiche Weise zum Lachen zu bringen, besitzen nur sehr wenige Menschen. Keineswegs jeder ist in der Lage, die Dinge von ihrer lächerlichen Seite zu sehen, zwischen völlig Unterschiedlichem eine überraschende Ähnlichkeit zu entdecken oder Momente zusammenzustellen, deren Vereinigung gänzlich unnatürlich oder nur als Wunder denkbar wäre – eben darin aber besteht das Wesen des Lächerlichen. Auf den ersten Blick scheint solch bissiger oder lebhaft sprühender Witz einfach eine Eigenschaft fröhlicher Menschen zu sein, doch Fröhlichkeit ist ein Charakterzug, während die Gabe, an den Gegenständen die belustigende Seite zu entdecken oder kraft der Phantasie komische Situationen zu erfinden, dem Verstand zugeschrieben werden muß gleich dessen anderen höchst wichtigen Qualitäten. Ein fröhlicher Charakter sieht alles von der guten Seite, und alle Welt nimmt sozusagen sein blühendes Gemüt in sich auf, für ihn herrschen klare Verhältnisse, er kann lachen, weil Lachen und Sichfreuen fast dasselbe sind, aber er ist weit weniger fähig, das Lächerliche, das heißt das unserem Verständnis und Gefühl Widersprechende zu bemerken, weil es dazu eines gewissen ätzenden Scharfsinns bedarf, der mit sanfter, friedfertiger Fröhlichkeit unvereinbar ist. Dagegen besitzt ein Mensch mit Talent zum Spott fast immer einen ernsthaften Charakter und tiefsinnigen Verstand. Um an einem Gegenstand die nicht für jedermann sichtbare lächerliche Seite zu entdecken, muß man ihn eingehend betrachten, und dazu wiederum gilt es, nachzudenken und in alle Details einzudringen; um zu erkennen, inwieweit dieser oder jener Charakter, diese oder jene Tat von den wahren Regeln und Begriffen entfernt ist, und um den konstatierten Abstand dann ins Lächerliche zu ziehen, sind eine eigene klare und umfassende Vorstellung von den Dingen vonnöten, ein beißender Witz, eine scharfe Beobachtungsgabe und eine lebhafte Phantasie: An alledem aber mangelt es mehr oder weniger der heiteren und vielleicht auch etwas leichtfertigen Frohnatur. Aus allem bisher Gesagten folgt, daß die Gabe, die lächerliche Seite der Dinge aufzuspüren, im Verein mit der Kunst, sie für andere zündend aufzuzeigen, nur wenigen genialen Geistern verliehen ist.

Solche Gabe nun kann sich wohltätig oder schädlich sowohl im Gemeinleben als auch in der Literatur auswirken – einen unvergleichbar größeren Schaden oder Nutzen aber vermag sie in der letzteren zu stiften. Spott legt das Laster bloß und zerstreut manch hartnäckiges Vorurteil besser als jede philosophische Belehrung: Das Verlachte wird in unseren Augen erniedrigt, und zusammen mit unserer Achtung vor bestimmten Dingen schwindet auch deren Anziehungskraft für uns. Man hüte sich allerdings zu glauben, durch Verspottung sei der Lasterhafte zu bessern: Sie *enthüllt* lediglich seine schlechten Seiten und hebt allenfalls sein Bestreben hervor, diese mit dem Deckmantel des Wohlgefälligen zu kaschieren. Doch das Ziel des Moralisten – welcher Waffe er sich auch bedient, der Verspottung oder der bloßen Überzeugung – ist ja nicht die unerreichbare Ausmerzung des Lasters; er will vielmehr lediglich die unverdorbene Unschuld vor ihm schützen und solche Seelen retten, die sich, durch schlechte Beispiele, durch Vorurteile oder die Gewohnheit verführt, dennoch ihre Neigung zum Guten bewahrt haben. Der Spott ist ein *vorbeugendes* Mittel; nichts kühlt die am falschen Ort entflammte Phantasie besser ab als er, und er obsiegt auch dort, wo die Bemühungen der maßvollen Vernunft fruchtlos bleiben. Andererseits kann die Gabe des Lächerlichmachens den größten Schaden anrichten, sofern sie nicht mit einem edlen Charakter und der Achtung vor der reinen Moral einhergeht, denn der Spott vermag alles, was uns heilig ist, in unseren Augen in den Schmutz zu ziehen.

Philosophen und Poeten verwenden den Spott als ein Mittel zur sittlichen Bildung. Die Satiriker und die Komödiendichter verfolgen mit den Moralphilosophen ein gemeinsames Ziel, zu dem sie jedoch auf unterschiedlichen Wegen gelangen. Der Moralist fällt sein Urteil und spricht zum Herzen, indem er den Verstand belehrt, der Komödiendichter und der Satiriker dagegen verlachen das moralisch Häßliche und verbinden uns damit enger dem moralischen Schönen, das durch den Gegensatz greifbarer wird. Der Unterschied zwischen der Satire und der Komödie besteht allein in der Form: Die Komödie führt uns eben die Originale und Laster *sichtbar vor Augen*, die der Satiriker nur in der *Phantasie* erstehen läßt; dort erscheinen sie in Person auf der Bühne und entlarven sich selbst, hier dagegen tritt der Dichter an die Rampe, um uns entweder mit seinem bissigen Humor zu amüsieren oder unseren wohltätigen Unwillen zu erregen. Aus alledem lassen sich leicht die von einem Satirendichter und einem Komödienschreiber zu fordernden Charaktereigenschaften ableiten. Beide bedürfen einer guten Beobachtungsgabe, einer tiefen Kenntnis des menschlichen Herzens und der seltenen Fähigkeit, all das, was nicht den Regeln und Begriffen der reinen Moral entspricht, in ein lächerliches Licht zu rücken. Die Kunst, geistvoll zu spotten, zeitigt nur dann einen wirklichen Nutzen, wenn sie mit Gefühlstiefe, einem unverdorbenen Herzen und dem fest verwurzelten Respekt vor den Pflichten des Menschen und Staatsbürgers einhergeht. Der wahre Satiriker oder Komödiendichter muß die von ihm dargestellten Laster verachten; sobald diese Verachtung aber nicht ein Produkt des engen Verbundenseins mit dem Guten ist, sondern allein der Neigung entspringt, alles zu belächeln oder schlechtzumachen, sobald er die Welt und den Menschen mit düsterem Groll und der Voreingenommenheit eines Misanthropen betrachtet anstatt mit der gütigen Anteilnahme eines Freundes der Menschheit, der alle um sich her im Glück schwelgen sehen möchte und das Laster ausschließlich deshalb verachtet, weil es der Hauptfeind dieses Glückes ist, pflanzt er nur eben diese finstere Verachtung in das Herz seiner Leser, die nicht anders wohltätig wirken kann als im Gleichgewicht mit dem froh stimmenden Gefühl der Liebe: Jede Art Haß engt die Seele ein, Liebe hingegen belebt sie und macht sie bereit zu nützlichem Tun. Die Glut des Herzens, sagt Sulzer, muß die Muse des Satirikers sein. Das trifft zu: Ich muß in dem Augenblick, da er dem Laster einen Fußtritt versetzt, die Dummheit verlacht oder ein ungewöhnliches Verhalten auf spaßige Weise bloßstellt, in seiner Seele sowohl seine Liebe zur Tugend als auch Empfindsamkeit und edle Hochachtung vor allem Schönen spüren. Nur unter dieser Voraussetzung erträgt die Gesellschaft überhaupt den stichelnden Spötter, nur so können edle Charaktere ihm recht geben, während derjenige, der alles wahllos seinem Scharfsinn opfert, jedes wohlgesonnene Herz unbedingt abstößt, da er ihm unwillkürlich seine Armut an hohen Gefühlen verrät und es durch seine Grausamkeit verletzt. Die gleiche Wirkung hat auch eine Satire, in der wir lediglich die Absicht und die Kunst des Negierens entdecken, ohne Nahrung für das Herz zu finden.

Die Satire im eigentlichen Sinne unterscheidet sich von allen anderen satirischen Werken – in Prosa wie in Versen – durch ihre didaktische Form. Voltaires ›Candide‹, Cervantes' ›Don Quichote‹, Erasmus von Rotterdams ›Lob der Torheit‹, Swifts ›Gulliver‹, Butlers ›Hudibras‹ oder Molières ›Tartuffe‹ verspotten, wie die Satire, das Laster und die Dummheit, doch ›Candide‹, ›Gulliver‹ und ›Don Quichote‹ sind Romane, ›Hudibras‹ ist ein Poem, ›Tartuffe‹ eine Komödie. Die Satire will nur Satire sein und hat folglich ihre eigene, ihr allein zukommende Form. Der Satirenschreiber übernimmt diese Form in gewissem Maße von den Philosophen, aber er übernimmt sie als Dichter und benutzt zudem noch bestimmte spezielle Mittel. Er paßt sich dem erwählten Gegenstand im Ton, im Stil und in der Stimmung an, so daß er zum Beispiel, wenn er Schrulligkeiten aufs Korn nimmt, sich des leichten, stichelnden Spottes bedient und durch die angenehme Medizin des Lachens zu heilen versucht, während er angesichts eines verderblichen, ansteckenden Lasters lautere Töne anschlägt und glühendere Anteilnahme ausdrückt, wobei auch sein Spott die Form der Entrüstung annimmt. Dies wird uns besonders deutlich, wenn wir die Satiren des Horaz und die Juvenals vergleichend betrachten.

Nun einige Worte zu den Themen, die dem Anliegen des Satirikers am ehesten entsprechen. Der Satirenschreiber darf aus der unendlichen Vielzahl der Laster, Absonderlichkeiten und Verirrungen nur solche auswählen, die allgemein verbreitet und jedermann bekannt sind; einzelne Verfehlungen oder Untugenden fallen zu wenig ins Gewicht und werden deshalb auch keinen Anklang finden, da sie größtenteils auf gewissen geistigen oder charakterlichen Mängeln beruhen, die als Ausnahmen zu gelten haben. Persönliche Anzüglichkeit kommt niedriger Rache gleich, sie zerstört unser Vertrauen in den Satiriker, der in unseren Augen ein Prediger der Wahrheit und der guten Sitten sein muß. Ein Einzelner kann hier nicht anderen als Beispiel dienen, weder im Guten noch im Bösen. Der Dichter schildert uns nur das, was der ganzen Menschheit eigen ist, wobei er jedoch alle Merkmale wahrt, die der menschlichen Natur aus den Sitten und Gebräuchen der Zeit erwachsen – er hat folglich als feiner Beobachter den Menschen an sich vorzuführen, das heißt uns in Tugenden und Lastern ein geistiges Ganzes zu zeigen, zusammengestellt aus einer Menge kleiner, zu unterschiedlicher Zeit von ihm bemerkter Teile. Solcherart müssen die Sittenbilder des Satirikers sein. Eine personengebundene Satire kränkt nur, Kränkung aber wirkt fast niemals heilsam. Auch halte ich es nicht für nützlich, in einer Satire allzu abstoßende und also der natürlichen Ordnung zuwiderlaufende Laster zu behandeln: Derlei Bilder verletzen nur unser Gefühl, ihr Nutzen aber bleibt überaus begrenzt, da niemand sich vor etwas hüten muß, das notwendigerweise unnatürlich wirkt und ohnehin Abscheu erregt.

Eschenburg teilt die Satiren in *ernste* und *heitere*. In den ersteren ficht der Dichter ausschließlich gegen solche Laster, durch die der Gesellschaft das Verderben droht: Sein Stil muß hier entsprechend kraftvoll und die *Entrüstung* sein Genius sein. In den heiteren Satiren befaßt er sich nur mit komischen Absonderlichkeiten und lächerlichen Lastern, ihr Stil ist demnach leicht und von dem witzigen Scharfsinn geprägt, den Cicero als ›Salz‹ bezeichnet. Jedoch kann die ernste Satire gelegentlich die Leichtigkeit der heiteren übernehmen und diese umgekehrt die Kraft der ernsten; Vielfalt zählt zu den reizvollsten Merkmalen des Stils. Bemerkt sei an dieser Stelle, daß die ernste Satire dem Dichter im allgemeinen weniger Schwierigkeiten bereitet als die heitere, weil er in ihr frappierendere und folglich augenfälligere Gegenstände aufzeigt, wohingegen er in der heiteren kleine Schwächen behandelt, die eines besonders scharfen Auges und fesselnder Darstellung bedürfen.

Um einen deutlicheren Begriff davon zu gewinnen, wie eine wahre Satire beschaffen sein soll, empfiehlt es sich, die beiden Dichter zu betrachten, deren Satiren als die vollkommensten gelten, nämlich Horaz und Juvenal, denen die besten Satiriker der Neuzeit wie Boileau, Pope und unser Kantemir sämtlich mehr oder weniger verpflichtet sind.

Horazens Satiren sind geradezu eine Fundgrube an sittlicher Erfahrung zu nennen, nützlich für jedermann, zu jeder Zeit und in allen Lebenslagen. Sie zeigen ihren Verfasser als einen Mann von heiterem Gemüt, Empfindsamkeit und angenehmem, scharfsinnigem Witz. Er steht mitten in der Welt und betrachtet sie mit den Augen eines Philosophen, der den wahren Preis des Lebens kennt, der das harmlose Vergnügen wie auch die Freiheit schätzt und einen durchdringenden Verstand, einen offenen Charakter sowie endlich die Fähigkeit besitzt, die Fehler der Menschen zu *sehen*, sich aber durch sie nicht verletzt fühlt, sondern sie nur amüsant findet. Im Trubel und Lärm des Lebens bei Hofe hat er sich die Neigung für die schlichten Freuden der Natur bewahrt. Er lächelt über Dummheiten, Verirrungen und Laster, fordert jedoch nichts und spielt sich nicht als strenger moralischer Gesetzgeber auf, vielmehr besitzt er jene Nachsicht, die selbst den unangenehmsten Tadel noch freundlich klingen läßt. Seine Herzensgüte und sein liebenswerter Charakter versöhnen uns mit seinem beißenden Witz, und man ist gern bereit, von ihm zu lernen, weil anteilnehmende Erfahrung aus ihm spricht und er seine nützliche moralische Lehre auf unterhaltsame Weise erteilt; Ziel seiner Philosophie ist nicht die sittliche Vollkommenheit der Stoiker, über die er sich gelegentlich sogar zu spotten erlaubt, sie schließt vielmehr auch die Kunst ein, die Annehmlichkeiten des Lebens zu genießen, wahrhaft unabhängig zu sein und die Natur zu lieben. In dichterischer Hinsicht zählen seine Satiren zu den besten, die wir kennen. Er bedient sich in ihnen der vielfältigsten Formen: Mal redet er selbst, mal bringt er unbeteiligte Personen auf die Bühne, mal erzählt er seinem Leser eine Fabel. Seine Beschreibungen wirken überaus lebendig, doch er berührt den darzustellenden Gegenstand jeweils nur, so daß er unsere Aufmerksamkeit nie über Gebühr strapaziert; schildert er einen Charakter, so malt er in lebhaften, doch leichten Farben nur dessen hauptsächliche, notwendigste Züge. Ihm ist die Gabe eigen, mit dem Appell an den Verstand zugleich die Phantasie anzuregen und das Herz anzusprechen – seine Gedanken sind stets von der Flamme des Gefühls erwärmt. Mit einem Wort: Die Lektüre seiner Satiren (zu denen auch seine Episteln zu zählen sind, deren einige sich durchaus nicht von einer Satire unterscheiden) vermittelt uns die beste Kenntnis der Welt, die klarsten Begriffe vom Leben und eine größere Neigung zu allem Guten.

Juvenal steht seinem Charakter nach im völligen Gegensatz zu Horaz: Er ist die Geißel der Lasterhaften und des Lasters. Seine Satiren überzeugen uns, daß ihm eine flammende, von der Liebe zu den Tugenden erfüllte Seele innegewohnt haben muß, überschattet jedoch durch eine gewisse Düsterkeit, die ihn alle Dinge nur von deren üblen Seite sehen ließ: Alles, was er dem Leser vor Augen führt, zeigt er in absichtlich vergrößerter Mißgestalt. – Juvenal wurde zur Zeit des Kaisers Caligula geboren, schrieb jedoch seine Satiren, von denen nur sechzehn auf uns gekommen sind, erst unter Trajan oder gar Hadrian, das heißt im hohen Alter. Dieser Umstand erklärt, weshalb er sich uns stets nur als gestrenger Richter zeigt und uns niemals durch die lebensfrohe Philosophie eines sinnenfreudigen Menschen tröstet. Dem Charakter nach Stoiker, erlebte er sämtliche Schrecken unter Claudius, Nero und später Domitian: Er sah den uneingeschränkten Despotismus sowie andererseits die gemeinste Niedertracht und die scheußlichste Verderbtheit, so daß sich in seiner Seele allmählich eine innere Entrüstung anhäufte, die die Stille erzwungenen Schweigens noch verstärkte. Man könnte seine Satiren die Rache einer flammenden Seele nennen, die sich lange nicht zu äußern wagte und lange gegen ihre Gefangenschaft murrte, um dann plötzlich die gewonnene Freiheit unbegrenzt zu nutzen. Das Alter und die gewohnte Bitterkeit hinderten ihn daran, die guten Seiten der Dinge zu bemerken, er sah nur das Häßliche und äußerte nur Groll oder Verachtung. Juvenal war kein Philosoph: Aufs äußerste erschüttert von der ihn umgebenden Sittenverderbnis, brachte er nicht die für einen mit sich selbst redenden Philosophen erforderliche Seelenruhe auf. Doch er war ein hervorragender Maler; sein Stil verrät uns die Kraft und die Größe seines Charakters:

> Juvenal, élevé dans les cris de l'école,
> Poussa jusqu'à l'excès sa mordante hyperbole.[1]

Manch einer schätzt Juvenal höher als Horaz, andere geben dem letzteren den Vorzug. Ohne darüber nachzusinnen, wer hier recht hat, wollen wir nur den völlig unterschiedlichen Charakter beider Dichter konstatieren. Horaz belastet unser Gemüt fast niemals durch die krasse Darstellung des Lasters, er erheitert vielmehr durch dessen Absurdität und stellt ihm überdies die Tugenden entgegen, die für das Gemeinleben unerläßlich sind. Juvenal weckt in uns den Abscheu wider das Laster und gibt unserer Seele große Festigkeit und Kraft, indem er ihr die Glut vermittelt, die in ihm selbst brennt. Horaz, der uns stets nur wohlgefällige Dinge vorführt, bindet uns an das Leben und lehrt uns, mit unserem Los zufrieden zu sein; Juvenal dagegen umgibt uns mit Abstoßendem und versetzt uns in eine düstere Gemütsverfassung. Der Erstgenannte verlacht die Absonderlichkeiten törichter Menschen, nähert uns jedoch zugleich den guten; der zweite macht uns, da er ausschließlich das Laster zeigt, mißtrauisch selbst gegenüber den Tu-

[1] frz., Juvenal, erzogen im Streit der Schule,
führte die beißende Hyperbel zum Extrem.

genden. In den Satiren des Horaz lernen wir diesen selbst kennen, seinen Lebensstil, seine Gewohnheiten, sein Tun; in denen des Juvenal aber erkennen wir niemals ihren Dichter, denn nichts Nebensächliches lenkt unsere Aufmerksamkeit von den schrecklichen Bildern ab, die ihr Verfasser sieht. Wer die Kunst erlernen will, mit den Menschen zu leben, und die unmittelbare Annehmlichkeit des Daseins spüren möchte, der studiere Horaz und folge dessen Regeln; wer eine Stütze in des Alltags Nöten braucht und, betroffen vom Übermaß des Lasters, seine Seele von einem Teil des in ihr nistenden Unwillens zu befreien trachtet, der schlage Juvenal auf – er wird bei ihm reichlich Nahrung für sich finden.

Nachdem wir das Verdienst dieser beiden maßgeblichen Satiriker herausgestellt haben, wenden wir uns Kantemir zu, in dem wir unseren russischen Juvenal und Horaz zugleich besitzen. Seine Satiren bieten eine überaus ergötzliche Lektüre (sie sind in syllabischen Versen geschrieben wie die Psalmen Simeon Polozkis und fast alle alten russischen Lieder) und zeigen ihren Verfasser nicht nur als scharfsinnigen, in der Kenntnis des menschlichen Herzens und der Welt wohlbewanderten Philosophen, sondern auch als kunstreichen, seine Sprache (eine sehr reizvolle, wenn auch veraltete) beherrschenden Dichter sowie als Maler, der die ihn selbst beschäftigenden Gegenstände unserer Phantasie aufs treffendste vorzuführen vermag.

Kantemir hat uns acht Satiren hinterlassen. Wir geben für unsere Leser nachstehend die erste *vollständig* wieder, eine seiner besten, in der er jene törichten oder voreingenommenen Ignoranten attackiert, die jegliche Bildung ablehnen. Der Dichter spricht dabei seinen eigenen Verstand an. Zu bemerken ist, daß er diese Satire im Alter von zwanzig Jahren schrieb.

Unreife Frucht flüchtiger Studien: mein Verstand,
Gib endlich Ruh, zwing nicht zu schreiben meine Hand!
Auch dem, der nicht schreibt, kann der Tag im Flug
verrinnen,
Auch wer nichts selber schafft, kann dennoch Ruhm
gewinnen.
Zum Ruhm will das Jahrhundert leichtre Wege zeigen,
Die mutge Füße ohne Straucheln aufwärts steigen.
Die größte Mühsal nimmt noch immer der in Kauf,
Der euren Pfad wählt, Musen. Mancher gab schon auf,
Weil ihn die Kraft verließ. Du erbst nur Schweiß und
Leiden,
Poet, dich wird man wie den Aussatzkranken meiden.
Gelächter und Verachtung werden deine Gäste:
Wer über Büchern sitzt, erwirbt wohl nie Paläste.
Kein Park mit Marmorbildern wird sein eigen werden,
Und um kein Schaf vermehrt er die ererbten Herden.

Zwar unser junger Herrscher[1] läßt die Musen hoffen.
Die Ungebildeten – sie meiden ihn betroffen.
Apollos Ruhm weiß er zu schirmen und zu wahren,
Apolls Gefolge selbst kann bei ihm Schutz erfahren.
Und seine Sorge ists, des Parnaß' Volk zu mehren.
Ein Ärgernis nur bleibt, und keiner kann ihm wehren:
Wie viele loben überschwenglich das am Zaren,
Wogegen sie bei andern tadelnd sich verwahren!

Schisma und Häresie sind des Studierens Preis,
Der lügt am meisten, wer das meiste weiß,
Wer über Büchern hockt, wird sich vom Glauben
wenden –
So seufzt die heilge Seele, Kriton. In den Händen

[1] Peter II. (Anm. Shukowskis).

Den Rosenkranz, fleht er, man möge doch erkennen,
Daß uns von unserm Heil die Wissenschaften trennen:
Die Kinder, die so still und folgsam an uns hingen,
Gehorsam nach der Väter Art zur Messe gingen,
Mit Angst und Zittern hörten, ohne zu verstehen,
Wolln nun zum Leid der Kirche eigne Wege gehen,
Lesen die Bibel selbst, stelln Fragen, wollen denken
Und unsern Geistlichen nicht länger Glauben schenken.
Zur Fastenzeit trinkt keiner Kwaß. Nicht Stock, nicht
Bitten
Bringt sie zum Pökelfleisch. Verloddert sind die Sitten.
Sie weihen keine Kerzen, halten keine Fasten.
Am liebsten wöllten sie der Kirche Macht antasten
Und raunen: Wer der Welt entsagt und ihrem Leben,
Soll sich mit Reichtum nicht und Landbesitz umgeben.

Silvan hat eine andere Gefahr erkannt:
Studiererei, sagt er, bringt Hunger übers Land.
Als wir noch nicht Latein erlernten, ja, in jenen Jahren
Lebten wir besser. Als wir ungebildet waren,
Hatten wir gute Ernten, litten keine Not.
Die fremde Sprache brachte uns um unser Brot.
Soll sich ein Edler seiner schlechten Sprache schämen,
Ob falschen Satzbaus sich, ob der Grammatik grämen?
Ach was! Für einen Mann von Stand reicht Ja und Nein.
Logik und Stil laßt niedrer Leute Bettel sein.
Will man der Seele Kraft, will man ihr Maß ergründen,
Des Weltalls Plan, der Dinge Grund und Ursach finden,
Muß man als Narr und neunmal tumber Trottel leben,
So dumm ists grad, wie Erbsen an die Wand zu kleben.
Mehrt es mein Geld, mein Leben nur um einen Tag,
Erfahr ich, was mir Vogt und Pächter stehlen, sag?
Kann es, wie man den Teich mit Wasser füllt, mich lehren,
Kann es die Fässer in der Kelterei vermehren?

Auch die sind töricht, die voll Unrast Feuer zünden,
Um, rußgen Augs, der Erze Wesen zu ergründen.
Auch wenn mich nicht ihr närrisch Wesen plackt und kleidet,
Weiß ich, wie man das Gold vom Kupfer unterscheidet.
Arznei- und Krankheitskunde – nichts als Gaukelwesen!
Schmerzt dich der Kopf? Der Arzt will es am Puls ablesen.
Er simpelt, daß das Blut der Übel Ursach wär.
Es strömte, fühlten wir uns schwach, nur träg und schwer
Und rascher fiele uns ein Fieber an,
Obgleich doch keiner in den Körper schauen kann!
Indes die Ärzte solche Märchen uns dotieren,
Fließt unser Blut aus unserm Säckel in den ihren.
Es führt zu nichts, wenn wir der Sterne Bahn ergründen
Und ihretwegen nachts nicht Schlaf noch Ruhe finden,
Weil uns die Neugier plackt, bis unser Geist versteht,
Ob unsre Sonne kreist, ob sich die Erde dreht.
Der Sonnenaufgang und der Mondenwechsel Wesen
Stehn im Brevier. Nicht brauch ich den Euklid zu lesen
Und weiß auch so, wie man das Land teilt und vermißt,
Weiß ohne Algebra, wieviel ein Rubel ist.
Nützlich ist nur das Wissen, das die Menschen lehrt,
Wie man die Schulden tilgt, die eignen Pfründe mehrt. –
Mit dem, was nicht den Säckel füllt, sich abzuquälen,
Will Silvan dreist gar zu den Lastern zählen.

Luka rülpst laut und sagt mit rotem Angesicht:
Daß Wissenschaft so mancher Freundschaft Brücke bricht;
Gott schuf die Menschen, daß sie miteinander leben,
Hat uns des Denkens Kraft zur Selbstsucht nicht gegeben.
Wem nützt es, sich in Bodenkammern zu vergraben,
Bücher, doch keinen Freund aus Fleisch und Blut zu haben,
Wem – gölte ihm als Freund und einzges Lebensziel

Tinte und Streusand nur, Papier und Federkiel?
Mit Trinkgelagen sollten wir das Leben würzen.
Was frommts, das kurze Leben weiter zu verkürzen,
Indem wir, Bücher lesend, unsre Augen schwächen?
Ists besser nicht, die Nächte fröhlich zu durchzechen?
Nutzbringend ist der Wein. Gott hat ihn uns gegeben.
Er will des Menschen Herz, will das Gespräch beleben,
Durch Frohsinn hilft er uns, die Schwermut zu verjagen;
Die Schwachen stärkt er, hilft die Armut zu ertragen.
Hartherzge macht er mild, den Griesgram läßt er
  schwinden;
Liebhaber läßt er leicht und rasch Erhörung finden.
Erst wenn man mit dem Pflug am Himmel Schollen bricht,
Erst wenn im Ackergrund erstrahlt der Sterne Licht,
Erst wenn die Ströme quellwärts fließen aus den Meeren,
Wenn längst vergangene Epochen wiederkehren,
Erst wenn der Mönch nur Suppe schlürft zur Fastenzeit,
Nehm ich ein Buch zur Hand und stell das Glas beiseit.

Daß man zuviel Papier verdrucke und verschreibe
Und daß am Ende nicht ein Blättchen übrigbleibe
Zum Lockenwickeln, so klagt Medor. Doch mitnichten
Würd für Senecas Werk auf Puder er verzichten.
Vergil sei nichts, der Schuster Jegor alles wert.
Nicht Cicero – Rex, unser Schneider, sei geehrt,

Tagtäglich stürmen solche Reden auf mich ein,
Drum duck dich, mein Verstand, und lerne still zu sein.
Ist schon die Arbeit nutzlos und umsonst die Plage,
Begehrst du doch, mein Herz, daß sie dir Ruhm eintrage.
Doch handelst du zumeist statt Lob nur Tadel ein.
Weit schlimmer ists, als mangelte dem Trinker Wein,
Als wenn dem Popen man das Osterfest mißgönnte,
Der Kaufmann nicht sein Bier mit Hopfen würzen könnte.

Wohl weiß ich, mein Verstand, du kannst mir leicht beweisen,
Daß lasterhafte Menschen nie die Tugend preisen,
Geizhälse, Stutzer, Frömmler und dergleichen mehr,
Sie schmälen jede Art von Bildung seit jeher.
Wen scherts, wen kümmert es, was solch ein Kläffer bellt?
Dein Rat, Verstand, ist gut, wie aber ist die Welt?
Bosheit kann heutgentags der Klugen Schicksal schmieden.
Und um nicht abzuschweifen, habe ich vermieden,
Zu sagen – und in Wahrheit auch, weil ichs nicht wagte –
Wie boshaft man auch andre Wissenschaften plagte.
Reicht dies? Die Wächter vor dem Paradies
Und jene, denen Themis ihre Waage ließ,
Kaum einer liebt die Wissenschaft, die wahre Zier.

Willst du ein Bischof sein? Kauf eine Kutte dir!
Umhüll den Leib mit deines Meßornats Gepränge.
Bedeck das Haupt mit einer Priesterkappe! Hänge
Die goldne Kette um den Hals, den Bart laß wehen,
Laß mit dem Bischofsstab die Diener vor dir gehen,
Du in der Kutsche grollend und von Zorn entbrannt
Erteilst durchs Fenster Segen mit der Priesterhand.
Ein jeder muß in dir den hohen Priester ehren.
Sag, kann die Bildung je der Kirche Reichtum mehren?
Wer seine Predigt schreibt, stiehlt den Geschäftspapieren
Ihr Recht. Einkünfte kann die Kirche so verlieren
Zu ihrem Schaden. Denn auf ihnen und dem Eigentum
Beruhn der Kirche beste Rechte, ruht ihr Ruhm!

Willst du ein Richter sein, leg die Perücke an!
Sprich schuldig den, der für sein Recht nicht zahlen kann!
Ein hartes Herz verachtet stets der Armen Träne.
Liest man das Protokoll, so schlafe nur und gähne!

Jedoch, wenn einer auf des Staats Gesetz verweist,
Vor dir das Völkerrecht und das Naturrecht preist,
Erkläre, daß er lügt, und spuck ihm ins Gesicht,
Wenn er so Unerhörtes fordert vom Gericht –
Daß Sekretäre Aktenberge wälzen müssen:
Der Richter unterschreibt – mehr braucht er nicht zu
wissen.

Vorbei die Zeit, da wir die Weisheit thronen sahn,
Sie ebnete zum Höheren uns allein die Bahn.
Durch sie nur konnten wir den Lorbeerkranz erlangen.
Der goldne Äon – wie lang ist er vergangen!
Dünkel und Reichtum hat die Wahrheit stolz bezwungen,
Unwissen hat bei uns der Bildung Rang errungen,
Stolziert im Höflingskleid, prunkt unter Bischofskronen,
Spricht Recht am Richtertisch, befiehlt den Bataillonen.
Nichts ist der Wissenschaft vom alten Glanz geblieben,
Aus allen Häusern hat man sie mit Schimpf vertrieben.
Wie einer, der leicht seekrank wird, die Seefahrt meidet,
Flieht man die Wissenschaft, jedem ist sie verleidet.
Nutzlos ist jede Bildung, schallt es ringsumher:
Sie füllt die Köpfe und sie macht die Taschen leer.

Doch wer versteht, die Kleidung modisch auszuwählen,
Die besten Weine kennt, weiß, was die Karten zählen,
Wer tanzen und drei Flötenlieder spielen kann,
Dem deucht ein noch so hoher Rang von Jugend an
Als gar geringer Lohn für seine Gimpelein.
Attikas sieben Weisen glaubt er gleich zu sein.
Gerechtigkeit, so ruft der dümmste Diakon,
Du giltst nichts in der Welt, sonst wär ich Bischof schon!
Denn fließend les Brevier und Psalter ich und sehe
In den Chrysostomos, wenn ichs auch nicht verstehe.
Ein Kriegsmann murrt: Man trägt kein Regiment ihm an,

Obwohl er schon den eignen Namen schreiben kann.
Der Schreiber meint, daß ihm ein Richteramt gebühre,
Weil er die Feder sauber bei der Reinschrift führe.
Und einen andern kränkts, zu altern ohne Ruhm.
Zweitausend Höfe seien doch sein Eigentum,
Und sieben seiner Ahnen Bojaren schon gewesen.
Obzwar er selbst kann schreiben nicht noch lesen.

Schweig still, Verstand, wenn du die Narren prahlen hörst,
Und gräm dich nicht, wenn du auch niemals Dank erfährst.
Denn frei von Angst, scheint es auch schwer, ist dessen Leben,
Der in dies Los sich schweigend hat ergeben.
Und jeder, dem der Weisheit Gabe ward zuteil,
Soll ihrer sich erfreun, doch halt er sie nicht feil.
Denn will er sie für andre Menschen nutzbar machen,
So erntet er kein Lob. Man wird ihn bös verlachen.[1]

Diese Satire wurde gegen diejenigen geschrieben, welche, fest ihren althergebrachten Vorurteilen verhaftet, sich der Verbreitung der Wissenschaften widersetzten, denen Peter der Große Rußlands Grenzen geöffnet hatte. Mit der Absicht, die törichten Gegner der Aufklärung lächerlich zu machen, ergreift der Dichter, anstatt uns den logischen Nutzen der Bildung aufzuzeigen, scheinbar die Partei der sie bekämpfenden einfältigen Ignoranten, indem er uns diese vor Augen führt und jeden in der ihm gemäßen Sprache reden läßt. Durch solche kunstvolle Disposition entgeht er einer trockenen und eintönigen Darstellung. Wir

[1] Diese und die folgenden Nachdichtungen von Kantemirs Satiren wurden von Uwe Grüning angefertigt (Antioch Kantemir, Im Chaos aber blüht der Geist … Satiren, Insel-Verlag, Leipzig 1983).

sehen einige dieser Heiterkeit erregenden Käuze und fühlen uns durch ihre bornierten Ansichten nur noch mehr eben den Dingen verbunden, deren Wert sie vor uns herabsetzen und entstellen möchten.

Wer über Büchern hockt, wird sich vom Glauben
  wenden –
...
Die Kinder, die so still und folgsam an uns hingen,
Gehorsam nach der Väter Art zur Messe gingen,
Mit Angst und Zittern hörten, ohne zu verstehen,
Wolln nun zum Leid der Kirche eigne Wege gehen,
Lesen die Bibel selbst, stelln Fragen, wollen denken
...
Zur Fastenzeit trinkt keiner Kwaß. Nicht Stock, nicht
  Bitten
Bringt sie zum Pökelfleisch. Verloddert sind die Sitten.

Dies sagt der Frömmler *Kriton*, der es für gottlos hält, die Bibel zu lesen oder verstehen zu wollen, was man in der Kirche hört, und für unzüchtig, nicht nach der Vorväter Beispiel Kwaß zu trinken. Wer wohl sollte diesem *Kriton* nicht glauben? Und muß man nicht auch dem reichen Besitzstreber *Sylvan* zustimmen, der uns versichert, daß:

Will man der Seele Kraft, will man ihr Maß ergründen,
Des Weltalls Plan, der Dinge Grund und Ursach finden,
Muß man als Narr und neunmal tumber Trottel leben,
So dumm ists grad, wie Erbsen an die Wand zu kleben.
Mehrt es mein Geld, mein Leben nur um einen Tag,
Erfahr ich, was mir Vogt und Pächter stehlen, sag?
Kann es, wie man den Teich mit Wasser füllt, mich lehren,
Kann es die Fässer in der Kelterei vermehren?
...

Arznei- und Krankheitskunde – nichts als Gaukelwesen!
Schmerzt dich der Kopf? Der Arzt will es am Puls ablesen.
...
Indes die Ärzte solche Märchen uns dotieren,
Fließt unser Blut aus unserm Säckel in den ihren.

Der Vers

Schmerzt dich der Kopf? Der Arzt will es am Puls ablesen.

ist doch sehr belustigend. Am Schluß der Satire erfahren die Anhänger der Bildung immerhin eine gewisse Genugtuung:

Schweig still, Verstand, wenn du die Narren prahlen hörst,
Und gräm dich nicht, wenn du auch niemals Dank
erfährst.
Denn frei von Angst, scheint es auch schwer, ist dessen
Leben,
Der in dies Los sich schweigend hat ergeben.
Und jeder, dem der Weisheit Gabe ward zuteil,
Soll ihrer sich erfreun, doch halt er sie nicht feil.
Denn will er sie für andre Menschen nutzbar machen,
So erntet er kein Lob. Man wird ihn bös verlachen.

Der Dichter sagt auch jetzt kein Wort zugunsten der Wissenschaften, doch er hat die Torheit derer, die sie schmähen, sichtbar gemacht, und jeder wird sich, gleich ihm, voll innerster Überzeugung sagen:

Denn frei von Angst, scheint es auch schwer, ist dessen
Leben,
Der in dies Los sich schweigend hat ergeben.

Kantemirs Satiren lassen sich in zwei Gruppen unterteilen: in *philosophische* und *bildhafte.* In den einen, nämlich der sechsten und der siebenten, zeigt der Dichter sich uns als Philosoph, in den anderen (der ersten, zweiten, dritten und fünften) als kunstreicher Maler von Porträts lasterhafter Menschen. Er äußert seine aus dem Gemeinleben geschöpften Gedanken kurz und kraftvoll und belebt sie fast immer durch Bilder oder Vergleiche; alle seine Charaktere sind in scharfen Pinselstrichen gemalt, nur gelegentlich bemerkt man vielleicht in seinen Darstellungen und Beschreibungen einen überflüssigen Ballast. Bei alledem bedient er sich vielfältiger Gestaltungsformen: Mal spricht er selbst, mal stellt er Akteure auf die Bühne, mal unterhält er uns mit einer Phantasiegeschichte, oder er schreibt einen Brief. Der *Sprache* und dem *Versbau* nach ist Kantemir zu den alten Dichtern zu zählen, seine *Kunst* jedoch reiht ihn unter die modernsten und gebildetsten. Liest man seine Satiren, so erkennt man ihn als einen Schüler Horazens wie auch des Juvenal und ihrer Nachfolger, dem sämtliche Regeln der Dichtkunst und alle großen Werke der alten wie der neuen Poesie vertraut sind. Er entfernt sich nie von seinem Thema und benutzt niemals vier Wörter, wo er mit dreien auskommt; er besitzt das Gefühl für dichterische Harmonie und weiß, daß jeder Ausdruck seine Kraft aus der Stelle bezieht, an der er steht. Alles schmückende Beiwerk ist bei ihm stets *notwendig*: Er verwendet es nicht des bloßen Glanzes wegen, sondern um einem Gedanken mehr Nachdruck zu verleihen oder ihn zu erläutern. Sein Stil wirkt eher kraftvoll als bissig; er erzählt nicht lachend und will nicht erheitern, sondern das Lächerliche in treffenden Zügen darstellen, wobei er manchmal unerwartet, sozusagen im Vorübergehen zusticht. Zum Beispiel sagt der Trunkenbold Luka:

Erst wenn man mit dem Pflug am Himmel Schollen bricht,
Erst wenn im Ackergrund erstrahlt der Sterne Licht,
Erst wenn die Ströme quellwärts fließen aus den Meeren,
Wenn längst vergangene Epochen wiederkehren,
Erst wenn der Mönch nur Suppe schlürft zur Fastenzeit,
Nehm ich ein Buch zur Hand und stell das Glas beiseit.

Hier geißelt der Dichter scheinbar ganz beiläufig die schlemmenden Mönche: Daß sich diese während der Großen Fasten nur von Fischgrätensuppen ernähren, bezeichnet er als ebenso unmöglich wie die zuvor erwähnte Umkehr der Zeit – ein sehr amüsanter Vergleich [...].

Noch einige Gedanken zu der Satire ›Über die Erziehung‹. Wie man sehen wird, hegte Kantemir zu diesem wichtigen Thema sehr fundierte Vorstellungen, von denen einige jedem Erzieher geradezu als Axiom dienen sollten.

Schon der Anfang dieser Satire ist großartig. Es ist die siebente, und der Dichter wendet sich in ihr an den Fürsten *Nikita Jurjewitsch Trubezkoi.* Wenn es mir einfallen sollte, sagt er zu ihm, einen Frömmler davon überzeugen zu wollen, daß er allein durch Fasten und Beten nicht ins Paradies komme, so würde er gewiß aufbrausen und mir zornig antworten:

So wird er hocherzürnt mir eine Szene machen:
Grünschnabel, steckst du deine Nase frech in fremde
Sachen!

Er sagte es zu recht, denn ich muß eingestehen:
Noch keine dreißig Winter habe ich gesehen,
Bis mir das Haar ergraut, wird es noch lange währen.
Steht es mir zu, ergraute Männer zu belehren,
Bejahrte, die allein noch mit der Brille lesen,

Die von der Pest in Moskau, als seis heut gewesen,
Und auch vom Tschiriginer Feldzug viel erzählen,
Obwohl in ihrem Mund fast alle Zähne fehlen?

In der Tat, muß ein Mann nicht höchst weise sein, in dessen *Mund fast alle Zähne fehlen*? Die Menschen sind eigensinnig, fährt der Dichter fort: Sie glauben fest daran, daß jeder, der mehr als Sechzig zählt, *klüger als drei Junge* ist, obwohl die Klugheit bekanntlich keineswegs immer erst auf das Alter wartet. Aber erleben wir derlei Irrtümer nicht allerorten? Der eine folgt in seinem Tun den Anweisungen des praktischen Verstandes, ein anderer wiederum erkennt seine Fehler nicht, ein dritter bemerkt sie zwar, kann aber nicht ›*gegen seinen sturen Willen streiten*‹, und jeder erklärt zu seiner Rechtfertigung, daß man die natürlichen Anlagen nicht überwinden könne.

Hats einer schon genau geprüft? Ich weiß es nicht.
Nikita, Freund, doch eines ist mir wohl bekannt,
Wenn mich die Faulheit plagt, wenn ich mein Ackerland
Verkommen lasse, überwuchert es das Gras,
Doch wenn ichs pflüg und dünge es nach rechtem Maß,
Wird fruchtbar bald die Saat auf sandgem Boden blühn,
Und eine reiche Ernte trägt mir ein mein Mühn.

Gleich, was Natur uns gab, was sie ins Herz uns schrieb,
So gibt es dennoch eine Zeit, wo wir den Trieb
Zum Bösen mindern können, wenn nicht gar vernichten,
Dem Guten helfend, sich im Guten aufzurichten:
Die ersten Lebensjahre sinds, der Kindheit Lohn.
Mit scharfem Auge sieht der neue Erdensohn
Sich um, und alle Dinge sind ihm neu und wichtig;
Sein Herz nimmt alles auf, und sei es noch so nichtig,
Und leicht geschieht es, daß es in ihm Wurzeln schlägt,

Wenn die Gewohnheit dabei hilfreich Hand anlegt.
Wie Marionetten läßt uns die Gewohnheit tanzen …

Peter der Große hatte sich um die Erziehung in Rußland bemüht, indem er Schulen bauen ließ. Doch die öffentliche Meinung verachtet das Nützliche sehr rasch, *wenn schmeichelnd es dem Sinn nicht zum Genuß gereicht.*

Geht es um Reichtum, wird uns nichts zu mühsam sein.
Wir schlagen Wald, baun Häuser, richten Werke ein:
Für unsre Kinder wird dies alles angehäuft.
Wer fragte schon, wie denn die Kindheit selbst verläuft –
Von tausend kommt es höchstens einem in den Sinn.
So mancher gibt zig Tausend für Lappalien hin,
Doch um Kopeken jammert er das halbe Leben,
Soll er sie für den Unterricht der Kinder geben.
Folgt sein erwachsner Sohn dann töricht-schlimmen Wegen,
Will er die Schuld dafür auf andre Schultern legen –
Vergebens, denn sein Gut und Geld hat er gemehrt,
Doch seine Kinder nichts und abernichts gelehrt.
So lebt, von aller Welt verlacht, sein reicher Sohn.
Mag sein, ein Galgen gibt ihm seinen letzten Lohn.

Die Hauptaufgabe der Erziehung besteht darin, den Verstand mit Wissen zu schmücken und dabei das Herz in Reinheit zu bewahren, dem Kind einen liebenswürdigen Charakter einzupflanzen.

Vermagst ein Urteil du zu fälln gerecht und klug,
Kannst du den Saldo ziehn mit einem Federzug
Des Staatshaushaltes; kannst du sichre Wege finden
Über die Meere und der Sterne Bahn ergründen,
Verstehst du die Geschwindigkeiten anzugeben,

Kennst du die Kraft, mit der sie zueinander streben,
Kennst du das Wesen jeder Kreatur auf Erden,
Wirst du ein Weiser sein und hoch geachtet werden.
Vielleicht steht dir der Weg zu höchsten Ämtern offen,
Viel wird das Volk von deiner Feldherrnkunst erhoffen,
Wenn du das Reich vergrößerst und den Feind vertreibst,
Wenn du sein Heer und Stadt um Stadt zu Staub zerreibst.
Doch falls dich Jähzorn treibt, falls vielen du verwehrst,
Zu dir zu gehn, und nicht der Armen Weinen hörst,
Falls du ein falsches Maß an deinen Willen legst,
Mit einem Wort: wenn du verdorbne Sitten pflegst,
Bewundert man dich zwar, jedoch man liebt dich nicht –
Not ist der Grund, weshalb das Volk dir Kränze flicht.
Nur seinen Nutzen sucht es dir noch abzuringen;
Wer dich verabscheut, wird auch ihn zum Opfer bringen,
Um dich vom Hals zu haben. Schon nach kurzer Zeit
Verwelkt dein Ruhm, gerätst du in Vergessenheit.
Keiner bedauert dich, den vielgehaßten Mann,
Bricht erst dein schwarzer Tag, der Tag des Unglücks an.
Lobt sie, die uns ein ruhiges Gewissen schafft:
Die Tugend mindert unsre Lüste, gibt uns Kraft,
Des Glückes Glanz- und Schattenseite zu bestehen
Und furchtlos und gefaßt dem Tod ins Aug zu sehen.

Die Gewöhnung an das Gute muß schon im Kindesalter einsetzen, wobei die Gelehrsamkeit hinter die Sittenreinheit zurückzutreten hat. Ein gutes Herz und ein schlichter Verstand sind weitaus besser als hohe Geisteskraft im Verein mit einem verderbten Herzen.

Wer sie nur ständig drillt, kann nicht den Kindern dienen.
Und jede Ehrbegierde tötest du in ihnen,
Wenn du sie immer wieder bloßstellst vor den Leuten.
Laß ihnen Zeit zum Spiel! Eile und Hast bedeuten

Nichts Gutes, und du wirst dich dabei selbst betrügen.
Bist du mit ihm allein, kannst du dein Kind auch rügen.
Die Kinder bessert einer Stunde Zärtlichkeit
Mehr als die Strenge eines Jahrs. Wer allezeit
Den Sohn erzittern läßt, beugt dessen Wagemut
Und läßt ihn stets befangen sein. Der handelt gut,
Der durch gerechtes Lob spornt seine Kinder an.
Viel trägt sein eignes Vorbild bei: das Auge kann
Die Nachricht schneller als das Ohr dem Herzen sagen.

Das Vorbild wirkt stärker als jede Belehrung. Kinder bemerken alles und sind bestrebt, das Gesehene nachzuahmen; es gilt also, ihnen ein gutes Beispiel zu geben:

Schlägt einer unbeirrt den Weg der Tugend ein,
Verlockung nicht noch Furcht wird ihm ein Irrlicht sein;
Fleißig, gewissenhaft und still erfüllt er jede
Verpflichtung seines Amts; maßvoll ist seine Rede.
Nie sieht er trocknen Auges Armut, Not und Schmerzen;
Was er mit Händen gibt, gibt er von ganzem Herzen –
Jähzornig ist der andre, schonungslos und hart,
Für Geld verrät er seinen eignen Vater, scharrt
Schätze zusammen, stiehlt das Staatsgeld unbeirrt,
So daß er, schon ergraut, am Galgen enden wird.
Manch gutes Beispiel festigte des ersten Pfad,
Manch böses riß im zweiten aus die gute Saat.

Ich würde, müßt ich meinem Sohn den Geiz austreiben,
Ihm dessen Ekel, Torheit, Unmoral beschreiben
Und sagen: Sieh Ignati an, trotz seiner Pfründen
Ist er betrübt und blaß, quält sich aus tausend Gründen.
Glaubst du, daß ihn sein ganzer Reichtum glücklich
  macht?
Säh ich, er gäbe Geld aus gar zu unbedacht,

Würd mit dem Finger ich auf das Gefängnis zeigen,
Wo Klearch einsitzt, und dies würd ich nicht verschweigen;
Maßlos im Müßiggang, hat er sich selbst betrogen.

Die größte Sorgfalt ist auf die Wahl der Erzieher zu verwenden, und desgleichen hat man auch darauf zu achten, daß die Kinder nicht von Leuten umgeben sind, deren Charakter, Denkart und so weiter ihnen schaden könnte; in Sonderheit aber müssen sich die Eltern selbst der reinen Sittsamkeit befleißigen, sollen ihre Kinder nicht verdorben werden:

Doch schlimmer ist das Beispiel, das die Eltern geben;
Wenn sie sich voreinander zügeln könnten, wären
Die Kinder tugendhafter, folgten beßren Lehren.
Ob redlich oder nicht: Geld hab ich stets genommen,
Bemühte mich, zu einem hohen Amt zu kommen,
Mein halbes Leben bring ich hin mit Schlaf und mit
Gelagen,
Kann keinem noch so nichtigen Genuß entsagen.
Glücklich sind einzig nur die Reichen: dies beeide
Ich tausendmal am Tag. Den Eigenwillen neide
Ich allen Mächtgen, buhle dreist in jeder Art
Um ihre Freundschaft. Und in aller Gegenwart
Bin ich gewohnt, die Armen zu verhöhnen,
Doch fordre ich Bescheidenheit von meinen Söhnen:
Sie sollen nur mit guten Menschen Umgang pflegen
Und, ihre Lüste zügelnd, folgen deren Wegen.
Dies aber hieße, Lettern auf das Wasser schreiben:
Von stärkrer Wirkung wird der Eltern Beispiel bleiben,
Die Söhne eignen sich rasch an des Vaters Sitten,
Und folgen bald dem Weg, den dieser hat beschritten.

Wie wagst du es zu schelten deines Sohnes Leben
Und kannst ihm doch kein beßres Beispiel geben,

Weil du allstündlich tust, was dir an ihm mißfällt,
Weil, was du lobst, nie in dein Leben Einzug hält.
Und wenn ein Krebs zum Krebskind sagt: Schief gehst du, schade!
So sagt es frei heraus: Geh selbst erst einmal grade,
So mach ichs gern dir nach und gehe recht.

Ist es so schwer denn gut zu sein? Doch bist du schlecht,
Seis nicht der Kinder Nachteil. Sei geschickt genug,
Das Laster zu vermeiden, oder sei so klug,
Es vor den Kindern zu verbergen. Kommt ein Gast,
So putzt und fegt die ganze Dienerschaft; in Hast
Kehrt man das unterste zu oberst, und selbst du
Siehst müßig nicht dem aufgeregten Treiben zu.
Du leitest alles, schreist und wirbelst durch die Halle,
Bangst, daß ein Staubkorn deinem Gast ins Auge falle,
Ein winzger Schmutzfleck. Doch die Kinder schonst du nicht,
Treibst deine Luderein vor ihrem Angesicht.
Dabei stehn dir die Kinder näher als die Gäste,
Recht wäre, du gäbest hier vom Besten nur das Beste.

Die angeführten Beispiele zeigen uns Kantemir als hervorragenden Moralphilosophen: Seine Gedanken sind klar, und er versteht es, sie mit dichterischer Kraft und Lebendigkeit auszudrücken. [...]

Es dürfte dies vollauf genügen, uns einen klaren Begriff von der poetischen Kunst und Begabung Kantemirs zu machen. Als Satiriker steht er in der Mitte zwischen Horaz und Juvenal. Er besitzt nicht die gleiche Lebendigkeit, den gleichen angenehmen Witz und beißenden, doch nicht verletzenden Humor wie Horaz, neigt jedoch dessen Philosophie zu und empfiehlt mit der gleichen inneren Anteilnahme Schlichtheit, Mäßigung sowie jene unbekümmerte

Zeit der Muße, in der wir uns, unbeschwert von allen sonstigen Sorgen, dem Vergnügen und Nachdenken hingeben. Auch in den unmittelbaren Lebensumständen besteht zwischen beiden eine gewisse Ähnlichkeit: Der eine wie der andere haben bei Hofe gelebt; Horaz allerdings als bloßer Zuschauer, Kantemir hingegen als Beobachter und Akteur zugleich. Horaz blieb aus Dankbarkeit für Maecenas dem Hofe verbunden, Kantemir versah dort wichtige staatliche Aufgaben. Für den erstgenannten war das Verseschreiben die Hauptbeschäftigung, der letztere fand darin Erholung. Horaz dachte einzig daran, das Leben zu genießen: Die vielfältigen Freuden beflügelten auch die Phantasie des Dichters. Kantemir, mit den Pflichten eines Staatsmannes belastet, genoß vielmehr allein das Denken. Die Philosophie des ersteren wirkt somit lebendiger, seine Gedanken sind fühlbarer durch die Flamme der Sinne erwärmt: Wo er von der Natur spricht, begeistert er uns durch deren zauberhafte Beschreibung; er nimmt uns mit in seine ländliche Einsamkeit, wir sehen seine Haine, lauschen zusammen mit ihm dem Gesang der Vögel und dem Murmeln der Quelle. Kantemirs Philosophie ist weniger gefühlsbetont: Zwar beschäftigen ihn die gleichen Themen, doch er erörtert sie mit dem Ernst des Denkers; er preist als guter Philosoph das maßvolle Leben in Ruhe und Sorglosigkeit, empfindet auch aufrichtig dessen ganzen Wert, nutzt es aber selbst nur sehr selten. Sein Stil hingegen ähnelt, meine ich, mehr dem des Juvenal: Beide neigen zu ausführlichen Beschreibungen, die uns in ihrem Übermaß mitunter ermüden; allerdings drückt der römische Satiriker stets allem den Stempel seines strengen und zornigen Charakters auf: Er übertreibt absichtlich das Häßliche, dessen Widerwärtigkeit er uns zeigen will, untergräbt aber eben damit vielleicht zugleich auch unser Vertrauen in ihn. Kantemir gibt sich gemäßigter und weniger voreingenommen: Er beschreibt, was er sieht und wie er es sieht; er bringt uns öfter zum Lachen als Juvenal und verstimmt uns fast niemals durch die sinnlose Darstellung abstoßender Schrecknisse. Auch in der Anlage seiner Arbeiten ist Kantemir eher mit Juvenal als mit Horaz vergleichbar. Der Letztgenannte neigt seinem Charakter nach zu Ungezwungenheit und Vielfalt; zu Juvenals Wesensart hingegen gehört die Ordnung. Und eben diese Ordnung finden wir auch bei Kantemir: Beginnt er eine Satire zum Beispiel in einem bestimmten Ton, so behält er diesen im gesamten weiteren Verlauf bei, auch wechselt er nicht in großen Sprüngen von einem Gedanken zum anderen; wo er Charaktere darstellt oder beschreibt, führt er uns sozusagen durch eine Bildergalerie, um uns die wohlgeordnet an den Wänden hängenden Porträts eins nach dem anderen zu zeigen. Dies könnte wahrscheinlich eine gewisse Eintönigkeit bewirken, verfügte Kantemir nicht über einen so wahrhaft poetischen Stil, belebte er seine Gedanken nicht durch dichterische Bilder, und wäre er kein so hervorragender Maler.

1810

Briefe

I.

An Alexander Iwanowitsch Turgenew

11. September 1805, Beljow

Ich danke Dir, lieber Alexander, für Deinen Brief. Er hat mich zu Tränen gerührt; ich kenne nichts Angenehmeres als den Gedanken, daß es einen guten, herrlichen Menschen gibt, dem ich sehr viel bedeute und der bereit ist, mir bei allem Guten und Schönen zu helfen, mich zurückzuhalten, falls ich in die Irre gehe, oder mir Mut zu machen, wenn ich bedrückt bin. Dies alles habe ich bitter nötig, da mir selber unglücklicherweise die entsprechende Kraft fehlt. Manchmal verspüre ich einen ganz außerordentlichen Lebensdrang in mir, die Welt scheint mir wunderschön, und ich sehe in der Ferne ein glückliches Schicksal vor mir, dessen Erwartung mein Blut in Wallung versetzt. Mitunter verschwindet aber dies alles; die Gefühle, die mich so froh gestimmt haben, welken dahin, und das macht mich unendlich traurig. Doch jetzt sind solche Augenblicke seltener, viel seltener. Mein Verstand hat eine gewisse besondere Festigkeit gewonnen, zumindest erweist er sich recht oft als sehr klar und rührig. Um so mehr bedrücken mich Momente der Untätigkeit. Ich wünschte mir stets die gleiche Lebendigkeit, deshalb fühle ich mich doppelt niedergeschlagen, wenn sie ausbleibt. Eben aus diesem Grunde hätte ich Euch, Brüder, so gern bei mir. Wie herrlich ist es doch, in den Augen von Freunden als guter Mensch zu gelten! Das spüre ich jetzt sehr deutlich. Dagegen bringen einen Leute, die einen nicht verstehen oder auf ganz andere Art fühlen und denken, geradezu um, man zweifelt an sich selbst, man verliert seine Freiheit des Gefühls und der Gedanken; es schwinden die Lust zu jeglicher Betätigung und auch die Hoffnung, diese erste und einzige Triebkraft allen Tuns. Deshalb stimmt mich die bevorstehende Voyage über die Maßen froh, die mir Tätigkeit, Freiheit, Abwechslung und Freunde verspricht, Zeugen meiner Gefühle, Lehrmeister und Helfer. Welch wundervolle Perspektive! Ich wäre sehr unglücklich, wenn der Plan sich nicht erfüllte. »L'âme est un feu, qui s'éteint, s'il ne s'augmente«,[1] sagt Voltaire. Meine Seele hatte noch keine Nahrung, ja sie ist noch gar nicht erwacht, denn meine Erziehung oder, besser gesagt, das, was seit meiner Kindheit mit mir geschah (eine Erziehung blieb mir versagt), hat sie eher eingeschläfert als sie gebildet und gefestigt; ich war völlig allein, das heißt, ich stand in gewisser Weise abseits trotz der vielen Menschen, die mich umgaben. Kurzum, es wäre herrlich, wenn wir alle zusammen leben könnten, wobei ich unter leben nicht *atmen, schlafen* und *essen* verstehe, sondern *tätig sein* und unsere Tätigkeit genießen, die folglich auf etwas Höheres gerichtet sein müßte, denn wie sonst könnte sie Genuß bereiten? Aber ich will lieber auf Deinen Brief antworten; dabei werde ich ohnehin viel über mich selbst und meine Ziele sowie darüber sagen, was wir füreinander tun können und müssen.

16. September. Der Brief ist noch nicht zur Post gegeben: Ich wurde unterbrochen und mußte ihn liegenlassen. Stell Dir meinen Ärger vor: Iwan Wolodimirowitsch war in Beljow, und ich habe ihn nicht gesehen; man hat mir nicht einmal gesagt, daß er erwartet werde, sonst hätte ich ihn sicher getroffen. Sehr schade! Schreib mir doch mal, wie er angekommen ist und wie Dein Vater ihn aufgenommen hat! Du berichtest überhaupt nicht, was bei Euch vorgeht und so weiter, und das ist gar nicht schön. Nun aber ernsthaft zu Deinem Brief. Nur noch eins: Wasche Mersljakow in meinem Namen den Kopf: Mir scheint, er ist nicht nur

[1] frz., Die Seele ist ein Feuer, das erlischt, wenn es nicht geschürt wird.

zu faul, mir zu schreiben, sondern auch, an mich zu denken, wo ich doch sein Reisegefährte sein soll!

Erstens: Ich meine nicht und habe auch nie angenommen, daß wir einander fremd geworden sind. Davon kann keine Rede sein. Vielmehr wollte ich in meinem letzten Brief sagen, daß wir nie so eng verbunden waren, wie ich es mir wünsche. Das ist die Wahrheit; der Grund dafür mögen die Umstände sein, die uns auf so lange Zeit getrennt haben, denn eine Trennung, dem wirst Du zustimmen, fördert keine Freundschaft, die lediglich auf einem gewohnten, durch äußere Gegebenheiten bewirkten Zusammensein beruht, die zwar angenehm, aber doch nicht so notwendig ist, daß man ohne sie nicht auskäme, weil sie einen wesentlichen Teil des Lebens darstellt (des moralischen Lebens, meine ich). Eine solche Bindung bestand zwischen uns nicht, das wirst Du zugeben, sie besteht auch jetzt nicht, aber sie wird, ja muß zustande kommen, davon bin ich überzeugt: Wir brauchen nur die Gewißheit zu gewinnen, daß wir nicht einfach Freunde von der Art sind, für die es angenehm ist, sich zu treffen und zusammenzusein, sondern solche, die sich brauchen, auf die ihre Freundschaft den gleichen Einfluß ausübt wie die Religion auf jede edle Seele, nämlich einen höchst wohltuenden, heiligen, belebenden und ermutigenden. Es genügt nicht zu sagen: Ich bin für dich da und du für mich, ich bin dein Freund; man muß vielmehr zusammen schaffen und wirken, um sich schließlich der Freundschaft würdig zu erweisen und folglich des anderen Freund zu sein. Freundschaft ist eine Tugend, sie vereint alle guten Eigenschaften, nur eben nicht in einem einzelnen Menschen, sondern in zweien (und viele in dreien oder vieren – je mehr, desto besser). Wenn mich jemand einen wahren Freund nennt, dann sagt er mit anderen Worten: Er ist ein tugendhafter, edler Mensch, in dem *ein* Feuer lodert, dem sich eine andere, ihm ebenbürtige Flamme zugesellt hat, die es unterhält und ihrerseits von ihm genährt wird. Das verstehe ich unter Freundschaft. Ich frage nicht, ob wir Freunde sind. Darauf könnte keiner von uns, weder Du noch ich, noch Mersljakow, mit Ja antworten. Aber wie herrlich ist es, sich mit der Absicht zusammenzutun, Freunde zu werden, für sich selbst zu schaffen und sich dann seines eigenen Werkes zu freuen, dabei einer für den anderen zu leben und sich in jedem Fall sagen zu können: Ich wirke nicht für mich allein, es gibt Zeugen meines Tuns, die ich nicht fürchte, sondern als meine höchsten Richter schätze. Du wirst bemerken, daß ich nicht aus bloßem Enthusiasmus so rede und dies alles kein Wunschtraum ist, sondern verwirklicht werden kann und muß, da es den Absichten der Vorsehung entspricht, die allem Seienden vorschreibt, sich zu vervollkommnen. Das gelingt nur dann nicht, wenn der Zufall oder besondere Umstände es verhindern; alles jedoch, was ich vorschlage, hängt von uns selbst ab, ist nicht von uns zu trennen – wie sollte es sich da nicht erfüllen! Ich muß Euch allen – Dir, Mersljakow und Bludow – offen sagen, daß ich mich Euch nie übermäßig stark verbunden gefühlt habe wie auch Ihr Euch nicht mir (es ist besser, dergleichen beim Namen zu nennen, denn so lassen sich die Ursachen leichter erkennen und korrigieren). Uns hat der *Zufall* vereint, und wir waren stets gern zusammen, aber ich habe mich doch seltsamerweise innerlich nicht so zu Euch hingezogen gefühlt, wie ich es mir für ein Zusammensein mit Freunden gewünscht hätte, kurz, es fehlte das, was vor allem anderen die Freundschaft ausmacht – ich weiß nicht, wie ich es nennen soll. Ohne Zweifel habe ich für keinen von Euch eine solche *Zuneigung* empfunden wie für Deinen Bruder; seiner gedachte ich froh, und ihm fühlte ich mich nahe, selbst wenn wir nicht zusammen waren, ihm reichte ich mit besonderem Vergnügen die

Hand – ich weiß nicht, wieso, aber es bereitete mir eine unsägliche Freude, seine Hand in der meinen zu spüren, zwischen uns war viel Verwandtes, zumindest empfand ich es von meiner Seite so. Und dennoch verband uns zu seinen Lebzeiten nicht das, was uns hätte verbinden können; während unseres Zusammenseins erfüllte uns (das heißt mich) eher kindliche Schwärmerei. Wir wurden getrennt, und schließlich war alles zu Ende, mit einem Wort, unsere Freundschaft blieb ein Keim, und ich habe in ihr etwas verloren, das sich nie ersetzen oder zurückgewinnen läßt: Er hätte mein Führer sein können, dem ich *bedingungslos* gefolgt wäre, sein Enthusiasmus hätte mich mitgerissen. Aber auch wir, Brüder, können viel füreinander sein, sehr viel, ja alles – mit der Zeit, versteht sich, nicht von heute auf morgen. Wofür lohnte es sich zu leben, wenn nicht für die Vervollkommnung seines Geistes durch alles Hohe und Erhabene? Einem einzelnen ist dies fast unmöglich. Seien wir also Freunde, das heißt treue Gefährten auf dem Wege zum Guten! Freundschaft ist eine Tugend, ich wiederhole es. Und noch etwas über die Ursache der *zu geringen* Sympathie zwischen uns (oder, richtiger gesagt, der *nicht genügend starken* Sympathie, denn gering kann man sie nicht nennen, das wäre falsch): Ich denke, der Grund ist der, daß unsere ganze Freundschaft nichts anderes war als eine Kinderei, ein bloßer Zusammenschluß ohne festes Fundament, ohne Ziel, durch Zufall entstanden wie alle weltlichen Freundschaften und Verbindungen. Jetzt aber setzen wir uns ein Ziel (Du weißt welches), das wir gemeinsam verfolgen, ohne uns in die Quere zu kommen, vielmehr einander helfend und neu begeisternd bei jeder gelegentlichen Schwäche. So vereinen uns nicht nur die gleichen Neigungen, sondern auch *Dankbarkeit*, gegenseitige *Hochachtung* und auch das Wissen um die Notwendigkeit dieser Verbindung, die uns geradenwegs zum Glück führt. Alles, was ich Dir hier schreibe, sage ich ohne jedes überspannte Gefühl, sondern ganz schlicht in sicherer, sehr wohltuender Gewißheit. Gefühle sind sehr wechselhaft, weil sie allen möglichen Einflüssen unterliegen – ich spreche von solchen Gefühlen, die auf nichts gegründet sind und einen *plötzlich* kurze Zeit entflammen; ruhige, vom Verstand bestätigte hingegen sind fest und beständig, sie lassen sich, einmal in einem ruhigen, *gewöhnlichen* Augenblick empfunden, jederzeit erneuern, ohne daß man erst in eine ungewöhnliche Situation geraten muß. Das weiß ich aus eigener Erfahrung. Ich war oft genug verzweifelt, weil ich ein starkes Gefühl nicht mehr empfand, das ich zu anderer Zeit gehegt hatte, und das rührte nur daher, weil ein solches unnatürliches oder, besser gesagt, ungewöhnliches heftiges Gefühl ein Phänomen ist, das nicht beliebig wieder hervorgerufen werden kann. Jetzt vermag mir eine derartige *üble Stimmung*, wie sie mich früher häufig gequält hat, nichts mehr anzuhaben, ich kämpfe gegen sie mit dem Verstand und besiege sie oft – vive la raison![1]

Nun habe ich fast vier Seiten vollgeschrieben und doch nur wenig von dem gesagt, was ich vorher im Sinn hatte. Ich bin ins Schwatzen geraten, immerhin aber habe ich vorgebracht, was ich Dir ans Herz legen wollte. Dies alles, scheint mir, wird stets meine Ansicht bleiben, zumal ich es ohne meinen früheren leichtfertigen und wetterwendischen Enthusiasmus bedacht und niedergeschrieben habe. Daraus sollst Du jedoch nicht etwa schließen, daß ich mich von jeglichem Enthusiasmus lossage; im Gegenteil, ich will ihn stärken und Wurzeln schlagen lassen, nur ihm ein wenig die Flügel stutzen, ihn ruhiger und beständiger machen, auf daß er mir Licht spendet, nicht aber mich blendet. Und auch das soll die Freundschaft bewirken: *Allein* fehlt es einem an Mut, aber das, was *viele zugleich* ent-

[1] frz., Es lebe der Verstand!

flammt, erscheint einem nicht als leerer Wahn, sondern als etwas Vernünftiges, Begründetes. Du siehst, ich möchte ein Enthusiast der Vernunft sein. C'est une rareté![1]

Für die nächste Post mag bleiben, was ich Dir über mich selbst schreiben wollte, das heißt über meinen Charakter, mein Lebensziel und allgemein über mein *persönliches* Leben im Unterschied zu unserem *gemeinsamen*, das uns die Freundschaft bescheren soll. Ich muß darüber noch nachdenken, außerdem bin ich jetzt ziemlich erschöpft; man gewöhnt sich nicht so schnell daran, längere *geistige Betrachtungen* anzustellen. Es ist dies eine äußerst schwierige Wissenschaft, besonders wenn man dreiundzwanzig Lenze auf dieser Welt gelebt hat, ohne zu ahnen, daß einem das Denken Vergnügen bereiten kann. Das ist zum Teil mein Los, doch ich kenne die Ursache und werde es daher ändern, mit Eurer Hilfe, liebwerte Herren, meine Freunde! Dies wird von jetzt an mein üblicher Refrain sein.

Ich würde Dir gern noch mehr schreiben, aber es geht nicht. Ich muß schließen.

2.

An Fjodor Grigorjewitsch Wendrich

19. Dezember 1805 [Beljow]

Ich danke Ihnen, lieber und verehrter Fjodor Grigorjewitsch, für Ihren netten Brief, über den ich mich sehr gefreut habe; lassen Sie mich Ihnen versichern, daß ich Ihre Freundschaft sehr schätze und aufrichtig wünsche, sie möge sich weiter festigen. Meine Antwort verspätet sich ein wenig, und zwar deshalb, weil die Post nur mittwochs hier abgeht, wie man mir sagt, und Ihr Brief am vergangenen Donnerstag eintraf, doch ich bitte Sie, mir zu glauben, daß

[1] frz., Das ist eine Seltenheit.

mir die wenn auch nur schriftliche Verbindung zu Ihnen wahrhaft angenehm ist und ich mir von ihrer Fortsetzung einen großen Gewinn für mich verspreche. Ein Gedankenaustausch mit einem Mann wie Ihnen wird nicht nur meine Vorstellungen erweitern, sondern mir auch viele neue vermitteln – es sei mir erlaubt, in diesem Falle Egoist zu sein. Ich weiß nicht, ob Sie meine Handschrift lesen können, ich habe leider keine Frau, die sauber und schön für mich schriebe; überdies wage ich nicht zu hoffen, daß Ihnen mein russischer Stil so gefällt wie mir Ihr deutscher. Aber es geht ja auch nicht um den Stil, mag jeder schreiben, wie er es versteht, an Stoff wird es gewiß nicht mangeln. Sehr treffend sagt ja ein französisches Sprichwort: A bon entendeur demi-mot.[1]

Nun zu Ihrem Brief. Die Schilderung Ihrer Reise von Dolbino nach Orjol hat mich sehr amüsiert. Ich bin jetzt fest davon überzeugt, daß die Moral mitunter nicht nur die Seele nährt, sondern auch den Leib. Hätten Sie unserem Freund Kirejewski nicht die kleine moralische Lehre hinsichtlich der ordentlichen Bewirtung seiner Gäste erteilt, wäre Ihr Magen mit dem Mittagsmahl in Dolbino wohl kaum sehr zufrieden gewesen. Vive la philosophie morale! Vive son influence même sur la cuisine la plus délabrée. Je voudrais pourtant que la philosophie de notre ami Kireefsky fut un peu plus matérielle pour qu'il put boucher un peu les trous par lesquels le vent entre dans sa maison de Dolbino et fait que les honnêtes gens y ont les doigts gelés. Le Cynisme là est un peu fort![2] Wie dem auch sei, ich

[1] frz., Der Weise versteht schon ein halb ausgesprochenes Wort.

[2] frz., Es lebe die Moralphilosophie! Es lebe ihr Einfluß selbst auf die schlampigste Küche! Ich würde allerdings wünschen, die Philosophie unseres Freundes Kirejewski wäre ein wenig materieller, so daß er die Löcher in seinem Haus in Dolbino verstopfte, durch die der Wind hereinweht und ehrbaren Leuten die Finger steiffrieren läßt. Solch Zynismus ist doch ein bißchen zu stark.

beglückwünsche Sie zur glücklichen Rückkehr in Ihre Familie, für die ich mich lebhaft interessiere. Ich stelle mir Ihr Haus als eine ruhige und fröhliche Heimstatt guter Menschen vor, die in den Musen wohlbewandert sind und die Annehmlichkeiten des Lebens um so mehr zu genießen verstehen, als sie sie gut und richtig zu schätzen wissen. Gern würde ich Sie einmal im Kreise Ihrer Angehörigen sehen, denen ich mich unbedingt zu empfehlen bitte, und ich werde mir natürlich diesen Wunsch erfüllen, sobald sich eine Gelegenheit dazu bietet. Im übrigen möchte ich Ihnen sagen, daß sich hier alle an Sie erinnern. Madame Protassowa versichert Ihnen, daß auch sie niemals die angenehmen Minuten vergessen wird, die ihr die kurze Bekanntschaft mit Ihnen bereitet hat. Marja Andrejewna dankt Ihnen für das Lied und die Noten, die sie sich einstudiert hat und sehr oft spielt.

Zum Dank für die eingehende Beschreibung Ihrer Reise nach Orjol will ich Ihnen einiges von mir berichten. Ich bin nach Beljow in unser Haus umgezogen, hier lebt jetzt meine gesamte Familie, so daß ich nicht über Einsamkeit klagen kann und auch nicht über Langeweile, denn ich habe mir Ihren Freund Wieland vorgenommen. Ich lese den ›Agathon‹ – ein wundervolles Buch! Mir scheint, es ist sein bestes Werk. Welche Sprache! Welche Kenntnis der Welt und des menschlichen Herzens! Wie herrlich beschreibt er doch alles, die Athener Versammlungen ebenso wie die Garderobe der Danae und den Hof des Dionysius! Und diese Philosophie! Ich hatte das Buch schon früher, vor langer Zeit, einmal begonnen, in Französisch, und muß bekennen, daß es mich damals gelangweilt hat: Erstens, weil die Übersetzung schlecht war, denn es ist nahezu unmöglich, ein in so einzigartig hervorragendem Stil geschriebenes Buch wie den ›Agathon‹ zu übersetzen, und zweitens, weil es weniger ein Roman als vielmehr eine philosophische Darstellung des Menschen ist und ich seinerzeit noch keine solche Neigung für das *Philosophieren* empfand wie heute, so daß ich die Philosophie des ›Agathon‹ nicht richtig verstehen konnte. Es dürfte für einen einigermaßen aufgeweckten und phantasiebegabten jungen Menschen schwerlich ein anderes gleichermaßen nützliches Buch geben. Ich habe bisher nur die ersten beiden Bände gelesen und beginne soeben den dritten, glaube aber nach dem Inhaltsverzeichnis bereits Wielands Plan und Ziel zu verstehen. Er zeigt einen jungen Tugendbegeisterten in allen Lebenslagen und stellt dessen *beschaulicher* Philosophie die *vernichtende* der weltlichen Verderbtheit, der kühl berechnenden Egoisten, kurz, die eines Hippias gegenüber. Dieser Vergleich ist überaus lehrreich. Im profanen Alltag werden die Träume und Gefühle leidenschaftlicher junger Leute gewöhnlich verlacht, man nennt ihre Tugendbegriffe Chimären, und das sind sie tatsächlich in der großen Welt, für die sie existieren und die gewohnt ist, alles ins Lächerliche zu ziehen; doch sie sind keine Chimären für den, der sein Glück weniger aus der groben Sinnlichkeit als vielmehr aus geistigen Genüssen bezieht. Wieland versucht diese beiden Gegensätze zu vereinen: die *Schwärmerei*, die das Individuum von der Allgemeinheit trennt und es in die Heimstatt des Geistes versetzt, und das grobe *Körperliche, Sinnliche*, das den Menschen so sehr erniedrigt und ihn der moralischen, höchsten Würde entkleidet, die allein ihn vom Tier unterscheidet. Man kann nicht nur mit Idealen leben, doch überhaupt keine Ideale zu haben, taugt ebensowenig: Die Mitte ist es, was jeder einigermaßen gefühlsbegabte Mensch sich erwählen muß. Ich habe den ›Agathon‹ noch nicht zu Ende gelesen, aber ich denke, daß Wieland zum Schluß in der Gestalt des Archytas den wirklichen Weisen und wahrhaft moralischen Menschen zeigt. Ich wünschte, jeder junge Mensch von leidenschaftlicher, platonischer Gemütsart würde vor seinem Eintritt in die Welt den ›Agathon‹ zur Hand nehmen, ihn mehrfach lesen und sich durch solche Lektüre auf die vielfältigen mitunter schweren Prüfungen vorbereiten, die uns arme Sünder erwarten. Er würde dabei lernen, nicht ausschließlich seiner Schwärmerei zu vertrauen, die allein für sich schädlich, ja gefährlich ist, aber, gezügelt durch eine gesunde Erfahrungsphilosophie, zum Quell vollkommenen irdischen Glücks werden kann; zugleich würde er gegen die verführerische Philosophie der weltlichen Egoisten gerüstet, deren gesamte Doktrin durch Hippias folgerichtig dargestellt und durch Agathons ganze Lebensgeschichte aufs schlagendste widerlegt wird. Ich sehe in Archytas das Gegengewicht zu Hippias und halte es für günstig, daß seine Philosophie für den Schluß aufgespart ist: Der letzte Eindruck bleibt immer der stärkste. Kurzum, der ›Agathon‹ ist ein hervorragendes Buch, wenngleich sein Verfasser oft vom Thema abweicht. Sein größter Vorzug besteht darin, daß es den Verstand stets wachhält und viele Gedanken weckt. – Doch ich langweile Sie gewiß mit meinem Gerede über einen Gegenstand, den Sie natürlich besser kennen als ich. Nehmen Sie's hin! Ein Liebender spricht gern von seiner Angebeteten, ein begieriger Leser von den Büchern, die ihn gerade beschäftigen. Teilen doch auch Sie mir Ihre Meinung über den ›Agathon‹ mit. Desgleichen bitte ich Sie, falls ich Sie nicht zu sehr belästige, mir die besten deutschen Werke aller Gebiete zu nennen; ich kenne die deutsche Literatur nur wenig und hätte in Ihnen natürlich den besten Ratgeber bei der Auswahl. Inzwischen leben Sie wohl. Empfehlen Sie mich ihrer ganzen lieben Familie, schicken Sie mir Ihre Übersetzung, und vergessen Sie nicht Ihren Shukowski.

3.

An Alexander Iwanowitsch Turgenew

[Anfang Juli 1807, Beljow]

Ich habe Deine beiden Briefe erhalten, lieber Freund Alexander, den aus Bartenstein an mich und auch den aus Tilsit, der an Kostogorow adressiert war und mir durch Sokownin übermittelt wurde. Vielen Dank für Deine Freundschaft; ich wünschte nur, Du ließest öfter von Dir hören, wenngleich ich nicht das Recht habe, dies zu fordern, da meine Faulheit schon zu einer Krankheit ausgeartet ist und es mich geradezu unglücklich macht, Briefe zu verfassen, an wen auch immer. Dessenungeachtet greife ich zur Feder und schreibe Dir. Ich bin in Beljow und hege, wie gewöhnlich, einen neuen Plan, obwohl noch völlig ungewiß ist, ob er sich je erfüllen wird: Ich möchte vom kommenden Jahr ab den ›Europäischen Boten‹ herausgeben. Katschenowski zieht sich zurück, und ich habe unserem lieben Freund Maximus Iwanowitsch bereits meine vorläufigen Bedingungen unterbreitet. Zur Zeit bereite ich schon einige Beiträge vor. Da ich dabei nur recht geringe Hoffnungen auf mich selbst setze, ja sogar meine Faulheit fürchte, wäre es nicht schlecht, wenn Du, lieber Freund, Dich bemühtest, mich zu unterstützen. Du verfügst doch jetzt über viele Hilfsmittel und Quellen, Du kennst die deutsche Literatur und könntest mir folglich Hinweise geben, was in deutschen Büchern an geeignetem Neuem oder auch unbekanntem Alten zu finden ist. An Deiner derzeitigen Wirkungsstätte erfährst Du viel Interessantes über die gegenwärtige Lage. Schreibe nieder, was Du siehst und hörst; solche Aufzeichnungen hätten in meiner künftigen Zeitschrift gut Platz. Des weiteren: Deine ›Reise durch Europa‹ ist ja noch nicht gedruckt und vielleicht noch nicht einmal geordnet. Falls Du genügend Lust und Kraft verspürst, so überarbeite sie bis zum nächsten Jahr. Du hast Verbindung zu vielen Leuten mit möglicherweise wichtigen Manuskripten in der Tasche, die mir sehr gelegen kämen. Zum Beispiel hätte ich gern Kantemirs unveröffentlichte Aufzeichnungen über seine Gesandtschaft. Gibt es nicht noch mehr Derartiges? Kurzum, Dir bietet sich reichlich Gelegenheit, interessante Dinge zu hören und zu bekommen; wenn Deine Freundschaft zu mir Dich veranlassen könnte, eine Zeitschrift mit derlei Material zu versorgen und Du mir eifrig alles Wichtige und Bemerkenswerte, *zum Druck* Geeignete liefertest, wäre ich Dir von Herzen dankbar. Auch auf dem Gebiet der Politik könntest Du mich, falls Du Zeit hast, mit entsprechenden Werken oder Übersetzungen bedenken oder mir zumindest aufnehmenswerte Beiträge nennen, das heißt mir sagen, wo ich sie finde. Im letzten Falle brauchst Du mir gar nicht mal lange Briefe zu schreiben, sondern nur in zwei Zeilen auf eine gute Sache in diesem oder jenem Buch zu verweisen; schon das wäre für mich überaus nützlich und würde mir viel Zeit sparen. Ist nicht im Nachlaß Deines Bruders etwas? Ich meine, einige Abschnitte seines im Ausland geschriebenen Tagebuches könnten sich eignen. Kurz, sei mir ein eifriger Helfer und gewinne auch den Faulpelz Bludow, wenn Du wieder mit ihm zusammentriffst. Falls ich jedoch wider Erwarten die Redaktion der Zeitschrift nicht übernehme, dann komme ich nach Petersburg und trete dort eine Stellung an. Nun noch eine Bitte, mein lieber Freund, die Du mir sicher nicht abschlagen wirst. Erkundige Dich doch mal nach einem ehemaligen Pensionskameraden, den Du, glaube ich, auch kennst, nach Protaschinski. Er dient bei der Garde, im Regiment Ismailow (soviel ich weiß), als Unteroffizier und hat meines Wissens auch schon an Schlachten teilgenommen. Ich würde gern erfahren, was aus ihm geworden ist, ob er noch lebt und unter welchen Umständen. Falls er

Hilfe oder Protektion braucht und Du ihm in dieser Hinsicht helfen kannst, dann wirst Du es, davon bin ich überzeugt, gewiß auch ohne meine Bitte tun. Wenn Du ihn ausfindig machst, so veranlasse ihn bitte, an seine Verwandten zu schreiben. Ich und viele andere wären Dir dafür dankbar. Leb wohl, lieber Freund, vergiß bei all dem Trubel und den großen Aufgaben Deine Freunde nicht, die ihre Tage friedlich und weniger aufsehenerregend verbringen. Ich wünsche aufrichtig, daß all Deine Pläne und Wünsche besser in Erfüllung gehen als meine. Versäume nicht, mir Deine Ankunft in Petersburg mitzuteilen. Deine liebe Mutter habe ich leider noch nicht sehen können, weil ich anderthalb Wochen vor ihrem Eintreffen aus Moskau abgereist bin. Unser guter Leman ist gestorben; ich hatte ihn vor meiner Abreise aufgesucht: Er war sehr krank und ersehnte den Tod, den auch ich ihm angesichts seiner schrecklichen Qualen wünschte, so schmerzlich einen das Ende eines solchen Mannes auch berührt, der seines vorzüglichen Charakters wegen ein langes Leben bei bester Gesundheit verdient hätte. Adieu. Für immer Dein Sh. Grüße Gagarin von mir. Dir läßt Loder Grüße bestellen, der meinen Arm kuriert hat. Ich war mit Bludow nach Orenburg unterwegs, um einen Teil des rechtgläubigen alten Rußlands zu sehen, doch zwanzig Werst vor Moskau stürzte unsere Kutsche um, und ich verletzte mir den Arm. Bludow ist wohlauf, er reist jetzt allein.

4.

An Alexander Iwanowitsch Turgenew

9. April [1813, Muratowo]

Ich habe Dir, lieber Freund, mit Lanz einen kurzen Brief geschickt, aber keine Antwort erhalten. Hast Du ihn nicht bekommen, oder zürnst Du mir wegen meines Schweigens?

Es läßt sich einzig mit meiner aufrichtigen Freundschaft zu Dir entschuldigen, die unter keinen Umständen jemals in mir erlahmen wird. In letzter Zeit hat die Dankbarkeit sie noch verstärkt. In Orjol hat mir Abasa gesagt, und dann habe ich es auch aus Deinem Brief an Iw[an] Wladimirowitsch erfahren, bei dem ich auf dem Dorf war, daß Du mir nach Wilna einen Kurier geschickt hast. Ich war krank, hatte ziemlich hohes Fieber und lag dreizehn Tage zu Bett. Meine Schwäche zwang mich, Urlaub zu nehmen, denn ich hätte unmöglich ins Hauptquartier fahren können: Die Reise mit einem kleinen Schlitten in dem feuchten Frühjahrswetter hätte das Fieber gewiß wieder aufflackern lassen, und das wäre wahrscheinlich mein Tod gewesen. Schade, daß Dein Kurier mich nicht in Wilna angetroffen hat; so bin ich um eins der erfreulichsten Vergnügen gekommen. Nun schreibe mir doch wenigstens nach Orjol. Wieviel hat sich verändert in der Zeit, seit Du keine Nachricht von mir hast! Hättest Du Dir träumen lassen, daß ich einmal an der Front und in einer Schlacht stehen würde? Die derzeitigen Ereignisse machen alles möglich. Glaube übrigens nicht, daß mir das Kriegshandwerk jetzt auch nur im geringsten vertrauter wäre als vordem. Meine gesamte militärische Karriere besteht darin, daß ich von Moskau nach Moshaisk zu Fuß gegangen bin; danach habe ich mit einer Schar russischer Kreuzfahrer bei Borodino im Busch gelegen und ein paar Kugeln pfeifen hören sowie eine teuflische Kanonade miterlebt, dann hatte ich die Biwaks satt und ging zum Hauptquartier, mit dem ich über die Leichen der Eroberer nach Wilna gelangte, wo ich erkrankte und *unbefristeten* Urlaub nahm. Nun weiß ich nicht: Soll ich wieder hinfahren oder hier bleiben? Man hat mich befördert und mir den Annenorden am Halsband in *Aussicht gestellt*, wenn ich noch einen Monat mitmache. Aber ich ziehe eigentlich die *Heimkehr* vor, denn ich bin nicht des Ranges oder eines Ordens wegen zu den Fahnen geeilt und auch nicht aus eigener Wahl,[1] sondern weil in *dieser Zeit* jeder Soldat sein *muß*, selbst wenn es ihm nicht behagt; da aber nun der Krieg nicht mehr in Rußland, sondern außerhalb unserer Grenzen abläuft, glaube ich mich im Recht, diesen Weg wieder zu verlassen, der mir zuwider ist und auf den mich allein die Umstände geführt haben. Stimmst Du mir da zu, und billigst Du mein Vorgehen? Ich würde gern Deine aufrichtige Meinung erfahren. Sie würde meine Entscheidung erleichtern und mich beruhigen, denn manchmal kommt mir der Gedanke, daß es gar keinen Sinn für mich hat, *hier* zu bleiben, wenngleich ich überzeugt bin, daß ich *dort* in keiner Weise nützen kann, sondern nur noch den Rest meines Besitzes einbüße, der ohnehin schon fast zur Hälfte vertan ist (denn mein Feldzug kostet mich Geld!), und dazu wertvolle Zeit verliere, die ich mit größerem Gewinn nutzen könnte. Kurz, ich bitte Dich, mir mitzuteilen, wie Du darüber denkst. Deine Meinung in dieser Sache wird mir Gesetz sein. Denn Du weißt, was ein Freund bedeutet:

Er ist unser Gewissen!
Er ist für uns eine zweite Vorsehung!

Ich habe an Dich gedacht, als ich das schrieb. Apropos: Du hast den ›Sänger‹ in Petersburg zum Druck gegeben. Ich hatte einige Stellen korrigiert – es täte mir leid, wenn Deine Ausgabe nach der alten Fassung gedruckt wäre, besonders wenn Tschitschagow darin geblieben ist, den ich hinausgeworfen habe, nachdem er uns den Streich an der Beresina gespielt hat. Schicke mir bitte ein Exemplar sowie alles, was an Gutem anläßlich der jetzigen Siege erschienen

[1] Das bedeutet jedoch nicht, daß mich der Adel gewählt hätte. Bei uns in Orjol gab es keinen Landsturm, deshalb habe ich mich von mir aus bei dem in Moskau eingetragen (Anm. Shukowskis).

ist. Ich hätte selbst Lust, etwas darüber zu schreiben, zumal mir ein Recht darauf zusteht, denn ich habe sie vorausgesagt: Viele Stellen in meinem Lied klingen geradezu prophetisch und sind à la lettre[1] in Erfüllung gegangen. Der Plan ist längst gefaßt, es hindern mich nur meine schwache Gesundheit und meine schlechte Stimmung. Schreibe mir bald und ausführlich. Dein Brief wird mir meinen Enthusiasmus zurückbringen. Ich lasse bald wieder von mir hören.

Bitte sende mir demnächst das Exemplar meiner Verse. Ich wundere mich, daß ich bis jetzt keine Nachricht von Lanz habe. Meine Adresse ist die alte in *Beljow*.

5.

An Nikolai Iwanowitsch Gneditsch

[Ende 1814/Anfang 1815]

Ihr Brief ist ein wenig zu schmeichelhaft für mich, hochverehrter Nikolai Iwanowitsch. Aber ich danke Ihnen doch mit Freuden für das freundschaftliche Gefühl, das Ihnen die Lobsprüche eingegeben hat, mit denen Sie mich überschütten. Nicht Selbstgefälligkeit bewegt mich dabei. Ich erinnere mich stets gern der wenigen Minuten, die ich auf so angenehme Weise während Ihres Aufenthaltes in Moskau mit Ihnen verbringen durfte. Ihrem Brief entnehme ich, daß sie auch Ihnen im Gedächtnis geblieben sind. Reichen Sie mir Ihre Hand, liebenswürdiger Verwandter im Parnaß! Wir haben dasselbe Ziel – das Schöne! Deshalb sollten wir auf dem Wege dorthin als gute Gefährten zusammenhalten. Beginnen wir damit, daß wir einander lieben, das heißt uns gegenseitig über unsere Erfolge freuen

[1] frz., buchstäblich.

und einander helfen, sie zu erringen. Sie haben sich eine herrliche Arbeit vorgenommen: Rußland wird es Ihnen danken, daß Sie ihm den Greis Homer als Adoptivsohn zuführen; ich freue mich vor allem auch über den alten Hexameter, der entgegen der Ansicht unserer verehrten Phöbusjünger der Harmonie der inspirierten Lyra doch eher entspricht als der trockene, prosaische, durch die Gewohnheit geheiligte Jambus. Ich war selbst so kühn, die Übersetzung des ›Abbadona‹ in Hexametern zu versuchen, Sie wissen ja, den Epilog aus Klopstocks ›Messias‹. Mit der nächsten Post schicke ich den Abschnitt an Sergej Semjonowitsch, und ich bitte auch Sie um Ihre Bemerkungen. Wie immer wäre ich froh, wenn Sie mir Ihre *brüderlichen* Ratschläge nicht versagten. Nirgends ist Brüderschaft so notwendig wie auf dem Parnaß, und keine Zustimmung tut so wohl wie die eines Gefährten. Ich umarme Sie und wiederhole, was ich Ihnen schon vor einigen Jahren in der Pretschistenka, in meinem kleinen Zimmer, gesagt habe, nämlich daß ich aufrichtig Ihre Freundschaft wünsche.

In vorzüglicher Hochachtung Ihr ergebener

Shukowski.

6.

An Alexander Iwanowitsch Turgenew

1815, am 1. Februar [Moskau]

Dies ist die Antwort auf *alle* Deine Briefe. Ich habe endlich mal eine freie Minute, um ausführlich mit Dir zu plaudern. Für Deine Bemühungen um meine ›Sendschrift‹ brauche ich Dir, glaube ich, nicht zu danken. Ich fühle an mir, daß Du der *Vorleser* meiner ›Sendschrift‹ warst. Ruhm ist etwas Schönes, aber Ruhm aus den Händen eines Freundes gleicht einem Schatz. Ein solcher Ruhm ist das Glück, und er hat mit Selbstgefälligkeit wahrhaftig nur wenig zu tun. Er zeugt zugleich von Liebe, von Kameradschaft, und wird in höchstem Genuß errungen, nämlich in stiller, abgeschiedener Arbeit, die einen beruhigt und die Seele erhebt. Er ist der Lohn alles *Guten.* Ich sage mir oft (obwohl ich nicht weiß, ob ich solchen Vorsatz erfüllen kann): Lebe, wie du schreibst! Das heißt, ich möchte im einen wie im anderen das gleiche Ziel, die gleiche Vollkommenheit anstreben. *Lebensmoral* und *Begabung* sollen nicht zweierlei Dinge sein. Die von mir und anderen in meinen Schöpfungen entdeckten Fehler nehmen mir keineswegs den Mut, sie wecken vielmehr in mir die Hoffnung, etwas Besseres zu schreiben. Ich denke an die paar Menschen, die auf mich schauen, die mich lieben und sich an mir freuen, und freue mich auch selbst meines Talents, angespornt von dem Gedanken an sie. Wenn Ihr mir durch Eure Freundschaft auch nicht mein Glück geben könnt, so macht Ihr mich doch oft, sehr oft meinen bitteren Kummer vergessen, der um so schwerer auf mir lastet, als er im stillen getragen werden muß und nicht selten sehr demütigend ist. Häufig bedarf ich der Hilfe von außen durch eine liebende Hand, um mich meiner selbst zu erinnern und nicht völlig zu verzagen. Du fragst mich in einem Deiner Briefe nach dem Grund der in mir wieder aufgelebten Hoffnung. Bruder, ich habe nie eine Hoffnung geäußert. Ich sehe in der Zukunft nichts Gutes für mich. Das, was ich brauchte, wird wohl niemals eintreten. Schade, daß wir nicht zusammen sind: In einem Brief läßt sich nur wenig sagen, und es wäre doch so nötig, mal über *alles* zu sprechen. Das vergangene Jahr war für mich sehr bewegt. Du weißt, daß ich an meine Nichte Arbenewa geschrieben habe, weil ich dachte, sie könnte kraft ihres Einflusses auf die Mutter diese mir gewogen machen. Darin habe ich mich jedoch geirrt. Sie war erst Feuer und Flamme, doch dann hat der Mönch sie umgestimmt und sie mit Gott und dem Teufel geschreckt, so daß sie der Mutter am Ende *gegen mich* schrieb. Dadurch kam es zu einem Zerwürfnis zwischen ihr und mir. Wojejkow wurde in die Familie aufgenommen, ich hingegen war ausgeschieden. Ich habe der Mutter mehrfach geschrieben und sie schließlich dringend gebeten, uns, wenn sie schon nicht alles tun könne, doch wenigstens nach Kräften entgegenzukommen; ich habe ihr versichert, daß ich mich jeglicher Forderung enthalten wolle, die mit ihrer Denkart nicht vereinbar sei, damit wir nur zusammen sein könnten und ich ihr volles Vertrauen gewönne, um mich *in der Familie* glücklich zu fühlen, ohne *von ihr* getrennt zu sein, sondern im Gegenteil alle erlaubte Freiheit mit ihr zu haben und nichts verbergen zu müssen, zumal sie (die Mutter) ja alles wisse und darüber hinaus, uns vertrauend, nichts zu befürchten brauche. Dieses Versprechen, so schwer es mir auch fiel, hätte ich erfüllen können. Ich liebe Mascha (vor Dir darf ich sie so nennen) wie das Leben. Sie zu sehen und ihr stilles Glück zu teilen bedeutet mir alles, und ihr geht es ebenso. Doch der Charakter der Mutter ist anders. Sie vermag sich nicht zu dem reinen, edlen Vertrauen emporzuschwingen, auf das sowohl Mascha als auch ich ein volles Recht hätten, wenn wir nicht gezwungen wären, unausgesetzt zu verbergen, wie uns ums Herz ist. Kurzum: Die Mutter hat zwar zugestimmt, daß wir wieder beieinander leben, doch sie hält die Bedingungen, unter denen dieses *Zusammensein* ein Glück für uns wäre, nicht ein und kann es wohl auch gar nicht. Ach, Bruder, wir leben zusammen, doch zwischen uns herrscht ein abgrundtiefes Mißtrauen. Ihr christlicher Glaube zwingt sie (nach ihren Worten), uns unser Glück zu verweigern, doch ihr fehlt das, was den Charakter einer Christin bestimmt, nämlich die um das fremde Los wie um das eigene besorgte Liebe. Jede Minute erinnert mich nur immer wieder daran, was ich entbehre, ohne daß es mir gelohnt wird. Sie betrachtet unseren Verlust mit den kalten Augen des Egoismus. Da ist kein Trost. Wir können uns nicht frei zusammenfinden. Diese Lage ist entsetzlich, und ich habe nicht die Kraft, sie zu ändern. Mein Gott! Ich kann nicht mein eigenes, gesondertes Glück wollen und suchen. Mit Euch als Freunden meines Herzens und treuen Gefährten im Leben wäre ich wohl glücklich, das heißt, ich würde alles der Seele innewohnende Gute hochachten und mit Euch teilen, ohne jeden Zwang, ohne die schreckliche, dem Herzen zuwidere Maske vor dem Gesicht, kurz, ich wäre *ich selbst.* Doch dazu kann und will ich mich nicht entscheiden. Lieber leiden und zusammen ins Verderben gehen als allein ein eigenes Glück suchen. Und kann es für mich überhaupt ein *eigenes* Glück geben? Ich würde mich selber hassen und mir bei erster Gelegenheit eine Kugel in den Kopf schießen, wäre ich solcher Selbstsucht fähig. Jetzt ist die Frage: Was wird aus uns, aus ihr und mir? Uns bleibt bis ans Grab nur der Weg der Trauer. Weiter nichts! Es zerreißt mir das Herz, wenn ich mir vorstelle, welches Glück man mir nimmt, zumal mit solcher Grausamkeit und Gefühlskälte. Wäre doch wenigstens ein Bedauern darüber zu erkennen, daß man dieses Glück zerstört! Aber man tritt es einfach mit Füßen, lachend gar, und meint noch, ein gottgefälliges Werk zu tun. Manchmal trauere ich meiner alten *Todessehnsucht* nach. Ich habe sie einst mit Genuß gehegt, jetzt erlaube ich mir auch das nicht mehr. Sie wäre ein Undank angesichts der Liebe, die der Engel mir entgegenbringt. Es ist dies die allerreinste Liebe, ohne alles Niedrige, die niemand verstehen kann, und sie wäre das Glück, wenn der Egoismus sie nicht unablässig mit seinen Entweihungen vergiftete. Das über Wojejkow habe ich Dir in einer bösen Minute geschrieben. Denke nicht schlecht von ihm. Er liebt mich, und ich glaube ihm, ich muß ihm glauben: Wir werden ja zusammen leben. Andere Gedanken hegen, als ich in meinem Verhalten zeige, kann ich nicht, folglich glaube ich ihm und möchte es auch. Er ist mir eine große Stütze. Das, was Du meine neuen Hoffnungen nennst, war wohl der Umstand, daß mir die Mutter wieder erlaubte, mit ihnen zu leben, und ich mir einbildete, sie werde uns nach meinen Wünschen gewähren lassen. Die ersten Tage waren auch recht schön, und ich hoffte in der Tat, daß mir in der Zukunft noch Besseres bevorstünde. Danach fuhren *alle* nach Tambow, ich blieb in Beljow und lebte dort fast allein, nur mit ein paar lieben Menschen, bei denen ich mich frei fühle und die an allen *meinen* Problemen Anteil nehmen. Während dieser beiden Monate fühlte ich mich sehr glücklich. Die Hoffnung auf eine Besserung der Lage beseelte mich, und ich schrieb viel, mehr als je zuvor. Schließlich kehrten sie zurück, und mit ihnen der Zwang. Jetzt bin ich fast sicher, daß der alte Zustand (das heißt die Demütigung, die einsame Trauer, das zwangsläufige Gefühl des Getrenntseins trotz der Nähe und noch tausend ähnliche schwere Kümmernisse, kurz, eben die ganze schreckliche *alte Lage*) genauso sein wird wie *ehedem*. Mit solchen Hoffnungen reise ich nach Dorpat, wo es gewiß keinen anderen Trost mehr für mich geben wird als den Gedanken, daß ich bei ihr bin und uns das gleiche Schicksal beschieden ist, in dem ich eine Prüfung, ein Mittel zur Läuterung sehen muß und darf. Diese Überlegung richtet mich gelegentlich auf. Meist aber wird meine Seele in Stücke gerissen. Und das tut man mit einem Gleichmut, der mich manchmal fast den Verstand verlieren läßt. Alles, was ich Dir hier schildere, gibt Dir keinen vollen Begriff von meiner Lage, aber einiges kannst Du mir sicher nachfühlen. Zumindest wirst Du verstehen, daß ich unglücklich bin, und zwar auf die ertötendste Weise. Das, was mir den Schatten einer Hoffnung gibt, kommt mir selbst vor wie die Chimäre eines

Wahnsinnigen. Ich glaube zu Zeiten, daß die Zarin, die ja schon einiges von mir weiß, uns zu unserem Glück verhelfen könnte. Aber wäre es denn denkbar, daß sie sich so weit für mein Schicksal interessierte? Überdies ist hier Vorsicht vonnöten. Die Mutter weiß bereits, daß die Zarin mein Anliegen kennt. Sie würde es sich als besondere Charaktergröße anrechnen, selbst dem Zaren eine Forderung abzuschlagen, wenn er sich für mich verwendete. Was nützte mir aber auch ein erzwungenes Einverständnis? Ich kenne Maschas Art: Sie wäre unglücklich. Wozu sie also von einem Abgrund in den anderen führen, wobei dann auch noch ich selbst die Ursache ihres Kummers wäre? Die Mutter müßte umgestimmt werden: Die Widerlegung ihres Vorurteils von höchster Stelle wäre der überzeugendste Weg. Wenn einer unserer Metropoliten oder Oberhirten und so weiter ihr entsprechend seine Ansicht darlegte, dann wäre nichts dagegen zu sagen, und das Gewissen würde schweigen. Genau das ist es. Ich bin ihr Bruder, das heißt der Bruder der Mutter, aber das Gesetz bezeichnet mich nicht so. Das geschriebene Gesetz verbietet die Heirat zwischen Verwandten, doch in der Natur gibt es keine Verwandtschaft. Dafür liefert sogar die Religion Beispiele: Abraham hatte seine leibliche Schwester zur Frau, und er war ein Vorfahr des Messias, folglich kann seine Ehe *nach der Natur* nicht als ein Verbrechen gelten. *Weder die Natur noch Gott sind gegen eine solche Ehe*, es verbietet sie nur das Gesetz der Menschen, doch damit es das kann, muß es sie zunächst definieren. Das Gesetz nennt mich nicht ihren Bruder, folglich unterliege ich allein dem Gesetz der Natur, und das ist nicht gegen mich. Die lutherische und die römisch-katholische Kirche erlauben Ehen sogar zwischen Verwandten, die vom allgemeinen Gesetz als solche benannt sind. Da hast Du in Umrissen meine Gedanken zu diesem Thema. Wenn man dies der Mutter von seiten des

Thrones erklären könnte, wenn es durch die Stimme einer Persönlichkeit im Priestergewand bestätigt würde, dann wäre sie wohl auch selbst einverstanden, zumal sie gar keine klaren und bestimmten Vorstellungen hat, sondern allein nach einem grausamen Drang von Fanatismus handelt. Stell Dir vor, Bruder, wie glücklich ich wäre; denke an mein ganzes künftiges Leben. Überlege Dir auch, daß sich in meinem Fühlen nichts mehr ändern wird, daß ein Glück für mich allein ausgeschlossen ist, und unternimm alles, was nur irgend in Deiner Macht steht.

Ich bedaure es sehr, daß mir auf meiner Fahrt nach Dorpat ein Besuch bei Dir nicht möglich ist. Aber ich werde auf jeden Fall im März oder Anfang April in Petersburg sein. *Die anderen* sind bereits nach Dorpat abgereist, nur ich bin noch für etwa zehn Tage in Moskau geblieben. Ich kann jetzt nicht nach Petersburg fahren, weil ich sie bald sehen und erfahren möchte, ob sie gut angelangt sind. Bei ihrem Aufbruch waren sie alle nicht ganz gesund. Aber im März besuche ich Dich unbedingt. Vergiß mich indessen nicht. Wenn es geht, schildere der Zarin meine Lage, so wie sie jetzt ist. Vielleicht gestaltet sich mein Leben in Dorpat besser, als ich es mir momentan vorstelle. Sollte es aber so werden, wie ich es zu Zeiten sehe, dann sind Mascha und ich verloren. Lebt wohl denn, Talent und Ruhm! Und es wäre gut, wenn ich dazu noch ohne Undank sagen könnte: Leb wohl auch, Leben! Sei's drum! Ich vertraue mein Schicksal der Freundschaft.

Ich muß schließen. Zeige diese Zeilen Bludow. Er hat ein Recht darauf. Ich habe seinen Brief noch nicht beantwortet, doch wahrhaftig nicht aus Faulheit. Ich danke ihm für seine Worte wie für ein Geschenk. Er hat mir eine große Freude gemacht und mir *neuen Mut gegeben* (C'est le mot).[1] Die Hochachtung für einen Freund ist ein Glück

[1] frz., So ist es.

und verbindet einen dem Leben. Ich liebe ihn mehr als je und auf neue Weise. Doch das werde ich ihm selbst sagen.

Vor meiner Abreise aus Moskau schicke ich Dir eine vollständige Sammlung meiner Gedichte, die ich zur Veröffentlichung abgeschrieben habe. Gib sie aber nicht in Druck, ehe wir uns getroffen haben. Wir müssen noch vieles zusammen korrigieren und gemeinsam disponieren.

Die Korrekturen der ›Sendschrift‹ schicke ich mit der nächsten Post. Einige habt Ihr schon erhalten. Sie hat viele Mängel, aber es muß nicht alles verbessert werden. Lieber schreibe ich etwas Neues. Dir glaube ich übrigens in Bezug auf mich nicht ganz: Du bist mir schon zu sehr begeistert von meinem soit disant[1] Genius. Den ›Sänger‹ habe ich fast fertig, ich würde ihn beenden, wenn mich nicht ein Zahnschmerz dabei störte. Aber ich bin auch nicht sonderlich mit ihm zufrieden. Trotzdem schreibe ich ihn fertig, nur weiß ich noch nicht wann. Ich schicke ihn Dir aus Dorpat.

Bitte sage Juri Alexandrowitsch meinen Dank für sein Wohlwollen. Ich werde ihm selbst noch schreiben, nur fehlt mir jetzt die Zeit.

Daschkow umarme ich. Ich schulde ihm einen Brief.

Schicke mir keine Antwort auf diese Zeilen, bevor Du eine Nachricht von mir aus Dorpat hast. Hier würde sie mich nicht mehr antreffen, und in Dorpat soll sie nicht auf mich warten, weil sie vielleicht vor meiner Ankunft von denen gelesen werden könnte, die sie nicht zu kennen brauchen. Schreibe überhaupt in Deinen Briefen alles, was speziell mich angeht, auf ein gesondertes Blatt.

Leb wohl. Teile mir mit, was Du und Uwarow Euch *ausgedacht* habt. Wenn es der Zarin genehm ist, daß die ›Sendschrift‹ zu meinen Gunsten gedruckt wird, würde ich mich

[1] frz., sogenannt.

darüber sehr freuen. Sorge ein bißchen für meine Tasche. Alle meine Einnahmen sind zum Teufel, und ich habe zur Zeit nichts an der Hand als meine fünf Finger. Meine einzige Hoffnung ist die Ausgabe meiner Gedichte.

7.

An Maria Andrejewna Protassowa [Mojer]

[Im Frühjahr 1815], Muratowo

Liebste Mascha, wir müssen miteinander ins reine kommen. Wie ich ehedem von Dir allein frohen Mut und Kraft forderte, so bedürfen wir auch jetzt der Festigkeit im Guten. Wir müssen uns unseres Entschlusses bewußt sein und ihn erfüllen. Es geht nicht nur darum, zusammen zu sein, vielmehr haben wir uns dessen auch würdig zu erweisen. Folglich obliegt es uns, das gegebene Wort nicht nur äußerlich einzulösen, sondern uns auch im Herzen daran zu halten. Sonst wird es keine Ruhe geben und nie zu einem Einvernehmen zwischen meinen Gefühlen und denen Deiner lieben Mutter kommen. Nachdem ich ihr kategorisch zugestanden habe, daß ich ihr Bruder sei, kann ich dies nicht nur den Worten nach und nicht allein deswegen sein, um das Recht zu erlangen, in Deiner Nähe zu weilen. Als ich ihr mündlich und schriftlich offen meine Zuneigung für Dich bekannte, geschah dies, weil ich keine Maske tragen wollte – ich suchte einzig Freiheit und Vertrauen. Das hat mich von ihr geschieden. Jetzt, da ich alles, selbst mein innerstes Gefühl, geopfert habe und sich dieses in ein anderes, besseres und zarteres, gewandelt hat, wird uns nichts mehr trennen. Aber, liebste Freundin, ich möchte, daß auch Du mein Vorgehen für gut hältst und mir bei alledem ein Beispiel und eine Stütze bist; ich würde gern Deine Gedanken dazu hören. Wie Du mir früher mit einem Wort

Mut und Kraft gegeben hast, wirst Du mir auch jetzt Deine für mich so notwendigen Wohltaten erweisen. Wonach habe ich mich gesehnt? Ich wollte glücklich sein *mit Dir*! Daran sind jetzt nur zwei Wörter zu verändern, auf daß sich alles wandelt: Laß mich glücklich sein *durch Dich*! Wahrhaftig, für mich ist *Dein Glück* auch *unser Glück*. Mache Dir zur Regel, alles auf Dich selbst zu beschränken, und glaube mir: Du tust es dann auch für mich. Meine Liebe zu Dir ist jetzt ohne Eigennutz und daher noch lebhafter und schöner. Ich habe es schon praktisch erprobt – wenn ich Dich ansehe, denke ich nicht mehr das gleiche wie früher, und kehrt der alte Gedanke dennoch für einen Augenblick zurück, so stets begleitet von seinem ständigen schlimmen Gefährten, der Schwermut; es lohnt, den Weg zu sich selbst zu gehen, um sich wieder als den zu entdekken, der man sein muß. Und das empfinde ich schon jetzt, wo ich von Deiner Mutter noch gar keinen Bescheid habe, wo ich noch nicht ihr Bruder bin – wie erst, wenn auch sie ihrerseits alles für mich tut! Ich bin überzeugt, die Minuten der Schwermut werden vollends ausbleiben, so daß ich nur noch klare, stille Augenblicke voller reiner Liebe zu Dir erlebe. Gestern nach dem Abendessen griff mir das Gewesene ein wenig ans Herz, doch als ich mich wieder gefangen hatte, sah ich allein in Deinem Glück meine derzeitige Sorge. O Gott, welch Trost war das für mich! Wie vieles ist mir noch geblieben! Nimm mir nur nicht dieses Glück! Stelle Dich gänzlich um und sei dadurch mir verbunden! Denke unbekümmert an Dich selbst, tue alles für Dich – was brauche ich mehr? Ich werde wissen, daß ich an Deinem holden Glück Anteil habe. Wie wird mir das Leben teuer sein! Zugleich verfolge ich auch ein eigenes Ziel – durch nutzbringende Arbeit, die mir Ehre macht. Sollte sie mir nicht leichtfallen? Alles kommt aus dem Herzen, und jeder gute Mensch wird es verstehen. Schreibe mir Deine Gedanken darüber – ich bin überzeugt, sie werden meine Gefühle und Absichten ehren und bekräftigen.

Ich habe meinen Brief soeben Deiner Mutter übergeben. Noch weiß ich nicht, was wird. In beiden Fällen, persévérance![1] – Sie ruft mich! O Wunder – mein Herz klopft gar nicht allzu heftig. Ein Zeichen, daß ich fest entschlossen bin.

[Der Brief wird durch die Unterredung mit Jekaterina Afanasjewna unterbrochen und lautet danach weiter:]

Wir haben miteinander gesprochen – es war etwas wie eine kühle Prosainterpretation glutvoll geschriebener Verse. Der Sinn ist derselbe, aber es fehlt das Gefühl. Sie erlaubte mir, bis Juli in Petersburg zu bleiben, danach werde sie weiter sehen. Kurzum, sie gab sich nicht als die Schwester, die ich mir wünsche und die mein Glück machen könnte. Sie sagte auch: ›Laß mir Zeit, mich Mascha wieder zu nähern, Du hast uns völlig auseinandergebracht.‹ Ich gestehe, darauf kann ich nichts erwidern, denn wenn dem so ist, gibt es für mich keine Rechtfertigung, und auch mein Wunsch, bei Euch zu bleiben, wäre nur der eines Egoisten. In der Tat! Was verlange ich? Wieder nur mein eigenes Glück? Ich muß es völlig vergessen! Das ist jedoch mit Worten und Erklärungen nicht getan. Mascha, um gänzlich Ruhe zu haben, solltest Du mir vielleicht alle meine Briefe zurückgeben. Du kennst jetzt unser gemeinsames Ziel: *Dein* Glück! Sei zufrieden in Dir selbst! Du hast Deinen Fénelon und Dein Herz. Das ist genug! Bewahre Festigkeit und Ruhe, alles übrige überlasse der Vorsehung.

[1] frz., Ausdauer, Standhaftigkeit.

8.

An Maria Andrejewna Protassowa [Mojer]

[Frühjahr, wahrscheinlich März 1815, Dorpat]

Die Situation, in der ich Dir schreibe, bietet mir Gewähr, daß ich mit diesem Brief an Dich mein Wort nicht breche. Ich kann nicht anders, als meiner Freundin alles sagen. Ich muß Dir den gegenwärtigen Zustand meiner Gedanken schildern. *Meine* Mascha (*meine* jetzt mehr denn je), begreifst Du, weshalb ich mich so *entschieden* von Dir losgesagt habe? Mein Engel, es war durchaus nicht der Gedanke, daß ich etwas Ungesetzliches ersehnte – nein! In dieser Hinsicht werde ich niemals meine Meinung ändern, ich glaube nach wie vor, daß ich glücklich geworden wäre und daß Gott unser Leben gesegnet hätte. Ein ganz anderer, sehr viel schönerer Beweggrund hat diesen Wandel in mir bewirkt: Dein Glück und Deine Ruhe! Mit dem Entschluß zu diesem Opfer habe ich sozusagen Vaterrechte an Dir angetreten. Eine andere, überaus zärtliche Verbindung eint uns! Wahrhaftig, es war dies für mich ein göttlicher Augenblick; wäre Gottes Stimme auf Erden hörbar, ich hätte sie gewiß in dieser Minute vernommen. Mit diesem Gefühl hat sich alles für mich gewandelt, mein ganzes Verhältnis zu Dir erschien mir in einem anderen Licht, ich empfand in meiner Seele eine ungewöhnliche Klarheit; etwas, das ich nie im Leben besessen hatte, fiel mir plötzlich zu, ich erblickte neben mir eine Schwester und wurde ein anderer, der Beschützer und Gefährte ihrer Kinder, ich war bereit, Deine Mutter mit anderen Augen zu sehen, und begeisterte mich geradezu an dem Gefühl, mit dem ich sie meine Schwester nennen wollte – nichts Vergleichbares war bisher in meinem Leben gewesen! Der Begriff Schwester rührte mich zum erstenmal bis in die Tiefe meines Herzens. Ich war bereit, sie zu vergöttern; in niemandem,

niemandem (nicht einmal in Euch) hätte sie einen so verläßlichen Freund gehabt wie in mir. Bis dahin hatte das Wort Schwester mich nur geschreckt, gleichbedeutend mit Zerstörer meines Glücks, nun aber, nach dem völligen Opfer meiner selbst, schien es mir der schönste Trost und ein vollgültiger Ersatz alles anderen. Mein Gott, was für ein herrliches Leben zeichnete sich vor mir ab! Es versprach die rührigste und reinste Vervollkommnung meines Ichs in allem Guten! Kann man, liebste Freundin, ein so erhabenes Gefühl verraten, das uns über uns selbst erhebt? Ein von ihm geheiligtes Leben schien mir zauberhaft. Wenn ich schon früher, als meine Zuneigung für Dich nicht erlaubt wurde, Augenblicke des Glücks empfunden hatte, wie mußte es dann erst jetzt werden, wo meine Seele von jeglicher Last befreit war und ich mir keine Vorwürfe mehr zu machen brauchte! Nachdem ich die Wonne des Opfers einmal gekostet hatte, konnte ich sie nicht selbst zerstören. In solch hehrem Gefühl verbrachte ich eine geradezu glückliche Zeit! Anstelle meines persönlichen Glücks das gemeinsame vor Augen zu haben, dafür zu leben und stets Billigung im eigenen Herzen wie in Eurer Achtung zu finden, Euer Vater zu sein (der Bruder Eurer Mutter darf sich gewiß so bezeichnen), Euch die Seinen zu nennen und für Euer Glück zu sorgen – was würde man dafür nicht opfern! Und ich hatte alles dafür geopfert! So gründlich, daß bald schon keine Spur mehr in meiner Seele bleiben sollte. Bereits im *ersten Augenblick* fühlte ich, daß ich nicht mehr an mir zu arbeiten brauchte, wenn man mich nur verstand und mir die Hand der Schwester reichte, wenn sie sich nur zu der Vorstellung durchrang, daß ihr Bruder aus dem Grabe auferstanden sei und um Wiederaufnahme in ihr Haus bitte, oder, noch besser, daß Euer Vater lebe und mit all seiner Liebe für Euch wieder mit Euch auf der Welt zusammenzusein wünsche. Solch glücklichen, ja ich wage zu sagen tugendhaften Gefühlen verband sich die Hoffnung auf das herrlichste Leben. Wenn ich mich in Dorpat umsehe, bin ich überzeugt, daß ich hier arbeiten könnte wie nirgendwo sonst – keinerlei Ablenkungen, unzählige Hilfsmittel und nicht die geringste Sorge um den täglichen Lebensunterhalt, dazu als mein höchstes und einziges Glück die Familie. Mit solchen Empfindungen ging ich zu ihr, zu *meiner Schwester.* Und wie lautete ihre Antwort? Trennung! Sie versicherte mir, ihr Beweggrund sei nicht Mißtrauen, sondern die Sorge um Deinen und ihren guten Ruf! Liebste, solche Bedenken hätte sie ja schon in Muratowo hegen müssen. Dort wäre das gleiche zu befürchten gewesen wie hier. Aber in Muratowo hatte sie sich entschieden, mich wieder aufzunehmen, obwohl ich ihr dorthin in meinen Briefen das ganze Gegenteil von dem geschrieben habe, was ich jetzt fühle und sage. Nein, dieser Grund ist nicht der wahre, sonst hätte sie mich doch gar nicht aus Moskau abreisen lassen! Nun ist in dem Augenblick, da ich ein wohlgeordnetes Leben zu beginnen gedachte, alles für mich zerstört! Ich bereue mein Opfer nicht – wie könnte man je etwas bereuen, das die Seele erhebt? Aber ich hatte gehofft, mir mit ihm mein Glück zu erkaufen, und ich würde in der Tat glücklich sein, wenn sie es nur wollte, wenn sie mir ohne Umschweife geglaubt und begriffen hätte, wie rein und heilig das Gefühl war, das mich erfüllte. Was bietet sich mir denn anstelle des Glücks, um das ich bat? Ein überaus trauriges Dasein ohne Ziel und Reiz! Ich müßte eine Stellung annehmen – doch zu welchem Gewinn, frage ich? Soll ich denn all meine eigene Tätigkeit aufgeben? In Petersburg könnte ich ihr nicht nachgehen, selbst wenn ich vermögend wäre. Die geisttötenden Ablenkungen würden mich ersticken! [Hier folgt im Original eine durchgestrichene Zeile.] Wie soll man da einen Gedanken fassen? [Eine weitere Zeile getilgt.] Für Geld arbeiten? Dann leb wohl, Enthusiasmus, das einzige, was mir geblieben ist! *Erwerbsarbeit* und Enthusiasmus sind gänzlich unvereinbar, doch auch ohne sie würden ihn die Ablenkungen erschlagen! Alles liegt plötzlich in Scherben, das Glück sowohl, das sich mir unversehens so klar gezeigt hatte, als auch das freie Schaffen, das es ersetzen könnte. Nein, Liebste! Die Stimme des Bruders ist ihr nicht zu Herzen gegangen. Mir fehlt offenbar die Sprache, es zu rühren. Ich werde ihr wohl erst dann teuer sein, wenn ich nicht mehr auf der Welt bin! Ihre Angst um Eueren guten Ruf ist nur ein Vorwand. Wieso kommt sie ihr gerade jetzt, wo gar kein Grund für ein Mißtrauen mehr besteht? Wozu hat sie mich aus Dolbino weggeholt? Es versteht sich von selbst, daß ich auf ihr Argument nichts erwidern konnte. Ich bin in jedem Falle bereit, mich für Dich zu opfern – aber es muß ein notwendiges Opfer sein! Was sind denn jetzt noch für Redereien zu befürchten? Wer sollte einen Anlaß dazu liefern? Die früheren Gerüchte werden von selbst verstummen. Ich hätte mich als erster nach Kräften bemüht, alles in die rechten Bahnen zu lenken! Und wir wären glücklich gewesen, glücklich in unserer Familie, mit Gott als Zeugen! Oh, wie froh hätten wir einander geholfen, ein tugendsames Leben zu führen! Ich fühle es, ich bin davon überzeugt, daß es uns leicht gefallen wäre und es mich gar keine Anstrengungen gekostet hätte, an mir zu arbeiten. Was bleibt mir jetzt? Ein neues Leben zu beginnen, ohne Ziel, ohne Kraft, und welchem Glück soll ich nachjagen? Doch sei's drum! Es gibt im Leben immer einen Weg zum Schönen. Aber das Herz tut mir weh, wenn ich daran denke, was man mir genommen hat und warum ich es entbehren muß.

9.

An Maria Andrejewna Protassowa [Mojer]

29. März [1815, Dorpat]

Liebste Freundin, ich muß Dir noch ein letztes Mal etwas sagen. Dir verbleibt viel Tröstendes; Du hast einen guten Gefährten: Deine friedfertige Ergebenheit in den Willen der Vorsehung. Sie liegt nicht in Deinen Worten, sondern in Deinem Herzen und Deinem Tun. Wie könnte ich Dich besser trösten als die schönste Seele, die je auf der Welt war, Dein Fénelon, den Du verstehen kannst. Ich danke Dir dafür, daß Du ihn mir gestern geschickt hast. Jetzt weiß ich, daß Du einen treuen Gefährten besitzt, der Dir immer Festigkeit, Hoffnung und Klarheit spendet und Dir täglich einige herrliche Minuten bereitet. Du brauchst Dich nur in Dich selbst zu versenken und mit diesem aufrichtigen guten Freund zu reden, und alles um Dich herum gewinnt eine andere Gestalt. Lies doch immer dieses Buch. Als Ergänzung zu Fénelon schicke ich Dir Massilon. Lesen ist jetzt für Dich keine bloße Beschäftigung, sondern das Leben und die Vervollkommnung Deines Herzens und Deines Denkens. Möge es Dich an mich erinnern, an den Menschen, der sich gewünscht hätte, Dein Gefährte in allem Guten zu sein. Ich werde nie vergessen, daß ich alles Glück im Leben Dir verdanke, daß Du mir die lautersten Absichten eingegeben hast, daß das Beste in mir mit Dir verbunden war und daß schließlich eben Dir die schönsten Regungen meines Herzens galten, das sich Dir zum Opfer brachte – eine überaus wohltätige Erfahrung für mein ganzes Leben; sie lehrt mich, daß die schönsten Minuten des Daseins diejenigen sind, in denen der Mensch sein eigenes Ich für das Gute vergißt, und zwar nicht nur einen Augenblick lang. Du kannst selbst ermessen, daß diese Erinnerung an Dich all meine Pflicht und Schuldigkeit in sich einschließt. Verblaßt sie, so verliere ich alles. Ich werde sie als meine größte Kostbarkeit bewahren, und indem ich mich ihr vertraue, hege ich keine Angst vor der Zukunft. Was kann mir so im Leben Schreckliches widerfahren? Ich werde mich unter allen Umständen bemühen, der zu sein, der ich jetzt bin. Die Umstände selbst schafft die Vorsehung. Nur die Gedanken und Gefühle in ihnen sind das, was wir vermögen. Und eben in dieser Hinsicht werde ich danach streben, mich Deiner würdig zu erweisen. Im übrigen wollen wir uns keine Sorgen machen. Es gibt im Leben immer einen Weg zum Schönen! Ich bitte Dich nur um eins: Laß Dich nicht zum Opfer machen und schmiede Dir Dein Glück. Das bist Du mir schuldig. Ich wünsche mir, daß Du genügend Freiheit haben wirst, Dich mit Deinen eigenen Anliegen zu beschäftigen. Erbitte von Deiner Mutter ein paar Stunden am Tage zum Lesen – in ihm liegt Dein wahres Leben. Aber lies nichts der bloßen Zerstreuung wegen. Lieber wenig, doch etwas, das einem Herzen wie dem Deinen Nahrung bietet. Mich tröstet der Gedanke, daß Deine Mutter Dir jetzt gewiß mehr zugetan sein wird als vordem. Gegenüber allem anderen übe Dich in Geduld und Festigkeit. Meine Aufzeichnungen behalte bei Dir. In ihnen ist nichts zu verändern außer einem – es sollte überall *Schwester* stehen. Erinnere Dich meiner als eines Bruders und wahren Freundes. Doch gedenke seiner so, wie er es begehrt, das heißt in dem Bewußtsein, daß er stets zumindest bestrebt sein wird, so zu leben, wie es ihm seine Zuneigung für Dich befiehlt, die in alle Ewigkeit besteht, jetzt reiner und stärker denn je.

Über Wojejkow nur ein Wort. Ich habe ihm nichts zu verzeihen. Muß man einem Blinden seine Blindheit vergeben? Und ich wüßte nicht, was mich veranlassen könnte zu glauben, er sei sehend. Ist ein Mensch, der die volle Macht hat, einen anderen glücklich zu machen, und es nicht nur nicht tut, sondern noch dagegen wirkt, überhaupt ein Mensch zu nennen? So etwas läßt sich nicht verzeihen. Es fällt sogar schwer, hier keinen Haß zu empfinden. Ich kann und will mich nicht verstellen. Wir beide haben nichts gemein. Ich [zwei Zeilen gestrichen]. Du erinnerst mich: Es gibt im Leben immer einen Weg zur Seelengröße! Zeige mir ein Mittel, ihm Gutes zu erweisen – ich werde es tun. Doch das Weiße schwarz zu nennen und das Schwarze weiß und einem Menschen Hochachtung zu bezeugen, der [mehrere Wörter gestrichen], das wäre nicht Größe, sondern Heuchelei vor sich selbst und den anderen.

Ich hätte Wojejkow in diesem Brief nicht erwähnen sollen. Aber ich mußte ja auf Deine Zeilen antworten. Ich war ganz und gar nicht darauf gefaßt, daß mein Opfer in dieser Weise aufgenommen werden würde. Nein, man will mir jegliches Glück nehmen! Doch hab keine Angst. Mein Leben wird Deiner wert sein. Ich will künftig die Augenblicke der Trübsal und des Zweifels aus ihm verbannen, es soll alles so sein, wie Du es brauchst. Turgenew ruft mich zu sich, wir werden zusammen leben. Ich habe die Familie meiner Freunde und Deine Achtung. Ich bin reich. Alles andere überlasse ich der Vorsehung. Es kann nichts Schlechtes eintreten, wenn man selbst nicht schlecht ist. Und ich besitze einen sicheren Schutz – die Erinnerung und die persévérance!

Ich würde gern oft einen Brief von Dir bekommen.

Das Vorstehende habe ich gestern am frühen Morgen geschrieben. Mascha, antworte mir. Von Dir erwarte ich alles. Ich besitze überhaupt nichts mehr. Öffne mir um Gottes willen die Augen. Mir scheint, ich habe alles verloren.

10.

An Pjotr Andrejewitsch Wjasemski

19. September 1815 [Petersburg]

Ich habe Deinen lieben Brief erhalten, teurer Freund, samt den herrlichen Versen – sie sind eine neue Art Poesie, eine *malerische* Poesie, meinst Du nicht auch? Vortrefflich! Ihre Wirkung ist die gleiche wie die eines Stücks herrlicher Natur, als betrachte man geruhsamen Blickes ein großartiges Bild – es bleibt einem etwas Lebensvolles und zugleich Stilles im Herzen. Du bittest um meinen Segen – ich erteile ihn Dir mit beiden Händen! Wer dürfte wohl ein Dichter genannt werden, wenn nicht Du? Schreibe nur immer vor allem zu Deinem Glück, denn die *Poesie ist eine Tugend*, folglich ein Glück! Der Genuß, den die schöne Seele empfindet, indem sie das Schöne dichtend schafft, ist nur mit dem Gefühl einer vollbrachten guten Tat vergleichbar; das eine wie das andere läutert uns, befreundet uns mit uns selbst und macht uns zu Freunden unserer ganzen Umgebung. Schreibe darüber hinaus zur Ehre und zum Ruhm Deiner Zeit – doch ich möchte hinzufügen: Dies erst in zweiter Linie. Hier stockt meine Hand – nein, nicht in zweiter Linie! Es ist dies ein herrliches Ziel, kein eitler Ehrgeiz, sondern etwas Großes und Erhabenes, nur eines edlen Herzens würdig.

O wer doch in den Herzen weiterlebte!

. . . .

Was uns ein Glück war in vergangnen Erdentagen,
es wird ein Glück sein auch manch uns vertrauter Herzen,
noch wenn wir längst dahin.

Ich habe Dein Gedicht allein gelesen und auch mit dem Areopag. Es hat mir gleich beim erstenmal überaus gefallen, deshalb haben wir es uns mit Bludow und Turgenew noch einmal vorgenommen – herrliche Verse! Sie sind voller Frische, die Natur atmet förmlich aus ihnen. Ich schicke Dir meine kritischen Anmerkungen in poetischer Form. Einige nehme ich wieder zurück. Der *Schatten* kann durchaus *duften*! Und dem *über die letzte Stufe getretenen* Gestirn sei es gestattet, sich nicht erneut den Himmel hinaufzubemühen. Andere Bemerkungen jedoch, meine ich, solltest Du berücksichtigen. Eine davon mag Dir unbillig erscheinen, sie hat aber ebenfalls ihren Grund. *Im Schlummer goldene Träume hegen* geht nicht. Der Ausdruck goldene Träume ist gut, wenn man damit einfach abstrakte Wünsche bezeichnen will, aber sobald konkret von einem Träumenden die Rede ist, paßt das Wort *goldene* ganz und gar nicht. Rechtfertige Dich nicht mit mir: In meiner ›Kassandra‹ steht *goldene Traumgesichte* – das ist genau derselbe Fehler! Ich habe ihn stehen lassen, weil mir nichts anderes einfiel, aber er hätte unbedingt korrigiert werden müssen. – Voll Ungeduld erwarte ich Deinen Abend.[1] Sicher kommt da auch der Mond vor – ich bin gespannt, was für einen Du uns aus Deinem Vorratslager anbieten wirst, mein eigenes hat schon ein wenig abgenommen, und das ist schade, denn ich brauche demnächst wieder einen Mond, wozu, wirst Du selbst sehen.

Ich habe Dir lange nicht geschrieben; das rührt daher, daß ich die ganze Zeit über keinen klaren Gedanken fassen konnte, weil ich immerzu entweder von Dorpat nach Petersburg oder von Petersburg nach Dorpat und wieder von Dorpat nach Petersburg unterwegs war. Jetzt aber, scheint mir, bin ich für ein paar Monate an einem Ort festgena-

[1] Das heißt Deinen *Morgen*. Ist es nicht komisch, daß ich beim Lesen und Kritisieren Deines Gedichts den darin beschriebenen Abend mit einem Morgen verwechselt habe? Vielleicht könnte das ein Beweis dafür sein, daß Du [einige Worte unleserlich] Dein Thema, das heißt den Abend, aus dem Gesichtsfeld verloren hast (Anm. Shukowskis).

gelt. Ich werde den ganzen Winter hier sein und die Heimreise nicht vor dem kommenden Frühling antreten. Zu Frühlingsanfang mache ich auf der Reise über Moskau einen Abstecher nach Ostafjewo, dann können wir vielleicht einen Monat zusammen auf dem Lande verbringen, gemeinsam mit unserem Livius, oder auch zwei. Danach gedenke ich wieder in meine Heimat überzusiedeln, um mich gänzlich meiner Muse zu widmen und nur gelegentlich mal einen Streifzug nach Petersburg zu machen – das sind im Moment meine Pläne, was die Vorsehung dazu sagen wird, weiß ich nicht und will ich auch gar nicht wissen.

Dem Himmel überlaß getrost, was kommt,
Dem *Schönen* sei der Augenblick geweiht!

Mein Leben hier verläuft mal so, mal so, ich halte keine Ordnung und tue folglich auch nicht viel, das heißt gar nichts. Geschrieben habe ich nichts. Dafür gibt es mancherlei Gründe. Der geringste ist vielleicht die Unrast, die ich gar nicht gewöhnt bin und die leicht abzulegen wäre. Wie klein mein Nachen auch sein mag und wie scheinbar still die Bucht, in die das Schicksal ihn getrieben hat – es herrscht in ihr reger Wellengang, der bislang nie aufgehört hat, so daß mein Nachen ständig schwankt. Doch gemach, Freund! Vielleicht werde ich bald den Anker werfen! An einem angenehmen oder einem unangenehmen Ort, doch ich werde vor Anker gehen. Während ich auf diesen Zeitpunkt warte, verschlägt's mich indessen bis an den Zarenhof. Gleich nach meiner Ankunft aus Dorpat war ich in Pawlowsk und verbrachte dort drei Tage, in denen ich bei der Zarin zu Mittag und zu Abend speiste. Sie waren für mich unerwartet behaglich: Ich hatte mir eine steife Runde vorgestellt und fand eine sehr vergnügliche, deshalb nämlich, weil sich das Herz angerührt fühlte, nicht der Ehrgeiz. Unsere Zarin ist überaus umgänglich. Was mehr bedarf jemand, den nicht die Selbstgefälligkeit treibt? Eingeführt wurde ich durch Neledinski. Ich habe in seinen Gemächern gewohnt und ihn in den drei Tagen so gut kennengelernt wie in drei Jahren. Mir scheint, es gibt keinen gutmütigeren Menschen als ihn. Er hat mich behandelt wie ein zartfühlender, fürsorglicher Verwandter. Nicht eine Minute lang vergaß er mich, und dabei tat er alles ganz schlicht und ungezwungen. Er hat mein Herz gewonnen. Ich lese nicht gern jedermann meine Gedichte vor, bei ihm aber war es mir ein Vergnügen. Er urteilt mit dem Herzen, das bei seinen sechzig Jahren so jung ist wie das eines Zwanzigjährigen. Wenn ihn etwas rührt, weint er wie ein Kind. An einem der Abende in Pawlowsk wurden Arbeiten von mir rezitiert, unter anderem meine ›Sendschrift‹. (Zuvor las ich selber den ›Sänger‹, aber wie!) Die ›Sendschrift‹ las Neledinski, und ich muß nach seinem Vortrag sagen, daß sie doch *gut* ist, trotz ihrer Mängel. Sie hat auf alle Anwesenden gleichermaßen stark gewirkt – ein Beweis, daß die Empfindungen, mit denen ich sie in besseren Zeiten meines Lebens niederschrieb, doch mit aller Schlichtheit und Lebendigkeit zum Ausdruck kommen. Neledinski liest einfach, doch mit Gefühl: Er versteht es, bei seinem Vortrag alles Schöne anklingen zu lassen. Es wurden auch mehrere Balladen zum besten gegeben, darunter die schreckliche ›Alte‹; am meisten aber gefiel die ›Äolsharfe‹. Sie mußte sogar wiederholt werden.

Noch eine weitere angenehme Bekanntschaft habe ich geschlossen – mit unserem jungen Wundertäter Puschkin. Ich war auf einen Sprung bei ihm in Zarskoje Selo. Ein lieber, lebhafter Mensch. Er hat sich über meinen Besuch gefreut und meine Hand fest an sein Herz gedrückt. Auf ihn darf unsere Literatur hoffen. Ich fürchte nur, daß er sich bereits reif wähnt und dadurch sein Heranreifen selbst behindert. Wir sollten uns alle zusammentun, um diesen künftigen Giganten, der einst jeden von uns überragen wird, bei seinem Wachstum zu helfen. Er muß lernen, und zwar nicht so wie wir. Es macht mir Sorge, daß er dieses ertötende Lyzeum besucht – der Unterricht dort ist schlecht! Die Wissenschaft, ungeschickt dargeboten, verliert den Reiz für eine junge, feurige Seele, die sich lieber schöpferisch betätigt, als daß sie mühsam das Material für ein solides Wissen sammelt. Er wird dort verkümmern. Am liebsten würde ich ihn für drei, vier Jahre nach Göttingen oder an eine andere deutsche Universität schicken. Selbst Dorpat wäre besser als Zarskoje Selo. Er hat eine Sendschrift an mich verfaßt, die er mir eigenhändig überreichte – vortrefflich! Sie ist sein bisher bestes Werk! Aber auch in all seinen anderen Arbeiten zeigt sich ein ungewöhnliches Talent. Seine Seele braucht Nahrung! Er irrt zur Zeit noch zwischen fremden Ideen und Bildern umher. Doch wenn er sich eines Tages mit eigenen ausgerüstet hat, sollst Du sehen, was aus ihm wird! Seine Sendschrift stelle ich Dir später zu.

Zum Schluß meines Briefes wende ich mich dem Anfang des Deinen zu. Er hat mir das Herz erwärmt, das, die Wahrheit zu sagen, oft von einer Grabeskälte ergriffen ist. Deine Freundschaft, Bruder, bedeutet für mich eine große Kostbarkeit, und der Gedanke an sie macht mir häufig Mut. Erinnerst Du Dich an das Mittagsmahl beim Fürsten Gagarin? Da sagtest Du zu Tolstoi, auf mich deutend: ›Il a une belle âme!‹[1] Ich gedenke dessen stets mit ungewöhnlicher Wonne, und das Gefühl, das Deine Worte in mir erzeugten, beweist mir, daß ich Dich liebe, denn eine solche Meinung ist einem nur dann teuer, wenn ein geliebter und verehrter Mensch sie hegt. Es gibt Leute, deren Lob einem zuwider ist. Dein Ausspruch aber war kein Lob, sondern die Würdigung eines Freundes, und ebendeshalb hat er

[1] frz., Er hat eine schöne Seele.

mich gerührt. Wohl dem, der Freunde hat, deren Lob seine Seele erhebt. Solches Lob ist eine Perle des Lebens, es ist die Stimme unseres Herzens, das Urteil des eigenen Gewissens, ausgesprochen von einem Menschen, der stellvertretend dessen Platz einnimmt. Befriedigter Ehrgeiz hat nichts Rührendes, er trocknet vielmehr sozusagen das Herz aus. Aber sich in Gegenwart von Freunden über sich selbst zu freuen – das ist wahre Freude.

Einen Gruß an Wera Fjodorowna. Vor drei Tagen war ihr Namenstag – ich gratuliere ihr nachträglich. Maschenka küsse ich. Empfehle mich dem verehrten Nikolai Michailowitsch samt seiner Gattin Jekaterina Andrejewna und versichere sie meiner immerwährenden herzlichen Zuneigung. Turgenew, Shicharew und Bludow lassen Dich grüßen. Lebt Puschkin noch? Umarme ihn von mir. Grüße auch Kokoschkin, Mersljakow und alle anderen Brüder. Wo steckt Tolstoi? Erinnert er sich meiner?

In Ermangelung von Besserem lege ich Dir *irgend etwas* bei. Es ist ein in Pawlowsk geschriebenes Gedicht auf Neledinski zu dessen Geburtstag, vorgelesen nach einem Frühstück bei der Fürstin Schtscherbatowa:

Auf, Freunde, hebt das Glas!
Dem Hauptmann des Parnaß
wünscht ein Poet der letzten Reih'n:
Lang soll und froh sein Leben sein!
Unsterblichkeit besitzt er schon
seiner Lieder wegen –
werde nun solch hoher Segen
auch im Alltag ihm zum Lohn!
Er bleib als Erdensohn
hienieden uns zur Seite,
hat doch Anakreon
mit ewger Jugend Freude

ihn im Überfluß bedacht!
Wenn auch nach Kronos' Macht
ihn drückt schon manches Jahr
– dreiundsechzig an der Zahl –,
so leuchtet unter grauem Haar
doch seiner jungen Augen Strahl.
Auch drang noch in sein junges Herz
nicht des Lebens Eis –
mit solcher Brust ist allerwärts
ein Greis selbst nie ein Greis!
Gewiß wird von Apoll er jetzt
mehr als Anakreon geschätzt,
denn – ich sag es unverblümt:
Wodurch ist der berühmt?
Nur durch sein Versgepränge!
Dazu bei Trank und Speisen
konnt' er durch Leierklänge
in Rausch und Taumel preisen
allein den Wein und Aphrodite,
der flüchtgen Jugend Blüte.
War er indessen je so gut
wie unser teurer Jubilar?
Ich glaub es nicht! Des schlichter Mut,
sein väterlicher Sinn, fürwahr,
die Liebe, mit der mich, den eben
erst flüggen Sänger er umgeben,
als wäre ich ihm gleichgestellt,
an Rang und Alter, Ruhmestaten –
das macht' ihn mir am Tor der Welt
zum Helfer und zum Kameraden.
Für solch Poeten gäbe ich
mit Freuden meine Seele hin!
Und ein Wunsch bleibt nur noch für mich:
Er lebe lang, uns zum Gewinn!

II.

An Gawrila Romanowitsch Dershawin

Dorpat, 17. April 1816

Gnädiger Herr Gawrila Romanowitsch! Ich eile, mein Versprechen einzulösen, das ich Euer Exzellenz gegeben habe, und übersende Ihnen hierbei die deutsche Übersetzung Ihrer Ode ›Der Würdenträger‹. Der Übersetzer ist Student an der Universität zu Dorpat, ein Herr Borg. Er kann gut Russisch. Wahrscheinlich wird er noch viele Gedichte von Ihnen übersetzen. Tatsache bleibt jedoch, daß ihr Originalcharakter in keiner Übertragung zum Ausdruck kommen kann. Dies beweist auch der beiliegende Versuch. Die Übersetzung ist richtig, aber doch weit vom Original entfernt.

Ich nütze die Gelegenheit, Euer Exzellenz von Herzen Dank zu sagen für die glücklichen Stunden, die ich im Gespräch mit Ihnen verbrachte. Es war ein Glück für mich, Katharinas und Rußlands großen Dichter zu sehen. Ich wage zu hoffen, daß auch Euer Exzellenz manchmal einen Menschen Ihres Gedenkens für würdig erachten, der sich Ihnen aufrichtig verbunden fühlt, wenngleich er erst seit kurzem das Glück Ihrer Bekanntschaft genießt.

Nehmen Sie die Versicherung meiner vorzüglichen Hochachtung, womit ich die Ehre habe, mich Euer Exzellenz als ergebenster Diener zu empfehlen.

Shukowski.

12.

An Alexander Iwanowitsch Turgenew

25. April [1817, Dorpat]

Der Brief der Swetschina an Dich trügt, mein lieber Freund. Du machst Dir ohne Grund Sorgen um mich. Ich habe der Swetschina über ein halbes Jahr nicht geschrieben, sie kennt meinen vorherigen Zustand und schließt nach ihm auf meinen jetzigen, doch sie irrt und zieht auch noch Dich in diesen Irrtum. Es wäre ein unverzeihlicher Wahnsinn, würde ich weiter dem vergebens gebrachten Opfer nachtrauern. Davon bin ich geheilt, und zwar fast ohne alle eigene Mühe. Schwer war nur der Entschluß. Doch der Augenblick, in dem ich ihn faßte, hat mich zu einem anderen Menschen gemacht; nur ist dieser Wandel unglücklicherweise sehr schnell erfolgt. Ich habe aus der Lethe getrunken und spüre die einschläfernde Wirkung ihres Wassers. Meine Seele ist entspannt. Zum Glück hat sie keinen Fleck davongetragen; sie war hinterher weiß wie ein unbeschriebenes Blatt Papier. Diese Leere aber ist meine jetzige Krankheit, nicht weniger gefährlich als die frühere, ja fast dem Tode gleich. Du kannst mir glauben – vor Dir und Karamsin vermag ich nichts zu verbergen. Alles, was ich Dir und ihm je gesagt habe, ist völlig wahr. Wenn Du seit unserer Trennung keinen Brief von mir bekommen hast, so erkläre Dir dies nicht mit meinem *vorherigen* Zustand: Den habe ich überwunden. Mein jetziger ist die Müdigkeit eines Menschen, der lange gegen einen starken Widersacher gekämpft hat und darin seine Aufgabe sah; nun ist der Kampf zu Ende, mit ihm aber auch alle Aktivität. Meine Seele hat sich an sie gewöhnt: Sie war bisher der Quell all meines Tuns. Doch keine Angst, ich gebe mich nicht auf. Zumindest hoffe ich, wieder zu mir zu kommen. Die Swetschina schreibt, sie könne meine Gedichte nicht lesen, da sie ihr zu sehr zu Herzen gingen und in ihr etwas wachriefen, an das man besser nicht rührt. Auch ich mag meine Gedichte nicht lesen, aber aus einem ganz anderen Grund: Sie kommen mir vor wie mein eigener Grabstein und erinnern mich an jenes Leben, das es für mich nicht gibt. Ich betrachte sie wie ein ehemals Gläubiger die Kirche, in der er einst in heißer, tröstender Inbrunst gebetet hat. Das wird vergehen. Von Dorpat brauchst Du für mich nichts zu befürchten. Ich sehe das Glück, das mir nicht gehört, *gelassen* vor mir; in Augenblikken, in denen ich lebhafterer Gefühle fähig bin, weckt es in mir ausschließlich Freude ohne jede andere Regung. Im allgemeinen aber empfinde ich nur Gleichmut, der mich bedrückt und der allein *in mir selbst* begründet ist, nach äußeren Ursachen zu suchen wäre müßig. Er ähnelt einem Schlaf, in dem zuweilen eine wundersame Musik aufklingt. Doch meine Musik schweigt, und ich schlafe weiter. Aus dieser Lethargie muß ich herausfinden, und ich glaube, es öffnet sich mir jetzt ein Weg. Nämlich dies: Vor drei Tagen war Glinka hier. Er unterbreitete mir den folgenden Vorschlag. Für die Prinzessin Charlotte wird ein Russischlehrer gesucht. Man bietet mir diesen Posten bei einem Gehalt von 3000 Rubel vom Zaren und 2000 vom Großfürsten, mit Wohnung im Schloß des Großfürsten und anderen Vorteilen. Der Unterricht umfaßt eine Stunde täglich. Die übrige Zeit ist frei. Glinka muß die Stelle persönlicher Umstände wegen ausschlagen. Er möchte wissen, ob ich sie antreten kann, und fordert meine rasche Antwort, um mich an seiner Statt vorzustellen. Ich habe weder zugesagt noch abgelehnt. Ohne Deinen und Nikolai Michailowitschs Rat will ich mich nicht entscheiden. Die Stelle scheint mir aus vielen Gründen *vorteilhaft.* Erstens bliebe mir bei meiner Aufgabe völlige Unabhängigkeit. Das ist die Hauptsache! Ich hätte die Möglichkeit, die

Hälfte meiner Zeit anderen Arbeiten zu widmen. Außerdem hätten meine *Pflichten* mit meiner sonstigen Tätigkeit zu tun, sie würden diese also nicht behindern, sondern eher noch fördern. Zweitens würde das ausgesetzte Gehalt (sofern es sich auf die Höhe beläuft, die Glinka mir nannte) mir ein sorgloses Leben in Petersburg gestatten, so daß ich ein geordnetes, festgefügtes Dasein ohne Ablenkung führen und über meine Zeit nach Gutdünken verfügen könnte. Drittens hat die Aufgabe, die ich übernehmen soll, *an sich* viel Verlockendes: Sie wäre kein einfaches Dienstverhältnis, sondern eine respektable Tätigkeit. In ihr (wie auch in jeder anderen) mit einer gebildeten Frau zu arbeiten dürfte ein Genuß sein, kein Zwang. Zudem wäre sie auch insofern für mich günstig, als sie mir eine bestimmte *Pflicht* auferlegt, was ich in gewisser Hinsicht brauche. Gänzlich unbeschränkte Freiheit schadet mir, das fühle ich. Nur darf die Pflicht nicht zur Sklaverei für mich werden und mich nicht an etwas fesseln, das meiner Eigenart widerspricht. Das ist jedoch in diesem Fall, scheint mir, nicht zu befürchten. Im Gegenteil, hier bietet sich dem Enthusiasmus und dem schöpferischen Talent reichlich Nahrung. Und schließlich finde ich mit diesem Posten (falls er mir, NB, wirklich angetragen wird) Eingang in einen illustren Kreis, ohne mich zu verzetteln; ich kann die Annehmlichkeiten der besten Gesellschaft genießen, ohne von ihnen fortgerissen zu werden, ich werde Euch allen nahe sein, was unerläßlich ist, wenn ich mehr leisten will, ich werde alle Hilfsmittel für meine Arbeiten zur Hand haben und mich weiter bilden können. So weit die Vorteile. Betrachten wir nun die Kehrseite. Erstens (antworte mir darauf ehrlich): Glaubst Du, daß ich einer solchen Aufgabe gewachsen bin? Genügt es, dichterisches Talent zu haben und ein guter Schriftsteller zu sein, um die eigene Sprache ordentlich zu lehren? Ich beherrsche meine Sprache mehr aus Routine, aber ein Examen würde ich wohl kaum bestehen. Erfordert die Kunst zu unterrichten nicht eine besondere Übung und Begabung? Wie, wenn ich da etwas übernehme, das ich nicht in der gehörigen Weise ausführen kann, das heißt so, daß *ich selbst mit mir zufrieden bin*? In diesem Fall wäre mir eine *gewissenhafte* Erledigung zuwenig, ich müßte vielmehr meinen eigenen Ansprüchen völlig genügen. Würde ich mir nicht die schwersten Vorwürfe machen, falls mir dies nicht gelänge? Wäre es nicht auch der Tod meines Talents? Die regelmäßige Arbeit ist sehr schön; wird aber der Zwang, jeden Tag *gut* zu arbeiten, nicht eine zu große Last für mich sein? Ich bin von der Freiheit verwöhnt und es gewohnt, nur dann zu schaffen, wenn die Eingebung mich treibt. Und noch eins: Ich würde gern ein, zwei Jahre auf Reisen gehen und mir in dieser Zeit ein Stück wirklicher Jugend gönnen, frei und lebensfroh, voller herrlicher, für mich neuer Eindrücke. Eine solche Voyage würde gleich einer Fackel mein Talent entzünden. Diesen Plan müßte ich aufgeben. Ich würde ihn auch opfern, wenn ich nur genau wüßte, ob ich meine Aufgabe gut erfüllen kann. Ich setze Dich und Nikolai Michailowitsch zu meinen Richtern ein. Entscheidet Ihr für mich und handelt entsprechend. Wenn Ihr meint, daß ich nicht absagen sollte, dann verwendet Euch zu meinen Gunsten. Du könntest alles in die rechten Wege leiten und Dich besonders auch um das Gehalt und die Wohnung kümmern. Ich kann in Petersburg nur dann gut arbeiten, wenn ich materiell keine Sorgen habe. Sieh zu, daß ich genau das Entgelt bekomme, das Glinka mir in Aussicht gestellt hat. Kurzum, dies läge bei Dir, nicht bei mir. Wenn Ihr mir ratet *anzunehmen*, so sage Glinka in meinem Namen zu, er wird es der Zarenwitwe mitteilen; aber denke daran, daß ich vor Ende August nicht nach Petersburg kommen kann: Ich fahre nach Beljow, wo ich *unbedingt* hin muß und den ganzen

Sommer über bleiben werde. Diesen Aufschub müßtest Du mir erwirken. Zunächst warte ich hier auf Deine Antwort. Noch günstiger wäre es, wenn sich die Sache bis Januar verschieben ließe: Ich könnte mich dann *vorbereiten.* Die Stelle *sofort* anzutreten bin ich nicht imstande. Ich erwarte Deine Antwort. Wie sie auch ausfallen mag, ich sehe ihr völlig ruhig entgegen. Ich brauche nicht *das Allerbeste.* Nur antworte bald, denn ich muß fahren, die Reise duldet keinen Verzug. Säume also nicht, ich bitte Dich.

Wäre im übrigen nicht auch Asmus ein geeigneter Lehrer? Oder Meschtschewskoi?

13.

An die Großfürstin Alexandra Fjodorowna

Karlsbad, 17. Juni 1821

[...]

Pillnitz, Lohmen, Uttewalder Grund.

Es herrschte leichter Nebel, als wir (mein Reisegefährte Olsufjew und ich) Dresden verließen, aber schon in Pillnitz trafen wir klares Wetter, und die Sonne blieb uns den ganzen Tag gewogen, von einigen Regenschauern abgesehen. Über Pillnitz kann ich Ihnen nichts berichten: Die Umgebung ist recht hübsch, doch das Schloß selbst und der Park verdienen kaum der Erwähnung. Wir tranken in einer Schenke Kaffee und fuhren weiter in das Städtchen Lohmen; hier begannen wir unsere Fußwanderung, unsere Kalesche schickten wir in das Dorf *Rathewalde*, uns dort zu erwarten. Lohmen besitzt ein altes Schloß: Von seiner hohen Terrasse sahen wir hinab auf das Flüßchen Wesenitz, das zwischen malerischen Ufern dahinfließt – ein herrlicher Anblick! Vor uns lag ein Teil des Städtchens und eine Mühle, deren Rad ein flinker Wasserfall trieb. Von Lohmen aus liefen wir querfeldein, um bald darauf über einen steilen Pfad in den Uttewalder Grund hinabzusteigen (Grund, denke ich, ließe sich mit dem russischen Wort debr übersetzen). Das ist kein Tal, sondern ein enger, tiefer und langer Einschnitt zwischen Felsklippen, mit dem sich vor Zeiten das Wasser, das Gestein abtragend, einen Weg gebahnt hat. Der krasse Gegensatz zwischen dieser Schlucht, in der wir uns jetzt befanden, und der soeben verlassenen heiteren Ebene war frappierend: Plötzlich wirkte alles wild, düster und streng; man folgte einem schmalen Pfad zwischen mächtigen, von uraltem Moos bedeckten und in furchtgebietender Unordnung auf der Talsohle verstreuten Steinbrocken, zu beiden Seiten ragten die mit Tannen und Fichten bewachsenen steilen Klippen empor, über einem nur ein schmaler Streifen blauen Himmels, irgendwo hoch oben die Sonne, unten aber nur feuchtkühle Dämmerung. Unmöglich, die Vielfalt der Formen zu beschreiben, die dort die Felsen boten: Bald erblickte man eine gewaltige einzelne Säule, mit Moos und Fichten anstelle des Kapitells gekrönt, bald unversehens eine breite Wand, rissig schon und vornübergeneigt, so daß sie einen zu erschlagen drohte, dann wieder reizten seltsame Figuren das Auge und die Phantasie, Gebilde, um die sich denn auch allerlei Volkssagen spinnen. Unser gesprächiger Führer (den wir uns für die ganze Wanderung in Lohmen genommen hatten) erzählte uns die Geschichte einiger dieser Felsen. So gibt es zum Beispiel im Uttewalder Grund eine tiefe Grotte, genannt die Teufelshöhle: In ihr brät der sogenannte *wilde Jäger*, dortzulande auch bekannt als *Dietrich ohne Kopf*, sein Wildbret, mit dem er gelegentlich auch den Teufel bewirtet; er tobt oft auf nächtlicher Jagd mit schrecklichem Getöse wie Hagel und Wirbelsturm über den Felsen dahin. An anderer Stelle steht das *Steinerne Haus* – ein abgestürzter Felsbrocken auf dem Talgrund in der Form eines Hauses. Die Schlucht, fast überall sehr schmal, verengt sich plötzlich so sehr, daß kaum zwei Menschen nebeneinander Platz haben. Dazu stecken mehrere von der Höhe herabgefallene Felsen festgeklemmt in dem Spalt und bilden ein Dach: Das ist das Uttewalder Tor. Durch dieses gelangt man in den Reingrund und danach in die *Hölle*, aus der man auf einem schmalen Pfad wieder in die Höhe steigt. Ringsum bleibt es wild wie zuvor, man wähnt sich an einem Ort, den noch nie eines Menschen Fuß berührt hat, nichts als Trümmer, alles wirkt düster und rauh, doch hat man die Höhe erklommen, tritt man plötzlich auf eine von Buschwerk und einem froh stimmenden dichten Hain umgebene Wiese; der Weg schlängelt sich durch den Tann, man sieht hier und da hinter den Bäumen eine blaue Ferne unter hellem Himmel schimmern und beginnt zu ahnen, daß ein großartiger Ausblick einen erwartet. Um die Überraschung gänzlich auszukosten, zähmte ich meine Ungeduld; so sehr mich auch die Felsen hinter den Bäumen lockten, ich hob den Blick nicht von dem welken Laub, das den Pfad bedeckte. Schließlich lichtete sich unversehens der Wald, und wir erreichten die Bastei.

Die Bastei. Wie schade, daß ich die Herrlichkeit nur mit Worten und Buchstaben, Feder und Tinte beschreiben kann! Die Natur verwendet Felsgipfel, grüne Bäume und Wiesen, rauschende Wasserfälle und Quellen, den blauen Himmel, Sturm und Stille, um uns mit ihren Bildern zu fesseln und in Erstaunen zu setzen – der arme Mensch aber, will er seine solcherart gewonnenen Eindrücke schildern, hat statt der Vielfalt nur stets die gleichen Tintenkrakel, in denen einen Sinn zu entdecken oft genug sehr viel schwieriger ist als durch Felsklippen und Abgründe zu einem herrlichen Aussichtspunkt zu gelangen. Was kann ich Ihnen über den unvergleichlichen Anblick von der Bastei aus sagen? Wie von dem überwältigenden Gefühl berichten, von der Majestät, der unendlichen Weite und den zahllosen Gipfeln, die einem plötzlich vor Augen liegen wie Stein gewordene blaue Meereswogen; vom Sonnenlicht und vom Himmel mit seinen Wolken, deren gewaltige Schatten über die in wundersamer Schönheit vor einem ausgebreiteten Berge, Felder, Gewässer, Dörfer und Burgen ziehen? Allenfalls ließe sich jedes Detail *gesondert* beschreiben, für den Eindruck aber, den sie *insgesamt* in der Seele des Betrachters bewirken, fehlen die Worte – hier verstummt die menschliche Sprache, und man fühlt in aller Deutlichkeit, daß der Zauber der Natur eben in seiner Unaussprechlichkeit liegt. Dennoch muß ich ein paar Tintenkrakel darauf verwenden, die Bastei zu schildern. Sie ist ein Felsen, der sich etwa hundert Sashen hoch senkrecht über die anderen erhebt. Unmittelbar um seinen Fuß windet sich die Elbe, zur Rechten und zur Linken ragen ebenso steile, doch weniger hohe Klippen auf. Das Auge erfaßt sämtliche Berge, besser gesagt, all die gewaltigen, gleichsam ringsum ausgemeißelten unzugänglichen Massive der Sächsischen Schweiz: Den hohen Lilienstein mit seinem krausen Gipfel, den Königstein mit seinen Türmen, den Pfaffenstein, den Papststein und viele andere; zur Linken liegt der Große Winterberg, am Horizont das Erzgebirge, rechts Pirna, in der Ferne Dresden. Die Dörfer am Elbufer scheinen aus Kartenhäusern zusammengestellt, die Segelboote auf dem Fluß krabbelnde helle kleine Fliegen zu sein.

Auf den Felsen links von der Bastei stand in alter Zeit, so behauptet die Legende, eine Räuberburg; mehrere Löcher deuten auf die einstige Zugbrücke hin, ein paar Spalten sind noch heute mit Steinen versperrt, und auf einigen Felsen, die heute selbst von Bergsteigern nur schwer zu erklettern sind, erkennt man noch Radspuren. Natürlich war die Burg zu ihrer Zeit uneinnehmbar, später jedoch wurde sie durch Kanonen von gegenüberliegenden Felsen aus zerstört, die deshalb jetzt noch die Schanzen heißen und die wir erstiegen. Von ihnen aus bietet sich ein ganz anderer Rundblick: Man glaubt auf einem steilen Riff im Ozean zu stehen; statt der Wasserwogen umgeben einen Fichten- und Tannenwipfel, aus denen, gleich Inseln, weiße oder schwarze Steinspitzen aufragen, wild zerklüftet und wahllos verstreut. Der Zufall belebte dieses Bild für uns, dessen tote Schrecken einen geradezu lähmen, und wir konnten uns recht gut in die Zeit versetzen, zu der auf diesen jähen Klippen noch die Räuber hausten, die *Tyrannen der Umgebung* (um mit Delille zu reden). Als wir von der Bastei in die Schlucht hinabstiegen, blies oben auf der Höhe jemand ein Horn; das Echo hallte lange an den Felsen wider, ehe es verstummte, doch noch einmal ertönte das Instrument, derselbe Widerhall, und abermals Stille. Danach erklang eine Harfe, und eine Stimme sang. Obwohl wir uns schon tief unten im Abgrund befanden, erreichten die Saitenklänge unser Ohr. Wer da spielte, war nicht zu sehen, doch die Wildnis ringsum schien aufzuleben. Wir standen lange und lauschten; schließlich gingen wir weiter, die Töne verstummten, und alles lag wieder wüst und verlassen. Man muß wissen, daß auf der Bastei einige Holzhütten stehen, in denen man zu Mittag essen kann; dort sind auch immer Harfenspieler anzutreffen: Ihr Lied hatten wir gehört.

Der Weg von der Bastei nach Schandau. Von der Bastei stiegen wir hinab in den Rathewalder Grund, um durch Schluchten, ähnlich den vorigen, das Dorf Rathewalde zu erreichen, wo uns unsere Kalesche erwartete. Der Pfad wand sich zwischen ebensolchen Steinen dahin wie vordem, doch boten sich noch malerischere Anblicke, die Felsen wirkten noch imposanter und majestätischer: Ein Massiv nennt sich aus mir nicht ersichtlichem Grund die

Große Gans, ein anderes ist die Kleine Gans, auf einer steilen Klippe names das Lamm scheint in der Tat ein Lamm zu liegen; von den Mönchsteinen behauptet die Sage, sie zeugten vom Zorne Gottes, der einst eine sündige Liebe bestrafte, indem er einen Mönch und eine Nonne in dem Augenblick zu Stein werden ließ, wo sie sich zu ihrem vereinbarten Stelldichein trafen (dasselbe erzählt man sich von einem Felsgebilde in der Nähe von Eisenach). Auf einem anderen hohen Felsen sieht man eine Gruppe kleinerer Blöcke – sie heißen die Affensteine, da man in ihnen Affen in unterschiedlichen Posen zu erkennen meint. Durch das Grünbachtal ging es am Ufer des kleinen Flüßchens, das ihm den Namen gab, wieder aufwärts. Der Bach bildet in seinem Lauf zwei Wasserfälle, die im Frühjahr oder nach starkem Regen sicher sehr malerisch sind, wir aber sahen nur ein kleines flinkes Rinnsal, das angenehm plätschernd zwischen den Steinen dahinschoß. Der erste Wasserfall heißt das Amselloch, da der Fels, von dem der Bach herabstürzt, unten ziemlich tief ausgehöhlt ist: Der silberne Wasserstrahl teilt den finsteren Höhleneingang in der Mitte, und tritt man unter den Felsüberhang, so hat man die kristallklare Säule vor sich und überschaut durch den sprühenden Gischt das ganze abfallende Tal bis hin zu den im Tropfennebel als dampfendes Massiv sichtbaren gewaltigen Felsen der Affensteine. Rechtschaffen müde von unserer Wanderung, erreichten wir endlich das Dorf Rathewalde; dort setzten wir uns in die Kalesche und fuhren über den Ziegenrücken, von dem sich uns bei untergehender Sonne ein herrlicher Blick auf die Umgebung bot, nach Schandau. Der Ort ist durch seine Mineralwässer und seine Bäder bekannt. Wir stiegen in einem Gasthofe jenseits der Stadt ab, wo sich auch die Badeanstalt befindet. Er war malerisch gelegen, doch uns stand der Sinn schon nicht mehr nach Naturschönheit: Die Müdigkeit und ihr leiblicher Bruder, der Hunger, peinigten uns. Dem Hunger begegneten wir durch ein schmackhaftes Abendessen, die Müdigkeit vertrieb ein dienstbereiter Schlaf.

Der Kuhstall. Ohne uns eine längere Erholungspause zu gönnen, standen wir früh auf und machten uns nach dem Frühstück sogleich wieder auf den Weg. Eine Zeitlang fuhren wir – solange dies möglich war und um Kräfte zu sparen – mit der Kalesche am Ufer des Flüßchens Kirnitzsch dahin. Schließlich wurde unser Weg zum schmalen Pfad; wir gingen zu Fuß weiter und erstiegen den steilen Kuhstall. Auf der mit Mühe erreichten Höhe führte uns ein von niederen Nadelhölzern gesäumter Weg zum Eingang einer Höhle oder, besser gesagt, zu einem von der Natur geschaffenen Felsentor. Es wird der Kuhstall genannt, weil im Dreißigjährigen Krieg die Bewohner der umliegenden Ortschaften unter ihm ihr Vieh vor den räuberischen Schweden versteckt hielten, und zeigt so gewaltige Ausmaße, daß hier in der Tat eine stattliche Herde Platz findet. Heutzutage ist diese Notunterkunft nur noch Gegenstand sorgloser Neugier, und die Erinnerung an die vergangenen Schrecken belebt nur das Vergnügen, das der wundervolle Anblick der Höhle wie auch der Abgründe um sie herum bereitet. Ihr Deckengewölbe und ihre Wände muten an wie ein Mosaik, so dicht sind sie mit Namen von Besuchern übersät, die überall eine ewige Spur ihres kurzen Verweilens hinterlassen wollen. Auch wir bekamen Lust, ein Stück Ewigkeit zu kosten: Olsufjew stieg auf eine Leiter, und während ich dem Vergänglichen huldigte, das heißt meinen Hunger mit Bratkartoffeln stillte, brachte er seinen und meinen Namen für alle Zeiten an einer Stelle an, über die keine noch so kühne Hand hinauslangen kann. Die dazu nötigen Utensilien wie Pinsel und Farbe liegen in der Höhle bereit. In einer Wand hat man eine Küche ausgehauen, in der anderen einen Ausschank: Den ganzen Sommer über wohnen hier Leute, die den Wanderer mit einem Mittagsmahl oder Kaffee laben. Auch Harfenspieler waren da. Im Felslabyrinth des Kuhstallberges findet sich darüber hinaus vieles Sehenswerte, wovon einiges an den schrecklichen Dreißigjährigen Krieg erinnert, so zum Beispiel eine kleine Höhle, genannt das Wochenbett, in der, wie es heißt, eine vor den Schweden versteckte Schwangere ihr Kind gebar und die Tage danach in Sicherheit verbrachte. Ein über einem Abgrund schwebender Felsvorsprung, von dem man mit Grauen hinab in die Tiefe schaut, nennt sich die Kanzel: Ein Geistlicher soll hier gepredigt haben und danach in den Abgrund gestürzt worden sein; die Stelle, von der man ihn hinabstieß, heißt Pfaffensprung. Auf dem Berg hatten ehedem auch Räuber ihre Zuflucht; ihre Burg Wildenstein stand auf dem Gipfel unmittelbar über dem Kuhstall. Man gelangt dorthin nur durch eine finstere, enge Spalte mitten in einem Felsen, durch die sich ein einzelner Mensch mit Mühe zu zwängen vermag. Wir haben es irgendwie geschafft und genossen von der Höhe, die keinerlei Anzeichen einer Burg mehr trägt, den Blick auf die Schrecken der Umgebung. In unmittelbarer Nähe liegt ein ganzes Labyrinth von Höhlen, in denen es gewiß leicht war, sich zu verstecken oder auch sich zu verteidigen. Eine davon, das Schneiderloch (so benannt nach einem Räuber namens Schneider, der sich lange Zeit hier verborgen hielt), wäre geeignet, einem einzelnen Mann gegen eine ganze Armee Schutz zu bieten: Man muß auf einem schmalen Grat über dem Abgrund zu ihr hinaufklettern, zudem krumm gebückt, weil auch über einem Felsen hängen; in der Höhle selbst kann man nicht aufrecht stehen, so niedrig ist sie, doch man hat aus ihr einen erstaunlichen Blick. Alles vor, über und unter einem liegt in Trümmern, hier ist das Reich der Zerstörung, in dem einzig das Echo ein momentanes flüchtiges Leben vortäuscht und einen dadurch nur noch erschreckender an die eigene Nichtigkeit erinnert. Unser Führer stieß mehrere Rufe aus, die vielfach widerhallten, und nach jedem kurzen Aufklingen seiner Stimme wirkte das erneute Schweigen noch bedrückender. Wir besichtigten sämtliche sehenswerten Objekte (was man ohne alle Gefahr tun kann, da jetzt für den Wanderer überall Geländer angebracht sind) und begaben uns wieder zum Kuhstall, von wo wir unter Harfenklängen den Abstieg in das Tal antraten, das wir durchqueren mußten, um den Kleinen Winterberg zu erklimmen. Auf der Talsohle hielten wir kurze Rast und schauten zurück zum Kuhstall, der von hier unten nur als kaum zu bemerkende Spalte zu sehen war. Wir unterschieden mehrere Herren und Damen, die sich auf unseren Spuren der Höhle näherten; durchs Teleskop erkannten wir, daß sie zu der Harfenmusik Walzer tanzten. Die Klänge drangen deutlich an unser Ohr; wir riefen von unten ein Bravo! hinauf und machten uns an den Aufstieg zum Kleinen Winterberg.

Der Kleine Winterberg. Am Fuße dieser Erhebung verließ uns Fortuna, die uns bislang günstig gesonnen gewesen war: Der Himmel bewölkte sich, und es begann zu regnen, anfangs nur leicht, dann jedoch ziemlich heftig. Wir wurden naß bis auf die Haut. Unser einziger Trost war die Versicherung unseres Führers, daß wir auf dem Gipfel ein Obdach finden würden. Der Umstand, daß wir nur durch Wald gingen, rettete uns in keiner Weise vor dem Regen, er verdoppelte ihn im Gegenteil: Ein starker Wind schüttelte die Bäume, und die von den Blättern fallenden Tropfen überschütteten uns mit Schauern, nicht weniger kräftig als die aus den Wolken. Doch wir erreichten den Gipfel, und im selben Augenblick ließ das Unwetter nach. Ich eilte dem verheißenen Obdach zu – und was sah ich? Eine aus Stein aufgeführte, allseits offene Schutzhütte, durch die der kalte Wind pfiff. Im ersten Moment überkam mich ein recht unangenehmes Gefühl betrogener Hoffnung, aber man findet ja oft die lebhafteste Befriedigung gerade dort, wo man sie am wenigsten erwartet. Ein neuer herrlicher Anblick zog uns in seinen Bann: Die Dunstdecke riß auf und ballte sich zu gewaltigen Massen, die bedrohlich über unseren Köpfen dahinflogen und zwischen sich immer wieder ein Stück blauen Himmels freigaben. Auch überall am Horizont schwebten schwere Wolken, teils neu aufsteigend, teils abziehend; einige tiefschwarze hingen unmittelbar über den ebenfalls schwarzen fernen Bergen, die ihre Gipfel in sie bohrten, andere schickten Regenschauer auf den Rand der Erde und unterbrachen damit gleichsam die Einöde: Es sah aus, als habe dort soeben eine zerstörende Explosion stattgefunden, wovon jetzt eine Staubsäule zeugte. Noch wunderbarer wirkten die nähergelegenen Objekte. Die bewaldeten Höhen, Täler, Dörfer und Felsklippen verschmolzen zu einem einzigen Chaos; nach dem Regen stiegen überall Nebeldämpfe auf: An einer Stelle wand sich eine schreckliche weiße Schlange, an einer anderen glichen die sich bildenden leichten Wolken einer fliegenden Geisterschar, hier schien ein Gipfel von einem Nebelstreifen durchschnitten, dort ein ganzer Berg blauschimmernd über wogenden Wolken zu schweben, durch eine tiefe Talsenke krochen, sich krümmend, lange Dampfschwaden, ähnlich dem Rauch eines ausgedehnten Waldbrandes oder der mächtigen zerzausten grauen Mähne eines Ungeheuers, in die ein starker Wind bläst – kurz, der Anblick war unbeschreiblich; ich vergaß Kälte und Nässe und konnte mich an dem erhabenen Chaos nicht satt sehen. Zu alledem erklang unversehens auch hier wieder eine Harfe. Wir hatten bei unserem Eintritt in die Hütte gar nicht bemerkt, daß in einer Ecke ein alter fahrender Musikant mit seiner kleinen Tochter kauerte; dieser erinnerte sich, als er der Wanderer ansichtig wurde, seines Berufs, das heißt er spielte und sang, und das Mädchen begleitete ihn. Was aber besangen die beiden? *Bonapartes Abschied von Frankreich!* (Ich habe das Lied aufgeschrieben, es scheint sehr populär zu sein, denn ich hörte es auch auf der Bastei und später auf dem Schloßberg bei Teplitz.) Offen gestanden, die unerwartete Harmonie inmitten des zwischen Felszacken wallenden Nebels rührte mich. Der Gesang war dilettantisch, doch in dem Zusammenklang der brüchigen Stimme des Alten mit der hellen, noch nicht ausgereiften des Mädchens lag etwas Ergreifendes, zudem paßte der Inhalt des Liedes verblüffend gut zu dem Ort, an dem wir es hörten: Ringsum öde Wildnis, unbeweglich standen die Felsen, und zwischen ihnen zerflatterten als leichter Dunst, kraftlosen Schemen gleich, die Reste des abgezogenen Gewitters – all dies erinnerte unwillkürlich an Napoleons ungestüme, verflogene Macht. Und es klang jetzt etwas Klägliches, ja Erschütterndes aus diesem unlängst noch so bedrohlichen Namen, den der Greis und das Mädchen (gewiß ohne den rechten Begriff von ihm) in der dumpfen Einöde besangen, um von den Vorübergehenden ein paar Kreuzer zu ergattern. Glücklicherweise fand sich nahe der nur zum Vergnügen der Wanderer erbauten Schutzhütte eine kleine Kate, in der wir ein Feuer anzünden, uns trocknen und sogar einen Kaffee trinken konnten. Während wir uns aufwärmten und der Rauch uns in die Augen biß, erzählte unser Führer ein paar alte Sagen. Eine halbe Stunde später machten wir uns wieder auf den Weg, jetzt zum Großen Winterberg, von dem aus man bei klarem Wetter alle Berge Sachsens und einen Teil der Erhebungen Böhmens wie auf einem Panorama vor sich sieht. Wir allerdings sahen gar nichts: Es begann abermals leicht zu regnen, und alles verfloß in einem gleichmäßigen, undurchdringlichen Nebel.

Das Prebischtor. Seufzend über den Verlust eines Vergnügens und ohne Hoffnung auf ein Ende des Nieselwetters, das den Himmel völlig zu beherrschen schien, wanderten wir weiter. Doch der Regen hörte plötzlich auf, wir faßten neuen Mut und fanden uns schließlich, nachdem wir die sogenannten Schäfersteine passiert und die Grenze nach Böhmen überschritten hatten, auf einem Felsgipfel namens Prebischtor wieder. Von dieser steilen Höhe bot sich uns fast der gleiche Blick wie vom Kleinen Winterberg, aber er stimmte uns dennoch froh: Der aufgeklarte Himmel erhellte auch die Seele. Das Prebischtor hat sich mir als die angenehmste Erinnerung an die Sächsische Schweiz eingeprägt. Es stellt eine ebensolche Durchgangshöhle dar wie der Kuhstall, nur ist es unvergleichlich viel schmaler und höher. Man gelangt zuerst auf den Felsen, der den Torbogen bildet, und steigt dann in das Gewölbe hinab. Wie aber ließe sich dieser imposante Ort beschreiben? Stellen Sie sich einen Felsbrocken vor, zehn bis fünfzehn Sashen lang und nicht mehr als vier Arschin breit, der auf zwei senkrechten Felsen ruht; man steht auf diesem schmalen Steinsims, und vor einem sowie zur Rechten und zur Linken gähnt ein etwa hundert Sashen tiefer Abgrund, aus dem, Schreckgespenstern gleich, andere kahle Zacken aufragen. Dahinter verlaufen in alle drei Richtungen leuchtend grüne Talsenken bis hin zu bewaldeten, mäßig hohen Hügeln, zwischen denen sich ebenfalls Täler winden; hinter diesen nahen grünen Kuppen aber steigen wie eine Fata Morgana ferne blaue Berge auf, und diese ganze unbeschreibliche Vielfalt von Bergen und Tälern müssen Sie sich eingehüllt denken in jenen wundersamen wogenden und fliegenden Nebel, nur daß er jetzt viel durchsichtiger war, so daß man zuweilen deutlich unterschied, was sich hinter seinem wehenden Dunstschleier verbarg; mitunter allerdings verdichtete er sich unversehens, und in solchen

Augenblicken hatte man den Eindruck, daß man am Rande der Welt stehe, daß die Erde hier zu Ende und einen Schritt weiter schon nichts mehr sei als der bodenlose Himmel. Neben dem Prebischtor, durch eine Schlucht von ihm getrennt, ragt ein anderer Fels auf, noch viel höher, schmaler und steiler – die Prebischwand. Wir erstiegen auch sie und betrachteten das Prebischtor aus der Höhe. Es bietet in dieser Perspektive einen unvergleichlichen Anblick. Man fragt sich, für wen die Natur dieses geheimnisvolle Tor mitten in der Wüstenei geschaffen hat und wohin es führt – ringsum gähnen Abgründe, man sieht durch die Öffnung nur wogende Nebelschwaden, dazu schimmert in ihrem Halbdunkel etwas wie eine andere Welt, und oben auf dem Torbogen wächst im blanken Granit eine einsame Tanne: Ihre Wurzeln liegen völlig bloß, ein Rätsel, woher sie ihre Nahrung nimmt, aber sie ist grün und frisch, und die Stürme vermögen ihr nichts anzuhaben. Unmittelbar bei der Prebischwand steht, gleichsam als ihr Wächter, ein furchtgebietender einzelner Fels, der Prebischkegel; es ist dies eine allseits unzugängliche Granitsäule, deren Spitze noch niemand, außer vielleicht ein Adler, berührt hat, und diese Unnahbarkeit verleiht ihr eine gewisse Größe.

Die Rückkehr nach Schandau. Die Sonne lugte aus den Wolken, als wir vom Prebischtor abstiegen. Unser Weg führte über einen bewaldeten Berghang, genannt die Heiligen Hallen, der einem riesigen verfallenen Amphitheater ähnelt und in zahllosen Stufen hinter und über uns zurückblieb; Felsen bilden die Wände und die Bögen, Logen und Ränge: Fast eine ganze Werst mußten wir ihre schräge Neigung hinabsteigen, ehe wir auf der Talsohle ankamen. Unten im sogenannten Bielgrund herrschte bereits Abenddämmerung. Wir folgten einem flinken Bach und erreichten Hirnischkietschen, einen kleinen Grenzort mit österreichischer Zollstation. Hier endet Sachsen, und Böhmen beginnt. In Hirnischkietschen erwartete uns ein Boot, mit ihm fuhren wir auf der Elbe nach Schandau. Trotz der feuchten Abendkühle war die Fahrt angenehm. Von den Felsen, die wie eine Wand am rechten Flußufer emporragen, ist einer seiner Form wegen erwähnenswert: Man nennt ihn die Königsnase, und er ähnelt in der Tat dem Profil eines gewaltigen, auf das Wasser herabsehenden Hauptes, das mit der Vorwärtsbewegung des Bootes ständig seinen Ausdruck und seine Haltung zu verändern schien, bis es schließlich niedersank und verschwand; ein paar auf der Höhe wachsende Tannen sahen aus wie ein Strauß an der Brust eines steinernen Riesen. Es war fast Nacht, als wir nach Schandau zurückkehrten.

Lilienstein, Brand, Hohnstein. Ich werde Ihnen den Rest unserer Wanderung nicht in allen Einzelheiten schildern, da ich Ihnen nichts Neues mehr beschreiben könnte, wenngleich jede der von uns besichtigten Stätten ihre Besonderheiten hat. Wir bestiegen bei glühender Hitze auf sandigen Wegen den steilen Lilienstein, von dem sich ein Blick auf den nahen Königstein sowie die unermeßliche waldige Umgebung eröffnet; am Horizont erkennt man als hellen Punkt die Nollendorfer Kapelle. Am Fuße des Liliensteins schlugen im Jahre 1813 die Reste der in Rußland schon fast vernichteten französischen Armee ein befestigtes Lager auf – man sieht noch die Batterien. Das war, wie mein Reisegefährte bemerkte, schon ein Omen für das Kommende: Napoleons Truppen suchten Schutz an einem Ort, wo sie die verhängnisvolle Kapelle von Nollendorf bereits vor Augen hatten. Vom Lilienstein aus gelangten wir über Felder und durch ein frisches Tal, den Tiefen Grund, gegen Abend zu einer Felsgruppe namens der Brand. Sie ist der Bastei sehr ähnlich, doch hat man von ihr einen wenn nicht weiteren, so doch reizvolleren Ausblick: Unmittelbar vor einem liegt in der Tiefe das grüne Tal, durch das, den Windungen eines Flüßchens folgend, der Weg führt; dicht daneben verläuft ein zweites, ebenso frisches und grünes Tal, hinter beiden erstreckt sich dichter, dunkler Wald, und jenseits von ihm glitzert an zwei Stellen die Elbe zwischen denselben blauschimmernden Bergen, die man auch von der Bastei aus sieht. Die Abendsonne verschönte und belebte dieses Bild auf wundersame Weise. Ehe sie unterging, erreichten wir das Städtchen Hohnstein, so daß wir uns noch die dortige alte Burg ansehen konnten. Man hat den Eindruck, daß sie förmlich über einem Abgrund hängt und der sie tragende Fels im nächsten Augenblick mit ihr in die Tiefe stürzen wird. Ein Teil dieses Abgrundes, in den man schaudernd von der Burgterrasse hinabblickt, ist heute mit Blumen bepflanzt. Dieses Stück heißt der Bärengarten. In ihm hausten einst hinter hohen Mauern einige in den umliegenden Wäldern gefangene Bären, deren ungezähmtes Zusammenleben die Burgbewohner somit von ihren Fenstern aus beobachten konnten. In dem Gebäude selbst bekommt man die Reste mehrerer alter Verliese zu sehen. Ein besonders finsteres und niedriges, die sogenannte Marterkammer, war für Folterungen bestimmt, heute dient es nur noch der Aufbewahrung von Kartoffeln; in einem anderen, halbzerfallenen, lag einst der Verbrecher Klettenberg gefangen (wegen Falschmünzerei). Der Unglückliche wollte entfliehen und drehte sich zu diesem Zweck aus dem Stroh seines Lagers ein Seil, an dem er sich vom Fenster herabließ; es erwies sich jedoch als zu kurz, er mußte springen, brach sich ein Bein, wurde ergriffen und hingerichtet. Das verhängnisvolle Strohseil wird dem Besucher noch heutigentags gezeigt. In Hohnstein endete unsere Wanderschaft. Hier erwartete uns unsere aus Schandau inzwischen herbeigefahrene Kalesche. Es war weit nach Mitternacht, als wir wieder in Dresden eintrafen.

14.

An die Großfürstin Alexandra Fjodorowna

29. Juni 1821

[...]

Ich habe sie mehrmals gesehen, aber nur einmal unter den für mich erforderlichen Umständen. Bei meinem ersten Besuch mochte ich gar nicht näher zu ihr hingehen, da ich von weitem eine Gestalt mit gepudertem Kopf vor ihr erblickte und hörte, wie dieser elende Wicht, einen Pinsel in der dreisten Hand, schonungslos über Raffaels zur Gänze in dessen herrlicher Schöpfung steckende große Seele schimpfte. Beim nächstenmal schreckte mich der Cicerone der Galerie (der den Besuchern für einen Dukaten die Bilder erläutert und dessen Dienste ich mir versagt hatte). Er stand mit seinen Zuhörern vor dem Gemälde und plapperte wie ein Papagei seinen eingepaukten Unsinn. Noch ein andermal war ich bereits dabei, dem Verlangen meiner Augen und meines Herzens nachzugeben, da trat eine Bekannte auf mich zu und erzählte mir flüsternd, daß sie vor der Madonna Napoleon gesehen habe und daß ihre Tochter einem von Raffaels Engeln ähnele. Nun beschloß ich, so früh wie möglich in die Galerie zu gehen, um allen Besuchern zuvorzukommen. Das gelang. Ich setzte mich auf ein Sofa vor dem Bild und verweilte so eine ganze Stunde, in den Anblick versunken. Leider muß ich sagen, daß man es hier genauso respektlos behandelt wie auch alle anderen. Erstens hat man es, ich weiß nicht aus welchen Hottentottenerwägungen heraus, verkleinert: Der obere Rand der Leinwand ist nach hinten umgebogen, so daß ein Teil des dargestellten Vorhangs fehlt und folglich sowohl die Proportionen als auch die ursprüngliche Wirkung des Ganzen gestört sind und nicht mehr der Absicht des Malers entsprechen. Zweitens hat es Schmutzflecke, es wird nicht gesäubert und hängt überdies so schlecht, daß man anfangs meint, all die von ihm angefertigten reinlichen und strahlenden Kopien seien schöner als das Original. Zum dritten endlich (was nicht weniger verdrießt) verliert es sich sozusagen zwischen anderen, die Aufmerksamkeit ablenkenden Gemälden. Zum Beispiel prangt neben ihm Tizians Porträt des Satirendichters Aretino – ein herrliches Bild, doch welche Nachbarschaft für die Madonna! Und dennoch atmet in dieser göttlichen Schöpfung eine so kraftvolle, ewig lebendige Seele, daß alles sie Umgebende versinkt, sobald man genauer hinsieht. Es heißt, Raffael habe, nachdem er die Leinwand für sie aufgezogen hatte, lange nicht gewußt, was sein Werk darstellen werde – die Eingebung kam nicht. Einmal schlief er mit dem Gedanken an die Muttergottes ein und erwachte plötzlich wieder, gewiß von einem Engel geweckt. Er sprang auf, rief, auf die Leinwand zeigend, ›Dort ist sie!‹ und entwarf sogleich die erste Zeichnung. In der Tat ist dieses Werk kein Bild, sondern ein Traumgesicht. Je länger man es betrachtet, desto lebhafter wird der Eindruck, daß vor einem etwas Übernatürliches geschieht (besonders wenn man so hinschaut, daß man weder den Rahmen noch die anderen Bilder sieht). Und das ist kein Trug der durch lebhafte Farben oder äußeren Glanz verführten Phantasie. Hier hat die Seele des Malers ohne alle Kunstkniffe, sondern in erstaunlicher Schlichtheit und Leichtigkeit auf der Leinwand ein Wunder gestaltet, das in ihr vorgegangen ist. Ich werde Ihnen das Bild so beschreiben, als sei es Ihnen völlig unbekannt. In der Tat können Sie sich keinen Begriff von ihm machen, wenn Sie nur Kopien oder den Stich von Müller kennen. Ehe ich das Original gesehen hatte, wollte ich mir diesen Stich in Dresden kaufen, danach aber mochte ich nicht einmal mehr einen Blick auf ihn werfen: Er hätte, muß ich sagen, meine Erinnerung entweiht. Die Stunde, die ich vor der Sixtinischen Madonna verbrachte, gehört zu den glücklichen Stunden meines Lebens, sofern man das Genießen an sich Glück nennen darf. Ich war allein, um mich herrschte Stille, und ich versuchte zunächst mit einiger Anstrengung, zu mir selbst zu finden; danach spürte ich deutlich meine Seele sich weiten, ein ergreifendes Gefühl für das Erhabene stieg in ihr auf, sie sah Undarstellbares vergegenständlicht und weilte an Orten, zu denen man nur in den schönsten Augenblicken seines Lebens gelangt. *Der Genius der reinen Schönheit* war über sie gekommen.

Nur in reinen Augenblicken
  Unseres Seins sucht er die Erd,
Offenbarung uns zu bringen,
  Segensreich für unser Herz;
Daß das Herz vom Himmel wisse
  In dem finstern Erdental,
Läßt durch Schleier er die Blicke
  Dorthin wandern manches Mal.

Ist er weit von uns geflogen,
  Läßt er, sichtbar uns und gern,
Angesteckt am Himmelsbogen,
  Leuchten einen Abschiedsstern.

Ich verstehe nicht, wie es der Malerei mit ihren beschränkten Mitteln gelingt, Unfaßbares zu gestalten. Man sieht eine Leinwand vor sich, darauf mit Pinselstrichen gemalte Figuren, alles auf engem Raum, und doch wirkt das Ganze unermeßlich, grenzenlos! Raffaels Bild zwingt einfach zu dem Gedanken, daß es in einem Augenblick entstand, in dem ein Wunder geschah: Ein Vorhang teilt sich, und der Mensch schaut das Geheimnis des Himmels. Das Ereignis geht im Himmel vor sich, er scheint leer und nebelhaft, doch das ist keine Leere und kein Nebel, sondern eine stille, übernatürliche Welt, erfüllt von Engeln, deren Vorhandensein man eher fühlt als sieht, ja man kann sagen, daß die Anwesenheit der herbeischreitenden himmlischen Jungfrau alles, selbst die Luft, in einen reinen Engel verwandelt. Auch Raffael hat sich in herrlicher Weise auf dem Gemälde verewigt: Einer der beiden Engel am unteren Rand, an der Grenze zur Erde, richtet den Blick versonnen in die Höhe, gewichtige, tiefe Nachdenklichkeit beherrscht sein Kindergesicht – war nicht eben das die Gemütsverfassung des Künstlers zu der Zeit, als er über seine Madonna nachgrübelte? Man muß ein Kind sein und ein Engel auf Erden, um Zugang zum Geheimnis des Himmels zu gewinnen. Und mit welch geringen Mitteln ist es dem Maler gelungen, etwas zu schaffen, das sich durch Denken nicht ergründen läßt! Er hat sein Bild nicht für das Auge gemalt, das alles im Moment und für den Moment erfaßt, sondern für die Seele, die um so mehr findet, je mehr sie sucht. An der über den Himmel schreitenden Muttergottes bemerkt man zunächst keinerlei Bewegung, aber je länger man sie betrachtet, desto deutlicher scheint sie näherzukommen. Ihr Antlitz ist ausdruckslos, das heißt es spiegelt nichts *Begreifbares* wider, das wir *konkret* benennen könnten, und doch findet man auf geheimnisvolle Weise alles in ihm vereint: Ruhe, Reinheit, Majestät und sogar Gefühl, das indessen jenseits des Irdischen liegt und folglich in seiner friedvollen Beständigkeit die Klarheit der Seele nicht mehr zu trüben vermag. Die Augen glänzen nicht (Glanz im Blick eines Menschen ist immer ein Zeichen von etwas Ungewöhnlichem, Zufälligem, doch für die Muttergottes gibt es keinen Zufall – es ist alles vollbracht), aber sie scheinen in ihrem wunderbaren tiefen Dunkel, ohne auf etwas Bestimmtes gerichtet zu sein, das Unermeßliche zu schauen. Diese Madonna hält das Jesuskind nicht einfach fest, ihre

Arme dienen ihm vielmehr bereitwillig und ungezwungen als Thron, und sie ist in der Tat nichts anderes als der lebendige Thron Gottes, der um die Größe des auf ihm Sitzenden sehr wohl weiß. Und das Kind, Herr im Himmel und auf Erden, nimmt ihn ein. In seinen Augen liegt der gleiche Blick ins Unbestimmte, doch diese Augen leuchten wie Blitze, sie haben den ewigen Glanz, den nichts hervorzurufen und nichts zu verändern vermag. Die eine Hand des Jesusknaben stützt sich mit der Machtgebärde des Allerhalters auf ein Knie, die andere ist gleichsam bereit, sich schützend über Himmel und Erde zu heben. Mit im Himmel befinden sich auch die beiden Personen, vor denen sich die Erscheinung vollzieht, der heilige Sixtus und die Märtyrerin Barbara, denn auf Erden wird einem solch Anblick nicht zuteil. Der Greis hat nichts Ekstatisches, ihn erfüllt die friedfertige, glückselige Gottesverehrung des Heiligen; die heilige Barbara bestrickt durch ihre Schönheit – das Erhabene der Erscheinung, deren Zeuge sie ist, verleiht auch ihrem Äußeren eine faszinierende Vornehmheit, aber die Anmut ihres Gesichts bleibt doch eine menschliche, und zwar deshalb, weil man dessen Ausdruck *begreift*: Sie ist in tiefes *Sinnen* versunken und schaut dabei auf einen der Engel hinab, mit dem sie gleichsam das Geheimnis ihrer Versonnenheit teilt. Und darin liegt für mich das Schönste an Raffaels Bild (sofern das Wort *Bild* hier überhaupt angebracht ist). Einem gewöhnlichen Menschen als Zeugen der auf seinem Gemälde nur von Engeln und Heiligen geschauten Szene hätte der Künstler entweder den Ausdruck erstaunter Verzückung gegeben (denn das ist ein irdisches Gefühl, das uns lediglich für einen Augenblick rasch und unerwartet dem Erdendasein entreißt) oder ihn zum Zeichen seiner Ohnmacht und Nichtigkeit am Boden liegend dargestellt. Doch der Zustand einer Seele, die der Erde bereits den Rücken gekehrt und sich des Himmels würdig erwiesen hat, ist ein tiefes, beständiges Gefühl, veredelt und erleuchtet durch das an die Geheimnisse des Himmels rührende Denken, ein stummes, unwandelbares Glück, eingeschlossen in die zwei Worte *Ich fühle und ich weiß!* Eben dieses selig machende Denken beherrscht die Gesichter auf Raffaels Bild (ausgenommen natürlich das Antlitz des Erlösers und das der Madonna): Alle denken, die Heiligen wie die Engel. Es ist, als habe der Künstler die höchste Bestimmung der menschlichen Seele augenfällig machen wollen. Ein einziger Gegenstand erinnert an das Erdendasein: die Tiara des heiligen Sixtus, abgestellt an der Grenze zum Diesseits. – Das waren meine Gedanken in den glücklichen Minuten, die ich vor Raffaels Sixtinischer Madonna verbrachte. Was für eine Seele muß in diesem Maler gesteckt haben, daß er so etwas zu schaffen vermochte! Der arme Müller! Es heißt, er sei im Irrenhaus gestorben. Soll man sich darüber wundern? Er wird seine Nachbildung mit dem Original verglichen haben, und die Erkenntnis, daß er dessen Größe nicht erfaßt, sondern es entstellt hatte und es für ihn unerreichbar blieb, hat ihn umgebracht. Tatsächlich muß jemand entweder sehr leichtfertig oder ein seelenloser mechanischer Pinselschwinger sein, um das Wagnis zu unternehmen, diese Madonna zu kopieren: Eine solche Offenbarung wird nur einmal einer Menschenseele zuteil, sie kann sich nicht wiederholen.

15.

An Johann Wolfgang von Goethe

Petersburg, 25. Februar/9. März,[1] 1822

Hochverehrter gnädiger Herr! Es war für mich eine große und unerwartete Freude, Euer Exzellenz kostbaren Brief mit dem beiliegenden wundervollen Geschenk zu erhalten. Meine Antwort verzögert sich so lange, weil ich ihn erst zu Gesicht bekam, nachdem ich mit großer Verspätung wieder in Petersburg eingetroffen war. Doch wie soll ich Ihnen danken für dies so wertvolle Zeichen Ihres Wohlwollens und der Erinnerung an mich? Ich werde Ihnen einfach gestehen, daß mir beim Lesen Ihres Briefes die Tränen in die Augen traten. Dieselbe Güte, mit der Sie unsere Begegnung erwähnen, habe ich seinerzeit lebhaft in Ihrer Gegenwart gespürt, ja auch noch danach, als ich Sie verlassen hatte. Unser Zusammensein, das ich mir so sehr gewünscht und sehnlichst erwartet hatte, währte ja kaum länger als eine Minute, doch sie war reich an bewegenden Eindrükken; ich konnte Ihnen nichts klar und deutlich sagen, weil ich über zu vieles reden wollte, aber ich hatte Sie gesehen, und das genügte, um augenblicks in mir die besten Erinnerungen an meine Vergangenheit lebendig werden zu lassen. Und manche liebe Schatten steigen auf.[2] Ja, genauso war es. Empfangen Sie, verehrter großer Mann, meinen Dank auch für die Vergangenheit, die Ihr Genius schon so oft verschönt hat, sowie noch einmal für den Augenblick, in dem ich die wohltätige Kraft des persönlichen Zusammentreffens mit Ihnen spürte, das mit einem so freundschaftlichen, väterlichen Händedruck endete, und für Ihren rührenden Brief mit dem Hinweis auf ein wiederholtes

[1] Bei doppelten Datumsangaben folgt das erste Datum dem in Rußland bis 1923 gültigen Julianischen, das zweite dem Gregorianischen Kalender. – [2] Und manche liebe Schatten steigen auf. – Im Original deutsch.

Willkommen und Lebewohl,[1] den ich wie eine heilige Gabe von geliebter Hand ehrfürchtig aufbewahren werde. Ich habe ihn sogleich auch der Großfürstin Alexandra gezeigt. Alles, was Sie so treffend und wunderbar über sie sagen, hat sie aufs lebhafteste berührt, und sie trägt mir auf, Ihnen ihre besten Gefühle zu übermitteln. Nur ein Mann wie Sie vermag ihre reine, schlichte und zutiefst beeindruckende Seele zu verstehen und zu schätzen. In Ihrer Gegenwart hat sich die Großfürstin, wie sie selbst bekennt, leicht und ungezwungen gefühlt. Gewiß hat auch sie Ihnen eine tiefgreifende, lichte Erinnerung hinterlassen gleich einem Freund, der alles wahrhaft Große verkörpert, wobei dieses nichts anderes ist als die natürliche Naivität und die unschuldige Offenherzigkeit eines Kindes. Solcherart ist der Charakter dieser liebwerten Fürstin. Alles das sagt Ihnen natürlich nichts Neues, da Sie einen Menschen mit dem ersten Blick einzuschätzen vermögen, doch mit Goethe zu plaudern ist ein Genuß, den mir selbst zu verbieten ich nicht die Willenskraft aufbringe. Doch ich werde nun schließen. Möge Ihnen der Himmel alles Glück in der gleichen Fülle herabsenden, wie er Sie mit Genialität begabt hat. Halten Sie nur Ihr Wort, das Sie mir beim Abschied gegeben haben: *Bleiben Sie lange, lange unter uns gewöhnlichen Sterblichen.* Ihr segensreiches Leben erfüllt uns mit Freude; genießen auch Sie selbst Ihre Wohltaten, an denen sich die besten Menschen unserer Zeit laben. Es tut gut, die Erinnerung an die zu bewahren, die uns lieben: Das läßt mich hoffen, daß ich nicht gänzlich Ihrem Gedächtnis entschwinde.

Ich verbleibe als Euer Exzellenz von ganzem Herzen ergebener untertäniger und ehrerbietiger Diener

Shukowski.

[1] wiederholtes Willkommen und Lebewohl – Im Original deutsch.

16.

An Alexander Sergejewitsch Puschkin

1. Juni [1824, Petersburg]

Du behauptest, Herzensgrille, Du hättest mir immerfort geschrieben – ich dagegen habe von Deinen Briefen immerfort keinen bekommen. So mag denn der liebe Gott denjenigen richten, der sie sich zu Gemüte geführt hat. Auf Deinen letzten und einzigen will ich Dir in zwei Worten antworten, denn für drei fehlt mir die Zeit. Safianos ist ein herrlicher Name und für mich ebenso heilig wie für Griechenland. Aber ich weiß nicht, ob ich für ihn soviel tun kann wie ich gern möchte. Ich werde mit den entsprechenden Leuten reden, die in der Sache Bescheid wissen und etwas erreichen könnten. Wenn Du weiter nichts von mir hörst, so bedeutet das, daß ich keinen Erfolg hatte. Andernfalls wird die Faulheit weichen, und ich schreibe Dir ausführlich. Ich umarme Dich für Deinen ›Dämon‹. Zum Teufel mit dem Teufel! Das sei fürs erste Deine Devise. Du bist berufen, unter die Götter aufzusteigen – also vorwärts! Die nötigen Flügel sind Deiner Seele gewachsen. Und sie wird auch die Höhe nicht fürchten, denn dort ist ihr wahres Element. Gib Deinen Schwingen die Freiheit, und der Himmel ist Dein. Daran glaube ich fest. Wenn ich bedenke, was Du Dir für eine Zukunft bereiten kannst, wärmt mir die Hoffnung auf Dich das Herz. Laß den Teufel, sei ein Engel. Morgen ist ja Dein Namenstag. Deine Leute haben mich eingeladen, aber ich kann nicht bei ihnen sein, ich werde ihnen nur eine Ermächtigung schikken, an meiner Statt den Gesundheitsbecher zu leeren und auszurufen: Möge unsere Grille ein Adler werden und zur Sonne fliegen!

Shukowski.

17.

An Alexander Sergejewitsch Puschkin

[vermutlich 12. November 1824, Petersburg]

Lieber Freund, Dein Brief hätte mich in große Verlegenheit gebracht, wenn nicht auch Dein Bruder nach Petersburg gekommen wäre und mir einige zusätzliche mündliche Erklärungen gegeben hätte. Als ich den Brief erhielt, wußte ich buchstäblich nicht, was ich tun sollte. Mein erster Gedanke war, zu Paulutschtschi zu fahren (der hier ist und mit dem ich, NB, kaum bekannt bin), um ihn von Deinem Schreiben an Aderkas in Kenntnis zu setzen und ihm Deine Lage zu erläutern. Ich hätte das auch getan (denn mir fiel nichts anderes ein), wenn nicht Dein Bruder Lew erschienen wäre, um mir zu sagen, daß sich alles von selbst regeln werde. Ohne ihn hätte ich Dir in der Absicht, Dir von Nutzen zu sein, wahrscheinlich nur geschadet, da ich auf etwas aufmerksam gemacht hätte, das besser unbekannt bleibt; überdies bin ich mir durchaus nicht sicher, ob Paulutschtschi auf meine Bitte eingegangen wäre. Turgenew, der ihn gut kennt, ist nicht in Petersburg, er mußte nach Moskau fahren, wo seine Mutter im Sterben lag. Auf Deinen Brief, in dem Du mir von dem zwischen Dir und Deinem Vater Vorgefallenen berichtest, möchte ich nicht antworten, da ich nicht weiß, wem ich recht geben soll. Sowohl Deine Zeilen als auch die Auskünfte Deines Bruders Lew lassen mich vermuten, daß Du ebenso im Unrecht bist wie Dein Vater. Auf alles das, was Dir widerfahren ist und Du Dir selbst eingebrockt hast, habe ich nur eine Antwort: Die *Poesie.* In Dir steckt nicht nur eine Begabung, sondern ein Genie. Du bist reich, besitzt das Dir unbenehmbare Mittel, *über* allem unverdienten Unglück zu stehen und verdientes *zum besten zu wenden*; Du kannst mehr als andere und hast die Pflicht, charakterliche Würde zu zeigen. Du bist zu einem großen Dichter berufen – erweise Dich dessen würdig. In diesem Satz liegt Deine ganze Moral, Dein ganzes mögliches Glück und aller Lohn. Die Lebensumstände, ob glücklich oder unglücklich, sind nichts als eine äußerste Hülle. Du wirst vielleicht sagen, ich stünde am sicheren Ufer und erteilte einem Ertrinkenden weise Ratschläge. Nein, ich stehe an einem öden Ufer, sehe in den Wogen den starken Schwimmer und weiß, daß er nicht ertrinkt, wenn er seine Kraft gebraucht, ich zeige ihm lediglich die beste Stelle an Land, die er auch gewiß erreichen wird, wenn er selbst es will. Schwimme, Du bist stark. Ich umarme Dich. Gib mir unbedingt Nachricht, was aus Deinem Brief geworden ist. Ich habe den ›Onegin‹ gelesen und als Vorwort dazu das ›Gespräch‹: Unvergleichlich! Kraft der mir erteilten Vollmacht schlage ich Dich für den *ersten* Platz auf dem russischen Parnaß vor. Und was für einen Platz wirst Du erst erringen, wenn Du Dir ein der Größe *Deines Genies* entsprechendes *hohes Ziel* stellst! Lieber Bruder in Apoll! Du kannst es! Und damit wärest Du zugleich auch unempfindlich für alles, was Dich im Leben umtost.

18.

An Alexander Sergejewitsch Puschkin

[zweite Hälfte September, nicht nach dem 23., 1825, Petersburg]

Wie ich sehe, gibst Du nur Deinen Geist in meine Hände, mein' Sohn. Doch mit dem habe ich wahrlich nichts vor: Er ist lebendig und wird es bleiben, denn er strotzt vor Lebenskraft. Gib mir lieber Deinen sündigen Leib, das heißt Dein Aneurysma. Dieses famose Gebrechen läßt auf die Dauer auch Deinen Geist nicht heil. Den aber brauchst Du für Deinen ›Godunow‹, für ein paar Dutzend künftige

Poeme, für Deinen Ruhm und für die Korrektur alles dunklen Vergangenen durch eine lichte Zukunft. Hörst Du das, Byron Sergejewitsch? Doch wohlgemerkt: Byron auf der Leier, nicht Byron in der Tat. Den Kommentar zu diesem Satz findest Du in Wjasemskis Brief, der viele auf Dich gemünzte Wahrheiten enthält. Wjasemski ist ein sehr kluger Mann, und er trifft oft genau ins Schwarze. Ich kann Dir nichts Besseres sagen als er. Aber das ist ja auch nicht nötig. Ich war ernstlich verärgert über Dich wegen Deiner Briefe an Deine Schwester und an Mojer, aber Dein Satz aus der Bibel hat mich wieder mit Dir versöhnt. Ich bitte nur ergebenst, Dein Leben zu schonen und daran zu denken, daß Du in ihm viel Herrliches schaffen kannst, trotz aller widrigen Umstände. Folglich verlange ich von Dir das folgende: Erinnere Dich, daß es bereits *tiefer Herbst* ist (den zu nutzen Du mir versprochen hattest), mach Dich auf den Weg, fahre nach Pskow, miete Dir eine Wohnung, in der auch Mojer unterkommen kann, und schreibe ihm unverzüglich, daß Du in Pskow bist und ihn dort erwartest. Er wird Dir Dein Aneurysma umgehend austreiben. Du kehrst in Dein Opotschka zurück und machst Dich mit neuer Kraft an Deinen ›Godunow‹, den Du so schreibst, daß uns allen das Herz im Leibe hüpft: So wird der Ruhm die Umstände besiegen. Davon bin ich überzeugt. Du hast jetzt nur eins zu tun: Einige Zeit an nichts zu denken als an die Poesie und Dich dazu durchzuringen, ausschließlich der hohen Dichtkunst zu leben. Schaffe etwas Unsterbliches, und all Dein Ungemach (das Du Dir selber aufgeladen hast) wird zu Staub zerfliegen. Gib Deinen Freunden etwas Hervorragendes, Großartiges von Dir an die Hand, auf das sie verweisen können, dann wird es ihnen ein leichtes sein, Dein Schicksal in Ordnung zu bringen, denn dann haben sie darauf ein unverbrüchliches Recht. Du bist mit Dir selbst nicht im reinen, Du rebellierst nur wie ein Kind gegen das Unglück, das wiederum nichts anderes ist als eine Frucht Deines kindlichen Eigensinns; dabei verfügst Du über Mittel, Dein Schicksal in die rechten Bahnen zu lenken, die gewöhnliche Söhne dieser Welt nicht besitzen, edle, erhabene Mittel. Sei nicht länger ein Epigramm, sei ein Poem!

Und ich verbleibe als Ihr ergebener Diener

Shukowski.

Unterrichte mich umgehend über Deine Entscheidung in Bezug auf Pskow, Mojer und das Aneurysma.

19.

An Alexander Sergejewitsch Puschkin

12. April [1826, Petersburg]

Zürne mir nicht, daß ich Dir so lange nicht geschrieben und auf Deine beiden letzten Briefe nicht geantwortet habe. Ich bin krank und kann mich nicht zum Schreiben aufraffen. Zudem weiß ich Dir nichts Rechtes zu erwidern. Was soll ich zu Deinem Wunsch sagen, das Dorf zu verlassen? Unter den derzeitigen Umständen ist es völlig ausgeschlossen, etwas für Dich zu tun. Das vernünftigste wäre, Du bliebest ruhig und unauffällig in Deinem Dorf und widmetest Dich dem Schreiben, und zwar *zu Deinem Ruhm.* Laß diese unselige Zeit erst mal vorübergehen. Ich verstehe zwar nicht, was Dein letzter Brief an mich bedeuten soll. Falls er *nur für mich* bestimmt ist, so finde ich ihn höchst seltsam. Hast Du ihn jedoch *zum Vorzeigen* verfaßt, dann ist er unüberlegt. Du hast mit den Vorfällen nichts zu tun – das stimmt. Aber unter den Papieren eines jeden Beteiligten wurden Deine Gedichte gefunden. Damit läßt sich das Wohlwollen der Regierung schlecht erringen. Du weißt, wie sehr ich Deine Muse schätze und mir Dein *ehrenvoll erworbener* Ruhm am Herzen liegt: Ich kenne mich in der Poesie aus und weiß, daß Du zu einem großen Dichter geboren bist, zur Ehre und zum Stolz Rußlands. Doch ich hasse alles von Deiner Hand, was sich gegen Ordnung und Sittlichkeit empört. Unsere Jugend (das heißt die gesamte heranreifende Generation) erfährt ohnehin eine schlechte Erziehung, die ihr keinerlei Stütze für das Leben gibt, und Du setzt ihr noch Deine ungebärdigen, in das Zaubergewand der Poesie gekleideten Gedanken vor. Damit hast Du schon vielen einen bleibenden Schaden zugefügt. Das sollte Dich erschrecken. Talent bedeutet noch nichts. Das wichtigste ist sittliche Größe. – Verzeih mir diese Zeilen aus dem Katechismus. Ich liebe sowohl Dich als auch Deine Muse und möchte, daß Rußland Euch beide liebt. Laß mich schließen, wie ich begonnen habe: Stelle kein Gesuch um Aufenthaltserlaubnis in Petersburg. Es ist noch nicht an der Zeit. Schreibe den ›Godunow‹ und noch mehr dergleichen, es öffnet Dir die Tür zur Freiheit.

Ich bin krank. Demnächst fahre ich nach Karlsbad, von wo ich nicht vor Mitte September zurückkehren werde. Schicke mir dann alles, was Dein guter Genius inzwischen geschaffen hat. Die Eskapaden Deines bösen Genius behalte für Dich: Sie sind nichts für mich. Leb wohl. Ich umarme Dich.

Shukowski.

20.

An Friedrich von Müller

20. November/2. Dezember 1828

Ich empfehle Ihnen, mein lieber Kanzler, den Überbringer dieses Briefes, Grafen Wielgorski. Er hat mich gebeten, ihn an jemanden in Weimar zu richten, der ihm den Aufenthalt in dieser Stadt angenehm machen könnte – und da richte ich ihn selbstverständlich an Sie. Nehmen Sie ihn mit dem gleichen Wohlwollen auf, das Sie mir bewiesen haben. Ich bitte Sie, ihn auch Herrn von Goethe vorzustellen und bei dieser Gelegenheit auch an mich zu erinnern.

Ich schicke Ihnen die wörtliche Übersetzung des Textes, von dem ich Ihnen erzählt habe und den ich Sie zu übertragen bitte. Die Übersetzung ist ziemlich genau, aber sie vermittelt nicht ganz den Eindruck des Originals. Ihre Verse werden sie verschönern. Wielgorski wird für Sie ein weiteres Stück übersetzen, das den Ausdruck meiner Empfindungen beim Tod unserer angebeteten Herrscherin, Rußlands gutem Engel und meiner Wohltäterin, wiedergibt. Übertragen Sie auch dieses. Sie werden auf diese Weise die Wiege des Enkels mit dem Sarg der Großmutter in Verbindung bringen. Gott gebe, daß der erstere in seinem Leben der letzteren ähnelt, deren Andenken nicht verblassen wird, solange es Rußland gibt.

Mit der aufrichtigsten Verehrung und Freundschaft bin ich

mit bestem Dank im voraus
Ihr
untertäniger Diener
Shukowski.

21.

An Alexander Sergejewitsch Puschkin

[29. Januar 1834, Petersburg]

Ich schicke Dir, hochverehrter Freund Alexander Sergejewitsch, die Geschichte des Herrn Pugatschow, die Du so überaus kunstvoll zu Papier gebracht hast. Sehr bedauerlich für mich ist, daß ich nicht die Muße hatte, selbigen Deinem Talent alle Ehre machenden historischen Abriß zu lesen. Fahre fort, Du würdiger russischer Dichter, mit Deinem Geist und Deiner Feder zum Ruhme Rußlands und für Deinen vollen Geldbeutel zu schaffen. Morgen habe ich Namenstag, am Abend werden die Familien Karamsin, Meschtscherski und Wjasemski bei mir sein, dazu zwei treffliche Herren, nämlich die Grafen Wielgorski, ferner werde ich die Smirnowa samt Ehegatten bitten, ja vielleicht kann ich gar die reizende Dubenskaja gewinnen. Zufolge all dessen ersuche ich auch Dich nebst Deiner graziösen, gertenschlanken, göttinnengleichen, madonnenhaften Frau Gemahlin, mir morgen (Dienstag) um acht Uhr zu einer Tasse Tee mit Butterwecken und anderen erlesenen Gaumenfreuden die Ehre zu geben. Sage dies auch Deinem Hausgenossen Lew und teile mir mit, ob Ihr kommt. Damit verbleibe ich Dein geistlicher Fürbitter

Wassili.

22.

An Alexander Sergejewitsch Puschkin

[2. Juli 1834, Zarskoje Selo]

Der Zar hat abermals mit mir über Dich gesprochen. Hätte ich vorher gewußt, daß Du auf die Idee gekommen bist, Deinen Abschied einzureichen, wäre mir vielleicht eine Erklärung eingefallen; da ich aber selbst nicht verstehe, was

Dich zu so einer Dummheit getrieben hat, konnte ich ihm nichts entgegnen. Ich fragte lediglich: ›Läßt sich das nicht vielleicht noch rückgängig machen?‹ worauf er erwiderte: ›Warum nicht? Ich halte niemanden und gebe ihm den Abschied. Aber dann sind wir geschiedene Leute. Er kann jedoch seinen Brief noch zurücknehmen.‹ Diese Antwort hat mich ehrlich gerührt. Tue nun, was Du für richtig hältst. Ich an Deiner Stelle würde keine Minute zweifeln, wie ich zu verfahren hätte. Im übrigen wollte ich Dich nur rasch von dem Vorgefallenen unterrichten.

Shukowski.

23

An Alexander Sergejewitsch Puschkin

[3. Juli 1834, Zarskoje Selo]

Gestern habe ich Bludow einen in Eile geschriebenen Brief an Dich mitgegeben, in dem ich, scheint mir, nicht deutlich genug geworden bin. Du bist wahrhaftig zu dumm, das ist mir jetzt völlig klar. Und zu Deiner Einfalt stößt Du einen auch noch vor den Kopf: Konntest Du nicht mir oder Wjasemski ein Wort von dem sagen, was Du da so kunstvoll eingerührt hast? Ich verstehe das nicht! Es war eine Dummheit, eine ärgerliche, egoistische unsagbare Dummheit. Höre, was ich an Deiner Stelle jetzt tun würde (denn mich hätten die Worte des Zaren stark bewegt und ihm mein Herz zurückgewonnen): Ich würde ihm mit aller mir zu Gebote stehenden Aufrichtigkeit einen Brief schreiben, in dem ich mich wegen der begangenen Dummheit *anklagte* und dann ebenso offen erklärte, was mich zu ihr getrieben hat; das alles würde ich im Ton der Dankbarkeit vorbringen, die der Zar durchaus verdient. Ich wiederhole noch einmal (für den Fall, daß Du meinen gestrigen Brief noch nicht bekommen hast), was er mir auf meine Frage, ob sich die Sache nicht rückgängig machen ließe, geantwortet hat: ›Warum nicht, er kann seinen Brief zurücknehmen. Ich halte niemanden, aber wenn er einmal den Dienst quittiert hat, sind wir geschiedene Leute.‹ Diese Worte haben mich sehr gerührt. Setze unverzüglich ein Schreiben auf und gib es dem Grafen Benckendorff. Ich hätte nie geglaubt, daß der Schaden, den Du in Deinem Unverstand anzurichten geruht hast, sich noch korrigieren ließe. Wenn Du die sich bietende Möglichkeit nicht nutzt, gleichst Du jenem Borstentier, das sich von Eicheln nährt und mit seinem Grunzen das Ohr jedes wohlerzogenen Menschen beleidigt. Ohne Galimathias: Du würdest schlecht und töricht handeln, würdest Dir selbst für Dein ganzes Leben schaden und Dir Deine eigene sowie Deiner Freunde Mißbilligung zuziehen.[1]

Sh.

Dienstag

Vielleicht willst Du Benckendorff meinen Brief zeigen. Deshalb lege ich Dir noch eine Ausfertigung ohne Galimathias bei.

[Auf einem gesonderten Blatt.]

Nachstehend die Antwort des Zaren, die er mir gestern abend in einem Gespräch über Dich gab, als ich ihn fragte: *›Läßt sich das nicht vielleicht noch rückgängig machen?‹* Darauf der Zar: *›Warum nicht! Soll er doch seinen Brief zurücknehmen. Ich halte niemanden, auch ihn nicht. Doch wenn er seinen Abschied nimmt, sind wir geschiedene Leute.‹* Ich habe diesen Worten nichts hinzuzufügen, die ich außerordentlich rührend fand und die ein väterliches Wohlwollen für Dich ver-

[1] zumindest meine (Anm. Shukowskis).

raten, trotz des Mißmutes, den Dein Brief im Herzen des Zaren wecken mußte. Du wirst selbst wissen, was Du zu tun hast; an mir war es lediglich, Dir diese Worte ohne jeden Kommentar, der völlig überflüssig wäre, zu übermitteln. Ich bedauere nur, daß Du weder mir noch Wjasemski vorher etwas von Deiner Absicht gesagt hast, und nehme Dir solches Verhalten sogar sehr übel.

Dienstag morgen.

Shukowski.

24.

An Alexander Sergejewitsch Puschkin

[6. Juli 1834, Zarskoje Selo]

Ich begreife wirklich nicht, was in Dir vorgeht, Du hast einfach den Verstand verloren; Du solltest entweder eine Nervenheilanstalt aufsuchen oder Dich mal ordentlich verprügeln lassen, damit Dein Blut wieder in Bewegung kommt. Benckendorff hat mir Deine Briefe geschickt, den ersten und den letzten. Der erste wirkt noch einigermaßen lebendig, aber er ist nicht zu gebrauchen, weil kein Wort davon drin steht, ob Du im Dienst bleiben willst oder nicht; der andere, in dem Du bittest, alles beim alten zu belassen, ist so lapidar, daß der Zar darin womöglich eine neue Ungehörigkeit sehen würde. Hast Du denn das Schreiben verlernt, oder hältst Du es für unter Deiner Würde, vor dem Zaren ein Gefühl zu äußern? Was zierst Du Dich so? Handle schlicht und einfach. Der Zar ist über Deinen Schritt verbittert, in seinen Augen beträgst Du Dich undankbar. Er hat Dich bis jetzt geliebt und wollte Dir aufrichtig wohl. Sein ganzes Verhalten zeigt, daß es ihn schmerzt, Dich zu verstoßen. Was gibt's da zu bedenken? Schreibe, was Dein Herz Dir rät. Es bietet sich doch wahrhaftig Stoff an, mit ihm ins Gespräch zu kommen. Du brauchst ja nicht mal um etwas zu bitten, Du kannst ihm die Notwendigkeit Deines Abschieds erklären; vor allem aber mußt Du den Vorwurf der Undankbarkeit zerstreuen und etwas von dem doch bestimmt in Dir Vorhandenem zum Ausdruck bringen, das Dein Herz für den Zaren einnimmt. Mit einem Wort: Ich bin immer noch der Ansicht, daß Du dem Zaren persönlich schreiben und ihm Deinen Brief durch den Grafen Benckendorff übergeben lassen mußt. Nur so kann das Verdorbene wieder geregelt werden. Deine beiden letzten Briefe sind noch bei mir; ich bringe sie Benckendorff jetzt gleich zurück, werde ihn jedoch bitten, sie noch nicht vorzulegen. Beeil Dich.

Sh.

Schicke mir eine Kopie dessen, was Du schreibst, obwohl man es mir vermutlich ohnehin zeigen wird. – Ich stelle Dir diesen Brief durch einen speziellen Boten zu. Gib ihm Deinen Brief gleich mit. Es könnte allerdings sein, daß Benckendorff inzwischen nach Petersburg fährt; dann wäre es am günstigsten, Du schicktest ihm Dein Schreiben unmittelbar ins Haus. Noch einmal klar und deutlich (da Du ja so begriffsstutzig bist): Du gibst Deinen Brief meinem Boten mit und läßt zugleich feststellen, ob Benckendorff schon angekommen ist. Sollte dies der Fall sein, schreibst Du ein zweites Exemplar und sendest es sofort zu ihm nach Hause, ich aber behalte das erste, wenn ich es erhalte, bei mir. Es gilt vor allem, keine Zeit zu verlieren.

25.

An Alexander Sergejewitsch Puschkin

[Januar – März 1836, Petersburg]

Heute abend gegen zehn Uhr erscheinen Glinka, Odojewski und Rosen zu einer Besprechung bei mir. Dabei darfst Du nicht fehlen. Komm doch auch, ich bitte Dich. Mach es unbedingt möglich. Und morgen (Sonnabend) erwarte ich Dich ebenfalls unter allen Umständen um zwei Uhr mittags. Der Maler wird dasein. Du mußt eine halbe Stunde die Tortur auf Dich nehmen, zu seinem kunstfertigen Pinsel Modell zu sitzen. Auf beide Bitten sende Deine *bejahende* Antwort.

Shukowski.

26.

An Alexander Sergejewitsch Puschkin

[9. November 1836, Petersburg]

Ich kann mich nicht dazu durchringen, unsere Angelegenheit als endgültig zu betrachten. Bisher hat der alte Heekkeren keine klare Antwort von mir; ich habe ihm ein Kuvert mit der Nachricht geschickt, ich hätte Dich nicht zu Hause angetroffen und könne ihm daher, ohne mit Dir gesprochen zu haben, zunächst keinen Bescheid geben. Es besteht also noch die Möglichkeit, den Lauf der Dinge anzuhalten. Bedenke noch einmal, was ich ihm antworten soll. Davon hängt unwiderruflich alles ab. Überlege es Dir um Gottes willen gut. Setze mich in die glückliche Lage, Dich vor einem törichten Frevel und Deine Frau vor der völligen Entehrung zu bewahren. Ich erwarte Deinen Entscheid bei Wielgorski, bei dem ich eben zu Mittag esse.

Sh.

27.

An Alexander Sergejewitsch Puschkin

[10. November 1836, Petersburg]

Ich muß Dir einiges erklären, wozu mir gestern die genügend ruhige Gemütsverfassung fehlte. Du hast gestern, wenn ich mich recht erinnere, etwas von Gendarmen gesagt, als fürchtetest Du, man wolle die Regierung in Deine Angelegenheit mit hineinziehen. In dieser Hinsicht sei unbesorgt. Kein Außenstehender weiß überhaupt etwas, und wenn die Damen schweigen (das heißt die eine Dame, die Sagrjashskaja), so wird das Geheimnis gewahrt bleiben. Allerdings muß ich Dir sagen, daß Dein gestriges Erscheinen bei Wielgorski diesem die Augen geöffnet hat, zumal ich meinerseits keinen Anlaß sehe, mit ihm Komödie zu spielen. Er gehört zu den Empfängern der anonymen Briefe; Du kannst Dich jedoch auf seine Freundschaft zu Dir und seine Diskretion verlassen.

Aber ich schreibe Dir diese Zeilen nicht nur, um Dich bezüglich der Wahrung des Geheimnisses zu beruhigen. Ich möchte darüber hinaus, daß Du keine falschen Vorstellungen über den Anteil des jungen Heeckeren an der Sache hegst. Seine Situation ist die folgende. Wie Du bereits weißt, gelangte Deine erste Forderung zunächst nicht in seine Hände, sondern in die seines Vaters, so daß er selbst erst vierundzwanzig Stunden später von ihr Kenntnis erhielt, das heißt nach dem zweiten Treffen seines Vaters mit Dir. An dem Tage, als ich zu Dir fuhr und Heeckeren bei Dir vorfand, hatte der Sohn Wachdienst, er kehrte erst tags darauf um ein Uhr nach Hause zurück. Infolge eines Fehlers mußte er an drei Tagen außer der Reihe die Wache versehen. Gestern begann die letzte, heute ab ein Uhr mittag ist er frei. Dieser Umstand erklärt, weshalb sein armer Vater für ihn tätig wurde, der sich bemühte, das Unglück abzuwenden, dessen Erwartung allein ihn schon um den Verstand bringt. Als der Sohn von der Lage der Dinge erfuhr, wollte er sich unbedingt mit Dir treffen. Der Vater hatte jedoch Angst vor einer solchen Begegnung und wandte sich an mich. Da ich weder Zuschauer noch gar Akteur bei einer Tragödie sein wollte, bot ich meine Vermittlung an, das heißt, ich hatte vor, sie anzubieten, und schrieb ihm zu diesem Zweck den Antwortbrief, dessen Konzept ich Dir zeigte, den ich jedoch nicht abgeschickt habe und auch nicht abschicken werde. Das ist alles. Noch heute vormittag werde ich dem alten Heeckeren sagen, daß ich keinerlei Vermittlerrolle übernehmen kann, denn ich habe aus den gestrigen Gesprächen mit Dir die Überzeugung gewonnen, daß sie zu nichts führen würde, und ich bin nicht gesonnen, jemanden der Peinlichkeit einer Absage auszusetzen. Der alte Heeckeren wird somit nicht erfahren, daß mein Versuch *auf Grund seines Briefes* keinen Erfolg hatte. Ich gebe ihm den Brief zurück, und meine gestrige offizielle Begegnung mit Dir kann als nicht stattgefunden gelten.

Dies alles schreibe ich Dir, weil ich es für meine heiligste Pflicht halte, vor Dir zu bezeugen, daß der junge Heeckeren mit den Unternehmungen seines Vaters nicht das geringste zu tun hat, sondern genauso bereit ist, sich mit Dir zu duellieren, wie Du Dich mit ihm, und daß er ebenfalls fürchtet, das Geheimnis könnte an den Tag kommen. Die gleiche Gerechtigkeit muß ich auch dem Vater widerfahren lassen. Er ist verzweifelt, doch seine Worte waren: ›Je suis condamné à la guillotine; je fais un recours au grâce, si je ne reussis pas il faudra monter: et je monterai, car j'aime l'honneur de mon fils autant, que sa vie.‹[1] Mit diesem

[1] frz., Ich bin zur Guillotine verdammt; ich bitte um Erbarmen, doch wenn das ohne Erfolg bleibt, muß ich aufs Schafott, und ich werde gehen, denn die Ehre meines Sohnes ist mir ebenso teuer wie sein Leben.

Zeugnis endet meine überaus kläglich und erfolglos gespielte Rolle. Leb wohl.

Sh.

28.

An Alexander Sergejewitsch Puschkin

[11.–12. November 1836, Petersburg]

Du verhältst Dich äußerst unvorsichtig, kleinlich und gegen mich sogar ungerecht. Warum hast Du Jekaterina Andrejewna und Sofia Nikolajewna alles erzählt? Was bezweckst Du damit? Willst Du unmöglich machen, was jetzt einen für Dich sehr günstigen Ausgang verspricht? Ich habe lange an das denken müssen, was Du mir gestern gesagt hast, und finde Deine Vermutung einfach absurd. Nicht ohne Grund bin ich davon überzeugt, daß der junge Heeckeren mit alldem, was zur Abwendung Eueres Duells unternommen wurde, nicht das geringste zu tun hat. Diese Bemühungen gehen allein auf seinen Vater zurück, und es ist durchaus natürlich, wenn er zu allem entschlossen ist, um seinem Unglück auszuweichen. Ich habe ihn in einem Zustand gesehen, den sich niemand ausdenken und den man auch nicht spielen kann. Ich bleibe bei der festen Überzeugung, daß der junge Heeckeren völlig unbeteiligt ist. Das wurde mir *erst gestern noch* bestätigt. Der Vater Heeckeren lieferte mir den materiellen Beweis, daß die Sache, über die jetzt getuschelt wird, lange vor Deiner Forderung eingeleitet worden ist, und ich gab ihm den Rat, so zu verfahren, wie er es auch getan hat, darauf bauend, daß, wenn *das Geheimnis gewahrt* bleibe, seinem Sohn nichts Ehrenrühriges nachzusagen sei und Du nicht argwöhnen könntest, dieser wolle dem Duell ausweichen, das er ja angenommen hat, eben weil nicht er, sondern sein Vater um die Abwendung bemüht ist. Dieses letztere ist meine Überzeugung, die sich gestern noch gefestigt hat, und ich bin bereit, vor jedermann zu erklären, daß in dieser Hinsicht auf den jungen Heeckeren keinerlei Schatten fällt. Das habe ich auch den Damen Karamsin gesagt und ihnen dringend ans Herz gelegt, nicht über das von Dir Gehörte zu sprechen, wobei ich ihnen versicherte, daß es zwangsläufig zu dem Zweikampf kommen würde, wenn das Geheimnis jetzt oder selbst auch später zu Tage träte. Desgleichen verlange ich von Dir, und zwar meinetwegen, daß Ihr es nie wieder erwähnt. *Meinetwegen* aus folgendem Grund: Im Glauben an die Richtigkeit der mir von dem alten Heeckeren mitgeteilten Umstände (und ich sah nie einen Anlaß oder die Notwendigkeit, sie zu bezweifeln) habe ich diesem sein Recht, ja seine Pflicht als Vater bestätigt, zur Vermeidung eines Unglücks die Sache *wahrheitsgemäß* darzustellen, wobei diese Darstellung zugleich die Machenschaften gegen Deine Ehre in der Öffentlichkeit widerlegt hätte. Ich habe mich zwar in die Sache selbst nicht eingemischt, aber doch meinen Rat gegeben. Deshalb möchte ich keinesfalls an der Bloßstellung eines Mannes mitwirken, der seine Ehre verliert, wenn das Geheimnis offenbar wird. Es ist zur Zeit nur *uns* bekannt, daher haben wir es zu hüten. Ich bitte Dich, in diesem Fall auch auf mein Gewissen Rücksicht zu nehmen. Wenn etwas verlautet, und ich kenne die Situation, dann verbietet mir mein Gewissen, eine Version zu unterstützen, die unausweichlich Ehrlosigkeit bedeutet. Ich müßte vielmehr das Gegenteil beteuern. Erspare mir eine solche traurige Notwendigkeit. Das Gewissen ist ein Mensch; ich kann nicht einem anderen ein Verhalten zumuten, das mich selbst an seiner Stelle beschämen würde. Ich fordere also von Dir, daß Du das Geheimnis jetzt und fürderhin für Dich behältst. Diese Pflicht hast Du ebenso vor Dir selbst, denn bei der ganzen Sache liegt doch auch auf Deiner Seite vieles, von dem Du sagen müßtest: Es ist meine Schuld. Vor allem aber mußt Du meinetwegen stillschweigen: Ich bin wider meinen Willen in die Angelegenheit hineingezogen worden und möchte nicht, daß ihretwegen ein Makel an mir haften bleibt oder jemand sagen könnte, ich hätte das mir erwiesene Vertrauen enttäuscht. – Ich sehe Dich vor dem Mittagessen. Erwarte mich.

Sh.

29.

An Alexander Sergejewitsch Puschkin

[14.–15. November 1836, Petersburg]

Gestern abend war ich nach dem Ball bei Wjasemski.

Du hast vor drei Tagen, nachdem Du meinen Brief bereits in Händen hattest, zu der Fürstin à peu près[1] das folgende gesagt: ›Je connais l'homme des lettres anonymes et dans huit jours vous entendrez parler d'une vengeance unique en son genre; elle sera pleine, complète; elle jetera, l'homme dans la boue: les hauts faits de Rayeffsky sont un jeu d'enfant devant ce que je me propose de faire‹[2] und dergleichen mehr.

Das ist wirklich großartig, besonders nach dem Versprechen, das Du Heeckeren im Beisein Deiner Tante gegeben hast (die mir davon berichtete), daß nämlich der ganze Vorfall geheim bleiben werde. Aber vielleicht sagst Du mir, was für eine Rolle ich bei alledem jetzt spiele und später vor anständigen Leuten spielen soll, nachdem alles durch Dich selbst an den Tag gebracht ist und man erfahren hat,

[1] frz., ungefähr. – [2] frz., Ich kenne den Menschen, der die anonymen Briefe geschrieben hat, und Sie werden in einer Woche von einer in ihrer Art einmaligen Rache sprechen hören, einer vollständigen und vollkommenen Rache, die diesen Menschen in den Schmutz wirft; Rajewskis lärmende Heldentaten sind ein Kinderspiel im Vergleich zu dem, was ich zu tun beabsichtige.

daß auch ich meinen Tropfen Honig mit eingerührt habe? Mit welchem Namen werden mich diese anständigen Leute und Heeckeren und auch Du selbst benennen, wenn ich in Kenntnis *Deiner Absichten* einen für Heeckeren bestimmten Brief von Dir annehme und bei seiner Zustellung bezeuge, daß alles zwischen Euch beigelegt sei, das Geheimnis gewahrt und die Ehre eines jeden unangetastet bleiben werde? Gut, daß Du selbst Dich ausgesprochen hast und mein guter Genius mir rechtzeitig alles zugetragen hat. Es versteht sich von selbst, daß ich der Fürstin nichts von dem Geschehenen gesagt habe. Ich sage jetzt auch Dir nichts; mach, was Du willst. Aber ich nehme meine Nadel aus Euerem Spiel, das mir von Deiner Seite her nachgerade äußerst mißfällt. Sollte Heeckeren jetzt auf die Idee kommen, meinen Rat zu erbitten, so könnte ich ihm mit gutem Gewissen nur sagen: Seien Sie auf der Hut! Und das würde ich auch tun.

Ich will Dir ein Märchen erzählen: Es war einmal ein Hirte, der war zugleich ein flotter Schütze. Er hatte in seiner Herde ganz herrliche Schafe. Da schlich eines Tages der graue Wolf um die Hürden. Er dachte: Ich werde das liebste Schaf des Hirten fressen! Zugleich betrachtete er auch die anderen Schafe und leckte sich das Maul. Doch da merkte der Vielfraß plötzlich, daß der Schütze ihn aufs Korn genommen hatte und ihn erschießen wollte. Er sah sich in die Enge getrieben und machte dem Hirten verschiedene Vorschläge, auf die dieser auch einging. Dabei dachte er, der Hirte, jedoch bei sich: Wie könnte ich diesen langgeschwänzten Spitzbuben umbringen und aus seinem Fell Mäntel und Schuhe für meine Kinder machen? Er sprach mit seinem Gevatter und sagte: ›Gevatter Wassili, tu mir den Gefallen, sei für kurze Zeit ein Schwein und locke mit deinem Grunzen den grauen Wolf aus dem Wald ins freie Feld. Ich hole die Nachbarn zusammen, und wir werfen den Fangstrick über ihn.‹ – ›Höre, Bruder‹, erwiderte der Gevatter Wassili, ›den Wolf zu fangen steht dir frei, aber ich mag kein Schwein sein. Ich habe dein Kind aus der Taufe gehoben – alle guten Leute werden zu dir sagen: Dein Sohn ist von einem Schwein getauft. Das tut nicht gut. Und auch mir selbst wäre es nachteilig. Gehe ich zur Messe, setze ich mich mit anderen zum Mittagessen, dichte ich Verse über eine schöne Maid, immer werden die guten Leute sagen: Ein Schwein ist zur Messe gekommen, ein Schwein sitzt am Tisch, ein Schwein schreibt Gedichte. Das ist mir nicht recht.‹ Der Hirt vernahm die Antwort und sann darüber nach, was er jedoch tat, das weiß ich wirklich nicht.

30.

An Sergej Lwowitsch Puschkin

15. Februar [1837, Petersburg]

Ich hatte nicht das Herz, Dir zu schreiben, mein armer Sergej Lwowitsch. Was hätte ich Dir auch sagen können, niedergeschmettert durch unser gemeinsames Unglück, das über uns gekommen ist wie ein Bergsturz und uns alle erdrückt hat? Unser Puschkin lebt nicht mehr! Das ist leider wahr, und doch scheint es unglaublich. Der Gedanke, daß es ihn nicht mehr gibt, fügt sich noch nicht in die gewohnte Ordnung unseres normalen Alltagdenkens. Es sucht ihn weiterhin wie ehedem, es erwartet wie selbstverständlich Begegnungen mit ihm zu festgesetzten Stunden; noch scheint in unseren Gesprächen seine Stimme mitzureden, noch sein lebhaftes frohes Lachen zu erschallen. An den Orten, wo er täglich weilte, hat sich nichts verändert, kein Anzeichen deutet auf den bitteren Verlust, alles ist wie immer, jedes Ding steht an seinem Platz – doch er ist auf eine unbegreifliche Weise für ewig dahin. In einer Minute wurde ein starkes, kraftvolles Leben ausgelöscht, ein geniales Leben, dem die kühnsten Hoffnungen galten. Ich meine nicht die Deinen, Du armer gebrochener Vater, auch nicht die unseren, die seiner begeisterten Freunde. Rußland hat seinen geliebten Nationaldichter verloren. Er wurde ihm in dem Augenblick genommen, da seine Reife sich vollendete; er ging, als er eben die Scheidelinie erreicht hatte, an der unsere Seele von der stürmischen und drängenden, mitunter auch aufbegehrenden Kraft der durch den Genius so leicht erregbaren Jugend Abschied nimmt, um sich der ruhigeren, ausgeglicheneren Kraft des gesunden Mannestums anzuvertrauen, die, ebenso frisch wie die erste, vielleicht nicht so ungestüm, dafür aber schöpferischer schafft als jene. Welchem Russen wurde mit Puschkins Tod nicht ein Stück aus dem Herzen gerissen?

Und unter allen Russen empfand diesen Verlust besonders der Zar. Er hatte sich zu Beginn seiner Herrschaft des Verblichenen angenommen, er hatte auch zu der Zeit, da dieser durch sein selbst heraufbeschworenes Unglück verbittert war, noch die Arme für ihn ausgebreitet, ja er nahm Anteil an seinem Schicksal bis zur letzten Stunde. Es gab Augenblicke, in denen der junge Dichter gleich einem mutwilligen, noch unbesonnenen Kind sich den Unmut seines Gönners zuzog, doch aus allen diesbezüglichen Äußerungen des Zaren klang stets die väterliche Zuneigung. Jeder derartige Vorfall festigte nur noch die Bindung zwischen ihnen, da er dem einen das genußvolle Gefühl des Verzeihens vermittelte und den anderen zu lebhafter Dankbarkeit bewegte, die mehr und mehr seine Seele durchdrang und schließlich auch in seine Poesie einging. Der Zar hat in ihm sein Geschöpf und seinen Dichter verloren, der zu seinem Ruhm gehört hätte wie Dershawin zu dem Katharinas und Karamsin zu dem Alexanders. Und er bewahrte ihm sein Wohlwollen bis zur letzten Minute. Er reagierte noch auf den letzten irdischen Ruf des Sterbenden. Und wie tat er das? Kein Russe, dem nicht die Dankbarkeit für diese Zarenstimme das Herz erschütterte. Sie verriet nicht nur persönliche rührende Anteilnahme, sondern zugleich auch die Liebe zum Ruhm der Nation sowie ein hohes sittliches Urteilsvermögen, würdig eines Zaren, der Ruhm und Sittlichkeit der Nation verkörpert.

Der erste schreckliche Schmerz für Dich ist vorüber; jetzt kannst Du mich anhören und weinen. Ich werde Dir alles schildern, was während der letzten Atemzüge Deines Sohnes geschah, alles, was ich selbst sah und was die anderen Augenzeugen mir erzählt haben. Ich fuhr am Mittwoch, dem siebenundzwanzigsten Januar, um zehn Uhr abends zum Fürsten Wjasemski. In der Diele sagte man mir, daß der Fürst wie auch die Fürstin bei Puschkin seien. Das wunderte mich. Warum hatte man mich nicht geholt? Ich ging die Treppe hinunter und suchte Walujew auf. Er empfing mich mit den Worten: ›Haben Sie das Billett der Fürstin nicht bekommen? Man sucht Sie schon lange; fahren Sie zu Puschkin, er ist zu Tode getroffen und liegt im Sterben.‹ Betäubt von dieser Nachricht, lief ich die Treppe hinab und befahl, mich unverzüglich zu Puschkin zu bringen. Da ich aber am Palais des Großfürsten Michail vorbeikam und wußte, daß sich Graf Wielgorski bei der Großfürstin aufhielt (bei ihr fand gerade ein Konzert statt), ließ ich diesen herausrufen und berichtete ihm, was geschehen war, damit er sogleich nach Ende des Konzertabends mir folgte. An meinem Ziel angelangt, trat ich in das Empfangszimmer (von dem eine Tür direkt in das Kabinett Deines sterbenden Sohnes führte), und fand dort die Ärzte Arendt und Spasski, den Fürsten Wjasemski, den Fürsten Meschtscherski und Walujew. Auf meine Frage: ›Wie geht es ihm?‹ erwiderte mir Arendt, der von Anfang an keinerlei Hoffnung hatte: ›Sehr schlecht, er wird sterben.‹

Den folgenden Bericht über das Vorgefallene gaben mir die Anwesenden.

Das Duell war am Abend zuvor festgesetzt worden (Dienstag, dem sechsundzwanzigsten Januar); am Morgen des Siebenundzwanzigsten fuhr Puschkin, der noch keinen Sekundanten hatte, früh vom Hof. Auf der Straße traf er einen ehemaligen Lyzeumskameraden, den Obristen Dansas, und nahm ihn zu sich in den Schlitten, ohne ihm etwas zu sagen. Mit ihm fuhr er zu d'Archiaque, dem Sekundanten seines Gegners. Dort verlas er vor Dansas seine eigenhändige Abschrift des Briefes, den er an den Minister Heeckeren geschrieben hatte und der die Forderung durch den jungen Heeckeren bewirkt hatte. Er ließ Dansas zur Festlegung der Bedingungen bei d'Archiaque und kehrte selbst nach Hause zurück, wo er in Ruhe das Weitere abwartete. Seine Gelassenheit war erstaunlich; er beschäftigte sich mit seinem ›Zeitgenossen‹ und schrieb noch eine Stunde vor dem für den Schußwechsel bestimmten Termin einen ziemlich langen Brief an die Ischimowa (Verfasserin der ›Russischen Geschichte für Kinder‹ und Mitarbeiterin seiner Zeitschrift), in dem er ihr die von ihm zur Übersetzung vorgesehenen Theaterstücke nennt und sich eingehend über ihre Geschichte ausläßt, zu der er so schlicht und sorgsam kritische Anmerkungen macht, als habe er in dieser Minute nichts anderes im Kopf. Dieser Brief ist ein Denkmal seiner erstaunlichen Geisteskraft; man vermag ihn nicht ohne Rührung und andächtige Wehmut zu lesen: Sein klarer, offenherziger Stil bewegt einen zutiefst, wenn man daran denkt, daß der Schreiber eine Stunde, nachdem er ihn so sorglos verfaßte, bereits tödlich verwundet war. Laut Abmachung sollte sich Puschkin zur festgesetzten Stunde in Wolfs Konditorei, glaube ich, mit seinem Sekundanten treffen, von wo aus sie an Ort und Stelle fahren wollten; er traf dort um [Auslassung] Uhr ein. Dansas erwartete ihn bereits mit dem Schlitten, und sie fuhren los. Der ausgewählte Platz lag in einem Wald, beim sogenannten Kommandantensommerhaus. Als sie die Stadt verließen, erblickten sie vor sich einen anderen Schlitten. Das war Heeckeren mit seinem Sekundanten. Sie hielten fast gleichzeitig und traten seitlich zur Straße in den knietiefen Schnee. An der erwählten Stelle mußte eine Fläche in den Schnee gestampft werden, damit die Gegner sich ungehindert aufstellen und aufeinander zugehen konnten. Diese Arbeit besorgten die beiden Sekundanten und Heeckeren; Puschkin setzte sich auf einen Schneehaufen und sah der verhängnisvollen Vorbereitung mit größtem Gleichmut zu. Schließlich war ein Pfad von einem Arschin Breite und zwanzig Schritt Länge getreten. Die Mäntel wurden als Barrieren ausgelegt, in zehn Schritt Entfernung; jeder stellte sich fünf Schritt hinter den seinen. Dansas schwenkte den Hut, beide gingen los, Puschkin war fast bis an seine Barriere heran, da schoß Heeckeren, noch einen Schritt von der seinen entfernt. Puschkin stürzte vornüber auf seinen Mantel, seine Pistole bohrte sich so in den Schnee, daß sich der ganze Lauf verstopfte. ›Je suis blessé‹,[1] sagte er im Fallen. Heeckeren wollte sich ihm nähern, da raffte er sich zusammen und rief: ›Ne bougez pas; je me sens encore assez fort pour tirer mon coup.‹[2] Dansas reichte ihm eine andere Pistole. Er stützte sich auf den linken Arm, zielte im Liegen und schoß. Heeckeren sank zu Boden, ohne jedoch lebensgefährlich verletzt zu sein; die Kugel war durch das Fleisch des rechten Armes gedrungen, mit dem er seine Brust gedeckt hatte, und dann mit da-

[1] frz., Ich bin verwundet. – [2] frz., Rühren Sie sich nicht von der Stelle, ich habe noch genügend Kraft, um meinen Schuß abzugeben.

durch verminderter Gewalt auf einen Hosenträgerknopf oberhalb der Hüfte getroffen. Dieser Knopf hatte Heeckeren gerettet. Puschkin, der ihn stürzen sah, warf seine Pistole in die Höhe und rief: ›Bravo!‹ Indessen rann das Blut aus der Wunde, der Verletzte mußte weggebracht werden, doch ihn auf den Armen zum Schlitten zu tragen, war unmöglich. So führte man den Schlitten zu ihm heran, zu welchem Zweck ein Zaun niedergebrochen werden mußte. Man brachte ihn zur Straße, wo Heeckerens Kutsche auf ihn wartete, in die er sich mit Dansas setzte. Ein Arzt war nicht mit auf der Kampfstatt. Unterwegs litt er offenbar keine Schmerzen, zumindest ließ er sich nichts anmerken, er zeigte sich im Gegenteil sogar heiter, plauderte mit Dansas und erzählte ihm Anekdoten.

Um sechs Uhr langten sie beide zu Hause an. Der Kammerdiener nahm den Verwundeten auf die Arme und trug ihn die Treppe hinauf. ›Betrübt es dich, daß du mich tragen mußt?‹ fragte ihn Puschkin. Seine arme Frau, die ihn im Vorzimmer erwartete, fiel sogleich in Ohnmacht. Man schaffte ihn in sein Kabinett; er befahl, frische Wäsche zu bringen, kleidete sich selbst aus und legte sich auf das in seinem Arbeitszimmer stehende Sofa. Seine Frau, inzwischen zu sich gekommen, begehrte Einlaß, doch er rief mit lauter Stimme: ›N'entrez pas‹,[1] denn er wollte sie seine Wunde nicht sehen lassen, deren Gefährlichkeit er selbst spürte. Er war in diesem Augenblick völlig entkleidet. Man schickte nach den Ärzten. Arendt war nicht zu erreichen, es kamen Scholz und Sadler. Zu dieser Zeit waren Dansas und Pletnjow anwesend. Puschkin hieß sie hinausgehen, dann reichte er Scholz die Hand und sagte: ›Es steht schlecht um mich.‹ Die beiden Ärzte untersuchten die Wunde, und Sadler fuhr weg, einige nötige Instrumente zu

[1] frz., Kommen Sie nicht herein.

holen. Mit Scholz allein geblieben, fragte Puschkin: ›Wie denken Sie über meine Verletzung? Ich habe bei dem Schuß einen heftigen Schlag in die Seite verspürt und zugleich einen heißen Stich ins Kreuz. Unterwegs hat es stark geblutet. Sprechen Sie offen, was halten Sie von der Wunde?‹ – ›Ich kann es Ihnen nicht verbergen, sie ist gefährlich.‹ – ›Sagen Sie mir, muß ich daran sterben?‹ – ›Ich halte es für meine Pflicht, Ihnen auch das nicht zu verheimlichen. Aber wir wollen auch die Meinung von Arendt und Solomon hören, nach denen bereits geschickt worden ist.‹ – ›Je vous remercie, vous avez agi en honnête homme envers moi‹,[1] erwiderte Puschkin. Er schwieg eine Weile, wischte sich mit der Hand über die Stirn und fügte dann hinzu: ›Il faut que j'arrange ma maison.[2] Mir scheint, ich verliere viel Blut.‹ Scholz sah sich die Wunde an und stellte fest, daß sie nur mäßig blutete. Er legte eine neue Kompresse auf. ›Möchten Sie nicht einige Ihrer nächsten Freunde sehen?‹ fragte er. Die Augen auf seine Bibliothek gerichtet, sagte Puschkin: ›Lebt wohl, Freunde!‹ Von wem er in dieser Minute Abschied nahm, von seinen lebenden Freunden oder von den unbelebten, weiß ich nicht. Kurz darauf fragte er: ›Glauben Sie etwa, daß ich die nächste Stunde nicht überlebe?‹ – ›Aber nein! Ich dachte nur, es wäre Ihnen angenehm, jemanden aus Ihrem Freundeskreis bei sich zu haben. Herr Pletnjow ist hier.‹ – ›Ja. Aber ich würde gern Shukowski sehen. Geben Sie mir einen Schluck Wasser, mir ist übel.‹ Scholz faßte nach dem Puls; Puschkins Hand fühlte sich kalt an, sein Puls war schwach und schnell wie bei einer inneren Blutung. Der Arzt ging hinaus, um etwas zu trinken zu holen und um nach mir zu schicken. Ich war zu dieser Zeit nicht zu Hause, und ich

[1] frz., Ich danke Ihnen, Sie verfahren mit mir wie ein Ehrenmann.
[2] frz., Ich muß mein Haus ordnen.

weiß auch nicht, wie es geschehen konnte, daß mich niemand fand. Inzwischen trafen Sadler und Solomon bei Puschkin ein. Scholz verließ den Kranken, der ihm herzlich die Hand drückte, ohne jedoch ein Wort zu sagen.

Bald danach erschien Arendt. Er war schon beim ersten Blick davon überzeugt, daß keinerlei Hoffnung bestand. Sein vordringlichstes Bemühen galt dem Stillen der inneren Blutung. Man legte dem Patienten Eiskompressen auf den Leib und reichte ihm kühlende Getränke. Das hatte die erwünschte Wirkung: Die Blutung stockte. Die gleiche Behandlung übernahm danach Spasski, Puschkins Hausarzt, der nach Arendt eintraf und die ganze Nacht am Krankenlager blieb. ›Es steht schlecht um mich‹, sagte Puschkin, als er Spasski erblickte und ihm die Hand reichte. Dieser bemühte sich, ihn zu beruhigen, doch Puschkin machte nur eine abwehrende Geste. Von diesem Augenblick an schien die Sorge um sich selbst vergessen, seine Gedanken kreisten jetzt um seine Frau. ›Machen Sie ihr keine falschen Hoffnungen‹, sagte er zu Spasski, ›verheimlichen Sie ihr nicht, wie die Dinge liegen; sie ist keine Heuchlerin, das wissen Sie ja. Im übrigen machen Sie mit mir, was Sie wollen, ich bin mit allem einverstanden und auf alles gefaßt.‹

Als Arendt vor seinem Aufbruch an Puschkins Lager trat, sagte dieser zu ihm: ›Bitten Sie den Zaren, mir zu vergeben, und verwenden Sie sich auch für Dansas, der mir nahesteht wie ein Bruder; er ist unschuldig, ich habe ihn von der Straße weg mitgeschleppt.‹ Darauf fuhr Arendt weg. Zu dieser Zeit waren wir alle bereits versammelt: Fürst Wjasemski, die Fürstin, Graf Wielgorski und ich. Die Fürstin saß bei Puschkins Frau, deren Zustand nicht zu beschreiben ist. Wie ein Gespenst huschte sie manchmal in das Zimmer ihres sterbenden Gatten; er konnte sie nicht sehen, weil er mit dem Gesicht von den Fenstern neben der

Tür abgewandt auf dem Sofa lag, doch jedesmal, wenn sie hereinkam oder auch nur in der Tür stand, spürte er ihre Nähe. ›Meine Frau ist hier‹, sprach er. ›Führt sie hinaus.‹ – ›Was macht meine Frau?‹ erkundigte er sich einmal bei Spasski. ›Die Arme wird schuldlos leiden müssen. Die Leute werden sie verschlingen.‹ Überhaupt zeigte er sich vom Beginn bis zum Ende seiner Leiden erstaunlich hart (außer in zwei oder drei Stunden der ersten Nacht, in denen seine Schmerzen alles von Menschen Ertragbare überstiegen). ›Ich war in dreißig Schlachten‹, sagte Doktor Arendt, ›und habe viele Sterbende gesehen, aber so etwas nur selten.‹

Besonders bemerkenswert ist überdies, daß Puschkin in diesen letzten Stunden seines Lebens gleichsam ein anderer wurde: Der Sturm, der noch wenige Stunden zuvor seine Seele zu jähzorniger Leidenschaft aufgepeitscht hatte, war abgeflaut, ohne die geringste Spur zu hinterlassen; kein Wort, keine Andeutung fiel mehr über das Duell. Nur einmal, als Dansas von Heeckeren sprach, sagte er: ›Ihr sollt mich nicht rächen! Ich habe alles vergeben.‹

Und noch ein sehr rührendes Detail: Er hatte am Morgen des Duelltages die Einladung zur Beerdigung von Gretschs Sohn erhalten. Daran erinnerte er sich jetzt trotz seiner Schmerzen. ›Wenn Sie Gretsch sehen‹, sagte er zu Spasski, ›so grüßen Sie ihn und versichern Sie ihm, daß ich an seinem Verlust herzlichen Anteil nehme.‹ Man fragte ihn, ob er beichten und das Abendmahl nehmen wolle. Er stimmte lebhaft zu, und es wurde beschlossen, am Morgen den Geistlichen zu rufen.

Um Mitternacht kehrte Doktor Arendt zurück.

Er war, nachdem er Puschkin verlassen hatte, ins Schloß gegangen, hatte jedoch den Zaren, welcher im Theater weilte, nicht angetroffen und daher dem Kammerdiener aufgetragen, Seiner Majestät bei deren Rückkehr über das

Vorgefallene Bericht zu erstatten. Daraufhin hatte ihm gegen Mitternacht ein Kurier des Zaren den Befehl überbracht, sich unverzüglich zu Puschkin zu begeben, diesem einen von Seiner Majestät eigenhändig geschriebenen Brief zu verlesen und danach sogleich über alles Nachricht zu geben. ›Ich werde mich nicht hinlegen, sondern warten‹, hieß es in dem Schreiben an Arendt. Den Brief für Puschkin sollte er wieder mit zurückbringen. Und was stand darin? ›Für den Fall, daß wir uns nach Gottes Ratschluß nicht wiedersehen sollten, sende ich Dir meine Vergebung und zugleich den Rat: Beende Dein Leben wie ein Christ. Um Deine Frau und Deine Kinder mach Dir keine Sorgen: Ich nehme sie in meine Vormundschaft.‹

Wie sehr wünschte ich, in einfachen Worten ausdrücken zu können, was beim abermaligen Lesen dieser Zeilen meine Seele bewegt! Welch ergreifendes Ende der irdischen Bindung zwischen dem Zaren und dem, dessen er sich einst in väterlicher Weise annahm und den er bis zur letzten Minute nicht im Stich ließ! Wieviel Schönes, wieviel Menschliches liegt in dieser Gefühlsaufwallung, in dem eiligen Versuch, Puschkins Seele noch vor dem Entweichen zu fassen, sie für das künftige Leben zu läutern und ihr Mut zu machen durch einen letzten irdischen Trost. ›Ich werde mich nicht hinlegen, sondern warten!‹ Was sann er wohl in diesen Minuten, wo war er mit seinen Gedanken? Gewiß am Lager des Sterbenden als dessen guter irdischer Genius, geistiger Vater und Mittler zum Himmel wie auf Erden. Der angedeutete Wunsch des Zaren wurde sogleich erfüllt. Man schickte nach dem Geistlichen der nahen Kirche, der Sterbende beichtete und empfing tiefbewegt das Abendmahl. Als Arendt ihm den Brief des Zaren verlas, küßte Puschkin statt einer Antwort das Papier und gab es lange nicht aus der Hand, doch Arendt konnte es ihm nicht lassen. Mehrere Male wiederholte

Puschkin: ›Geben Sie mir den Brief, ich möchte mit ihm sterben. Den Brief! Wo ist der Brief?‹ Arendt beruhigte ihn mit dem Versprechen, den Zaren diesbezüglich um Erlaubnis zu bitten. Bald darauf fuhr er ab.

Bis fünf Uhr morgens hielten sich Puschkins Leiden in Grenzen. Die Blutung war durch die kalten Kompressen zum Stillstand gebracht. Gegen fünf Uhr jedoch wurde der Schmerz im Leib unerträglich, seine Stärke übertraf die Kraft der Seele. Der Patient begann zu stöhnen, und man schickte abermals nach Arendt. Nach seiner Ankunft hielt man es für angezeigt, ein Klistier zu setzen, doch es half nicht, sondern vermehrte nur die Qualen, die in ihrer übermächtigen Stärke bis sieben Uhr morgens andauerten.

Wie wäre es wohl der armen Ehefrau ergangen, hätte sie während dieser zwei Stunden die Schreie ihres Gatten mit anhören müssen? Ich bin überzeugt, ihr Verstand hätte solche seelische Folter nicht ertragen. Doch es geschah dies: Sie lag völlig erschöpft im Empfangszimmer, mit dem Kopf zur Tür, die allein sie vom Lager ihres Mannes trennte. Bei dessen erstem entsetzlichen Schrei lief die Fürstin Wjasemskaja, die sich im selben Raume aufhielt, sogleich zu ihr, weil sie befürchtete, es könnte ihr etwas zustoßen. Doch die Ärmste lag unbeweglich (obwohl sie kurz zuvor noch geredet hatte): Ein tiefer lethargischer Schlaf hielt sie gefangen, und zwar, wie absichtlich vom Himmel gesandt, genau so lange, bis jenseits der Tür das letzte Stöhnen verklang. Auch in diesen Minuten der grausamen Prüfung erwies sich, nach den Worten Spasskis und Arendts, die seelische Kraft des Sterbenden in ihrem ganzen Ausmaß: Wo es ihn drängte, laut zu schreien, da stöhnte er nur, um, wie er selbst sagte, seine Frau nicht zu erschrecken. Gegen sieben Uhr ließ der Schmerz nach. Es sei bemerkt, daß er in all dieser Zeit bis ans Ende bei klarem Verstande war und sein Gedächtnis frisch blieb. Schon vor dem Einsetzen der heftigen Schmerzen hatte er Spasski zu sich gebeten, ihm ein mit russischer Schrift bedecktes Papier reichen lassen und ihm aufgetragen, es zu verbrennen. Danach rief er Dansas und diktierte ihm eine Notiz über einige Schulden. Das strengte ihn jedoch so an, daß er keine weiteren Verfügungen mehr zu treffen vermochte. Als gegen Morgen seine starken Schmerzen wichen, sagte er zu Spasski: ›Meine Frau! Holen Sie meine Frau.‹ Den Abschied zwischen den beiden werde ich Dir nicht beschreiben. Dann verlangte er nach den Kindern, die zu Bette lagen; man brachte sie halb schlafend zu ihm. Er sah sie nacheinander schweigend an, legte jedem die Hand aufs Haupt, schlug das Kreuz über ihm und entließ es mit einer Handbewegung. ›Wer ist sonst noch hier?‹ fragte er Spasski und Dansas. Sie nannten mich und Wjasemski. ›Ruft sie herein!‹ sagte er mit schwacher Stimme. Ich ging zu ihm, ergriff seine schon erkaltende Hand, die er mir entgegenstreckte, und küßte sie, keines Wortes mächtig; er winkte mir zu, und ich trat zurück. Auf die gleiche Weise nahm er auch von Wjasemski Abschied. In diesem Augenblick fuhr Graf Wielgorski vor. Auch er ging zu ihm und reichte ihm zum letztenmal im Leben die Hand. Es war offensichtlich, daß der Kranke sich beeilte, seine letzten irdischen Rechnungen zu begleichen, er hörte gleichsam schon den Tod nahen. Selbst nach seinem Puls fühlend, sagte er zu Spasski: ›Es geht zu Ende.‹

›Frau Karamsin! Ist sie da?‹ fragte er wenig später. Katerina Andrejewna war nicht anwesend; man schickte sofort nach ihr, und bald darauf traf sie ein. Sie weilte nur etwa eine Minute an seinem Lager, doch als sie zurücktrat, rief er sie noch einmal und bat: ›Bekreuzen Sie mich!‹ Darauf küßte er ihr die Hand. Zu dieser Zeit kam abermals Doktor Arendt. ›Ich warte auf das Wort des Zaren, um in Ruhe zu sterben‹, sagte Puschkin zu ihm. Dies war für mich ein

Auftrag, und ich beschloß, augenblicks zu Seiner Majestät zu fahren, um das Gehörte zu berichten. Dazu muß man wissen, daß ich, nachdem ich von Puschkin Abschied genommen hatte, noch einmal an sein Lager getreten war und ihn gefragt hatte: ›Ich werde vielleicht gleich den Zaren sehen, was soll ich ihm von dir sagen?‹ – ›Sag ihm‹, hatte er erwidert, ›es täte mir leid zu sterben, ohne ganz mit ihm im reinen zu sein.‹

Unten an der Vortreppe kam mir ein Kurier entgegen, den der Zar bereits nach mir geschickt hatte. ›Verzeih mir, daß ich dich weggeholt habe‹, sagte dieser bei meinem Eintritt in sein Kabinett zu mir. ›Majestät, ich war selbst schon auf dem Wege zu Euch, als Euer Bote mich traf.‹ Und ich gab ihm Puschkins Worte wieder. ›Ich hielt es für meine Pflicht, dies Euer Majestät unverzüglich zu melden. Wahrscheinlich macht er sich auch Sorgen wegen Dansas.‹ – ›Ich kann die Gesetze nicht abändern‹, erwiderte der Zar, ›doch ich werde mein möglichstes tun. Sag ihm, daß ich ihm zur Erfüllung seiner Christenpflicht gratuliere; wegen seiner Frau und seiner Kinder aber braucht er sich keine Gedanken zu machen. Dir befehle ich, falls er stirbt, seine Schriften zu versiegeln, du wirst sie später selbst durchsehen.‹

Ich brachte Puschkin die trostreiche Antwort des Zaren. Er hörte mich an, hob mit einer krampfartigen Bewegung die Arme gen Himmel und entgegnete: ›Nun bin ich ruhig! Sage dem Zaren, ich wünsche ihm eine lange, lange Herrschaftszeit sowie Glück mit seinem Sohn und Glück in seinem Rußland.‹ Er sprach mit schwacher Stimme und stokkend, doch deutlich. Eine ihm inzwischen gereichte Dosis Opium hatte seine Schmerzen ein wenig betäubt; auf den Leib legte man ihm jetzt statt der kalten Kompressen lindernde Wundsalben, und das tat ihm gut. Er befolgte nunmehr willig die ärztlichen Anordnungen, die er vordem hartnäckig abgelehnt hatte, weil er, erschreckt durch seine Qualen, den Tod als Erlöser erwartete. Nun hingegen zeigte er sich gehorsam wie ein Kind; er legte sich selbst die Verbände auf und half denen, die sich um ihn zu schaffen machten, kurz, er fühlte sich sehr viel besser. So fand ihn Doktor Dal, der um zwei Uhr kam. ›Mit mir sieht's schlecht aus, Bruder‹, sagte Puschkin mit einem Lächeln zu ihm. Zu diesem Zeitpunkt wirkte er jedoch allgemein ruhiger, seine Hände fühlten sich wärmer an, sein Puls war deutlicher. Dal, der sich von Anfang an zuversichtlicher zeigte als die anderen, machte ihm Mut. ›Wir sind alle guter Hoffnung‹, erwiderte er, ›verzweifle auch du nicht.‹ – ›Ach nein‹, entgegnete Puschkin, ›meines Bleibens ist hier nicht, ich sterbe, es soll wohl so sein.‹ Zu dieser Zeit war sein Puls kräftiger und stetig. Eine allgemeine Körperhitze zeigte sich. Man setzte ihm Blutegel an, doch da wurde der Puls merklich schwächer, stockend und sehr viel flacher. ›Ich habe mich wie ein Ertrinkender an einen Strohhalm geklammert‹, sagt Dal, ›und mit zaghafter Stimme immer wieder Hoffnung geäußert, aber damit habe ich nur mich selbst und die anderen betrogen.‹ Puschkin, der Dals Optimismus spürte, ergriff dessen Hand und fragte: ›Kann uns niemand hören?‹ – ›Nein, niemand.‹ – ›Sag mir die Wahrheit, Dal: Werde ich bald sterben?‹ – ›Wir hoffen, daß du durchkommst, Puschkin, wirklich, wir hoffen es.‹ – ›Nun, so hab Dank!‹ antwortete der Kranke. Dies war jedoch offensichtlich das einzige Mal, daß er sich solchem Trost hingab; weder vordem noch nachher glaubte er an seine Genesung.

Fast die ganze Nacht hielt er Dals Hand (es war die Nacht zum Neunundzwanzigsten, in der Dal an seinem Lager saß und Wjasemski, Wielgorski und ich im angrenzenden Empfangszimmer wachten); er ließ oft ein Stückchen oder einen Teelöffel voll Eis im Mund zergehen, wobei er sich immer selbst versorgte: Er nahm das Glas vom nahen Bord, rieb seine Schläfen mit Eis, legte sich selbst warme Umschläge auf den Leib, wechselte sie selbst, und so fort. Es quälten ihn jetzt weniger die Schmerzen als eine übermächtige Schwermut. ›Ach, wie betrüblich ist das alles!‹ rief er manchmal, das Haupt mit den Händen bedeckend. ›Mein Herz vergeht vor Gram.‹ Dann bat er, ihn aufzurichten, auf die Seite zu drehen oder sein Kissen zurechtzurükken; doch noch ehe Dal damit zu Rande gekommen war, unterbrach ihn Puschkin gewöhnlich mit den Worten: ›Laß nur, es ist gut so, sehr schön, das genügt, jetzt ist mir wohler‹, oder ›Hör auf, es geht schon, nimm nur meine Hand – ja, so ist es gut, wunderbar.‹ (Genau so drückte er sich aus.) ›Er zeigte sich vor mir‹, sagt Dal, ›überhaupt sehr taktvoll und folgsam wie ein Kind, er tat alles, was ich von ihm verlangte.‹

Einmal fragte er Dal: ›Wer ist bei meiner Frau?‹ Dal erwiderte: ›Viele gute Menschen nehmen Anteil; das große Zimmer und die Diele sind voll vom Morgen bis in die Nacht.‹ – ›Ich danke allen‹, entgegnete Puschkin, ›aber geh doch zu meiner Frau und sage ihr, es sei alles, gottlob, nicht so schlimm, sonst reden die anderen ihr alles mögliche ein.‹ Dal hatte die Wahrheit gesprochen: Seit dem Morgen des Achtundzwanzigsten, an dem sich in der Stadt die Nachricht verbreitet hatte, daß Puschkin im Sterben liege, war das Empfangszimmer ständig voller Besucher; die einen erkundigten sich nach seinem Befinden durch Boten, andere, Leute jeden Standes, Bekannte und Fremde, erschienen selbst. In diesem spontanen, durch niemanden angeregten Kommen und Gehen äußerte sich auf rührende Weise die nationale, allgemeine Trauer. Die Zahl der Nachfragenden wurde am Ende so groß, daß die Eingangstür ins Empfangszimmer (das an das Kabinett grenzt, wo der Sterbende lag) unaufhörlich in Bewegung blieb. Dies beunruhigte den Patienten, und wir entschieden uns, die Tür zur Diele abzuschließen. Wir schoben eine Truhe davor und öffneten stattdessen eine andere, schmale, durch die man von der Treppe in die Anrichte gelangt; das Empfangszimmer grenzten wir gegen den Speiseraum durch Wandschirme ab (Du ersiehst die Anordnung aus der beiliegenden Skizze). Von diesem Augenblick an war die Anrichte voller Menschen; das Eßzimmer betraten nur nähere Bekannte. Ihre Gesichter drückten innige Anteilnahme aus, sehr viele weinten.

Der Zar wurde von Doktor Arendt auf dem laufenden gehalten (der den Kranken tagsüber wohl an die sechsmal und auch in der Nacht mehrmals aufsuchte); die Großfürstin, welche Puschkin sehr liebte, sandte mir mehrere Billetts, auf die ich Ihrer Hoheit genaueste Rechenschaft über den Verlauf der Krankheit gab. Solche Anteilnahme war rührend, doch nur natürlich, sowohl von seiten des Zaren, dem der Ruhm der Nation am Herzen liegt, welcher Art er auch immer sei (dies ist ein kennzeichnender Charakterzug unseres derzeitigen Herrschers: Er liebt alles Russische, läßt neue Denkmäler errichten und hütet die alten), als auch von seiten der gesamten Nation, die in diesem Falle nicht nur eines Sinnes mit ihrem Zaren war, sondern zudem durch solche gemeinsame Liebe zum vaterländischen Ruhm die tiefverwurzelte moralische Bindung zwischen sich und ihm erkennen ließ. Der Zar ist natürlicherweise stolz auf sein Volk, sobald es ihn in seinen erhabenen Gefühlen versteht und gleich ihm das liebt, was es rühmlich von anderen Völkern unterscheidet oder diesen ebenbürtig macht; für das Volk ist es natürlich, seinem Zaren dankbar zu sein, in dem es den Verfechter seiner Ehre sieht.

Kurz gesagt: All die Beweise der uneingeschränkten Anteilnahme unserer guten Russen rührten mich zutiefst, erstaunten mich jedoch nicht. Dagegen bereitete mir das

Mitgefühl auch der Ausländer eine wohltuende Überraschung. Wir verloren etwas Ureigenes – was Wunder, daß wir trauerten? Wieso aber zeigten sich die Fremden so sehr bewegt? Was ging im Kopf des verehrten Barante vor, der lange voller Trübsal in der Diele stand, wo man rings um ihn mit bekümmerter Miene flüsternd das Geschehen hinter der Tür erörterte? Es ist nicht schwer zu erraten. Ein Genie ist Gemeingut, in seiner Verehrung sind sich alle Völker verwandt, und wenn es vor der Zeit diese Erde verläßt, dann geben sie ihm alle in der gleichen brüderlichen Trauer das Geleit. Das Genie Puschkin gehörte nicht nur allein Rußland, sondern ganz Europa, und deshalb eben kam der französische Gesandte (selbst ein bekannter Dichter) in *eigener* Betrübnis an des Sterbenden Tür, deshalb trauerte er um *unseren* Puschkin wie um den *seinen*. Deshalb auch sagte Lützerode, der sächsische Gesandte, am Montag abend zu seinen Gästen: ›Heute wird bei mir nicht getanzt, denn heute war Puschkins Totenmesse.‹

Zurück zu meinem Bericht. Obwohl Puschkin Dal gebeten hatte, seiner Frau Hoffnung zu machen, hegte er selbst doch keine. Einmal fragte er: ›Wie spät ist es?‹, und nach Dals Bescheid fuhr er mit stockender Stimme fort: ›Muß ich mich noch lange so quälen? Wenn es doch schneller ginge!‹ Dies sagte er mehrmals: ›Ist bald ein Ende?‹, und immer fügte er hinzu: ›Wenn es doch schneller ginge!‹ Allgemein jedoch zeigte er sich (nach den zwei Stunden währenden heftigen Attacken in der ersten Nacht) erstaunlich geduldig. Wenn Trübsal und Schmerzen ihn übermannten, bewegte er nur die Hände, oder er keuchte in kurzen Abständen, doch so, daß man es kaum hörte. ›Du mußt es erdulden, Freund, wir können nichts tun‹, sagte Dal zu ihm, ›aber schäme dich deiner Schmerzen nicht, stöhne, dann wird dir leichter.‹ – ›Nein‹, erwiderte er mühsam, ›nein … das kann ich nicht … meine Frau würde es hören. Es wäre ja lächerlich, wenn ich mich von solchen Nichtigkeiten … überwältigen ließe. Das will ich nicht.‹

Ich verließ ihn um fünf Uhr morgens und kehrte zwei Stunden später, also um sieben Uhr, zurück. Nach der doch recht ruhigen Nacht war ich fast mit einer gewissen Hoffnung zu mir nach Hause gefahren, bei meiner Rückkunft aber fand ich etwas anderes vor. Arendt sagte mir mit Entschiedenheit, daß es zu Ende gehe und Puschkin den Tag nicht überleben werde. In der Tat war der Puls wieder schwächer geworden, und er fiel noch merklich weiter ab; die Hände erkalteten zusehends. Der Kranke lag mit geschlossenen Augen, nur manchmal hob er die Hand, um Eis zu nehmen und sich damit die Stirn zu reiben.

Als es zwei Uhr mittags schlug, war in Puschkin nur noch für drei Viertelstunden Leben. Er öffnete die Lider und bat um eingemachte Torfbeeren. Als man sie brachte, sagte er matt: ›Rufen Sie meine Frau herein, sie soll sie mir geben.‹ Seine Frau kam, ließ sich ihm zu Häupten auf die Knie nieder und reichte ihm ein paar Löffel des Kompotts, dann schmiegte sie ihr Antlitz an das seine; Puschkin strich ihr über den Kopf und sagte: ›Na, na, laß nur, es ist ja Gott sei Dank alles gut. Nun geh.‹ Sein ruhiger Gesichtsausdruck und seine feste Stimme trogen die arme Frau, so daß sie freudestrahlend ging. ›Sie werden sehen‹, sagte sie zu Doktor Spasski, ›er wird leben, er wird nicht sterben.‹

Doch in dieser Minute begannen schon die letzten Lebensregungen. Ich stand mit dem Grafen Wielgorski am Kopfende des Lagers, Turgenew zur Seite. Dal flüsterte mir zu: ›Er verläßt uns.‹ Doch seine Gedanken waren noch völlig ungetrübt. Nur gelegentlich schien ein traumähnliches Entrücktsein sie zu überschatten. So ergriff er einmal Dals Hand, drückte sie und sprach: ›Zieh mich empor, laß uns höher steigen, immer höher … Komm, komm!‹ Gleich darauf aber sagte er, wieder klaren Sinnes: ›Mir war, als kletterte ich mit dir über meine Bücher und Regale hier in die Höhe, immer weiter hinauf, bis uns der Kopf schwindelte.‹ Wenig später tastete er abermals, ohne die Augen aufzuschlagen, nach Dals Hand, zog sie zu sich und sagte: ›Komm bitte, versuchen wir's zusammen.‹ Dal griff ihm auf diese Bitte hin unter die Achseln und richtete ihn ein wenig auf. Da hob Puschkin plötzlich, gleichsam erwachend, rasch die Lider, sein Antlitz verklärte sich, und er sprach: ›Mein Leben ist zu Ende.‹ Dal, der ihn nicht richtig verstanden hatte, erwiderte: ›Ja, gleich, jetzt liegst du besser.‹ – ›Mein Leben ist zu Ende‹, wiederholte Puschkin deutlich und betont. ›Das Atmen wird mir schwer, es schnürt mir die Brust zusammen.‹ Dies waren seine letzten Worte. Ich wandte kein Auge von ihm und bemerkte, daß sich seine Brust nicht mehr, wie bisher, regelmäßig, sondern in Intervallen hob und senkte. Bald hörte überhaupt jede Bewegung auf. Ich starrte ihn an, auf den letzten Seufzer wartend, vernahm jedoch keinen. Die Stille, die ihn plötzlich umgab, schien mir eher erquickend für ihn. Niemand sprach. Nach etwa zwei Minuten fragte ich: ›Was ist mit ihm?‹ – ›Er hat ausgelitten‹, erwiderte Dal. So still, so geheimnisvoll ist seine Seele entwichen. Wir umstanden ihn lange schweigend und regungslos, keiner wagte an das erhabene Geheimnis des Todes zu rühren, das sich vor uns in all seiner ergreifenden Weihe vollzogen hatte.

Als schließlich alle gegangen waren, setzte ich mich vor ihn hin und betrachtete in Einsamkeit lange sein Antlitz. Nie zuvor hatte ich einen solchen Ausdruck auf diesem erblickt wie jetzt unmittelbar nach seinem Tode. Das Haupt war leicht zur Seite geneigt, die Hände, wenige Minuten zuvor noch in krampfhafter Bewegung, lagen ruhig ausgestreckt wie nach schwerer Arbeit zur Rast herabgesunken. Was aber sein Gesicht ausdrückte, vermag ich in Worten nicht zu beschreiben. Es wirkte für mich gänzlich neu und doch so vertraut! Nicht Schlaf spiegelte sich auf ihm wider noch Ruhe, nicht die Geisteskraft, die seine Züge vordem so deutlich gezeichnet hatte, ja nicht einmal die dichterische Gabe, nein! Es schien vielmehr ein tiefer, erstaunlicher Gedanke auf ihm erblüht, etwas wie eine Vision, ein vollständiges, gründliches, befriedigtes Wissen. Während ich den Verblichenen betrachtete, hätte ich ihn immerfort fragen mögen: Was siehst du, Freund? Und was hätte er mir wohl geantwortet, wäre er für eine Minute auferstanden? Dies sind Augenblicke in unserem Leben, die man mit vollem Recht groß und erhaben nennen darf. Ich kann sagen, daß ich den Tod selbst geschaut habe, den göttlich sakrosankten, den Tod ohne Schleier. Welch Stempel hatte er Puschkins Antlitz aufgedrückt, wie wundersam ließ er auf ihm sein eigenes wie auch des Verstorbenen Geheimnis ahnen! Ich versichere Dir, daß ich nie zuvor auf Puschkins Angesicht einen Ausdruck so erhabener, feierlicher Gedankentiefe erblickt habe. Gewiß bemerkte man auch früher gelegentlich einen Anflug davon auf ihm, doch in solcher Reinheit offenbarte sie sich erst, nachdem die Berührung durch den Tod alles Irdische von ihm genommen hatte. Dieserart war das Ende unseres Puschkin.

Ich will in wenigen Worten beschreiben, was nachher geschah. Zum Glück fiel mir rechtzeitig ein, daß man eine Totenmaske von ihm nehmen müsse. Dies wurde unverzüglich besorgt, noch ehe sich seine Züge verändern konnten. Natürlich hatten sie jenen ersten Ausdruck, den der Tod ihm verlieh, nicht bewahrt, doch wir besitzen immerhin einen ansprechenden Abdruck, wenngleich er Puschkin nicht im Sterben zeigt, sondern gleichsam schlafend. Eine Dreiviertelstunde nach seinem Hinscheiden (während der ich nicht von seiner Seite wich, in den Anblick seines herrlichen Antlitzes versunken) trug man den Leichnam in das angrenzende Zimmer, und ich versiegelte, dem Befehl des

Zaren gehorchend, das Kabinett mit meinem Petschaft. Über den Zustand der bedauernswerten Ehefrau werde ich schweigen. Bei ihr befanden sich in der ganzen Zeit die Fürstin Wjasemskaja, J. I. Sagrjashskaja sowie Graf und Gräfin Stroganow. Der Graf übernahm es, alle für die Bestattung nötigen Anordnungen zu treffen. Ich blieb noch eine Weile im Hause und fuhr dann zu Wielgorski zum Mittagessen, bei dem sich auch alle anderen versammelten, die Puschkins letzte Minute miterlebt hatten; er selbst weilte, schon vor den Ereignissen geladen, nun nur noch im Geiste unter uns: Es war mein Geburtstag. Ich hielt es für meine Pflicht, dem Zaren Puschkins Ableben zu schildern, und begab mich zu ihm; er hörte mich an, allein mit mir in seinem Kabinett: Diese denkwürdige Stunde meines Lebens werde ich nie vergessen.

Anderentags betteten wir, seine Freunde, Puschkin eigenhändig in den Sarg; gegen Abend des darauffolgenden Tages trugen wir ihn in die Marstallkirche. Auch an diesen beiden Tagen war der Raum, in dem er aufgebahrt lag, ständig voller Menschen. Es kamen gewiß über zehntausend, ihn zu sehen: Viele weinten, andere verweilten lange, als wollten sie sich sein Antlitz für immer ins Gedächtnis prägen. Es war etwas Erschreckendes in seiner Reglosigkeit inmitten all der Bewegung und etwas ergreifend Weihevolles in den leise aus dem Lärmen tönenden einförmigen Gebeten.

Besonders tief aber berührte es mich, daß der Zar gleichsam unter seinen Russen anwesend war, die so schlicht und demutsvoll im Verein mit ihm den Verlust ihres großen Landsmannes betrauerten: Jeder wußte bereits, wie Puschkin in seinen letzten Minuten vom Zaren getröstet worden und mit welcher Anteilnahme dieser um des Sterbenden christliche Buße besorgt gewesen war, was er für die Hinterbliebenen zu tun versprach, wie er seinen Dichter würdigte und zusammen damit (als Richter und oberster Hüter der Moral) den unglückseligen Vorfall verurteilte, der uns Puschkin so plötzlich entrissen hat. Kaum einer der Besucher, die am Sarg beteten, gedachte nicht zugleich auch des Zaren, und man darf sagen, daß die bezeigte nationale Trauer um den Dichter auf die rührendste Weise dessen hochherzigem Gönner zum Ruhme gereicht.

Das Totenamt wurde am ersten Februar gehalten. Sehr viele unserer namhaften Persönlichkeiten sowie alle ausländischen Gesandten weilten in der Kirche. Wir trugen den Sarg hinab in das Kellergewölbe, wo er bis zu seinem Abtransport aus der Stadt stehen sollte. Am dritten Februar um zehn Uhr abends begaben wir uns zum letztenmal zu dem, was uns von Puschkin noch geblieben war. Eine letzte Seelenmesse wurde gelesen, dann lud man die Truhe mit dem Sarg auf einen Schlitten, und dieser fuhr ab. Ich folgte ihm beim Licht des Mondes noch eine Zeitlang mit dem Blick, doch er bog bald um eine Hausecke, und das, was auf Erden Puschkin gewesen war, entschwand für immer aus meinen Augen.

31.

An Alexander Ch. Benckendorff

[Februar–März 1837, Petersburg]

General Dubelt hat Ihnen gemeldet, und auch ich halte es für meine Pflicht, Euer Exzellenz darüber Bericht zu erstatten, daß wir die uns zugewiesene Aufgabe erfüllt und Puschkins sämtliche Papiere durchgesehen haben. Seine persönlichen *Briefe* wurden von General Dubelt allein gelesen und mir zum Versand gemäß ihrer Bestimmung übergeben; seine im Manuskript nachgelassenen *literarischen Schriften* haben wir nach Möglichkeit geordnet, geheftet, numeriert und gesiegelt, bereits gebundene Handschriften sowie nicht zusammengehörige einzelne Blätter lediglich numeriert. An *staatseigenen* Papieren war nichts vorhanden. Das Übersetzungsmanuskript von Korbs Schrift, das Graf Nesselrode erwähnt, befindet sich vermutlich in Puschkins Bibliothek, die wir uns in diesen Tagen vornehmen werden. Außer den aufgezeigten handschriftlichen Papieren fanden sich ein paar handgeschriebene alte Bücher, deren Durchsicht sich jedoch erübrigte, da sie der Bibliothek gehören. Über alle unsere Maßnahmen wurde ein Protokoll angefertigt, von dem Ihnen General Dubelt einen Auszug mit dem vollständigen Verzeichnis der Papiere Puschkins vorgelegt hat.

Da ich eine Gesamtausgabe von Puschkins Werken vorbereite und es überdies auf mich genommen habe, im laufenden Jahr zugunsten seiner Familie vier Nummern des ›Zeitgenossen‹ zu edieren, muß ich seine Manuskripte ständig einsehen, weshalb ich um die Erlaubnis bitte, sie unter der Verpflichtung bei mir zu behalten, daß ich sie nicht aus den Händen gebe und nichts daraus abschreiben lasse außer dem, was ich mit Genehmigung der Zensur zur Veröffentlichung im ›Zeitgenossen‹ und in den Gesammelten Werken selbst auswähle. Alle die numerierten und im Protokoll sowie in dem gesonderten Verzeichnis aufgeführten Manuskripte würden jederzeit bei mir zur Verfügung stehen und umgehend von mir der Regierung zur Durchsicht vorgelegt werden können. Da ich nunmehr nach der sorgsamen Durchsicht völlig sicher bin, daß in ihnen nichts Puschkins Andenken Befleckendes und für die Öffentlichkeit Schädliches enthalten ist, protestiere ich meiner eigenen Sicherheit wegen schon jetzt vor Euer Exzellenz gegen alles, was mit der Zeit, wie oftmals vordem, Puschkin an Korrumpierendem zugeschrieben werden könnte. Sollte ich aber wider Erwarten in seinem Nachlaß doch noch etwas Anstößiges entdecken, so würde ich ein derartiges Werk niemals verbreiten und niemandem eine Abschrift geben. Das versichere ich ein für allemal, und gegenteilige Behauptungen weise ich genauso entschieden zurück. Ich halte diese vorbeugende Erklärung für nötig, zumal ich bereits Zielscheibe einer häßlichen Denunziation gewesen bin. Es hieß, ich hätte drei Briefumschläge aus Puschkins Zimmer geschafft. Schon bei der geringsten Beachtung der Umstände hätte sich diese Anschuldigung als unwahrscheinlich erweisen müssen. Puschkin wurde am siebenundzwanzigsten Januar um sechs Uhr nachmittags nach Hause gebracht. Am achtundzwanzigsten um zehn Uhr früh geruhte Seine Majestät der Zar mich mit der Versiegelung von Puschkins Kabinett zu beauftragen (wobei er mir anheimstellte, alles Tadelnswerte in den Papieren zu verbrennen). Demnach hätte der Raub nur in der Zeit zwischen dem Siebenundzwanzigsten sechs Uhr und dem Achtundzwanzigsten zehn Uhr erfolgen können. Später, das heißt von dem Augenblick an, in dem mir die Obhut der Papiere übertragen wurde, war jedes Herausschaffen derselben unmöglich, es sei denn, ich wäre wider den Befehl des Zaren und mein Gewissen zum Dieb geworden. Aber das hätte ich erstens gar nicht nötig gehabt, denn mir war ja das gesamte Gut anvertraut, und ich hatte die Erlaubnis, alles zu verbrennen, was mir belastend schien – weshalb also stehlen, was ich schon hatte?; und zweitens konnte ich (selbst wenn ich dazu fähig gewesen wäre) gar keine bestimmten Papiere entfernen, weil ich nicht wußte, wo sie sich befanden – das hätte allein Puschkin sagen können, der aber lag im Sterben. Hier möchte ich jedoch bemerken, daß ich als erster einem solchen von ihm geäußerten Wunsch nachgekommen wäre, hätte er selbst mir aufgetragen (ehe ich vom Zaren den Befehl erhalten hatte, den Raum zu versiegeln), ein Papier, gleich welcher Art, herauszusuchen und zu vernichten oder jemandem zuzustellen. Wer würde ein solches Geheiß eines Sterbenden nicht gewissenhaft erfüllen wie ein Vermächtnis? Das ist sogar geschehen: Puschkin hieß Doktor Spasski ein von seiner Hand geschriebenes Blatt aus einem nahen Kasten holen und vor seinen Augen verbrennen; Dansas befahl er, eine Schatulle zu öffnen und eine darin befindliche Kette an sich zu nehmen. Darüber hinaus hat er jedoch keinerlei Anordnungen getroffen, er war dazu auch nicht mehr in der Lage. Ihn zu fragen, wo irgendwelche bestimmte Papiere lägen, fehlte also sowohl die Gelegenheit als auch die Zeit. Dennoch hörte ich von General Dubelt, es sei Euer Exzellenz durch eine Vertrauensperson (de haute volée)[1] hinterbracht worden, daß ich drei Briefumschläge entwendet hätte. Ich erriet sofort, worum es ging. Die Vertrauensperson konnte mich nur im *Empfangszimmer* beobachtet haben, nicht im *Vorraum*, in den die versiegelte Tür zu Puschkins Kabinett führte, wo er aufgebahrt lag und wo ich kaum ohne Zeugen gewesen wäre. Im Empfangszimmer aber war es durchaus nicht schwierig, nicht nur drei, sondern fünf Briefe bei mir zu erspähen; nur schade, daß die mir unbekannte Vertrauensperson nicht auf die Idee kam, sich gleich mit mir ins Benehmen zu setzen, was allerdings wohl auch nicht zu ihrer Rolle gehörte, aber sie hätte doch zumindest noch einige Einzelheiten erfragen können, anstatt so begierig an einen Diebstahl zu glauben und voller Freude die Gelegenheit zu nutzen, der Regierung eiligst einen Beweis ihrer scharfen Beobachtungsgabe hinsichtlich meiner Ehre und meines Gewissens zu liefern. Die fünf Umschläge enthielten nichts anderes als Puschkins Briefe an seine Frau, welche mir selbst angeboten hatte, sie zu lesen; ich heftete sie geordnet ein und gab sie ihr zurück.

[1] frz., hohen Standes.

Zum Glück habe ich die Kuverts nicht zerrissen, so daß sie jetzt als überzeugender Beweis für das von mir Gesagte dienen können. Es versteht sich von selbst, daß Briefe von der Art dieser mir anvertrauten nicht zu den Papieren zählen konnten, die zu sichten mir befohlen war. Im übrigen bestand auch gar keine Notwendigkeit, sie vorzulegen: Sie waren sämtlich bereits gelesen, wovon mich beiläufig der Umstand überzeugte, daß sich unter ihnen eben jener befand, aus dem man vor einem Jahr einige Stellen Seiner Majestät dem Zaren zur Kenntnis gebracht und damit dessen Zorn auf Puschkin heraufbeschworen hatte, da die Einzelstellen durchaus nicht den Sinn des Briefes insgesamt wiedergaben. Der Vorfall ist mir besonders gut erinnerlich, weil Euer Exzellenz mir seinerzeit den Auszug zeigten; ich habe ihn damals auf Verdacht gedeutet und sehe jetzt nach der Lektüre des Originals, daß meine Vermutung mich nicht getrogen hat.

Ich brauche Euer Exzellenz gewiß nicht zu versichern, welche Hochachtung ich (trotz mancherlei mich persönlich Bedrückendem) Ihrem edlen Charakter zolle. Davon sollten Sie selbst überzeugt sein. Zum neuerlichen Beweis meines Gefühls für Sie mag auch die Offenheit dienen, mit der ich Sie anzusprechen gesonnen bin. Sie wird einen Mann wie Sie weder kränken noch ihm auch nur unangenehm sein.

Zunächst zu Puschkin. Sein Tod hat alles offenbart; das unselige Vorurteil, das ihm die stürmischen Jahre seiner frühen Jugend für das ganze Leben eingetragen hatten und das bis ans Grab auf seiner leicht entflammbaren Seele lastete, muß nun, unglücklicherweise zu spät, den klar zutage liegenden Tatsachen weichen. Seine schriftliche Hinterlassenschaft ist durchgesehen. Man hatte geglaubt, in ihr viele neue Äußerungen wider die Regierung und die sittliche Ordnung zu entdecken. Stattdessen fanden wir solche, die eindeutig ein gänzlich anderes Denkbild liefern. Dies beweist vor allem auch ein an Tschaadajew adressierter Brief, den Puschkin offensichtlich nicht der Post hatte anvertrauen wollen und dann überhaupt nicht abschickte, wahrscheinlich weil er den Freund mit seinen Vorwürfen zu kränken fürchtete, nachdem dieser schon den verdienten Zorn des Zaren erfahren hatte. Kurzum, wir fanden nichts neues Verdammenswürdiges und konnten es auch nicht. Die alten, im Eifer der ersten Jugend verfaßten Schriften, die der Anlaß für das Vorurteil gegen Puschkin gewesen waren, hat dieser offenbar selbst vernichtet (soweit sich dies jetzt übersehen läßt); seine Papiere enthielten keinerlei derartige Manuskripte oder auch nur Entwürfe. Er hatte für sich das Urteil über seine Jugend gesprochen und aus freien Stücken alle ihre unglückseligen Spuren beseitigt. Was ist daraus zu folgern? Doch wohl, daß Puschkin in den letzten Jahren keineswegs mehr der war, den man auf Grund seines frühen Schaffens in ihm gesehen hat. Sind aber auch Sie dieser Meinung gewesen? Ich habe alle Briefe Euer Exzellenz an ihn gelesen: Sie drücken zugegebenermaßen sämtlich eine edle Absicht aus. Dennoch preßte sich mir bei ihrer Lektüre das Herz zusammen. In all den zwölf Jahren seit dem Augenblick, in dem sich der Zar so großmütig seiner angenommen hatte, veränderte sich seine Lage nicht; er stand fortgesetzt gleich einem mutwilligen Knaben, dem die Freiheit zu lassen man Bedenken trägt, unter strenger, quälender Aufsicht. Gewiß erfolgte die Überwachung, wie von Ihrer Seite nicht anders zu erwarten, in hochherzigen Formen, aber sie blieb doch ihrem Wesen nach eine solche. Die Jahre vergingen; Puschkin reifte und wurde besonnen. Trotzdem ließ man von den Vorsichtsmaßregeln gegen ihn nicht ab, ungeachtet des inneren charakterlichen Wandels. Er schrieb den ›Godunow‹, er schrieb das Poem ›Poltawa‹, seine Ode ›An die

Verleumder Rußlands‹ und die Dichtung ›Zur Einnahme von Warschau‹, das heißt all die herrlichen Werke, die in die Regierungszeit unseres jetzigen Zaren fallen; Sie aber beurteilten ihn weiterhin nach seiner Ode ›An die Freiheit‹ und dem 1820 verfaßten Gedicht ›Der Dolch‹ – Sie sahen in dem sechsunddreißigjährigen Puschkin immer noch den zweiundzwanzigjährigen. Ich frage Sie: Muß so etwas einen Menschen nicht verbittern? Unglücklicherweise ergab sich diese Lage ganz zwangsläufig. Sie konnten von Ihrem Posten aus nicht verfolgen, was in Puschkins Seele vor sich ging. Doch überlegen Sie selbst, wie Ihnen zumute gewesen wäre, hätte man Sie in Ihren reifen Jahren mit einem solchen Netz umgeben, jeden Ihrer Schritte beargwöhnt und Ihnen die Möglichkeit genommen, frei Ihren Aufenthaltsort zu wählen, ohne einen Verdacht oder einen Vorwurf auf sich zu ziehen! Ich habe in Ihren Briefen die Verweise gelesen, die Sie Puschkin erteilen, weil er nach Moskau oder nach Erzerum gefahren ist. Aber wo liegt da ein Verbrechen? Puschkin wollte eine Weile auf dem Lande leben, um dort in Ruhe seiner literarischen Tätigkeit nachzugehen – es wurde ihm unter dem Vorwand abgeschlagen, daß er in einem Dienstverhältnis stehe, in Wirklichkeit aber, weil Sie ihm nicht trauten. Worin bestand denn sein Dienst? Doch nur in seiner Zugehörigkeit zum Kollegium des Auswärtigen. Was aber hatte er im Grunde damit zu schaffen? Sein Dienst war seine Feder, waren sein ›Peter der Große‹, seine Poeme, seine Werke, die er zum Ruhme unserer Zeit geschrieben hätte! Ein solcher Dienst aber erheischt Einsamkeit in Freiheit. Konnte denn Puschkins leidenschaftliche, verbitterte Seele in seinen beengten häuslichen Verhältnissen die nötige Ruhe finden, inmitten jener Welt, deren Eitelkeit ihn aufregte, deren Selbstgefälligkeit ihn so sehr reizte und die ihn durch ihre tausend niederträchtigen Intrigen, aus deren Netz er sich nicht befreien konnte, schließlich vernichtete? Der Zar hat sich selbst zu Puschkins Zensor bestellt. Damit erwies er ihm eine große Gnade, die vor allem deshalb so wertvoll war, weil sie das ganze persönliche Wohlwollen unseres Herrschers für ihn zeigte. Doch ich sage es offen, sie brachte Puschkin in eine äußerst schwierige Lage. Sollte er denn Seine Majestät mit jeder Kleinigkeit behelligen, die er für irgendeine Zeitschrift geschrieben hatte? Auch konnte er vieles vom Zaren Angemerkte diesem nicht erklären – wo hätte Seine Majestät die Zeit hergenommen, ihn ständig anzuhören? Und wäre wohl Puschkin immer sofort dazu imstande gewesen? Erschienen aber irgendwelche kleinen Verse von ihm in einem Almanach (natürlich mit Wissen der Zensur), so wurde ihm dies als Schuld angerechnet und als Ungehorsam und Aufsässigkeit gedeutet; Euer Exzellenz rügten ihn mündlich oder schriftlich, wo doch sein Vergehen nur darin bestand, daß er eine solche Bagatelle dem Zaren vorzulegen für unnötig erachtet und sich mit dem Urteil der allgemeinen Zensur begnügt hatte (die mit ihm natürlich nicht glimpflicher verfuhr als mit anderen), wenn nicht gar seine Arbeiten, die ja handschriftlich kursierten, überhaupt ohne sein Wissen, doch wiederum mit Billigung der Zensur gedruckt wurden (wie es mit dem unseligen Gedicht auf Lukullus geschah, dessentwegen nicht nur Sie, sondern auch alle seine Freunde ihm ernsthafte Vorhaltungen machten). Bemerkt sei hier jedoch, daß er Böswilliges in der Art der Verse auf Lukullus nicht mehr verfaßt hat, seit ihm Seine Majestät der Zar in so heilsamer Weise seine Aufmerksamkeit zuwandte. Dafür wurde ihm oft genug Fremdes zugeschrieben, so dumm es auch sein mochte. Was ist denn im übrigen dieses Lukullus-Gedicht? Ein boshaftes Epigramm auf eine Person, nicht mal ein Pasquill, denn es wird kein Name genannt. Puschkin wollte sich damit für eine persönliche Kränkung rächen; ich billige seine moralische Haltung nicht, aber ich sehe darin noch keine Auflehnung gegen die Regierung. Was hat diese mit Epigrammen auf einzelne Personen zu schaffen? Selbst derjenige, der sich durch so etwas beleidigt fühlt, täte vernünftiger daran, es nicht auf sich zu beziehen. Geistesschärfe ist kein Staatsverbrechen. Ich könnte auf manchen in der Umgebung des Zaren und dessen Vertrauen Genießenden verweisen, der mit Epigrammen nicht geizt; zwar sind die Äußerungen dieser Leute nicht gereimt und auch nicht niedergeschrieben, doch dafür gehen sie in der Öffentlichkeit von Mund zu Mund (ohne Zensur) und prägen sich eben deshalb um so tiefer ein. Schließlich fand ich in einem der Briefe Euer Exzellenz auch einen Verweis dafür, daß Puschkin in Gesellschaft mehrfach eine von ihm verfaßte Tragödie vorgelesen habe, ehe sie genehmigt war. Ist das ein Verbrechen? Welcher Schriftsteller gibt seine Arbeiten nicht seinen Freunden zur Kenntnis, um deren Kritik zu hören? Soll er etwa sein Werk selber als verboten betrachten, solange es nicht offiziell erlaubt ist? Das Lesen vor Vertrauten gehört zu den beglückendsten Freuden eines Dichters. Jeder gönnt es sich, es ist eine völlig interne Angelegenheit wie ein Gespräch oder eine Korrespondenz. Es zu verbieten wäre dasselbe, als spräche man jemandem das Recht ab, zu denken, über seine Zeit zu verfügen und so weiter. Derlei Verbote schaden nur, weil sie eben sinnlos sind, die Gemüter reizen und niemals erfüllt werden können.

Was empfand nun Puschkin unter dem Joch all dieser Beschränkungen? Mußte er bei seinem ihm von der Natur verliehenen leidenschaftlichen Wesen, ohne das er kein Dichter hätte sein können, nicht notwendigerweise am Ende verzweifeln, nachdem er sah, daß weder die Jahre noch der veränderte Geist seiner Werke das Vorurteil zerstreuten, das ihm so hartnäckig anhaftete und sozusagen seine gesamte Zukunft vernichtete? Sie bezeichnen ihn auch jetzt noch als einen demagogischen Schriftsteller. Auf welche seiner Arbeiten berufen Sie sich dabei? Auf die alten oder die neuen? Was kennen Sie überhaupt von ihm außer dem, auf das die Polizei und einige seiner ihn heimlich verleumdenden literarischen Feinde Sie hinweisen? Sie haben doch gar nicht die Zeit, sich mit der russischen Literatur zu beschäftigen, und müssen sich in dieser Hinsicht auf die Meinung anderer verlassen. In Wahrheit ist Puschkin niemals ein demagogischer Dichter gewesen. Selbst einige nur handschriftlich verbreitete frühe Arbeiten, die sich sämtlich auf die Zeit vor 1826 beziehen, lassen ein solches Urteil nicht zu; sie waren einfach Sünden seiner anfangs ungezügelten, später durch das selbstverschuldete Unglück gereizten Jugend. Aber Demagogisches, das heißt in aufwieglerischer Absicht Geschriebenes, findet sich auch unter ihnen nicht. Die Verschwörer gegen Alexander haben vielleicht einige freimütige Verse Puschkins benutzt, doch er hatte nichts in ihrem Sinne (im Sinne einer Rebellion) verfaßt, sie waren ihm fremd. Trotzdem zählte man ihn (ohne jeden Beweis) zu den Akteuren des vierzehnten Dezember, die zuvor Alexander nach dem Leben getrachtet hatten. Ihn aber gar auf Grund seiner gedruckten und in Sonderheit seiner neuen, unter dem wohltätigen Einfluß unseres jetzigen Herrschers entstandenen Werke einen Demagogen zu nennen, ist völlig abwegig. Puschkin war und bleibt schlicht unser russischer Nationaldichter, der in seinen besten Versen auf die hervorragendste Weise alles das ausdrückt, was dem russischen Herzen teuer ist. Was aber seine politischen Ansichten in der letzten Zeit angeht, so wage ich an Euer Exzellenz die Frage: Haben Sie sich jemals die Mühe zu machen geruht, mit ihm über Politik zu sprechen? Zudem sind Sie ja in Ihrer Stellung dazu verurteilt zu glauben, man rede nicht offen mit Ihnen; Sie müssen jede Meinung für geheuchelt halten, die Ihnen ein Mensch darlegt (wie aufrichtig auch immer), gegen den Sie ein Vorurteil hegen, und es bleibt Ihnen nichts anderes übrig, als das für bare Münze zu nehmen, was Ihnen andere einflüstern. Kurz gesagt, Sie sind gezwungen, sich anstelle des Originals mit Übersetzungen zu begnügen, die immer ungenau und, von übelwollenden Übersetzern angefertigt, sehr oft entstellt sind. Ich lege Euer Exzellenz in wenigen Worten Puschkins politische Einstellung dar, obgleich ich im voraus weiß, daß Sie auch mir nicht glauben werden, da ich unglücklicherweise ebenfalls zu den Originalen gehöre, die Sie nur nach fehlerhaften Übersetzungen kennen. *Erstens.* Ich hörte schon oftmals und von vielen Leuten sagen, Puschkin habe in unserem Zaren nur die Person Nikolais geschätzt, nicht aber den russischen Herrscher, es habe ihm vielmehr für Rußland etwas ganz anderes vorgeschwebt. Ich versichere Ihnen, daß Puschkin im Gegenteil (es geht hier um seine Haltung in den letzten Jahren) fest an die Notwendigkeit einer reinen, uneingeschränkten Autokratie für Rußland glaubte, und zwar nicht nur aus Liebe zum jetzigen Zaren, sondern aus innerer Überzeugung, die sich auf die historischen Gegebenheiten gründete (dafür gibt es jetzt auch ein schriftliches Zeugnis in Gestalt seines eigenhändigen Briefes an Tschaadajew). *Zweitens.* Puschkin war ein entschiedener Gegner der *Pressefreiheit*; er schoß dabei sogar so weit übers Ziel hinaus, daß er sie selbst in England für schädlich hielt. Es versteht sich, daß er zugleich eine strenge, doch unparteiische Zensur forderte, die einerseits die Öffentlichkeit vor den Schriftstellern, andererseits aber auch diese vor jeglicher Willkür schützt. *Drittens.* Puschkin verurteilte die Julirevolution. Er war seiner Überzeugung nach Karlist; König Philipp erkannte er als notwendige Garantie für die Ruhe in Europa zwar an, doch er leugnete dessen Rechte und hielt die Unerschütterlichkeit der gesetzlichen Thronfolge für die Hauptstütze der staatsbürgerlichen Ordnung. Und schließlich *viertens.* Der polnische Aufstand erregte seinen glühendsten Abscheu, in dieser Hinsicht wurde er als Russe fast zum Fanatiker. Dieserart waren Puschkins hauptsächliche, grundlegende politische Überzeugungen, denen alle anderen als Zweige entsprossen. Alle seine ihm nahestehenden Freunde kennen sie aus intimen, ungezwungenen Gesprächen. Sie hingegen können sie nicht kennen, da Sie nie mit ihm über diese Materie gesprochen haben; zudem hätten Sie ihm auch nicht geglaubt, denn, ich wiederhole es, Ihre Stellung ist von solcher Art, daß sie es Ihnen unmöglich macht, jemandem zu glauben, für den dies ein Entgegenkommen wäre; Sie sind vielmehr gezwungen, auf Kosten anderer gerade denen Ihr Ohr zu leihen, die dessen nicht würdig sind, das heißt den Zuträgern, die unsere Ehre und unsere Ruhe für Geld oder Kredit verkaufen, oder den eitlen Schwätzern, welche in unbezahlter [das folgende Wort ist unleserlich] mitunter durch einen einzigen leichtfertig dahingesagten Satz einen guten Namen beflecken. Wie dem auch sei, jedenfalls standen Puschkins politische Ansichten in krassem Gegensatz zur Denkart eines eifernden Demagogen. Und das gilt auch schon für die Zeit vor 1830. Puschkin trat als begabter Dichter mit reifem Verstand ins Mannesalter, trotz der verbitternden Last seiner Lage, deren Ende er nicht sah, da er sich sagen mußte, daß sie, nachdem sie sich im Verlaufe von zehn Jahren nicht geändert hatte, wohl sein ganzes Leben anhalten und er niemals der Aufsicht entgehen werde, der er, bereits Familienvater, noch immer unterstand wie ein zwanzigjähriger Unruhestifter. Euer Exzellenz vermochten das niederdrückende Gefühl nicht nachzuempfinden, das an seinem Leben nagte und es verdarb. Sie erteilten ihm in wohlmeinender Absicht von Zeit zu Zeit Verweise und vergaßen sie wieder, indem Sie sich Ihren anderen wichtigen Tätigkeiten zuwandten, die Ihnen nicht die Freiheit ließen, sich mit Puschkin zu befassen. Diese Rügen aber, für Sie nur unbedeutend, bestimmten sein ganzes Leben: Er durfte sich nicht frei bewegen; er mußte den Genuß entbehren, Europa zu sehen; es war ihm nicht einmal erlaubt, nach Belieben in Rußland zu reisen; man untersagte ihm, vor seinen Freunden und in von ihm erwählter Gesellschaft seine Werke zu lesen; in seinen Gedichten, die nicht einmal er selbst, sondern der Herausgeber eines Almanachs mit Genehmigung der Zensur zum Druck gegeben hatte, sah man Anzeichen von Aufsässigkeit. Erlauben Sie mir, ganz offen zu sein. Seine Majestät der Zar wollte durch seine besondere Protektion Puschkin zur Besonnenheit bewegen und zugleich dessen Genius zur vollen Entfaltung verhelfen, Sie aber haben daraus eine Überwachung gemacht, die in jedem Falle einer Repressalie gleichkam, so sanft und edelsinnig sie auch war (wie alles von Ihnen Ausgehende).

Ich wende mich jetzt dem zweiten Gegenstand zu, über den ich mit Euer Exzellenz reden wollte, nämlich den Vorfällen nach Puschkins Ableben. Ich habe lange gezögert, Ihnen dazu etwas zu schreiben. Man spricht schon nicht mehr davon, die Sache hatte keinerlei betrübliche Folgen, alle Gerüchte sind verstummt – wozu also den Streit über etwas erneuern, das besser aus dem Gedächtnis getilgt werden sollte? Dies alles ist richtig; doch wenn auch die öffentliche Fama schweigt, so ist doch eine Voreingenommenheit geblieben, und viele verständige Leute sind ernstlich davon überzeugt, daß die Absicht bestanden habe, Puschkins Tod zur Aufwiegelung der Gemüter zu nutzen; vor allem aber halte ich es für meine Pflicht, in den Augen Seiner Majestät die Anklage zu zerstreuen, die mich und einige Freunde Puschkins trifft, und etwas zu unserer Rechtfertigung zu sagen, ohne andere zu beschuldigen, ja sogar ohne Hoffnung auf unsere Ehrenrettung.

Wäre Puschkin nach langer Krankheit oder an einem plötzlichen Schlaganfall gestorben, so hätte man ihn einfach nur betrauert; in den Gesprächen und Zeitungsmeldungen, in Nachrufen in Versen oder Prosa wäre das allgemeine Gefühl eines nationalen Verlustes zum Ausdruck gekommen, man hätte den Fall in der Öffentlichkeit eine Weile erörtert und ihn dann dem Gedächtnis der um die hohe Begabung des Verblichenen wissenden Zeitgenossen überlassen, so daß die Nachwelt diesem selbstverständlich eine ungetrübte Hochachtung bewahrt hätte. Doch Puschkin wurde im Duell getötet, umgebracht von einem Franzosen, der den Vorzug genießt, bei uns im Dienst zu stehen; dieser Franzose hat Puschkins Frau nachgestellt und diesen also zu der seiner Ehre angetanen Schmach auch noch erschossen. Das sind Umstände, die geeignet sind, die gesamte Öffentlichkeit im Nu aufzustacheln und in allen Volksklassen bekannt zu werden, vom Kaufhof bis zu den Petersburger Salons. Der Vorfall wäre selbst dann allerorts besprochen worden, wenn es sich um einen einfachen Menschen ohne nationale Bedeutung gehandelt hätte, allerdings nur aus eitler Klatschsucht ohne besondere emotionale Anteilnahme. Doch das Opfer des fremdländischen Wüstlings war Rußlands größter Dichter, durch seine Werke bekannt in der hohen wie in der niederen Gesellschaft. Was Wunder, daß solch tragisches Geschehen das allgemeine Gefühl zu heller Flamme auflodern ließ! Es wäre im Gegenteil verwunderlich gewesen, hätte die Öffentlichkeit weniger heftig reagiert und den plötzlichen Verlust mit Gleichmut hingenommen, ohne in ihrem Nationalgefühl verletzt zu sein. Hinzu kommt, daß die dem blutigen Zweikampf vorausgegangenen Umstände jedermann bekannt waren, man wußte, mit welch schäbigen

Mitteln Puschkin gereizt und beschämt werden sollte; viele hatten die anonymen Briefe an ihn gelesen und erinnerten sich ihrer voller Unmut. Bedurfte es also noch eines besonderen Anstoßes, um in der Öffentlichkeit die Stimmung zu erwecken, die zwangsläufig in ihr aufkommen mußte? War denn das Duell ein Geheimnis? Kannte nicht jeder auch dessen nähere Umstände? War es nicht Puschkin, der dabei umkam? Wie konnte es überraschen, daß jedermann entsetzt war, daß alle trauerten und sich betroffen fühlten? Waren wirklich Geheimagenten vonnöten, um das Volk zu diesen unvermeidlichen Empfindungen aufzuwiegeln?

Es lag in der Natur der Sache, daß die Nachricht von Puschkins Hinscheiden mancherlei Gerüchte in der Stadt auslöste; es war ebenfalls nur natürlich, daß der zur Unzeit erfolgte Tod des geliebten russischen Dichters den Enthusiasmus vieler Menschen für ihn neu belebte (dieses Gefühl barg keinerlei Feindseligkeit; es entsprang im Gegenteil edler Gesinnung und macht der Nation Ehre, da es zeigt, wie sehr sie ihren Ruhm schätzt), und es ist schließlich ferner auch ganz natürlich, daß dieser Enthusiasmus sich gemäß den unterschiedlichen Charakteren verschieden äußerte – vernünftig maßvoll bei den einen, bei anderen in hitzigem Überschwang, bei wieder anderen, wohl den meisten, gepaart mit Unwillen gegen Puschkins Mörder oder gar Racheforderungen. Dies alles bleibt in der Ordnung der Dinge, es liegt darin durchaus noch nichts Aufrührerisches. Ich weiß nicht, was zu dieser Zeit in der Öffentlichkeit geredet wurde und geschah (denn ich war, wie auch die übrigen jetzt angeschuldigten Freunde Puschkins, zu sehr mit dem Sterbenden und seiner Familie beschäftigt, um der öffentlichen Meinung nachzugehen oder sie gar zu manipulieren), doch den Gerüchten zufolge, von denen ich später erfuhr, vermute ich, daß die wachsame Polizei hier und da (auf den Straßen, im Kaufhof und anderenorts) gegen Heeckeren gerichtete Drohungen erlauscht hat; wahrscheinlich haben nicht nur einer, sondern sehr viele Menschen im Volk ihren Zorn auf den Ausländer Luft gemacht, der einen Russen erschossen hatte, noch dazu nicht irgendeinen, sondern Puschkin. Sicherlich haben manche unter sich auch davon gesprochen, daß man ihn verprügeln oder die Fensterscheiben seines Hauses einschlagen sollte und dergleichen; gewiß sind dem Gesandten Heeckeren solche Reden zu Ohren gekommen, die seine erschrockene Phantasie aufbauschte, so daß er seine Befürchtungen an geeigneter Stelle vortrug und um Schutz bat. Andererseits wurden vermutlich in lebhafter Anteilnahme für Puschkin auch Möglichkeiten erörtert, die allgemeine Hochachtung vor ihm durch ein sichtbares Zeichen zu bekunden; vielleicht erwogen einige, die Pferde vor dem Sarg auszuspannen und ihn eigenhändig zur Kirche zu ziehen, vielleicht erhoben andere die Forderung, den Mörder in einer Leichenrede zu verdammen, und so weiter und so fort. Dergleichen ist eine ganz natürliche Reaktion auf einen solchen Vorfall und dessen zwangsläufiges, unvermeidliches Echo. Die Polizei hatte dies alles zu beachten und entsprechende Maßnahmen zu treffen, jedoch keine zur offenkundigen Abwendung einer öffentlichen Gefahr, denn eine solche bestand nicht. Bis hierhin lief vielmehr alles ganz normal. Doch nun überschritt die Polizei die Grenze ihrer Wachsamkeit. Sie argwöhnte in den einzelnen, untereinander in keinerlei Zusammenhang stehenden Äußerungen eine Verschwörung mit politischem Ziel, angezettelt von Puschkins Freunden, die jedoch zu diesem Zeitpunkt an dessen Krankenlager standen und von besonderer Natur gewesen sein müßten, um in einem solchen Augenblick, da tiefe Trauer ihr Herz erfüllte, auf den Gedanken zu kommen, durch vorgeschickte Agenten und zu einem jeglicher Vernunft widersprechenden Zweck das

Volk aufzuputschen. Nachdem man jedoch die törichte Idee von einer Verschwörung mit Puschkins Freunden als Urheber einmal gefaßt hatte, waren die Folgen unausbleiblich. Wir weilten Tag und Nacht vor der Tür des Sterbenden; vom Tage nach dem Duell an, das heißt seit dem Morgen des Achtundzwanzigsten, bis zu der Minute, da der Sarg aus dem Hause getragen wurde, kamen Außenstehende, anfangs, um sich nach Puschkins Zustand zu erkundigen, später, um ihn aufgebahrt zu sehen – sie alle erschienen in stiller, friedlicher Anteilnahme, beteten für ihn und trauerten um ihn wie um einen Freund, trauerten um das begnadete Talent, mit dem ein Stern unseres Vaterlandes erloschen war, gedachten zugleich auch dankbar des Zaren, der Puschkins Ende geläutert und ruhig gemacht hatte und nun mit seiner so menschlichen, gemeinsam mit uns zum Ausdruck gebrachten Teilnahme sozusagen vor uns stand, hinter sich das Bild schlichten, rührenden, christlichen Nationalgefühls. Dies alles geschah in völliger Stille; über zehntausend Menschen traten in diesen zwei Tagen an Puschkins Sarg, und man hörte nicht das leiseste Geräusch, niemand störte auch nur im geringsten die Ordnung. Jeder trauerte um den Toten, die meisten beteten für ihn wie auch für den Zaren, und kaum einem kam es angesichts des Sarges in den Sinn, Heeckerens Namen zu erwähnen. Nichts als Ergriffenheit und Seelenwürde beherrschte alle. Auch wir, Puschkins Freunde, empfanden bis zu der Stunde, in der wir seinen Sarg in die Marstallkirche trugen, ausschließlich Trauer um ihn und Dankbarkeit für den Zaren, der uns in aller Herrlichkeit seiner Menschenliebe und in der ganzen Größe seiner Majestät vor Augen stand, hatte er doch Puschkin vor dessen Ende getröstet, sich seiner Waisen angenommen und als russischer Herrscher den russischen Dichter in ihm geehrt, also auch als oberster Richter seinen Tod verurteilt. Man hätte ein charakterliches Scheusal sein müssen, um vor so rührender Größe fühllos zu bleiben und unbeeindruckt Absichten zu verfolgen, deren Zweck in keiner Weise vorstellbar ist und die nur dem Hirn eines Wahnsinnigen entspringen können.

Doch wer erst einmal einer falschen Idee anhängt, wird zwangsläufig auch falsche Schlußfolgerungen ziehen, die wiederum zu falschen Maßnahmen führen. So geschah es auch hier. Die oben widerlegte irrtümliche Annahme, Puschkin sei das Haupt einer demagogischen Partei gewesen, stempelte auch seine Freunde zu Demagogen. Diese Freunde wichen nicht von seinem Lager, während es in der Stadt und in den Straßen zu allerlei Redereien kam (die indes untereinander in keinem Zusammenhang standen). Daraus schloß man auf eine Verschwörung; man vermutete einen geheimen Faden, der die einzelnen, völlig voneinander getrennten Äußerungen verband, und sah dessen Ende in der Hand von Puschkins Freunden. Solche unsinnige vorgefaßte Meinung ließ nun das simpelste und gewöhnlichste Geschehen in einem verdächtigen, feindseligen Licht erscheinen. Graf Stroganow, dem ja wohl weder Leichtsinn noch Demagogie vorzuwerfen ist, erbot sich als Verwandter, Puschkins Totenfeier zu gestalten und zu finanzieren; er ließ seinen Sachwalter kommen und erteilte ihm die notwendigen Anordnungen. Einzig die Übernahme aller Kosten durch ihn bewirkte, daß die Feier, gemäß dem noblen Charakter des Grafen, aufs Glanzvollste angelegt wurde. Er bat einen Bischof, die Messe zu lesen, und als dieser absagte, bestellte er drei Archimandriten. Als Ort des Gottesdienstes bestimmte er die Isaakskathedrale, und zwar aus einem sehr einfachen Grund: Man hatte ihm gesagt, daß Puschkins Haus in der Parochie der Isaakskathedrale liege, folglich kam gar nichts anderes in Frage. An die Marstallkirche hätte niemand auch nur gedacht, denn sie gehörte ja zum Hofe. Für eine Messe in ihr hätte zudem eine besondere Erlaubnis erwirkt werden müssen, die für die Sprengelkirche nicht nötig war. Die Einladungsbilletts wurden ohne eine bestimmte Auswahl verschickt: Ganz Petersburg kannte den Verstorbenen, und es geschah nur das in solchen Fällen Übliche; das Diplomatische Korps wurde geladen, weil Puschkin mit dessen sämtlichen Mitgliedern bekannt gewesen war. Man schrieb die Adressaten der Billetts einfach aus einem Personenregister ab, das Graf Woronzow zur Verfügung gestellt hatte. Lediglich der folgende Umstand konnte, so man wollte, als verdächtig gedeutet werden. Jemand, ich erinnere mich nicht wer, sagte mir, daß für einige frühere Lyzeumskameraden Puschkins keine Billetts geschrieben worden seien. Darauf erwiderte ich, daß sie unbedingt geladen werden müßten. Ob dies geschah, weiß ich nicht. Ich hatte damit nichts zu tun, doch wäre die Versendung der Einladungen meine Aufgabe gewesen, so hätte ich Puschkins ehemalige Gefährten ganz gewiß nicht ausgelassen. Wie dem auch sei, es lief jedenfalls bis dahin alles ganz normal. Da fand die Polizei plötzlich heraus, daß eine Verschwörung im Gange sein müsse, daß dem Gesandten Heeckeren wie auch Puschkins Frau Gefahr drohe, daß man beabsichtige, während der Überführung des Leichnams in die Isaakskathedrale die Pferde auszuspannen und den Sarg zu tragen, daß in der Kirche Deputierte der Kaufmannschaft und der Universität anwesend sein würden und daß am Sarg Reden gehalten werden sollten (dies alles erfuhr ich erst später vom Hörensagen). Was wäre nun die Aufgabe der Polizei gewesen, falls sie tatsächlich etwas Derartiges voraussah? Sie hätte mit größter Sorgfalt die gleichen Vorkehrungen treffen müssen, die üblicherweise bei jedem Leichenbegräbnis beobachtet werden, anstatt vor der gesamten Öffentlichkeit die Furcht der Regierung vor einem Komplott erkennen zu lassen und durch ihre törichten Anschuldigungen Menschen zu kränken, für die schon jeder Verdacht unverdient ist, kurz, sie hätte nicht selbst die Erregung fördern dürfen, die sie mit ihren unangebrachten Maßnahmen abwenden wollte. Statt dessen wurde eine andere Kirche für das Totenamt vorgeschrieben, in die der Leichnam in aller für jedermann bedrückenden Heimlichkeit zur Nachtzeit gebracht werden mußte, ohne Fackeln und fast ohne Geleit; beim Aufbruch, zu dem sich nicht mehr als zehn der nächsten Freunde Puschkins versammelt hatten, füllten Gendarmen das Zimmer, in dem man für den Verstorbenen betete, sie nahmen uns in die Mitte, und so begleiteten wir den Toten sozusagen unter Bewachung zur Kirche. Welche finstere Absicht konnte man in uns vermuten? Was hatte man von uns zu befürchten? Ich kann es mir nicht erklären. Auch muß ich bekennen, daß ich, beherrscht von dem mich am schwersten bedrückenden Gefühl, dem der Trauer über Puschkins Tod, im Augenblick des Aufbruchs gar nicht bemerkte, was um uns geschah; es kam mir erst später zu Bewußtsein und kränkte mich zutiefst.

32.

An Iwan Iwanowitsch Dmitrijew

12. März 1837, Sankt Petersburg

Gnädiger Herr Iwan Iwanowitsch.

Herr Bartenew wird Ihnen in meinem Auftrag ein Exemplar der neuen Ausgabe meiner Werke sowie ein gesondertes Exemplar der ›Undine‹ zustellen. Ich bitte den Lehrer, die Gabe des Schülers wohlwollend anzunehmen. Schon jetzt weiß ich, daß Sie mich meiner Hexameter wegen schelten werden. Aber was soll ich tun? Ich liebe dieses Metrum nun mal, und ich bin überzeugt, daß kein anderes so vielfältige Möglichkeiten in sich birgt und sich so gut sowohl im gehobenen wie auch für den allereinfachsten Stil anwenden läßt. Man soll auch ja nicht denken, es ließe sich in Hexametern, des fehlendes Reimes wegen, leicht schreiben. Die Erfahrung hat mich das Gegenteil gelehrt. Und Sie wissen besser als ich, daß gerade das Einfache, scheinbar geradenwegs aus dem Hirn aufs Papier Gehüpfte die größte Mühe kostet. Das sehe ich jetzt an den mir übergebenen Manuskripten *Puschkins*, die ich leider entziffern muß: Eine verkehrte Welt – er hätte doch eigentlich für mich tun müssen, was ich nun für ihn besorge. Das Schicksal hat, wie die Poeten, einen Hang zur Inversion. Wieviel Arbeit steckt in Puschkins leichten, beflügelten Versen! Keine Zeile, die nicht mehrfach korrigiert wäre. Aber eben darin besteht ja der geheimnisvolle Reiz schöpferischer Betätigung. Wo bliebe das Schaffensglück des Dichters, wenn das Schreiben keine Mühe machte? Aller Zauber wäre dahin. – Über Puschkin selbst brauche ich Ihnen nichts mitzuteilen: Sie haben gewiß meinen ausführlichen Brief an S[ergej] Lwowitsch gelesen, in dem ich seine letzten Minuten schildere. Dort steht alles so, wie es war. Das, was der Stadtklatsch und Gerüchte anderer Art über die Wahrheit hinaus zu berichten wußten, möchte ich vergessen und keinesfalls weiter erörtern. Puschkins schriftliche Hinterlassenschaft habe ich inzwischen durchgesehen. Ich entdeckte zwei fertige großartige Dichtwerke: ›Der Eherne Reiter‹ und ›Der steinerne Gast‹ (›Don Juan‹). Sie sollen im ›Zeitgenossen‹ abgedruckt werden (den Puschkins Freunde im laufenden Jahr 1837 zugunsten seiner Familie herausgeben); ferner fand ich einige begonnene Gedichte sowie weniger wichtige Fragmente, zudem viele Prosaentwürfe und Material für eine Geschichte Peters des Großen. Das wird alles veröffentlicht. Zur Zeit bereiten wir eine vollständige Ausgabe seiner schon erschienenen Werke vor. Das bisher nicht Publizierte wird gesondert herauskommen. Die Werkausgabe soll ansprechend, doch schlicht sein, damit mehr Exemplare zu einem niedrigen Preis gedruckt werden können, deren Verkauf eine größere Summe einbringt. Ich hoffe, daß es an Subskribenten nicht fehlen wird. Das Vaterland muß Puschkin ein ehrendes Angedenken bewahren und wird dies auch immer tun. Wie viel hätte er geschaffen, wäre ihm vom Schicksal nicht ein so schweres Los beschieden gewesen, das seinem Leben nach einem peinvollen Dasein (dies um so mehr, als die Ursachen seines Grams unbedeutender, interner Art waren, vor jedermann verborgen) ein plötzliches Ende setzte. Unsere unbedacht schwatzenden Journalisten, die Rektoren der öffentlichen Meinung in der Literatur, hatten ja ihrer Gemeinde schon eingeredet, daß Puschkin nachgelassen habe; doch Puschkin war gerade erst zu seiner künstlerischen Reife gelangt, er stieg als Mensch ständig bergauf, und seine Poesie erstarkte mit ihm. Es waren die Nichtigkeiten des Alltags, des profanen Lebens, die ihn umbrachten.

Ich hoffe für diesen Sommer auf das Glück, Sie zu sehen. Dann werden wir uns eingehend über Puschkin unterhalten. Zunächst erbitte ich nur Ihre gütige Nachsicht bezüglich meiner bereits gealterten poetischen Kinder, die ich Ihnen in neuem Gewand vorzustellen die Ehre habe. Vielleicht ist dies ihr letzter Auftritt.

Mit aufrichtiger Hochachtung und in unveränderter Verbundenheit verbleibe ich Euer Hochwohlgeboren ergebener Diener

W. Shukowski.

Bartenew hat den Brief und mein Paket nicht mitgenommen. Ich schicke beides per Post.

16. März

33.

An Alexander von Humboldt

4./16. August 1839, Petershof

Herr Baron!
Der Oberst von Brunklatz wird Ihnen das Exemplar meiner Werke übermitteln, das Sie für Herrn von Varnhagen zu erbitten geruhten. Ich verehre es ihm zum Dank für die Zuneigung, mit der er sich unserer jungen Literatur widmet, deren Unerfahrenheit Ihnen durch die beigefügten Bände wohl erwiesen sein wird. Wenn ich sie Herrn von Varnhagen vorlege, so ist es mein einziges Bestreben, damit meine unendliche Wertschätzung für seine Person ausdrücken zu dürfen: Haben Sie die Güte, meine gedruckten Waisenkinder zu beschützen, indem Sie ihnen ein Obdach in seiner Bibliothek verschaffen. Indem ich meinen Brief schließe, muß ich Sie nicht von neuem des Gefühls meiner tiefen Hochachtung vor Ihrem Geist und meiner Zuneigung für Ihre Person versichern, da Sie sie kennen: Ich werde diese Gefühle hegen, solange mein Leben währt.

Ganz der Ihre
Shukowski.

34.

An Alexandra Jossifowna Smirnowa

4./16. Januar 1845 [Frankfurt am Main]

Liebe Alexandra Jossifowna, strecken Sie Ihre lieben Arme aus und empfangen Sie darin meinen neugeborenen Sohn Pawel Wassiljewitsch Shukowski, den ich Ihrer Liebe und Ihrer Gunst anheimgebe. Er hat am Neujahrstage um halb sieben Uhr früh das Licht der Welt erblickt, ohne seiner Mutter bei seinem Erscheinen Kummer zu machen, obwohl er sich zunächst ausgedacht hatte, seitwärts aufzutreten, was er sich jedoch bald anders überlegte, um den normalen Weg aller stillen, braven Neugeborenen zu nehmen. Seitdem führt er sich ordentlich auf, er schreit wenig und trinkt viel aus dem lebhaft fließenden Born, der Brust seiner Mutter, der dies wohltut wie eine Arznei; auch sie fühlt sich, gottlob, völlig gesund und wohlauf. Es ist heute der vierte Tag, und es haben sich keinerlei krankhafte Zufälle ergeben. Alles geht seinen notwendigen Gang. Pawel Wassiljewitsch ähnelt einem roten Krebs: Er schnurrt und strampelt, hat eine bedeutsame Stirn und überaus fröhliche schwarze Augen, alles übrige ist ein roter Ölkuchen. Soweit mein Rapport; freuen Sie sich mit uns und beten Sie für uns.

Gogol weilt nicht bei uns; er ist zwei Tage vor Pawel Wassiljewitschs Geburt auf Einladung der Tolstois und der Wielgorskis nach Paris abgereist. Ich habe ihm selbst dazu geraten, denn er war mit den Nerven ziemlich durcheinander, und auch Kopp hatte ihm Paris als Heilmittel verschrieben. Im Frühjahr kommt er zu mir zurück. Sie sollten sich einmal beim Zaren und der Zarin für ihn verwenden. Er braucht unbedingt eine feste jährliche Unterstützung. Seine Werke bringen zu wenig ein, und so lebt er in ständiger Abhängigkeit von der Sorge für den nächsten Tag. Denken Sie mal darüber nach; Sie können ihn besser als jeder andere charakterisieren und seine wirklichen, guten Seiten darstellen. Seine humorvollen Schöpfungen lassen ihn ganz und gar nicht als den erkennen, der er tatsächlich ist. Bei uns hält man ja Humor für etwas Sündhaftes, folglich gilt jeder Spötter als ein großer Sünder. – Ich bin seit längerer Zeit nicht recht auf dem Posten. Erst hatte ich mich erkältet, dann wollte sich meine alte Krankheit wieder einnisten; es stellte sich Herzklopfen ein, das mir auch jetzt noch zu schaffen macht, aber ich lasse mich behandeln, und es geht mir schon besser, sicher bin ich bald völlig wiederhergestellt. Leben Sie wohl, Gott sei mit Ihnen und den Ihren. Schreiben Sie mir ausführlicher über unsere liebe Zarenfamilie, vor allem was die Gesundheit der Zarin angeht. Man hört allerlei Besorgniserregendes – der Himmel erhalte uns diesen guten Engel.

35.

An Pjotr Alexandrowitsch Pletnjow

1. Juli 1845 [Frankfurt am Main]

Mein lieber Pjotr Alexandrowitsch, Ihr langer Brief, lang den Zeilen und Seiten nach, zu kurz aber nach der Freude, die mir seine Lektüre bereitete, Ihr im März geschriebener lieber Brief hat mich Anfang Juni zusammen mit den Heften des ›Zeitgenossen‹ erreicht. Aber ich habe ihn nicht gleich bei Erhalt gelesen, da Sie ihn so kunstvoll zwischen den Seiten des ›Zeitgenossen‹ versteckt hatten, daß ich so bald nicht bis zu ihm vorgedrungen wäre, doch er war so freundlich, sein Gefängnis selbst zu verlassen, gewiß weil er vorausfühlte, welches Vergnügen er mir mit seinem Erscheinen bereiten werde. Wundern Sie sich also nicht über meine verspätete Antwort. Und sie wird auch nicht sehr lang ausfallen, denn ich habe keine Zeit zum Schreiben; ich würde Ihnen gern mehr mitteilen, doch es hat sich plötzlich so ergeben, daß ich einen kurzen Brief improvisieren muß: Ertel ist hier, er reist noch heute ab, und ich möchte ihm den Brief mitgeben, da das Paket, dem ich ihn beilegen will, ziemlich gewichtig sein wird (ungeeignet für die Post), gewichtig deshalb, weil es außer dem Brief auch noch ein Verswerk aus der Feder Ihres alten Dichters umfaßt, der gelegentlich hinter der ›Odyssee‹ hervor einen Blick auf die russischen Märchen wirft. Eins davon, ein durch und durch russisches, schlicht nach russischer Art erzählt, ohne alles fremdes Schmuckwerk, habe ich die Ehre, hiermit dem Herausgeber des ›Zeitgenossen‹ zu unterbreiten, wobei ich ihn bitte, ihm ein Eckchen in seiner Zeitschrift einzuräumen. Zugleich gedenke ich mich mit dieser Gabe vor Ihnen einer alten Schuld zu entledigen: Ich hatte Ihnen den ›Kapitän Bopp‹ versprochen, und der ist dann an Sollogub geraten (dessen ›Tarantas‹ mir, NB, sehr gefallen hat). Vielleicht wird Ihnen mein Märchen zu lang vorkommen, aber ich wollte in dieses eine möglichst viel Charakteristisches aus den verschiedenen russischen Volksmärchen aufnehmen; gegen Ende allerdings habe ich mir erlaubt, ein wenig ins Schwatzen zu geraten. Gegebenenfalls werde ich während der Arbeit an der ›Odyssee‹ versuchen, noch ein paar weitere Märchen in unterschiedlichem Ton und unterschiedlichen Charakters zusammenzubasteln. Ob mir das jedoch bis zu meiner Abreise von hier gelingen wird, weiß ich nicht, ja ich bezweifle es sogar. Ich bin nach dem zwölften Gesang der ›Odyssee‹ und nach dem ›Iwan Zarewitsch‹ ins Stocken geraten, seitdem ist es wie verhext: Den ganzen Winter habe ich gekränkelt, und danach ging es mit dem Schreiben nicht recht voran, auch jetzt geht's noch nicht, und so wird es wohl bis Ende August bleiben, denn Ende Juli muß ich nach Schwalbach fahren, um den dortigen Brunnen zu trinken und Bäder zu nehmen. Nach meiner Rückkehr werde ich frisch ans Werk gehen. Zumindest kann ich hoffen, die ›Odyssee‹ zu beenden. Wjasemski hat mir Ihre Zeilen geschickt, die Sie ihm als Antwort auf seine Anfrage geschrieben haben, wie man die ›Odyssee‹ auf Staatskosten drucken lassen und zu einem klassischen Buch machen könnte. Mir selbst ist es peinlich, etwas in dieser Hinsicht zu betreiben, dafür müßten alle meine guten Freunde sorgen. Aber ich bekenne (obwohl ich an meiner ›Odyssee‹ allein aus Liebe zur Sache und ohne jeden anderen Aspekt arbeite), daß es mir nicht ungelegen käme, wenn meine Mühe einen gewissen Nutzen für meine Familie brächte; als Dichtung wird meine russische ›Odyssee‹ mein dauerhaftestes Denkmal in Rußland sein: Sie ist, wenn ich mich nicht irre, ihres griechischen Vaters Homer wert und darf in dieser Hinsicht wohl als ein Originalwerk gelten. Es wäre eine große Tat, wenn es mir mit meiner Übersetzung gelänge, in Rußland die Liebe zur Antike zu wecken, wie ich meine Landsleute vordem schon mit der Poesie der Deutschen befreundet habe. Ihrer Bedeutung nach verdient die ›Odyssee‹ in diesem Sinne durchaus die Aufmerksamkeit der Russischen Akademie und des Unterrichtsministeriums, denn sie kann in den Händen der Jugend ein nützliches Lehrbuch sein. Ich wünschte sogar, es würde schon dem *ersten Lesealter* als Lektüre gegeben: Die Sprache der Übersetzung ist einfach und scheint mir bei aller Treue leicht verständlich, da sie nicht durch griechische Formen verdorben ist, wenngleich auch diese in aller Ehrfurcht bewahrt wurden. Vielleicht schicke ich die ersten zwölf Gesänge dem Minister zur Durchsicht; er kennt das Original gut und vermag die Übersetzung besser als andere zu beurteilen. Die Sorge um die Herausgabe aber möchte ich Ihnen, Wjasemski und Wielgorski übertragen. Sie könnten auch die günstigsten Bedingungen für mich aushandeln: Ich *muß* daran, das heißt an den Gewinn, jetzt denken; ob ich mich jedoch auf die erforderliche Kunst verstehe, meinen Vorteil zu wahren, das ist eine andere Frage. Diese Fertigkeit war in mir schon immer nur sehr unvollkommen ausgebildet; nun würde ich sie aber sehr gern besitzen. Alles hier von mir Geäußerte soll *unter uns beiden* bleiben. Bitte teilen Sie mir Ihre Meinung mit. An Uwarow habe ich geschrieben, allerdings in ganz anderem Zusammenhang; immerhin standen in dem Brief auch ein paar Zeilen über die ›Odyssee‹. Es ging mir vor allem um Gogol. Ich habe ihn schon seit einem Monat nicht mehr bei mir; er ist nach Gastein gefahren, um Bäder zu nehmen, hat aber noch nichts von sich hören lassen.

Vielen Dank für die von Baron Rosen besorgte Abschrift meines Briefes. Ich danke auch dem Baron für seine Bemerkungen, auf die ich jedoch nicht antworten werde, weil aus meinen Zeilen, zu denen sie gemacht wurden, im Grunde schon alles deutlich genug hervorgeht. Nur ganz allgemein dies: Der Baron bezichtigt mich zu Unrecht der Heuchelei und des Jesuitismus. Komisch ist nur, daß er mich solcher Sünden auf Grund von Äußerungen zeiht, die er beim Abschreiben meines Manuskripts entstellt hat; er schmäht mich also für seinen eigenen Fehler. Bei mir steht: ›Wie aber gelangte das Melancholische in die christliche Dichtung? Diese Frage muß zunächst ein wenig korrigiert werden: Nicht in die christliche Dichtung, sondern in die Dichtung *zur Verbreitung des Christentums*.‹ Der Baron hat abgeschrieben: ›... sondern in die Dichtung der Verbreitung des Christentums‹ und bemerkt dazu: ›*Das klingt reichlich unverständlich und läuft letztlich nur auf eine geschickte Kasuistik hinaus. Was nennen Sie denn christliche Dichtung? Das Evangelium?*‹ und so weiter. – Lieber Baron, es ist dies nicht nur reichlich *unverständlich*, sondern der reinste Galimathias, den jedoch nicht ich verzapft habe. Bei einem Galimathias aber kann weder von Geschick noch von Kasuistik die Rede sein. Und es ist sehr ungeschickt von Ihnen, mir *geschickte Kasuistik* vorzuwerfen. Geradezu erheiternd wirkt Ihre Frage, ob ich das Evangelium als christliche Dichtung bezeichne. Dies alles hindert mich jedoch nicht, lieber Baron, Ihnen für die Mühe zu danken, die Sie mit der Abschrift meines Briefes auf sich genommen haben.

Sie aber, verehrter Pjotr Alexandrowitsch, umarme ich herzlich. Wenn Sie mir bald antworten und es mit einem ebenso ausführlichen Brief tun wie das letztemal, dann verspreche ich Ihnen meinerseits ein Ungeheuer, wie eine Brücke so lang. Dersh[awin].

Shukowski.

Ich gratuliere Ihnen zum heutigen Festtag.

Shukowski.

36.

An Nikolai Wassiljewitsch Gogol

5./17. November 1845 [Frankfurt am Main]

Liebster Gogoljok, endlich geben Sie ein Lebenszeichen, noch dazu ein recht zufriedenes. Preisen Sie Gott und seien Sie dankbar. Meine ganze Familie freut sich darüber, daß Sie nun doch noch den richtigen Ort für sich gefunden haben. Gewiß wird Rom Ihre Nerven beruhigen. Wie sollte es Sie auch nicht bezwingen, nachdem es schon ganze Völkerschaften besiegt hat? Gott helfe ihm dabei. Bei uns läuft alles soweit normal; wir bereiten uns in Gedanken auf die Heimreise nach Rußland im kommenden Jahr vor, möchten aber eigentlich gern hier bleiben. In Rußland wird sich nicht so bald ein so stiller Winkel finden, wie ich ihn mir hier eingerichtet habe; nirgendwo kann ich die ›Odyssee‹ so ungestört vollenden wie hier; nirgendwo werden auch die ersten Lebensjahre der Kinder so sorglos verlaufen wie in der Stille und Freiheit der hiesigen Einsamkeit. Aber man hat zu leben, wie es einem beschieden ist, nicht wie man gern möchte, sagt ein russisches Sprichwort. Im übrigen muß ich Ihnen sagen, daß ich mich seit unserer Trennung noch gar nicht wieder an die ›Odyssee‹ gemacht und nichts Neues geschaffen habe – es muß uns beide wohl ein lähmender Samum angeweht haben. Jetzt aber werde ich wieder zur Feder greifen. Vielleicht spitzen auch Sie schon die Ihre. Auf gutes Gelingen! Ich würde doch sehr gern die fertige ›Odyssee‹ mit in die Heimat nehmen. Sie soll dereinst mein Grabdenkmal sein.

Haben Sie den Wechsel bekommen, den ich an Butenews Adresse nach Rom geschickt habe? Die Smirnowa hatte ihn mir zugestellt; sie lebt jetzt mit ihrem als Gouverneur eingesetzten Gatten in Kaluga, was ihre Schwermut natürlich auch nicht zerstreut, die ihr offenbar schon alle Lebenskraft genommen hat. Ihre Lage ist bedrückend. Die Welt fällt ihr zur Last und hat jeglichen Reiz für sie verloren. Auch das häusliche Leben bietet ihr nichts; ihre Kinder sind zu klein. Ihr inneres Ich ist noch nicht genügend ausgebildet; sie befindet sich in einem quälenden Übergangszustand, der oft zum Verhängnis wird. Schreiben Sie ihr. Mir aber teilen Sie mit, ob Sie den Wechsel erhalten haben. Grüßen Sie Butenew. Wie man hört, will unser Zar nach Rom kommen. Sollte dem so sein, dann berichten Sie mir von seinem Aufenthalt.

Leben Sie wohl. Meine Frau entbietet Ihnen freundschaftliche Grüße. Unsere Saschka ist nicht recht auf dem Posten: Sie hat Durchfall. Pawel Wassiljewitsch nimmt weiter tüchtig zu, er hat, scheint's, ein Gesuch eingereicht, einen Stier aus ihm zu machen. Gestern geruhte er angesichts eines Bildes seines Vaters und seiner Mutter zum erstenmal ›Papa‹ und ›Mama‹ zu sagen. Das läßt mich hoffen, daß er mit der Zeit besser Russisch sprechen wird als seine Eltern. – In Awdotja Petrowna Jelaginas Haus steht eine Hochzeit bevor: Ihr Sohn Wassili Jelagin heiratet Katja Mojer. Das freut auch uns.

Ihr Shukowski.

37.

An Nikolai Wassiljewitsch Gogol

6./18. Februar 1847 [Frankfurt am Main]

Mein lieber Gogoljok, Deinen kurzen Brief mit dem beigelegten Auszug aus Schewyrjows Schreiben habe ich erhalten. Vielen Dank. Wie schade für uns, daß sich Jasykows Gestaltwandel aus seiner vom Irdischen befreiten Seele nicht vor unseren Augen vollzieht und solche Erscheinung der Erde verborgen bleibt. Auf jeden Fall ist ihm jetzt besser, leichter und froher zumute als uns. Aber ich will heute nicht viel schreiben. Ich möchte Dir nur sagen, daß Dein Buch jetzt in meinen Händen und schon ganz oder fast ganz gelesen ist, das heißt mit Ausnahme der beiden letzten Beiträge, die ich schon kenne; daß ich darin zwei Briefe an mich entdeckt habe, die den großen Umweg nach Petersburg unternahmen, um mich über die typographische Anstalt des Departements für Außenhandel in gedruckter Form zu erreichen; daß ich alles begierig gelesen habe, oft mit lebhaftem Behagen, oft aber auch mit ebenso lebhaftem Mißmut auf den Verfasser, der (trotz seiner großartigen Meinung über den Wert der Sprache) selber gegen diese sündigt und in seinem Buch mehrere unsaubere Stellen durchgehen läßt (wohl vor lauter Eile, es herauszubringen); daß es eine allgemeine starke und ersprießliche Wirkung erzielen muß und wird; daß ich gesonnen bin, es umgehend noch einmal zu lesen und im Laufe der Lektüre dem Verfasser alles zu schreiben, was mir zu seinen Gedanken oder auf Grund seiner Gedanken in den Kopf kommt; daß diese Korrespondenz ebenfalls ein Buch ergeben wird, welches, sollte es tatsächlich etwas die allgemeine Aufmerksamkeit Verdienendes enthalten, nach seinem Vorläufer erscheinen und zusammen mit ihm wiederum einige gute Gedanken in den russischen Köpfen wecken könnte. Also,

Gogoljok, richte Dich auf lange Briefe von mir ein; ich werde meiner Feder freien Willen lassen, ohne mir im voraus einen Plan zu machen – er wäre unangebracht und würde mir sogar schaden. Ich habe schon mehrfach festgestellt, daß mir die besten Gedanken kommen, wenn ich sie improvisieren muß, um fremde Ideen auszudrücken oder zu ergänzen. Mein Verstand gleicht einem Feuerzeugstahl, den man an einen Stein schlagen muß, damit ein Funke entsteht. Dies ist überhaupt der Charakter meiner schöpferischen Tätigkeit; mein Schaffen gibt fast ausschließlich Fremdes wieder oder beruht auf Fremdem – gleichwohl aber ist alles mein Werk. Sei darauf gefaßt, daß ich vieles in Deinem Buch angreifen werde (doch aus Zuneigung zu Dir und zum Guten, das wir beide lieben); allerdings werden diese Angriffe mehr die Form als den Inhalt betreffen. Was mich schmerzt und ärgert ist der Umstand, daß Du es so eilig hattest. Ich verstehe gar nicht, warum diese Eile nötig war. Statt nach Neapel zu fahren, hättest Du für einen Monat oder zwei zu mir nach Frankfurt kommen können, wir hätten alles zusammen durchgekaut, und das Buch wäre von manchem literarischen und typographischen Makel befreit worden, der nun nicht mehr zu beseitigen ist. Zudem wärest Du mir eine Stütze gewesen, denn diese ganze Zeit war für mich sehr schwer, und sie ist es noch, in einiger Hinsicht sogar noch schwerer: In Reuterns Hause sind nahezu alle krank; er selbst litt schon immer an allerlei Gebrechen, jetzt liegen Mia, Gatteau und das Hausmädchen mit einem Nervenfieber darnieder. Die Krankheit meiner Frau aber verschlimmert sich durch die Unruhe um die Schwester und den Bruder; ihr Leiden kennst Du ja von Dir. Nun, genug davon. Leb wohl. Dein Shukowski.

Bitte schreib mir, ob Du lange in Neapel bleibst, wann Du wieder abreist und wohin.

38.

An Apollon Ph. von Maltitz

11. Mai 1847

Lieber Freund. Im Vertrauen auf unsere Freundschaft richte ich eine Bitte an Sie. Die einen sagen, der Großherzog Konstantin halte sich gegenwärtig in Weimar auf, andere versichern, daß er in Hannover angekommen sei und dort einige Tage verweilen werde. Den beigefügten Brief an ihn habe ich nach Hannover gerichtet, aber auf einmal kam mir der Gedanke, daß er dort vielleicht noch nicht eingetroffen ist und daß man mir den Brief folglich zurückschicken könnte. Deshalb wähle ich den Mittelweg: Ich gebe Hannover als Adresse des Briefes an und schicke ihn Ihnen nach Weimar, damit Sie ihn dem Großherzog, wenn er noch dort ist, aushändigen können und ihn andernfalls dorthin schicken, wo er sich gegenwärtig aufhält. Möge es so geschehen! Es verschafft mir das Vergnügen, Sie an mein Vorhandensein zu erinnern, und indem ich Sie *schriftlich* daran erinnere, erinnere ich Sie, daß ich *Schriftsteller* bin, und erinnere Sie gleichzeitig daran, daß ich damit beschäftigt bin, die Odyssee ins russische Gewand zu hüllen, und daß es mir höchst willkommen wäre, Ihre Ansicht über meine Arbeit zu hören, wenn Ihnen unsere Sprache überhaupt vertraut genug ist, daß Sie der Ordnung unserer Hexameter folgen können. Gleichzeitig möchte ich Ihnen sagen, daß ich – da ich in meiner Hauptarbeit unterbrochen wurde (sie ist bei der Hälfte stehengeblieben) – in den letzten beiden Monaten eine freie Nachahmung von Rückerts ›Rustem und Sorab‹ angefertigt habe; ich habe mich dabei weder an die Form noch an das Versmaß oder an die Wortfolge gehalten: Ich wollte mir die Kraft erhalten, das, was unser Freund Rückert in seiner Sprache so trefflich ersonnen, in meiner so poetisch wie möglich auszudrücken, und es ist in der Tat ein hoher Genuß für mich gewesen, denn Rückerts Rustem ist eine prächtige Schöpfung. Mein Werk ist völlig abgeschlossen. Teilen Sie das Mme Schorn mit, wenn sie in Weimar ist: Sie hat mich mit Rückerts Poem bekannt gemacht, und ich hatte schon lange die Absicht, es mir zu eigen zu machen. Geben Sie mir ein paar Nachrichten von dem, was Sie erleben und womit Sie sich beschäftigen. Im Laufe des Sommers hoffe ich, selbst nach Weimar zu kommen und Sie zu treffen. Meine Ehrerbietung an Mme von Maltitz. Bitte übermitteln Sie unserem teuren Kanzler Müller [unleserlich] umarmen Sie ihn in meinem Namen mit den allerbesten Wünschen. Ich bitte Sie um eine kurze Antwort.

Ihr treuer Shukowski.

39.

An Sergej Semjonowitsch Uwarow

12./24. September 1847, Frankfurt am Main

Ich habe schon lange vor, lieber Sergej Semjonowitsch, Ihnen für Ihre in einem Brief an den Fürsten Wjasemski (der mir dessen Inhalt mitteilte) geäußerte Absicht zu danken, mein Jubiläum zu begehen. Ihre Aufmerksamkeit für meine gealterte Lyra hat mich gerührt und erfreut, doch ich wollte nicht mit leeren Händen vor Sie hintreten, sondern Ihnen mit dem Ausdruck meiner Dankbarkeit zugleich auch meinerseits nach russischer Sitte mein Brot und Salz darbieten. Dazu sehe ich mich jetzt in der Lage: Empfangen Sie mit meinem Dank auch die ersten zwölf Gesänge der ›Odyssee‹ und fällen Sie Ihren Urteilsspruch. Lesen Sie meine Übersetzung mit der Anteilnahme, die Sie meinen literarischen Arbeiten stets entgegengebracht haben, und sagen Sie aufrichtig Ihre Meinung. P.A. Pletnjow wird Ihnen das Manuskript zustellen.

Sie werden fragen, wie ich auf die Idee gekommen bin, mir ohne Kenntnis des Griechischen die ›Odyssee‹ vorzunehmen und vom mystisch entrückten deutschen Romantiker zum friedlichen Klassiker zu werden. Die Antwort ist einfach: Ich wollte, nachdem ich auf meine alten Tage in den ruhigen Hafen des Familienlebens eingelaufen war, mein Herz mit einer urwüchsigen Poesie erfreuen, die so licht und still ist, die so sehr belebt und beruhigt, die so friedlich alles uns Umgebende verschönt, uns nicht erregt und nicht in eine nebelhafte Ferne strebt. Das Alter macht uns wieder zu Kindern, man findet Spaß am Fabulieren, deshalb hatte ich das Verlangen, mich dem schlichtesten aller Erzähler zuzuwenden und, da ich über eigene Themen nicht verfügte, seine alten griechischen Sagen für Rußland nachzuschaffen. Kurz gesagt: Mein Ziel war, mich in aller Ausgiebigkeit durch das poetische Plaudern zu ergötzen, und das ist mir auch gelungen: Zwölf Gesänge der ›Odyssee‹ sind fertig; ich hätte alle vierundzwanzig übertragen, wäre ich nicht in den letzten beiden Jahren durch alle möglichen Aufregungen an der Fortführung meiner Arbeit gehindert worden. Ich hoffe auf den kommenden Winter, vielleicht werde ich dann alles zu Ende bringen. Immerhin ist der Hauptzweck bisher erreicht: Homers Muse hat mir viele Stunden meines Alters vergoldet; ob aber das, was mir selbst eine so wohltuende, unbekümmerte Erbauung war, den Lesern in meinem Vaterlande, mit denen ich meinen von dem alten griechischen Dichter entlehnten Schatz gern teilen möchte, ebenfalls Vergnügen bereiten wird, das weiß ich nicht. Sollte es an dem sein, so werde ich mich des Gedankens freuen, Rußland ein dauerhaftes Denkmal meines Dichterlebens zu hinterlassen und Homers treuer Sachwalter gewesen zu sein. Wie aber konnte ich, werden Sie fragen, ohne Homers Sprache zu beherrschen, mit seiner Zunge russisch reden? Ich muß es Ihnen erklären. Gewissenhafter deutscher Gelehrtenfleiß hat mir beigestanden.

Ich habe in Düsseldorf Professor Graßhof gefunden, einen bedeutenden Hellenisten, der sich in Sonderheit mit der Kommentierung Homers beschäftigt. Er hat es auf sich genommen, meiner Unwissenheit zu helfen. Dazu schrieb er eigenhändig aufs sorgsamste die ganze ›Odyssee‹ im Original für mich ab und setzte unter jedes griechische Wort das entsprechende deutsche sowie unter dieses die grammatikalische Bedeutung des ersteren. So hatte ich den buchstäblichen Sinn der ›Odyssee‹ vollständig vor mir und vermochte zugleich die gesamte Ordnung der Wörter zu überblicken; die chaotisch treue, dem Leser nicht zugängliche Übersetzung bot mir sozusagen sämtliches Baumaterial, es fehlten ihr nur die Schönheit, Gebundenheit und Harmonie. Meine Aufgabe war es im Grunde, in dem vorgegebenen Ungeformten die verborgene vollendete Form zu erahnen, mit dichterischem Spürsinn das Schöne in der Mißgestalt zu entdecken und aus den das Ohr verletzenden Lauten eine Klangharmonie zu schaffen, wobei alles dies nicht zum Schaden, sondern in treuer Bewahrung der antiken Physiognomie des Originals zu erfolgen hatte. In dieser Hinsicht darf auch meine Übersetzung ein Originalwerk genannt werden. Es fragt sich nur: Ist es mir gelungen? Hierbei kann ich nicht mein eigener Richter sein, da ich keinen Vergleich zu ziehen vermag. Sie hingegen können mit Homer selbst reden – fragen Sie ihn, ob er mit seinem hyperboreischen Sachwalter zufrieden ist, und teilen Sie mir seine Meinung mit. Ich habe mich bemüht, Wort für Wort zu übertragen, soweit dies ohne eine Vergewaltigung unserer Sprache möglich ist (hier wird sklavische Treue oft zu sklavischer Selbstverleugnung); ich habe jedes Wort studiert und mich in Sonderheit bemüht, seinen *Platz im Vers* für das entsprechende russische zu bewahren, wenn mit ihm an dieser Stelle eine spezielle poetische Wirkung erzielt wird. Ich wiederhole hier, was ich schon anderenorts über meine Arbeit gesagt habe: Eine Homer-Übersetzung muß sich von jeder anderen unterscheiden. Bei jedem Dichter, der nicht mehr ursprünglich schreibt, sondern sich als Wortkünstler versteht, spürt man neben der natürlichen Inspiration auch das Kunstvolle. Dies aber fehlt Homer: Er gleicht einem Säugling, der die Wunder des Himmels und auf Erden im Traume schaut und an der Brust seiner Nährmutter Natur mit klangvoller Kinderstimme lallend davon erzählt. Sein Bericht ist ein stiller, breiter klarer Fluß ohne Wellen, der unverfälscht und getreu den Himmel und die Ufer samt allem widerspiegelt, was an ihnen lebt und sich bewegt; man sieht jedoch nur das genaue Abbild, der spiegelnde helle Kristall scheint nicht zu existieren, das Auge nimmt ihn nicht wahr. Wer Homer übersetzen will (insbesondere die ›Odyssee‹), der kommt nicht weit, wenn er sich auf gut Glück jeden Vers einzeln vornimmt, denn bei ihm, das heißt bei Homer, gibt es keine isoliert stehenden Verse, sie bilden vielmehr einen Strom, der in seiner ganzen Fülle und Reinheit gefaßt werden muß; es gilt, jedes Wort und jedes Epitheton zu bewahren und zugleich alles Einzelne zugunsten des Ganzen zu vergessen. Auch in der Wahl der Worte ist besondere Vorsicht geboten: Oft taugt ein sehr poetisches, malerisches und hochtrabendes eben dieser Eigenschaften wegen nicht für Homer; desgleichen ist alles, was den Schein des Neuen, des Burlesken unserer Zeit hat, alles Außergewöhnliche, hier unangebracht, es wäre sozusagen ein Anachronismus; man muß vielmehr zu der ursprünglichen Sprache zurück, die durch allseitigen Gebrauch schon schal geworden ist, und ihr, der hinfälligen und abgenutzten, durch Anleihen beim Urvater der Poesie wieder zu ihrer anfänglichen Frische und Neuheit verhelfen, ohne sich all des

Neueingeführten zu bedienen, das die dichterische Sprache bei ihrer Abkehr von der ursprünglichen notwendigerweise gegen die kindliche Schlichtheit eingetauscht hat. Kurz gesagt: Wer Homer übersetzt, muß allen Prunk und allen Zierat von sich weisen, er darf sich von keinerlei Effekt oder Koketterie verlocken lassen, sondern muß eine *unmerklich* ganzheitliche Wirkung erzielen, durch Schlichtheit, ohne Aufdringlichkeit und Anmaßung im Ausdruck, durch harmonische Gliederung der langen, umfänglichen, mitunter gleichsam absichtslos durch einzelne wenig schillernde Verse unterbrochenen Satzperioden, so daß jeder Vers im Satz und jedes Wort im Vers zu einer allgemeinen Harmonie verschmelzen, ohne diese durch einen eigenen, für sich klangvollen, oft jedoch schrillen Laut zu stören. Dies ist ein überaus schwieriges Unterfangen, für das es keine klaren Regeln gibt, so daß man sich allein vom Gefühl leiten lassen muß; für mich aber war diese Aufgabe um so schwieriger, als ich keine Vergleichsmöglichkeit mit dem Original habe, da ich es nicht kenne, sondern nur errate. Welchen Zauber aber empfand ich dafür bei dieser Arbeit, beim Lauschen auf die ersten Atemzüge der aus dem Meerschaum geborenen Anadyomene (denn sie ist das Symbol für Homers Poesie), bei der Beschäftigung mit solch schlichter Rede, solch urwüchsigem Wesen, solchem Gemisch von Wildheit mit Erhabenem und Herrlichem, mit so viel Malerischem ohne jeden Ballast, mit der Geradlinigkeit und Makellosigkeit des Ausdrucks, mit dieser Fabulierfreude, die oft fast zu weit ausholt, aber doch zu all dem Unverbildetsein und aller Schlichtheit gehört, und insbesondere mit der Melancholie, die unmerklich, ohne Wissen des in der ihn umgebenden Welt lebenden und rastlos tätigen Dichters, alles durchdringt, denn sie ist kein Werk der Phantasie, die willkürlich traurige Empfindungen schafft, sondern gehört zur Natur der Dinge in der damaligen Welt, in der alles in *der Gegenwart* ein plastisch machtvolles Leben besaß, zugleich aber auch klein und nichtig war, da die Seele jenseits der Welt nichts *Künftiges* hatte, sondern der Erde als lebloses Gespenst entflog, und kein Glaube an die Unsterblichkeit jemandem in diesem brodelnden irdischen Leben einen würdigen und ermutigenden Trost zusprach. – Hier haben Sie meine poetische Beichte. Ich füge hinzu: Es war durchweg mein Streben, die schlichte Märchensprache zu wahren und dabei alles Überspannte wie auch jeden Slawismus zu vermeiden; ich habe nach Möglichkeit die Formen des Russischen mit denen des Originals abgestimmt (die sämtlich als Material in der Interlinearübersetzung erhalten waren), um den Homerischen Vers im Russischen spürbar zu machen, ohne diesen in das griechische Schema zu zwingen.

Ich bin dabei, eine neue, vollständige und *zu meinen Lebzeiten* wahrscheinlich letzte Ausgabe meiner Werke zu besorgen und will mit den letzten Bänden beginnen, die meine neuen Erzählungen und Märchen, das Poem ›Rustem und Sorab‹ sowie die ersten zwölf Gesänge der ›Odyssee‹ enthalten sollen. Das wird drei Bände ergeben, die ich noch während meines Aufenthalts im Ausland drucken lassen möchte, in Karlsruhe, wo der Ihnen bekannte Reiff die Arbeit überwachen wird und von wo man mir leicht die letzte Korrektur schicken kann, solange ich in Frankfurt wohne. Der Druck kostet hier wesentlich weniger als in Rußland und erfolgt auf gutem Papier mit gestochen scharfen Lettern. In dieser Absicht schicke ich Ihnen die ›Odyssee‹ mit der Bitte, sich für sie vor der Zensur zu verwenden. Ich nutze die Gelegenheit, Ihnen zugleich auch dafür zu danken, daß Sie mir die allerhöchste Erlaubnis erwirkt haben, meine schon einmal gedruckten Arbeiten nicht erneut der Zensur vorzulegen, und daß Sie für den ›Rustem‹ eingetreten sind. Sie werden fragen, was im Manuskript der

›Odyssee‹ die mit roter Tinte eingetragenen Vermerke und Verse bedeuten. Es hat damit die folgende Bewandtnis: Ich würde gern zwei Ausgaben der ›Odyssee‹ zugleich publizieren: eine *vollständige* für alle Leser und eine für *die Jugend unter Auslassung* der Stellen (nur sehr weniger), die dem Jugendalter nicht zuträglich sind. Ich meine, daß kein anderes Buch für die Lektüre im ersten lichten Lebensabschnitt geeigneter ist als die ›Odyssee‹, die durch ihren vielfältigen Zauber alle Fähigkeiten der Seele weckt; jedoch sollte man die Jugend nicht mit einem trockenen Prosaextrakt aus Homers Poem abspeisen, sondern ihr den lebendigen Erzähler Homer vorstellen, der das ganze alte Griechenland mit seinen wundervollen Sagen und seinen urwüchsigen Sitten in einen Rahmen faßt. Die Sprache meiner Übersetzung ist, scheint mir, so einfach, daß die russische ›Odyssee‹ allen Altersstufen zugänglich sein dürfte und mit einigen Auslassungen gewiß ohne Bedenken auch jedem heranwachsenden jungen Menschen in die Hand gegeben werden kann, der für *sich* zu lesen beginnt. Einer solchen gereinigten, aber nicht entstellten ›Odyssee‹ könnte ein Vorwort in Prosa beigegeben werden, das vom ursprünglichen legendären Griechenland und in Sonderheit ausführlich vom Fall Trojas berichtet (es wäre sogar denkbar, auch Verse einzufügen, das heißt Übersetzungen der besten Stellen aus den Werken der Tragiker, aus der ›Ilias‹ und der ›Äneis‹, allerdings werden dafür meine Kraft und meine Zeit kaum ausreichen); auf diese Weise wäre auf engem Raum die ganze legendäre Geschichte des antiken Griechenlands mit den edelsten Blüten seiner Poesie zu vereinen, und die ›Odyssee‹ würde zu einem sehr spannenden und zugleich überaus bildenden Kinderbuch. Meine *Vermerke* mit roter Tinte bezeichnen die auszulassenden Stellen, und die ebenfalls rot geschriebenen *Verse* könnten eingefügt werden. Sie sind, wie Sie selbst sehen werden, nicht sehr zahlreich, würden gar nicht auffallen und den Charakter des Poems nicht im geringsten verändern. Ich habe sie in das Manuskript eingetragen, damit die Zensur gegebenenfalls beide Fassungen zugleich genehmigen kann. Die gereinigte Ausgabe, welche die *Bildung* der Jugend zum Ziel hat (deren poetische Seite nicht außer acht gelassen werden sollte), gehört in den Zuständigkeitsbereich des Unterrichtsministers: Ich würde gern seine Gedanken zu diesem Gegenstand erfahren.

Verzeihen Sie mir diesen langen Brief; ich bin alt und folglich redselig geworden. Unsere kleinen Kinder, insbesondere die uns im Alter geborenen, sind uns stets teuerer als die älteren; was Wunder also, daß ich, der greise Hyperboreer, mit Ihnen über meine mit der ewig jungen Muse Homers gezeugte jüngste Tochter ins Schwatzen geraten bin. Ich habe sie in einheimische Hexameter gekleidet; Sie waren der erste, der diesen hellenischen Zuschnitt für Rußland einführte und verbreitete, von Ihnen hat Gneditsch ihn bezogen, und ich biete Ihnen nun untertänigst Ihr eigenes Gut wieder dar. Ich hoffe, Sie lassen mich nicht allzulange auf Ihre Antwort warten. Könnten Sie mir wohl von diesem Brief eine Abschrift zusenden? Ich würde sie als Vorwort zu der ›Odyssee‹ verwenden.

40.

An Nikolai Wassiljewitsch Gogol

17./29. Januar 1848, Frankfurt am Main

Dein herrlicher, herzbewegender Brief erreichte mich erst nach Deinem Buch; ich war gerade dabei, einige Gedanken auf dem Papier *festzuhalten*, die mir bei der Lektüre Deines Aufsatzes über den *Sinn des Wortes* durch den Kopf gingen und da kam er mir sehr gelegen, da er den gedruckten Beitrag ergänzt – nun ist das, was ich zu Deiner Ansicht über die Wichtigkeit des Wortes geschrieben habe, zugleich die Antwort auf Deinen Brief.

Dershawins Verse:

> Mag der Satiriker auch meine Worte tadeln,
> So muß er doch für meine Taten mich verehren ...,

die sozusagen das Thema Deines Aufsatzes darstellen, haben meiner Meinung nach keinen klaren Sinn: Die Fehler eines Schriftstellers lassen sich nicht mit seinen Tugenden als Mensch entschuldigen, und der von der Kritik verletzte Ehrgeiz eines Poeten dürfte kaum dadurch zu trösten sein, daß der Betroffene selbst sich sagt oder sein Aristarch ihm versichert: *Du bist zwar ein unfähiger Dichter, aber ein ehrbarer Mensch.*

Immerhin aber hat Puschkin sehr Bedeutendes über Dershawins Dichtungen geäußert, und ebendies soll der Hauptgegenstand meines Gespräches mit Dir sein. Ich bitte Dich jedoch, nicht zu erschrecken, denn ich bin gesonnen, bei den *Eiern der Leda* zu beginnen, wie man so sagt, das heißt ich möchte mit Dir auf einem langen Umweg zu Puschkins Ausspruch gelangen: *Die Worte des Dichters sind schon seine Taten.*

[...]

Wir sind nunmehr am fernsten Punkt unseres Umweges angekommen und können zurückkehrend schon einigermaßen vernünftig über Puschkins zitierten Ausspruch reden. Dazu gilt es allerdings vorher noch zu klären: Was sind die *Taten* des Dichters, was ist ein *Dichter* oder Künstler, worin besteht das *Künstlerische*, und wo liegt dessen Quelle?

Ich erlaube mir, hier zu wiederholen, was ich schon an anderer Stelle gesagt habe: Rousseau meint: Il n'y a de beau que ce qui n'est pas – *schön ist nur, was nicht ist.* Das bedeutet nicht: ... *was es nicht gibt*; das Schöne existiert sehr wohl, aber es *ist* nicht, denn es erscheint uns sozusagen nur, um wieder zu verschwinden, um sich uns zu zeigen und unsere Seele zu beleben und zu erneuern – wir können es weder halten noch betrachten, noch erreichen, es hat weder Namen noch Gestalt; es besucht uns in den besten Minuten unseres Lebens: Ein erhebendes Naturschauspiel, der noch erhabenere Anblick einer menschlichen Seele, der Zauber des Glücks, die Inspiration eines Verhängnisses und dergleichen läßt uns das Schöne lebhaft empfinden, und man kann sich durchaus erklären, wieso es fast immer mit einer gewissen Schwermut einhergeht, die uns jedoch nicht verzagen läßt, sondern eher ein belebendes, wohltuendes unbestimmtes Sichsehnen ist: Sie entspringt der raschen Vergänglichkeit, der Unaussprechlichkeit und der Unfaßbarkeit des Schönen. *Schön ist nur, was nicht ist* – in den Augenblicken solch lebhafterregenden Fühlens lockt uns nicht der Gegenstand vor uns, der es bewirkt hat, sondern etwas Herrliches, Geheimnisvolles, Fernes, das diesem zwar momentan zugehört, aber doch nicht in ihm steckt, sondern irgendwo anders allein für unsere Seele existiert. Dieses Sichsehnen ist einer der nicht zu formulierenden Beweise der Unsterblichkeit: Weshalb sonst empfänden wir in solchen Minuten nicht einen vollen, ungetrübten Genuß? Nein, die gleichzeitige Schwermut macht uns überzeugend deutlich, daß das Schöne hier nicht seine Heimstatt hat und sich uns nur als flüchtig auftauchender Heilskünder einer besseren Welt zeigt; sie ist die wonnevolle Sehnsucht nach der Heimat, eine dunkle Erinnerung an das verlorene, gesuchte und dereinst wiederzuerlangende Eden; es wirkt auf unsere Seele nicht allein durch die derzeitige *Gegenwart*, sondern auch durch die in einem Augenblick zusammengedrängte unklare *Erinnerung* an alles Schöne in der Vergangenheit und die geheimnisvolle *Erwartung* von etwas Besserem in der Zukunft.

Ist er weit von uns geflogen,
Läßt er, sichtbar uns und gern,
Angesteckt am Himmelbogen,
Leuchten einen Abschiedsstern.

Dieser für immer an unserem Himmel bleibende Abschiedsstern ist ein Zeichen dafür, daß das Schöne in unserem Leben war, doch er bezeugt zugleich, daß es nicht zu diesem gehört. Der Stern am dunklen Firmament kommt nicht auf die Erde herab, aber er strahlt tröstend aus der Ferne und bringt uns gewissermaßen dem Himmel näher, von dem er uns unbewegt leuchtet. Unser Leben ist sozusagen eine Sternennacht; in Augenblicken der Eingebung entdeckt unsere Seele neue Gestirne, die ihr zwar kein volles Licht spenden und dies auch nicht sollen, aber doch als Zier unseres Himmels uns diesen vertraut machen und uns zugleich auf Erden den Weg weisen.

41.

An Karl August Varnhagen von Ense

25. Oktober 1848, Baden-Baden

Mein Herr!
In der Hoffnung, daß die angenehmen Augenblicke, die ich in einer Begegnung mit Ihnen erleben durfte (es sind seit damals schon ein paar Jahre vergangen), aus Ihrem Gedächtnis nicht völlig entschwunden sind (man vergißt nicht die Wohltaten, die man anderen erweist), erlaube ich mir, an Sie diese Zeilen zu richten, mit der Bitte, die poetische Opfergabe, die ich dem Brief beifüge, mit Nachsicht anzunehmen. Ich habe lange gezögert, sie Ihnen zu schicken: Wie könnte ich Sie zu einem solchen Zeitpunkt mit Versen behelligen, und noch dazu mit russischen? Ist es doch, als

lüde ich Sie zu ihrer Lektüre ein, während Sie am Rande eines eben ausbrechenden Vulkans sitzen. Andererseits war ich der Meinung, daß Revolutionen, Aufruhr, die Gesetzgeber der Straße, die Helden der Barrikaden usw. usw. vergänglich sind, während die Dichtung nicht vergeht und sich zu allen Zeiten gleich bleibt. Und da es sich hier um einen jener Repräsentanten der Dichtung handelt, die diese Wahrheit durch ihr Exempel bewiesen haben, da es sich hier um Homer handelt, dessen dichterisches Leben noch andauert, während soviele Reiche verschwunden sind und im Gedächtnis der Menschen nur dank der Sorgfalt oder der Feder jener fortbestehen, die sich daran erfreut haben, ihre flüchtige Existenz im Erz oder auf dem Papier festzuhalten, habe ich geglaubt, meine Sendung wagen zu dürfen, um so mehr, als sich eine günstige Gelegenheit dazu bot. Ich habe sogar geglaubt, daß es gut sei, dies unter den gegenwärtigen Umständen zu tun. Während meines Besuches bei Ihnen, mein Herr, habe ich Ihnen ein Bruchstück des Anfangs meiner Übertragung der Odyssee vorgelesen; die Arbeit schien Sie zu interessieren. Allerdings war der Himmel der Politik damals klar, und nichts kündigte den Wirbelsturm an, der jetzt überall heult und es nicht zuläßt, daß man sich mit anderem beschäftigt als den Zerstörungen, die er anrichtet. Aber ich wiederhole, es handelt sich hier um Homer. Wenn ich Ihnen das hyperboreische Abbild dieses Riesen des alten Griechenlands vorlege, den Sie selbst so gut kennen, verpflichte ich Sie, Ihren Blick auf ihn zu richten, das heißt, ich öffne Ihnen das Tor zu einer Welt der Wunder, ich verpflichte Sie, die gegenwärtige, uns erstickende Atmosphäre der Wirklichkeit zu verlassen und sich in die erhabenen Gefilde des Ideals emporzuschwingen, in denen die duftende und jungfräuliche Luft der ersten Schöpfungstage weht; wenn Sie Ihren Blick auf die Übertragung werfen, dann werden Sie sich augenblicklich veranlaßt fühlen, die Kopie mit dem Modell zu vergleichen – das wird Sie noch tiefer in die Schönheit des letzteren eindringen lassen; und selbst die Mängel der Übertragung werden Sie das Geheimnis der unsagbaren Schönheit noch stärker empfinden lassen, die sich so friedlich mit der Seele beschäftigt, sie erfreut und beruhigt. So, indem ich Ihnen meine bescheidene russische Odyssee vorlege, werde ich Sie gegen Ihren Willen dem alten Homer selbst wieder zuführen, in dessen Kelch Sie ein sofort wirkendes Beruhigungsmittel finden werden, das um so mehr nottut in einer Zeit, wo die unablässig gemarterte Seele nichts hat, an dem sie Halt finden kann. Wenn ich Ihnen meine Arbeit vorlege, verlange ich nicht, daß Sie mir ein wohlfundiertes Urteil über ihre Gültigkeit übermitteln, wie auch immer es ausfiele: All das, was um Sie herum geschieht, würde Ihnen keine Muße dazu lassen; ich beanspruche nichts mehr, als mich Ihnen in Erinnerung zu bringen und Ihnen durch ein sichtbares Zeichen meine Verehrung für Ihre Person auszusprechen und den aufrichtigen Wunsch, mir etwas von Ihrem Wohlwollen zu bewahren. Ich weiß nicht, wann es mir vergönnt sein wird, Ihnen die andere Hälfte meiner Arbeit vorzulegen: Ich bin erst am Ende des XIII. Gesanges. Die ersten zwölf sind schon lange fertig; traurige Umstände haben die Fortsetzung der Arbeit unterbrochen, und jetzt wird es recht schwer für mich, die harmonische Stimme der Muse Homers deutlich zu vernehmen, inmitten des Heulens der Wölfe, die sich um uns zusammengerottet haben, um die menschliche Gesellschaft zu zerreißen. Indessen werde ich von Zeit zu Zeit bei dem alten Homer Zuflucht suchen, um unerreichbar für all das Getöse zu sein, das uns verwirrt und betrübt. Ich halte mich mit meiner seit langem kranken Frau und meinen beiden Kindern in Baden-Baden auf, wo man augenblicklich vergleichsweise ruhiger lebt als anderswo. Wenn

Sie einen Augenblick der Muße finden, um mir zu antworten, machen Sie mir eine große Freude. Meine Adresse in Baden-Baden: Haus Kleinmann am Graben. Nehmen Sie die Versicherung meiner Freundschaft und Verehrung entgegen,

Ihr sehr ergebener Diener

Shukowski.

42.

An Karl August Varnhagen von Ense

16. Januar 1849, Baden-Baden, Haus Kleinmann

Mein Herr!

Zunächst übermittle ich Ihnen meine Glückwünsche zum neuen Jahr, das ein gutes für Sie sein und das vor allem an Gesundheit reich sein möge. Ich antworte etwas verspätet auf den wohlwollenden Brief, den Sie mir geschickt haben: Der Grund für diese Verspätung ist der, daß ich mich Ihnen nicht ohne [unleserlich] in Karlsruhe vorstellen wollte, um meiner Antwort ein Exemplar davon hinzuzufügen; ich habe nun endlich dieses Exemplar erhalten, das ich Sie mit Wohlwollen anzunehmen bitte. Sie besitzen schon die vorvorige Ausgabe; in der vorliegenden habe ich die Anordnung der Gegenstände geändert. Die Stücke folgen *chronologisch* aufeinander, wodurch es möglich wird, dem Autor auch in den Abwandlungen seines Stils zu folgen. Die Lektüre Ihres guten Briefes hat mein Herz erfreut; man kann diese Freude eines Autors mit der eines Vaters vergleichen, welcher sich, nachdem er alle seine Sorgfalt der Erziehung der geliebten Tochter gewidmet hat, endlich entschließt, das Kind in die Gesellschaft einzuführen, und der das erste Lob vernimmt, das es von einer Person empfängt, deren Beifall wertvoll und maßgeblich für ihn ist. So hat also meine Tochter, der Sprößling meiner Altersjahre, der mir besonders teuer ist, eine Wirkung auf Sie ausgeübt, die dem Herzen ihres Vaters wohltut; und Sie waren der Meinung, daß diese entzückende griechische Jungfrau, die vor 3000 Jahren unter dem freundlichen Himmel Ioniens zur Welt gekommen ist und die durch den Zauber der dichterischen Seelenwanderung die Form eines hyperboreischen Mädchens angenommen hat, nicht ganz unkenntlich geworden ist. Ich danke Ihnen vielmals, daß Sie mir das mit so angenehmen Worten gesagt haben. Muß ich das Vergnügen, das mir Ihre Billigung, die allzu schmeichelhaft ist und ausreicht, um den Appetit der gefräßigsten Eigenliebe zu stillen, auf deren Konto setzen? Ich glaube nicht. Das Vergnügen, das mir ihr freundschaftlicher Brief bereitet hat, ist nichts weiter als der Genuß der Sympathie; es ist der Reiz, der im Mitteilen eines Gutes besteht, das man in seiner Fülle allein genossen hat und das sich verdoppelt, wenn man es mitteilt. Im höchsten Entzücken habe ich gelebt während der ganzen Zeit, da ich, der ich mich in das Heiligtum des großen Dichters aus dem Altertum begeben hatte, danach strebte, mit dem Ohr des Geistes den Wohllaut seiner Gesänge wahrzunehmen, für den mein materielles Ohr taub bleibt, um ihn in die Sprache meines Vaterlandes hinüberzutragen. Diese nochmalige Schöpfung einer schon vollendeten großen Schöpfung trägt ihren Lohn in sich selbst: Man hat sie im Innersten genossen. In meinem Alter kann man nicht mehr verlangen. Allerdings ist es auch von großem Reiz, wenn man eine Stimme, an die man glaubt, sagen hört, daß der geistige Genuß, den man in der Einsamkeit durchlebt hat, keine Illusion gewesen ist, daß man keinen leeren Traum geträumt hat, daß man etwas Wirkliches hervorgebracht hat. Ich danke es Ihnen also, daß Sie meiner Arbeit durch Ihre Billigung eine Sicherheit auf Lebenszeit gewährt haben. Die Art und Weise, wie Sie sie charakterisieren, stellt für mich die vollkommenste Anerkennung dar. Sie hilft meinem lebhaften Verlangen nach Vollendung des begonnenen Werkes. Seit zwei Monaten habe ich mich wieder an diese schwere Arbeit gemacht, und wenn sich mir nicht wieder ein großes Hindernis lähmend entgegenstellt, hoffe ich das ganze bis Ende März abzuschließen. Den XVI. Gesang habe ich schon beendet, der XIII. ist bereits gedruckt. Meine Übertragung wird fortlaufend gedruckt, je nach dem, wie sie voranschreitet. Allerdings muß ich bemerken, daß die zweite Hälfte der Odyssee dem Übersetzer mehr Schwierigkeiten bereitet als die erste, und dies deshalb, weil hier alles viel schlichter ist. Man hat die Welt der Wunder hinter sich gelassen, die durch ihre Bilder so glänzend ist; man findet sich in der Welt der greifbaren Dinge; alles ist hier sozusagen Gemeinplatz, und nichts ist schwerer, als einen Gemeinplatz dichterisch wiederzugeben, ohne ihn durch überflüssige Verzierung zu entstellen und ohne ihn in die abgeschmackte Trockenheit der Prosa abgleiten zu lassen. Leichter findet man den dichterischen Ausdruck für einen grandiosen Stoff, der durch seine Natur schon selbst auf ihn hinweist, als für eine Menge kleiner Einzelheiten, die diesen Ausdruck von sich weisen; ein Kampf mit einem Löwen ist (sofern man nicht feig ist) weniger schwer als eine Schlacht gegen ein Heer von Mücken, die von allen Seiten stechen und die man nicht zu treffen weiß. Sobald meine Arbeit vollendet ist, werde ich sie Ihrem Urteil unterwerfen. Gleichzeitig wird es für mich höchst interessant sein zu wissen, ob Sie Gelegenheit gefunden haben, einen Blick auf den Inhalt des I. Bandes meiner *neuen Gedichte* zu werfen: Sie sind sämtlich zwischen den Zeilen der Odyssee ans Licht getreten. Sie werden dort Nachahmungen von Gedichten unseres Freundes Chamisso finden; eine sehr freie Übertragung von Rückerts

Rustem und Sorab (bei der ich Auslassungen, Änderungen und Erweiterungen vorgenommen habe) und schließlich ein russisches Märchen, in dem ich einen großen Teil jener Dinge zusammengetragen habe, die unsere Volksmärchen besonders kennzeichnen ... Ich bin gleichwohl ein rechter Kindskopf, Sie so lange mit diesen poetischen Spielereien zu langweilen, während Sie sich in der Nähe eines noch aktiven Vulkans aufhalten, der drauf und dran ist, wieder auszubrechen. Verzeihen Sie mir: Grollen Sie mir nicht mehr und glauben Sie meiner respektvollen Ergebenheit. Stets Ihr Diener,

Shukowski.

43.

An Karl August Varnhagen von Ense

23. Juni 1849, Bern

Ich beeile mich, Ihnen den zweiten Teil meiner Übertragung der ›Odyssee‹ vorzulegen und bitte Sie, meine Gabe mit dem Wohlwollen entgegenzunehmen, das Sie mir schon am Beginn meiner Arbeit erwiesen haben. Sie ist schnell, aber ohne Nachlässigkeit vollendet worden. Wenn ich auch nicht einmal 100 Tage dafür benötigt habe, konnte ich doch meine Korrekturen mit der größten Strenge vornehmen: Da die Drucklegung zur gleichen Zeit erfolgte wie die Übersetzung, konnte ich den Fahnenabzügen folgen, was sehr leicht für mich war; denn Baden-Baden, wo ich mich damals aufhielt, liegt in der Nähe von Karlsruhe, wo sich meine Druckerei befindet – Sie wissen ja aus eigener Erfahrung, daß man den gedruckten Text viel besser korrigieren kann als das Original; das Manuskript verbirgt die Fehler, das Gedruckte führt sie deutlich vor Augen; manchmal habe ich 5 bis 6 verschiedene Fahnenabzüge von ein und demselben Blatt erhalten. Horaz ist es wohl, der den Dichtern riet, ihre Hervorbringungen neun Jahre lang unter Verschluß zu halten und sie dann erst dem Publikum auszuliefern: Dieser Rat taugt nicht für mich; wenn jeder Dichter neun Jahre benötigt, um seine Verse zu vergessen und sie als fremde Hervorbringungen zu lesen, um die Mängel, die sich darin finden, deutlicher wahrzunehmen, so brauche ich nur ein paar Stunden für dieses völlige Vergessen; jeden Fahnenabzug habe ich wie etwas für mich völlig Neues gelesen: Eine solche (in diesem Fall beglückende) Fähigkeit zu vergessen verkürzt die Zeit und verleiht Stunden den Wert von ganzen Jahren. Ich wünsche mir sehr, daß Sie keinen Anlaß finden, zu mir zu sagen: Du hättest besser daran getan, dem Ratschlag des alten Horaz genau zu folgen. Kurz und gut, meine Arbeit ist abgeschlossen. Der törichten Revolution, die das Badische Land erschüttert hat, gefiel es, ihren Ausbruch bis zu dem Augenblick aufzuschieben, da ich den letzten Gesang in Druck gab. Die Fahnen dieses Gesanges mußten mich schon in Straßburg suchen, wohin ich mich in dem Moment, als der große Struwe in Baden-Baden auftauchte, mit meiner Familie begab. Den letzten Druckvermerk konnte ich erst in Basel verfassen. Endlich ist alles vollendet. Die Exemplare selbst werden nach Petersburg geschickt. Ich hoffe, daß meine hyperboreische Odyssee ebenso wie ihr griechischer Heros zwischen der Skylla und der Charybdis der Revolution hindurchsegeln wird, ohne Schiffbruch zu erleiden; ihre Fahrtroute führt von Karlsruhe über Mannheim und Köln – eine schicksalhafte Route, auf der sich in diesem Augenblick sämtliche Ungeheuer der dichterischen Mythologie unter dem trivialen Gewand der roten Briganten versammeln. Das Ihnen bestimmte Exemplar wird einen friedlicheren Weg nehmen: Empfangen Sie es mit Wohlwollen und bewahren Sie dieses Wohlwollen jenem, der Ihnen damit seine Ehrerbietung erweist. Sollten Sie auf

den guten Gedanken kommen, mir zu antworten und mir ein paar Nachrichten davon zu geben, was mit Ihnen und was um Sie herum geschieht, dann wäre ich Ihnen sehr dankbar; meine Adresse in Bern: Postlagernd.
Ganz der Ihre, mit Hochachtung und Freundschaft.

Shukowski.

44.

An Apollon Ph. von Maltitz

21. April 1850, Baden-Baden

Schon eine ganze Ewigkeit habe ich keine Nachricht von Ihnen, mein teurer Freund, und auch Sie haben keine von mir. Dennoch hoffe ich, daß wir beide noch am Leben sind. Ich weile noch auf dieser Welt, zum Beweis lege ich ein gedrucktes Zertifikat bei. Ich schicke es Ihnen, weil Sie, der Sie seit langem mein Vertrauter in der Dichtung sind, dies nun auch in der Prosa sein müssen. Der beigefügte Artikel war zunächst nichts weiter als ein Brief an den Marschall Paskewitsch, den ich einige Zeit nach meiner Rückkehr von Warschau nach Baden-Baden an ihn gerichtet habe. Es fand sich kein anderes Verlangen darin als jenes, frei zu atmen, indem ich meinem Zorn auf diesen Freibeuter der Politik seinen Lauf ließ. Später schien es mir, daß man dieses Bruchstück drucken könne, und da ist es nun: Es ist ein Tritt, den eine erzürnte Fliege einem phlegmatischen Elefanten versetzt. Und die Welt hat, wie es ganz natürlich ist, das Summen der Fliege nicht vernommen, und der Elefant wird, wie es gleichfalls ganz natürlich ist, fortfahren, politische Schweinereien zu begehen. Das macht mir nichts aus, man muß die Welt lassen, wie sie ist, oder besser gesagt, wie Gott sie einrichtet. Die Politik ist nicht mein Metier; dies war nur eine Laune des Zufalls. Lassen Sie mich bitte wissen, ob Sie noch unter den Lebenden weilen, und wenn es der Fall ist, dann grüßen Sie von mir Ihre gute, liebenswürdige, gastfreundliche Gemahlin, der ich meinen Freund Liepmann anempfehlen möchte.

Adieu. Ganz der Ihre,
Shukowski.

45.

An Nikolai Wassiljewitsch Gogol

1./13. Februar 1851, Baden [-Baden]

Lieber Gogoljok, nun ist es an mir, mich bei Dir zu entschuldigen: Auf Deinen langen Brief habe ich nur mit einem gedruckten geantwortet und auf den über Palästina gar nicht; er ist sehr originell und interessant, obgleich er alles, was Du im Gelobten Land gesehen hast, sozusagen nur im Negativ darstellt. Aber es wird in Deiner Erinnerung schon alles ins Lot kommen. Vielleicht ergibt sich manches, was als *Gegenwart* gar nicht gewesen ist, hundertfältig als *Vergangenheit*, und Deine Erinnerungen an das Heilige Land werden für Dich noch lebhafter als Dein Aufenthalt dort. – Jetzt will ich Dir etwas von mir berichten. Doch halt, erst noch ein paar Worte zu Dir. Hier in Baden ist Koscheljow (er reist allerdings heute ab); durch ihn erhielt ich die freudige Nachricht, daß die ›Toten Seelen‹ hurtig voranschreiten. Er weiß, daß Du Chomjakow viel daraus vorgelesen hast, dieser äußere sich aber, sagt er, mit keiner Silbe, weil er Dir versprochen habe, kein Urteil laut werden zu lassen. Doch mir genügt es schon, zu wissen, daß Du schreibst und Lust dazu hast – so wird gewiß etwas Gutes dabei herauskommen.

Nun zu mir. Ich hoffe zuversichtlich, in diesem Frühling oder Anfang des Sommers nach Rußland zurückzukehren. Zunächst fahre ich nach Dorpat, wo ich fürs erste Frau und Kinder lassen werde; ich selbst will im August nach Moskau, um dort die Krönung und die Zarenjubiläen mitzufeiern; ich hoffe, daß zu der Zeit alle meine Verwandten dort sein werden, und ich hoffe ebenfalls, daß auch Du kommst und mir, wie Chomjakow, eine Kostprobe von Deinen ›Toten Seelen‹ gibst. – Ich arbeite zur Zeit viel, doch meine Tätigkeit beschränkt sich auf die Pädagogik, das heißt auf den Entwurf eines Lehrplans für den Vorschulunterricht meiner Kinder. Das kostet mich all meine Zeit und erlaubt mir nicht, mich mit noch etwas anderem zu beschäftigen. Anderenfalls würde ich die gesamte ›Ilias‹ übersetzen; anderthalb Gesänge sind bereits fertig (den Schiffskatalog habe ich mir geschenkt, er ist zu schwierig), es ging wie geschmiert, doch der Dienst, das heißt die Arbeit für mein häusliches Unterrichtsministerium, hat Vorrang. Die ›Ilias‹, denke ich, wird mir nicht weglaufen: Es wäre großartig, wenn ich meinem Vaterland den vollständigen Homer hinterlassen könnte. Ich bitte Dich aber, darüber noch nicht zu sprechen. Ich möchte gern auch den ›Ewigen Juden‹ zu Ende bringen; vielleicht wird er das Ergebnis meines nächsten Schaffens sein. Bitte Gott, daß er mir noch ein Dutzend gesunde Lebensjahre schenkt; ich würde mich bemühen, sie nach seinem heiligen Willen sinnvoll zu nutzen, so daß ich etwas Brauchbares zum Wohle meiner Kinder und meines Vaterlandes zu hinterlassen habe.

Leb wohl, Gogoljok. Ich schreibe Dir, wann ich von hier abreise und wann ich nach Rußland komme. Meine Frau läßt Dich freundlich grüßen.

Dein getreuer Shukowski.

46.

An Nikolai Wassiljewitsch Gogol

Baden, 4./16. Januar 1852

Lieber Gogoljok, endlich läßt Du mal von Dir hören. Ich danke Dir für Dein *Helfgott* und freue mich, daß er Dir geholfen hat, fünfzehn Zeilen an mich zu schreiben, aus denen ich mit Rührung erfahre, daß Du in Talysins Haus am Nikitski Boulevard wohnst. Bestimmt hast Du Dich von selbst meiner erinnert, ohne Dich bei jemandem nach mir zu erkundigen, sonst hätte Dir doch zumindest Bulgakow gesagt, daß ich schon über sechs Monate ein Augenleiden habe, daß diese Krankheit meine Rückkehr nach Rußland verhindert hat, für die schon im vergangenen Juli alles vorbereitet war, und daß ich seitdem nicht richtig arbeiten kann. Auf Umwegen höre ich, daß Du gut vorankommst und Deine ›Toten Seelen‹ erstaunlich lebendig sind; die Smirnowa soll ganz begeistert von ihnen sein. Bei solchen Nachrichten quält mich die Ungeduld, Deine Toten kennenzulernen. Auch ich habe im letzten Winter fleißig gearbeitet, nun aber bleibt wegen meiner Augen alles liegen; ich fühle mich vor meinen angefangenen Plänen wie Tantalus unter den Früchten – eine gute Gelegenheit, sich Gottes Willen beugen zu lernen. Leb wohl. Ich wünsche Dir Glück zum neuen Jahr. Gebe Gott, daß Du, ehe es endet, Deine Toten Seelen zum Leben erweckt hast. Ich kann Dir nicht oft schreiben, auch wüßte ich nicht, worüber: Meine Blindheit ist kein ergiebiger Quell für eine Korrespondenz. Wenn Du mir jedoch über etwas Interessanteres zu berichten hättest als über den Nikitski Boulevard, so würde dies auch mich anregen, mit Dir nicht nur von meinen kranken Augen zu reden. Leb wohl! Ich umarme Dich von ganzem Herzen. Gott wird weiterhelfen.

Dein Shukowski.

47.

An Pjotr Alexandrowitsch Pletnjow

5./17. März 1852, Baden [-Baden]

Liebster Pjotr Alexandrowitsch, welch schlimme Nachricht mußte ich von Ihnen hören, wie unerwartet traf sie mich! Noch vor gar nicht langer Zeit habe ich von Gogol einen Brief bekommen, ich wollte ihm gerade antworten und ihm Rechenschaft über meine derzeitige dichterische Arbeit geben, das heißt eingehend von meinem ›Juden‹ berichten, dessen Inhalt er kannte, der ihm sehr nach dem Herzen gewesen wäre und bei dessen Abfassung ich besonders an ihn gedacht habe. Und nun weilt er nicht mehr unter uns! Ich trauere unsäglich um ihn, vor allem auch meinetwegen, denn ich habe in ihm einen sehr sympathischen Menschen verloren, der an meinem poetischen Leben Anteil nahm, und empfinde es schmerzlich, wie verwaist ich in dieser Hinsicht nun bin. Meine literarische Welt besteht jetzt nur noch aus vier Personen, zwei männlichen und zwei weiblichen Geschlechts: Die ersten beiden sind Sie und Wjasemski, die anderen zwei alte Frauen, die Jelagina und die Sontag. Welch spürbare Lücke hat mein guter Gogol in dieser kleinen Welt hinterlassen! Ich trauere um ihn auch wegen seiner begonnenen und nicht vollendeten Arbeiten; er ist für unsere Literatur ein unersetzlicher Verlust. Aber soll man ihn um seiner selbst willen bedauern? Er hat seinem Charakter nach unter seinem angekränkelten Leben gelitten. Seine eigentliche Berufung war das Mönchtum: Ich bin überzeugt, daß er, hätte er nicht seine ›Toten Seelen‹ begonnen gehabt, deren Vollendung sein Gewissen belastete und die immer wieder nicht gelang, längst Mönch geworden und damit in der Atmosphäre, in der seine Seele leicht und frei atmen konnte, zur völligen Ruhe gelangt wäre. Sein dichterisches Schaffen stand, der besonderen Eigenart seines Genies zufolge, in dem sich tiefe Melancholie mit scharfer Ironie paarte, im Gegensatz zu seiner Berufung zum Mönch, wodurch er in ständigem Widerstreit mit sich selbst lag. Zumindest scheint mir dies aus den seinem Tod vorausgegangenen Umständen deutlich zu werden, wie Sie sie mir schildern. Vier Tage lang, schreiben Sie, kniete er, ohne einmal aufzustehen, ohne Speise und Trank zu sich zu nehmen, vor den Heiligenbildern, und wenn sich jemand besorgt seiner annehmen wollte, so erwiderte er sanft: *›Laßt mich, ich fühle mich gut‹* – wie tief bewegend ist das! Ich sehe darin keinen irregeleiteten Glauben, nein, das ist die Frömmigkeit eines Menschen, der sich gehorsam an die Gesetze der rechtgläubigen Kirche hält. Was seine leidende Seele in den letzten Minuten in Aufruhr versetzt hat, weiß ich nicht, doch sein Gebet um ihren Frieden war das vieler unserer heiligen Kirchenväter, und gewiß fühlte er sich in diesen Augenblicken *gut*, wie er selbst sagte; der Weg, auf dem er das Leben verließ, war der beruhigendste und trostreicheste für sein Gemüt. *Laßt mich, ich fühle mich gut.* Niemand kann, von sich selbst ausgehend, etwas tadeln, was einem anderen nach seiner Eigenart gut tut; dieses Gebet auf den Knien, vier Tage lang, flößt tiefe Ehrfurcht ein: So wäre Gogol auch gestorben, wenn er, seiner natürlichen Berufung gehorchend, sein Leben in einer Mönchszelle verbracht hätte. Nun hat seine Seele endlich alles gefunden, was sie suchte. Wenden wir uns jetzt dem Irdischen zu. Wo hat er in der letzten Zeit in Moskau gewohnt? Stimmt es, daß er beim Grafen Tolstoi untergekommen war? Wenn dem so ist, so sind seine nachgelassenen Schriften in guten Händen: Es wird gewiß nichts verloren gehen. Uns, seinen Freunden, obliegt es, für die Herausgabe seiner Werke zu sorgen: Ich denke an eine vollständige, ansehnliche Ausgabe unter Subskription zugunsten seiner Familie (soviel ich weiß, leben seine Mutter und zwei Schwestern). Wenn die Subskription schon jetzt anliefe, würden sich viele Interessenten finden. Kümmern Sie sich darum. Wäre ich in Rußland, würde ich die Sache sofort in Gang bringen. Immerhin werde ich an Tolstoi schreiben. Und Sie bitte ich, mir möglichst viele Einzelheiten über Gogols letzte Minuten mitzuteilen.

Ihr Shukowski.

Nachwort

Wassili Andrejewitsch Shukowski (1783–1852) war ein Dichter des zarten, innigen Gefühls und der ›Phantasie des Herzens‹ (Alexander Wesselowski). Er erschloß der russischen Literatur die Innenwelt des Menschen und die Seele der Natur. Gegenstand seiner melodischen Verse waren vor allem jene subtilen Stimmungen, die von den Bewegungen des Gemüts und den Eindrücken der Natur hervorgerufen werden. Doch Shukowski war keineswegs ein Poet der reinen Innerlichkeit. Begünstigt durch den anfänglichen Liberalismus der Regierung des Zaren Alexander I. und getragen vom wachsenden Nationalbewußtsein seines Volkes, das durch den Sieg über Napoleon im Vaterländischen Krieg 1812/13 mächtige Impulse erhielt, wußte Shukowski sich als ein gesellschaftlich verantwortlicher Schriftsteller. In der Nachfolge Lomonossows, Dershawins und vor allem Karamsins stehend, machte er gemeinsam mit Konstantin Batjuschkow, Wladislaw Oserow, Nikolai Gneditsch, Pawel Katenin u.a. die russische Literatur zu einer bestimmenden Kraft der nationalen Entwicklung. Das Erbe des Klassizismus und Sentmentalismus aufhebend, wurde Shukowski zum Wegbereiter und führenden Repräsentanten der russischen Romantik und zum dichterischen Lehrmeister des jungen Puschkin. Ungeachtet der konservativen Züge in seiner Weltanschauung, gehörte er zu den vorwärtsweisenden Erscheinungen des russischen Geisteslebens. Sein poetisches Schaffen gab nicht nur der russischen Literatur zu Beginn des 19. Jahrhunderts das Gepräge, sondern ist auch in jenen Teilen bis heute lebendig geblieben, in denen durch die empfindsam-romantische Sageweise hindurch das reale Fühlen und Denken der Epoche spürbar wird.

Shukowski war eine Persönlichkeit von edler Gesinnung, sanft und weichherzig, geradezu prädestiniert für die Empfindsamkeit, die Karamsin im letzten Jahrzehnt des 18. Jahrhunderts zur tonangebenden Richtung in der russischen Literatur gemacht hatte. Zugleich besaß er aber auch Entschlossenheit und Zähigkeit beim Verfolgen jener Ziele, die er als wahr und gerecht empfand. Sein Leben lang bewies er unermüdlichen Arbeitseifer, waches Pflichtbewußtsein und selbstlosen Einsatz für seine Freunde, aber auch jeden Menschen, der unter der Willkür des zaristischen Staates oder der Leibeigenschaft zu leiden hatte. Dabei verließ er zwar niemals den Boden der Loyalität gegenüber der Monarchie, suchte aber in ihrem Rahmen der Humanität und dem Erziehungsoptimismus der Aufklärung Geltung zu verschaffen. Dies äußerte sich allerdings nicht im kämpferischen Aufbegehren, sondern in einem mit Demut gepaarten Bürgersinn.

Schon früh wurde in Shukowski die Liebe zu den Künsten – zu Poesie, Musik und Malerei – geweckt, aber auch die Neigung zu melancholischer Selbstbetrachtung. Über sein äußerlich friedvolles, ohne schwere Erschütterungen verlaufendes Dasein legte sich bereits in der Kindheit ein Schleier leiser Wehmut und stiller Resignation. Die erste Ursache hierfür war die illegitime Herkunft des Dichters. Seine Mutter, eine Türkin namens Salcha, war von leibeigenen Bauern, die als Marketender bei der Eroberung der türkischen Festung Bender durch Feldmarschall Rumjanzew im Jahre 1770 dabei waren, ihrem Gutsherrn Afanassi Iwanowitsch Bunin übergeben worden. Als Salcha, jetzt Jelisaweta Dementjewna genannt, am 9. Februar 1783 einen Knaben zur Welt brachte, erhielt er nicht den Namen seines leiblichen Vaters Bunin, sondern seines Taufpaten Andrej Grigorjewitsch Shukowski, eines benachbarten Gutsbesitzers. Die leibliche Mutter des zukünftigen Dichters wurde zwar auf dem Gute Mischenskoje in die Familie Bunins aufgenommen, lebte hier aber halb als Verwandte, halb als Dienerin. So blieb der empfindsame Knabe trotz großer äußerer Fürsorge – auch von seiten der Frau Bunins – in der eigenen Familie zu einem gewissen Grade ein Fremder.

Nach kurzem Schulbesuch in dem nahe gelegenen Tula und sorgfältiger häuslicher Erziehung fand der vierzehnjährige Knabe im Jahre 1797 Aufnahme in der zur Moskauer Universität gehörenden Adelspension. Hier sollte er die entscheidenden geistigen Grundlagen erhalten. In der Pension herrschte ein liberaler, durch die Toleranz der Aufklärung und die humanitäre Ethik des Freimaurertums geprägter Geist. Der literarischen Bildung wurde während und außerhalb des Unterrichts viel Aufmerksamkeit geschenkt. Shukowski beteiligte sich aktiv an den literarischen Übungen, schrieb Gedichte und Aufsätze, von denen einige gedruckt wurden. Als Vorsitzender eines Literaturzirkels trat er in der Pension bei festlichen Gelegenheiten mit Reden hervor, in denen er die Tugend, die Aufklärung und den Frieden pries. Nach Beendigung des Pensionats im Oktober 1800 arbeitete er kurze Zeit in einem Moskauer Salzkontor. Seine eigentlichen Interessen galten aber bereits der Literatur. Im Januar 1801 schloß er sich mit Andrej und Alexander Turgenew, den Söhnen des liberal gesinnten Direktors der Adelspension bei der Moskauer Universität Iwan Petrowitsch Turgenew, sowie den Gebrüdern Kaissarow, mit Alexej Mersljakow, Alexander Wojejkow u. a. zur ›Geselligen Literarischen Gesellschaft‹ zusammen, deren Mitglieder sich verpflichteten, schriftstellerische Arbeit zu leisten. Man beschäftigte sich mit dem Werk russischer Autoren, vor allem mit Lomonossow, Dershawin und Karamsin, begeisterte sich aber auch für Goethes ›Werther‹, Schiller und Shakespeare. Während Andrej Turgenew, der eigentliche Kopf des Zirkels, die staatsbürgerlichen Aufgaben der Literatur betonte, trat Shukowski mehr für deren Verinnerlichung und ethische Wirksamkeit ein. Als Andrej Turgenew im Jahre 1803 unerwartet an einer Erkältung starb, würdigte ihn Shukowski in einem tief empfundenen Gedicht.

Im April 1802 verließ Shukowski Moskau, um sich bis 1808 in Mischenskoje und später in der Kreisstadt Beljow, einer alten russischen, am hohen Ufer der Oka gelegenen Stadt, der Vervollkommnung seiner Allgemeinbildung und literarischer Tätigkeit zu widmen. Oft wanderte er in dieser Zeit auf einen bei Mischenskoje gelegenen Hügel, auf dem er sich eine kleine Hütte gebaut hatte und der von den Familienangehörigen scherzhaft ›Parnaß‹ genannt wurde, um die Natur in sich aufzunehmen, zu meditieren und zu dichten. In dieser heimatlichen Umgebung schuf Shukowski die einfühlsame und formvollendete Nachdichtung von Thomas Grays ›Elegy written in a Country-Churchyard‹. Sie wurde 1802 in Karamsins Zeitschrift ›Westnik Jewropy‹ gedruckt und begründete den Ruhm des jungen Autors. Mit dem ›Dorffriedhof‹ – so lautete der knappe russische Titel – fand Shukowski jene Form literarischer Produktion, die nicht nur dem Umfang nach sein originales Werk übertreffen, sondern auch eine Besonderheit seines Schaffens überhaupt ausmachen sollte. Mit seinen Nachdichtungen wollte er die russische Literatur an die führenden Literaturen Europas heranbringen. Dabei verstand er die Übersetzung von Versdichtung als eine originäre künstlerische Leistung: ›Selbst auf die Gefahr hin, Widerspruch zu erregen‹, schrieb er in dem Artikel ›Über die Fabel und die Fabeln Krylows‹ (1809), ›... möchte ich ganz entschieden behaupten, daß der nachahmende Dichter durchaus ein *originaler* Autor sein kann, auch wenn er nichts Eigenes geschrieben hat. Der *Prosa*übersetzer ist ein Sklave, der *Lyrik*übersetzer ein Rivale.‹ Viele von Shukowskis Nachdichtungen sind nun in der Tat so tief nachempfunden und in ihrer sprachlich-rhythmischen Gestaltung so organisch dem russischen künstlerischen Denken angemessen, daß sie wie eigene nationale Schöpfungen aufgenommen werden konnten. In manchen Fällen, insbesondere bei Werken relativ unbekannter ausländischer Dichter, verwandelte Shukowski schwache Vorlagen zu hervorragenden russischen Dichtungen. Er war ein Meister der Anwandlung und Verwandlung vorliegender Stoffe zu eigenständigen, neuen Schöpfungen und ist in dieser Hinsicht anderen großen Autoren der Weltliteratur – denken wir nur an Shakespeare oder Brecht – vergleichbar. Diese seine künstlerische Eigenart charakterisierte er selber in einem Brief an Gogol vom 6. Februar 1847 wie folgt: ›Ich habe schon mehrfach festgestellt, daß mir die besten Gedanken kommen, wenn ich sie improvisieren muß, um fremde Ideen auszudrücken oder zu ergänzen. Mein Verstand gleicht einem Feuerzeugstahl, den man an einen Stein schlagen muß, damit ein Funke entsteht. Dies ist überhaupt der Charakter meiner schöpferischen Tätigkeit; mein Schaffen gibt fast ausschließlich Fremdes wieder oder beruht auf Fremdem – gleichwohl aber ist alles mein Werk.‹ Das Graysche Muster einer aus stimmungsvollem Naturbild und einer meist melancholischen Meditation gefügten Elegie wurde für Shukowskis eigene Schöpfungen in diesem Genre beispielgebend. So verband er in der Elegie ›Der Abend‹ (1806) die Darstellung einer durch die Landschaft bei Mischenskoje inspirierten Abendstimmung mit einer Kontemplation über sein Dichtertum, das sich ihm – ganz im Geiste der Empfindsamkeit – als ein Dasein in stiller Zurückgezogenheit darbot. Die Strophen sechs bis acht dieser Elegie wurden von Tschaikowski dem schönen Duett zwischen Lisa und Polina in der Oper ›Pique Dame‹ zugrunde gelegt.

Durch diese und andere literarische Arbeiten – darunter eine durch die Schlacht bei Austerlitz angeregte und vom Ossianismus beeinflußte Ode ›Lied des Barden über dem Grab der slawischen Sieger‹ (1806) und die empfindsam-romantische, zeitlich ins russische Mittelalter zurückversetzte tragische Liebesgeschichte ›Der Marienhain‹ (1808) sowie eine freie Übersetzung von Cervantes' ›Don Quichote‹ nach einer französischen Vorlage (1807) – erwarb sich Shukowski in kurzer Zeit ein so großes Ansehen, daß Karamsin ihm 1808 die Redaktion des ›Westnik Jewropy‹ anbot. Der Dichter widmete sich dieser neuen Aufgabe mit großem Eifer. Er erweiterte das Profil der Zeitschrift und trat selber als Publizist und Literaturkritiker hervor. In dem ›Brief aus der Provinz an den Herausgeber‹ (1808) formulierte er seine Auffassung über die Aufgaben einer Zeitschrift. Sie müsse nicht nur Unterhaltung bieten, sondern auch zur Bildung des Verstandes sowie zur Beförderung des Guten und Schönen beitragen. ›Es ist die Pflicht eines Journalisten‹, heißt es hier, ›unter der Maske des Unterhaltsamen und Angenehmen das Nützliche und sittlich Belehrende zu verbergen.‹ Seinen Standpunkt zur Literaturkritik äußerte er in einem fiktiven ›Brief an die Herausgeber des Westnik Jewropy‹ mit dem Titel ›Über die Kritik‹. Darin führte er aus, daß der Kritiker dem Leser beim Verstehen und Interpretieren eines Kunstwerkes helfen und darüber hinaus zur Bildung des guten Geschmacks und des moralischen Empfindens beitragen solle. Als seine Vorbilder nennt er Longinus, Johnson, Addison, La Harpe und Lessing.

In dieser Zeit setzte er sich auch mit Fragen der Ästhetik auseinander, wobei er sich einerseits an Charles Batteux und dessen klassizistischer Theorie der Nachahmung der schönen Natur, andererseits an der auf Shaftesbury zurückgehenden Theorie des Sentimentalismus mit ihrem Ideal der moralischen Schönheit des Menschen, der Verbindung von Tugend und Schönheit orientierte. Darin reflektierte sich der Übergang des russischen ästhetischen Denkens vom Klassizismus zur Romantik. Eine dieser Entwicklungsphase entsprechende Kunsttheorie fand Shukowski bei einigen deutschen Autoren, deren ästhetische und poetologische Schriften er in Beljow sorgfältig studierte. Dazu gehörten Johann Georg Sulzers ›Allgemeine Theorie der schönen Künste‹ (1771), Johann Joachim Eschenburgs ›Entwurf einer Theorie und Literatur der schönen Wissenschaften‹ (1783) sowie die ›Ästhetik‹ (1803) von Friedrich Bouterwek. Von Johann Jakob Engel übersetzte er 1809 die programmatische Schrift ›Von dem moralischen Nutzen der Dichtkunst‹ (1775–77), mit der er die Einheit von Vernunft und Phantasie, von patriotischer und sittlicher Erziehung als Ziel der schöngeistigen Literatur propagierte. Von Christian Garves Abhandlung ›Über Gesellschaft und Einsamkeit‹ ließ er sich wahrscheinlich zu dem Aufsatz ›Der Schriftsteller in der Gesellschaft‹ (1808) anregen. Shukowski vertrat darin die Ansicht, daß der Autor zwar auch in der ›großen Welt‹ bestehen könne und müsse, ihm aber die ländliche Abgeschiedenheit und die Geborgenheit der Familie bessere Bedingungen geben würden, ›um den Schatz eigener Gedanken und Gefühle zum Nutzen der Zeitgenossen und vielleicht auch der Nachkommen dem Papier anzuvertrauen.‹ Das lief auf den Ausgleich der gesellschaftlichen Funktion des Schriftstellers im feudalen Ancien régime und der privaten Daseinsform gemäß den Vorstellungen der bürgerlichen Empfindsamkeit hinaus.

Das Erscheinen der ersten Sammlung der Fabeln Krylows nahm Shukowski zum Anlaß, um sich grundsätzlich zu Theorie und Praxis dieses Genres in dem Artikel ›Über die Fabel und und die Fabeln Krylows‹ (1809) zu äußern. Außerdem betätigte er sich als Literaturhistoriker. Er veröffentlichte 1808 im ›Westnik Jewropy‹ erstmals einen Brief des russischen Dichters und Diplomaten Antioch Kantemir an die Zarin Anna Iwanowna aus dem Jahre 1738. Aus der Beschäftigung mit dieser bedeutenden Persönlichkeit des 18. Jahrhunderts ging dann der Artikel ›Über die Satire und die Satiren Kantemirs‹ (1810) hervor. Darin entwikkelte Shukowski in Anlehnung an Sulzer und Eschenburg seine Theorie dieses Genres und bot außerdem eine feinsinnige Analyse der Werke des bedeutenden russischen Satirikers. Als Redakteur und Mitarbeiter des ›Westnik Jewropy‹ (1808–1811) nahm Shukowski auch mit für ihn ungewöhnlicher Schärfe zu sozialen Fragen Stellung. Es war dies eine Zeit liberaler Erwartungen, da Zar Alexander I. 1809 den Minister Graf Speranski mit der Ausarbeitung eines Verfassungsprojekts beauftragt hatte. Sie erfüllten sich allerdings nur teilweise und endeten 1812 mit der Entlassung und Verbannung Speranskis. Getragen von diesen liberalen Hoffnungen, trat Shukowski mit Nachdruck für die Aufklärung und Bildung des einfachen Volkes ein. In der Rezension zu einem aus dem Französischen übersetzten Buch ›Schule der Armen‹ stellt er fest: ›Wir haben eine Akademie der Wissenschaften und Künste, warum sollten wir nicht auch eine Akademie für die Aufklärung der einfachen Menschen aus dem Volk haben?‹ In der Skizze ›Ein trauriges Vorkommnis, das sich Anfang des Jahres 1809 ereignet hat‹ schilderte er, getarnt durch die Form eines fiktiven Briefes eines Unbekannten an den Herausgeber des ›Westnik Jewropy‹, die Tragödie eines Mädchens aus dem leibeigenen Hofgesinde. Die Heldin der Erzählung namens Lisa – damit stellt sich beim Leser sofort eine Assoziation zu Karamsins berühmter Erzählung ›Die arme Lisa‹ ein – erhält von ihrer Gutsherrin eine gute Bildung, so daß sie später die Liebe des jungen Adligen Liodor gewinnen kann, die beide jedoch verheimlichen. Als Lisa den Heiratsantrag eines verwitweten Obersten ablehnt, wird sie von diesem aus Rachegefühlen zugrunde gerichtet. Lisa und Liodor werden durch Intrigen und Gewalt getrennt, da Lisa als Leibeigene nicht über sich verfügen kann. Lisa erkrankt daraufhin schwer und geht einem ungewissen Schicksal entgegen; Liodor verliert darüber den Verstand. Obwohl der Erzähler aus diesem Bericht nur die Schlußfolgerung zieht, daß es unmenschlich sei, einen Leibeigenen zu bilden und ihm damit den Zugang in die höheren Kreise zu ermöglichen, ohne ihm gleichzeitig die persönliche Freiheit zu geben, geht der sozialkritische Gehalt dieses Werkes über Karamsins Vorbild deutlich hinaus.

Als Napoleons Grande Armée im Juni 1812 in das Russische Reich eindrang, teilte Shukowski den allgemeinen patriotischen Aufschwung. Obwohl er kein kämpferischer Dichter war, trat er im August dieses Jahres als Freiwilliger in die Moskauer Landwehr ein. Die Schlacht bei Borodino erlebte er allerdings nur in der Reserve. Im Stabe Kutusows schrieb er für die Armeezeitung Verse und kurze Aufrufe. Nach schwerer Erkrankung im Herbst 1812 schied er im Jahre 1813 aus der Armee aus. In einem Brief an Alexander J. Turgenew vom 9. April 1813, in dem er seine Erlebnisse als Soldat schildert, stellt er fest, daß er sich nicht um eines Ranges oder Ordens willen zur Landwehr gemeldet habe, sondern weil ›in dieser Zeit jeder Soldat sein muß, selbst wenn es ihm nicht behagt.‹

Erfüllt von einem tiefen Patriotismus und getragen vom Kampfeswillen seines Volkes schrieb Shukowski im Lager von Tarutino, wo Kutusow die russische Armee nach Napoleons Einmarsch in Moskau zur entscheidenden Gegenoperation sammelte, im Oktober 1812 das große odische Gedicht ›Der Sänger im Lager der russischen Krieger‹, das rasch im ganzen Lande Widerhall fand. In diesem Werk vereinte der Autor das Pathos klassizistischer Odendichtung mit dem intimen Lyrismus der Empfindsamkeit. Er ließ im Wechsel von Vorgesang und Chor die Form des volkstümlichen Soldatenliedes anklingen. Auch inhaltlich ging er hier insofern neue Wege, indem er die Toaste auf die Helden der russischen Geschichte und die Generale und Soldaten des gegen Napoleon kämpfenden Heeres durch Trinksprüche auf die Freundschaft, die Liebe und die Kunst ergänzte.

Anfang des Jahres 1813 erschien im ›Westnik Jewropy‹ die Ballade ›Swetlana‹, die Shukowski den Ruhm des bedeutendsten russischen Balladendichters eintrug. Es gelang ihm hier, den Stoff von G. A. Bürgers Ballade ›Lenore‹ (1774), den er bereits mit ›Ludmila‹ (1808) durch Bezüge zur russischen Geschichte leicht adaptiert hatte, aus dem Geiste russischen Brauchtums und seiner eigenen, religiös-versöhnenden Lebenseinstellung zu einer eigenständigen Dichtung umzuformen. Die auf ihren Bräutigam wartende Swetlana hadert nicht wie Lenore mit Gott, sondern fügt sich demütig in ihr Schicksal und wird dafür belohnt. Ihre nächtliche, schauerlich-gespenstische Schlittenfahrt führt sie nicht – wie Lenores Todesritt – zum Bräutigam ins Grab, sondern erweist sich als ein Traum. Der Geliebte kehrt am Morgen zurück. – Diese Ballade bezauberte die Zeitgenossen nicht nur durch ihr russisches Kolorit, sondern auch durch die Musikalität und Leichtigkeit des Verses.

Shukowski hat insgesamt 39 Balladen verfaßt, von denen allerdings nur wenige einen originalen Stoff gestalten. Unter diesen verdient die Ballade ›Die Äolsharfe‹ (1815), die sich durch einen besonders innigen Ton und bezaubernde Melodik auszeichnet, besondere Beachtung. Ihr liegt Shukowskis eigenes unglückliches Liebeserlebnis mit Mascha Protassowa zugrunde, aber auch seine Auffassung von der Vereinigung der Seelen über den Tod hinaus. Bei dem größten Teil der Balladen handelt es sich um Übersetzungen von deutschen und englischen Werken. Dank Shukowski sind die Balladen Goethes (›Erlkönig‹, ›Der Fischer‹), Schillers (›Kassandra‹, ›Die Kraniche des Ibykus‹, ›Ritter Toggenburg‹, ›Der Handschuh‹, ›Der Taucher‹, ›Der Ring des Polykrates‹ u. a.) und Uhlands zum festen Bestandteil der russischen Literatur geworden. Auch Balladen von Walter Scott (›The Eve of St. John‹) und Robert Southey haben in Shukowski einen adäquaten Nachdichter gefunden.

Nach dem Abschied aus der Armee kehrte der Dichter wieder in seine Heimat zurück und hielt um die Hand seiner Nichte Maria Andrejewna Protassowa an. Shukowski hatte von 1805 bis 1808 Maria und deren jüngere Schwester Alexandra auf dem Gute Muratowo bei Beljow als Hauslehrer unterrichtet. Daraus entwickelte sich die große Liebe seines Lebens. Frau Protassowa widersetzte sich jedoch hartnäckig einer Verbindung, da sie darin – wegen der entfernten Verwandtschaft – eine Sünde erblickte. Shukowski und seine Freunde unternahmen alles, um Frau Protassowa umzustimmen. Aber selbst die Zustimmung des Moskauer Patriarchen änderte nichts an ihrer Ablehnung. Shukowski mußte seiner Liebe entsagen. Als Maria 1817 den Chirurgen Mojer, Professor an der Universität Dorpat, heiratete, blieb er ihrer Familie freundschaftlich verbunden. Sie starb 1823 bei der Geburt ihres zweiten Kindes.

Diese unerfüllte Liebe inspirierte Shukowski zu einer Reihe von liedhaften Gedichten und Romanzen, für die er meist stoffliche Anregungen aus Versen weniger bekannter Lyriker schöpfte. Shukowskis Liebesgedichte, wie ›An Nina‹ (1808), ›An Sie‹ (1811), ›Lied‹ (1811) u. a., beeindrucken durch die verhaltene Intensität des Gefühls. Sie sind noch nicht eigentlich psychologisch, da die Empfindungen nicht analysiert, sondern als ganzheitliches Gefühl ausgedrückt werden. In dem Gedicht ›Der Sänger‹ stilisierte der Autor dieses sein eigenes Erleben zum schicksalhaften Los des empfindsam-romantischen Dichters überhaupt.

Die enge Bindung an die Familie Protassow veranlaßte den Schriftsteller, ihr 1814 nach Dorpat zu folgen, wohin Alexandra Protassowa nach der Eheschließung mit dem Schriftsteller Wojejkow, einem alten Freund Shukowskis, übergesiedelt war. In der Universitätsstadt kam Shukowski noch stärker als bisher mit der deutschen Philosophie und Literatur in Berührung. Von Dorpat aus begab er sich auch häufig nach Petersburg. Dort fand er Zugang zum Zarenhofe, wo er durch seine patriotischen Dichtungen bekannt geworden war. Sein Sendschreiben ›An den Kaiser Alexander‹ (1814), in dem er das Ideal eines aufgeklärten und liberalen Monarchen zeichnete, erwarb ihm weitere Sympathien in der Zarenfamilie. Zugleich wurde er in der Hauptstadt aber auch in den literarischen Disput zwischen den konservativen Schischkowisten, die den Klassiszismus verteidigten, und den liberalen Karamsinisten, die für Sentimentalismus und empfindsame Romantik eintraten, hineingezogen. Die von Admiral Schischkow im Jahre 1811 ins Leben gerufene ›Tafelrunde der Liebhaber des russischen Wortes‹ wandte sich gegen Karamsins ›neuen Stil‹, da sie darin eine nationale Überfremdung der russischen Sprache durch das Französische erblickte. In Polemik gegen die von hier ausgehenden archaisierenden Bestrebungen formierten sich die nicht nur literarisch, sondern zum großen Teil auch politisch progressiven Kräfte in der russischen Adelsintelligenz und schlossen sich 1815 zu einer eigenen Literaturgesellschaft zusammen, die sich den Namen ›Arsamas‹ – nach einer nordrussischen Kleinstadt – gab. Diesen Namen entlehnte man dem Scherzpoem ›Geistererscheinung in einem Wirtshaus zu Arsamas, herausgegeben von einer Gesellschaft gelehrter Leute‹ (1815) von Dmitri N. Bludow, in dem Fürst Schachowskoi wegen einer Karikatur auf Shukowski in der Komödie ›Eine Lehre für Kokette oder Bad Lipezk‹ (1815) verspottet wurde. Bei den Zusammenkünften des ›Arsamas‹, zu dessen Mitgliedern neben Shukowski auch der zweite herausragende Dichter dieser Zeit, Konstantin Batjuschkow, sowie Wassili L. Puschkin, der Onkel des russischen Nationaldichters, Pjotr A. Wjasemski, Alexander F. Wojejkow, Alexander J. Turgenew und seit 1817 auch Alexander Sergejewitsch Puschkin gehörten, parodierte man die Satzung der ›Tafelrunde‹ und das künstlerische Epigonentum der Schischkowisten. Shukowski, der den Beinamen Swetlana erhielt, führte als Sekretär das Protokoll der humorvoll und übermütig verlaufenden Sitzungen des ›Arsamas‹, und zwar in Hexametern. Mit den darin enthaltenen Parodien auf die gestelzten, klassizistisch-rhetorischen und mit Kirchenslawismen durchsetzten Verse der Schischkowisten führte er seine Polemik gegen den literarischen Konservatismus weiter, die er mit der Verssatire ›Klage über Pindar‹ (1814), einer Invektive gegen den zeitgenössischen epigonenhaften Pindarkult, sowie der Versepistel ›An Wojejkow‹ (1814), in der er Phöbus über die Dichter der Schischkowschen ›Tafelrunde‹ Gericht halten ließ, begonnen hatte.

Durch die Teilnahme am ›Arsamas‹ geriet Shukowski auch in das Umfeld der politisch-freiheitlichen Bestrebungen der frühen Dekabristen. Als 1817 neben dem jungen Alexander Puschkin auch die späteren Dekabristen Nikolai Turgenew, Michail Orlow und Nikita Murawjow der Gesellschaft beitraten und auf einen radikalen Kurs sowie die Herausgabe einer politischen Zeitschrift drängten, widersetzten sich die der Monarchie loyal gegenüberstehenden Mitglieder, unter ihnen Shukowski, diesem Vorhaben. Der ›Arsamas‹ brach dann – nachdem die ›Tafelrunde‹ schon 1816 ihre Sitzungen eingestellt hatte – im Jahre 1818 auseinander. Als Fürst Sergej Trubezkoj, später führender Vertreter des dekabristischen ›Nordbundes‹, Shukowski im Jahre 1819 den Eintritt in den frühdekabristischen ›Wohlfahrtsbund‹ anbot, lehnte der Schriftsteller dies ab, obwohl er für das aufklärerische Reformprogramm dieses Bundes gewisse Sympathien empfand. Über seine Teilnahme an den Bestrebungen der Adelsrevolutionäre bewahrte er strenges Stillschweigen. Diese schweigende Solidarität mit den Dekabristen hat der Dichter – trotz Ablehnung ihrer revolutionären Ziele – sein Leben lang in vielfältiger Weise unter Beweis gestellt.

Noch während der Zeit des ›Arsamas‹, etwa um 1815/16, fand Shukowski einen ästhetischen und literarisch-produktiven Neuansatz, der ihn über den sensualistisch-aufklärerischen Sentimentalismus zur subjektiv-idealistisch begründeten Hochromantik führen sollte. Diese Entwicklung wird bei einem Vergleich der Elegien ›Theon und Aischines‹ (1814) und ›Slawjanka‹ (1815) deutlich. Während uns in der Gestalt des Theon noch das Lebensideal der Empfindsamkeit – demutsvolle Hinnahme von Freud und Leid als Erfüllung eines bescheidenen Lebensglücks – entgegentritt, kündigt sich im Schlußteil von ›Slawjanka‹ eine hochromantische, idealistisch-religiöse Welt- und Kunstauffassung an, indem das lyrische Subjekt sich für die Zwiesprache mit der ideellen Sphäre des Schönen öffnet. Im Gedicht ›Frühlingsgefühl‹ (1816) brachte der Autor diese hochromantische Sehnsucht nach dem Unendlichen und Erträumten auf die Formel: ›Wundersames Dort‹.

Die Ursachen und Quellen für den sich in diesen Werken abzeichnenden Wandel sind noch ungenügend erhellt. Neben Einflüssen von seiten des Hofes, wo Shukowski seit 1815 als Vorleser für die Zarenmutter Maria Fjodorowna, Witwe des ermordeten Zaren Paul I., tätig war, sind Einwirkungen durch die deutsche idealistische Philosophie (vor allem Kant, ferner auch Schelling und Fichte) und die deutsche romantische Literatur (vor allem Tieck, Novalis) in Betracht zu ziehen. Der Dichter hatte in Dorpat 1815/16 Gelegenheit, an der Universität Vorlesungen über Kant zu hören und im Kreis der Professoren näher mit der neuesten Entwicklung in der deutschen Literatur vertraut zu werden. Shukowskis intensive Beschäftigung mit dem deutschen Geistesleben wurde außerdem dadurch befördert, daß er Ende 1817 die Stellung eines Russischlehrers bei der preußischen Prinzessin Charlotte übernahm, die als Großfürstin Alexandra Fjodorowna und Gemahlin des späteren Zaren Nikolai I. an den Petersburger Hof gekommen war. In der ursprünglich als eine Art Lehrbuch für die Großfürstin gedachten Gedichtsammlung ›Für wenige‹ (1818) – der Titel war im Original deutsch –, die Gedichte von Goethe und Schiller sowie weniger bekannter deutscher Lyriker und deren von Shukowski gefertigte russische Übersetzung enthielt, wurde die Wende in der Kunstauffassung des Schriftstellers dann offenkundig.

Shukowskis Poesie der Jahre 1819 bis 1824 steht eindeutig im Zeichen der idealistischen Hochromantik. In einer Reihe von Gedichten – ›An den vorüberschwebenden bekannten Genius‹ (1819), einer freien Übertragung von Schellings ›Lied‹; Lalla Rookh‹ (1821), ›Erscheinung der Poesie in der Gestalt der Lalla Rookh‹ (1821), beide angeregt durch das Poem ›Lalla Rookh‹ des irischen Dichters Thomas Moore; ›Der jungen Muse Antlitz einst‹ (1824), ›Der geheimnisvolle Gast‹ (1824) u. a. – verlieh der Autor seiner romantischen Kunstauffassung in eindrucksvoller Weise Ausdruck: Der Dichter erhalte seine Inspiration durch die Offenbarung der überirdischen Idee der reinen Schönheit, die ihm zwar nur für einen kurzen Augenblick zuteil werde, deren Erinnerung jedoch in seinem Herzen stetig weiterlebe. In dieser Ansicht, in der man eine romantische Behandlung von Platos Ideenlehre und Bezüge zu Kants und Schellings Ästhetik erkennen kann, sublimierte der russische Autor seine eigene Erfahrung unter dem Aspekt, daß der künstlerische Schöpfungsakt eine besondere geistige Konzentration und Gemütsverfassung erfordert. Die von Shukowski in diesen Werken verwandte Wortprägung ›Genius der reinen Schönheit‹ wurde von Puschkin in dem berühmten Gedicht für Anna Petrowna Kern ›Ein Augenblick ist mein gewesen‹ (1825) übernommen, um die verändernde und veredelnde geistige Macht der Schönheit ins Bild zu setzen.

Aus dem Geiste der Romantik entsprang auch Shukowskis Deklaration einer Art literarischen Agnostizismus in dem Gedicht ›Das Unaussprechliche‹ (1819). Wenn der Lyriker hier gleichsam die Grenzen der sprachlichen Kommunikation aufzeigt und der Sprache die Fähigkeit abspricht, den unsere Wahrnehmungen begleitenden Strom von Stimmungen und Gemütsregungen in Worte zu fassen, so stimmt er darin mit der These der romantischen Ästhetik überein, daß nur die Musik in der Lage sei, die feinsten Seelenregungen auszudrücken. Shukowskis Verse weisen auf Tjutschews Gedicht ›Silentium‹ (1833) voraus, das die berühmte Zeile enthält: ›Ein ausgesprochener Gedanke ist Lüge‹, die meint, daß es unmöglich sei, intime Gedanken und Gefühle einem anderen wirklich adäquat sprachlich mitzuteilen. Mit dieser Grundhaltung korrespondiert dann Shukowskis Elegie ›Das Meer‹ (1822), in der Natur als ein beseeltes Wesen erscheint. Auch diese Verse finden bei Tjutschew, und zwar in ›Nicht, was ihr meint, ist die Natur‹ (1836) eine Entsprechung.

Insgesamt zeichnet sich Shukowskis hochromantische Poesie zwischen 1815 und 1824 durch Gedankenreichtum und ungewöhnliche Gefühlsintensität aus. Das beweist auch die große Trauerelegie ›Auf den Tod ihrer Hoheit der

Königin von Württemberg‹ (1819), für die das plötzliche Ableben von Jekaterina Pawlowna, einer Schwester des Zaren Alexander I., den Anlaß gab. Dem Dichter gelang es hier, über den offiziellen Anlaß hinaus, den Schmerz einer Mutter um ihr zu früh verlorenes Kind nacherlebbar zu machen. Belinski brachte dieser Elegie eine hohe Wertschätzung entgegen und nannte sie ›einen Hymnus auf das alltägliche Leid und das Geheimnis seelischen Verlustes‹.

Die eigentliche schöpferische und vorwärtsweisende Phase in Shukowskis Dichterlaufbahn fand mit der Herausgabe der ersten Sammlung seiner Werke im Jahre 1824 ihren Höhepunkt und Abschluß. Zu diesem Zeitpunkt war seine Stellung in der russischen Literatur – trotz der zweifellos großen Verdienste – allerdings nicht mehr unumstritten. Vor allem die Adelsrevolutionäre waren mit seiner politischen loyalen Haltung und der von den gesellschaftlichen Erfordernissen sich immer weiter entfernenden Entwicklung seiner Poesie nicht einverstanden. Dies hatte sich bereits in dem ›Balladenstreit‹ des Jahres 1816 gezeigt, als Pawel Katenin mit seiner Ballade ›Olga‹ – ebenfalls einer Variation auf Bürgers ›Lenore‹ – ostentativ das ›grobe‹ dörfliche Element in Sprache und Milieucharakteristik aufnahm, um – mit Shukowskis Ballade ›Swetlana‹ polemisierend – ein Gegenbeispiel echter nationaler Eigenart zu schaffen. Auch Puschkin hatte bereits in der Einleitung zum vierten Gesang des Poems ›Ruslan und Ludmila‹ die weltfremde Idealität der Liebeshandlung in Shukowskis Doppelballade ›Die zwölf schlafenden Jungfrauen‹ (1817) parodiert. In den zwanziger Jahren warfen dann die Dekabristendichter Kondrati Rylejew, Alexander Bestushew und Wilhelm Küchelbecker Shukowski vor, er stehe zu sehr unter dem Einfluß der westeuropäischen, vor allem der deutschen Romantik und lenke die russische Dichtung von den entscheidenden nationalen Problemen ab, indem er sich in eine Welt abstrakter Idealität und des Traums flüchte und seine Poesie mit dem Geist elegischer Entsagung erfülle. In diesem Sinne äußerten sich Küchelbecker in dem Aufsatz ›Über die Richtung unserer Poesie, insbesondere der lyrischen, im letzten Jahrzehnt‹ (1824), Bestushew in seinen literaturkritischen Aufsätzen im Almanach ›Der Polarstern‹ sowie Rylejew und Bestushew in ihrem Briefwechsel der Jahre 1824/25. In diese Polemik schaltete sich Puschkin ein, der am 25. Januar 1825 aus Michailowskoje an Rylejew schrieb: ›Ich bin mit Bestushew hinsichtlich der Meinung über den kritischen Aufsatz Pletnjows einverstanden, nicht ganz jedoch mit seinem strengen Urteil über Shukowski. Warum wollen wir die Brust unserer Nährmutter beißen? Weil unsere Zähnchen durchgebrochen sind? Was Du auch sagen magst, Shukowski hatte einen entscheidenden Einfluß auf den Geist unserer Literatur ...‹ Darauf erwiderte Rylejew in einem Brief aus Petersburg an Puschkin vom 12. Februar: ›Nicht ganz recht hast Du auch mit Deiner Meinung über Shukowski. Zweifellos hat Shukowski unserer Sprache bedeutenden Nutzen gebracht, er hatte entscheidenden Einfluß auf den Stil unserer Verskunst – und wir müssen ihm dafür stets dankbar bleiben, aber keineswegs *wegen seines Einflusses auf den Geist unserer Literatur*, wie Du schreibst. Unglücklicherweise ist dieser Einfluß allzu schädlich gewesen: der Mystizismus, der die Mehrzahl seiner Gedichte durchdringt, die Verträumtheit, die Unbestimmtheit und eine gewisse Nebelhaftigkeit, die bei ihm manchmal sogar reizvoll erscheinen, haben viele verdorben und viel Unheil angerichtet. Warum fährt er nicht fort, uns seine herrlichen Übersetzungen aus Byron, Schiller und anderen ausländischen Dichterriesen zu schenken. Das kann seinen Ruhm in höherem Maß festigen.‹ Trotz aller Berechtigung dieser Einwände vom Standpunkt der

Adelsrevolution erwies sich Puschkin als der weitsichtigere Kritiker. Er erkannte die Produktivität von Shukowskis verinnerlichtem Lyrismus, obwohl er dessen Abgleiten in eine idealistische und später auch zunehmend religiöse Transzendenz ebenfalls nicht guthieß. Puschkin hatte den befruchtenden Einfluß der Dichtung seines väterlichen Freundes schon im Lyzeum von Zarskoje Selo erfahren und betrachtete diese mit Recht als ein unveräußerliches Gut beim weiteren Aufblühen der russischen Literatur. Von Shukowski erhielt Puschkin z.B. die Anregung für sein Gedicht ›Der Sänger‹ (1816) – Shukowskis Gedicht gleichen Namens war 1811 erschienen – und für seine frühen versepischen Federproben. So bekam Puschkin wichtige Anstöße für sein Poem ›Ruslan und Ludmila‹ durch Shukowskis Übertragung des altrussischen ›Igorliedes‹ ins moderne Russisch sowie dessen Plan für eine epische Versdichtung über die heroische Vergangenheit Rußlands, in deren Mittelpunkt der Kiewer Fürst Wladimir stehen sollte. Dieses Werk, an dem Shukowski 1814 bis 1817 arbeitete, gedieh jedoch über einige Fragmente nicht hinaus. Als Puschkin Shukowskis Anliegen mit seinem Poem ›Ruslan und Ludmila‹ (1820) in einer mehr zeitgemäßen Form – Heroik, märchenhafte Phantastik und verspielte Ironie vereinend – meisterhaft realisierte, schenkte ihm der Autor der ›Swetlana‹ sein Porträt mit der Aufschrift: ›Dem siegreichen Schüler vom besiegten Lehrer‹.

In der Folgezeit hat sich Shukowski mehrmals für den kühn vorwärtsstürmenden Puschkin, dessen Genie er neidlos anerkannte und vor Schaden zu schützen suchte, eingesetzt. Als Puschkin 1820 wegen seiner freiheitlichen politischen Verse die Verbannung auf die Solowezki-Inseln im Nördlichen Eismeer oder nach Sibirien drohte, erwirkte Shukowski – zusammen mit Karamsin seinen Einfluß am Hofe geltend machend – die relativ milde Strafversetzung nach Kischinjow, der Hauptstadt von Bessarabien. Die Freundschaft der beiden Dichter, die im berühmten Wettstreit um das schönste, aus dem Born russischer Folklore gespeiste russische Kunstmärchen 1831 in Zarskoje Selo ihren schöpferischen Höhepunkt erreichte, hielt bis zum allzu frühen Tod des um 16 Jahre jüngeren Puschkin an. Shukowski rettete den Nachlaß seines Freundes vor fremdem Zugriff und besorgte die erste postume Ausgabe von dessen Werken. Sein in Form eines Briefes an Puschkins Vater abgefaßter Bericht über den Tod des genialen Dichters gehört zu den ergreifendsten Dokumenten des russischen Geisteslebens im 19. Jahrhundert.

Obwohl Shukowski infolge seines Dienstes am Zarenhofe und der sich verfestigenden konservativen Anschauungen zunehmend in Gefahr geriet, sich der fortschrittlichen russischen Literatur zu entfremden, blieb er von den geistigen Bestrebungen und dem revolutionär-romantischen Fluidum der Jahre vor dem Dekabristenaufstand 1825 nicht unberührt. So erhielt er auf seiner ersten großen Auslandsreise, die ihn als Begleiter seiner Schülerin, der Großfürstin Alexandra Fjodorowna, von 1820 bis 1822 nach Deutschland, der Schweiz und Italien führte, nicht nur Anregungen für die noch heute lesenswerten Schilderungen der Sächsischen Schweiz oder seinen Aufsehen erregenden Artikel über die ›Sixtinische Madonna‹. Die Besichtigung der Burg Chillon am Genfer See sowie des Verlieses, in dem der Prior François Bonnivar von 1530 bis 1536 in Ketten an einen Ring geschmiedet gewesen war, veranlaßte ihn auch, Byrons freiheitliches romantisches Poem ›Der Gefangene von Chillon‹ ins Russische zu übertragen. Als die Übersetzung 1822 erschien, wurde sie von der progressiven Adelsintelligenz begeistert aufgenommen, obgleich der Nachdichter das Freiheitspathos des Originals etwas gedämpft hatte. Der russische Lyriker entsprach mit dieser

Nachdichtung ohne Zweifel den politischen Bestrebungen der Dekabristen. Dies ist um so mehr anzuerkennen, als die Protesthaltung des englischen Romantikers nicht seinen eigenen Neigungen entsprach. Das geht aus Shukowskis Brief vom 27. Januar 1833 an den blinden spätromantischen Dichter Iwan Koslow hervor, in dem er kritisch feststellte, daß Byron ›nicht zu jenen Dichtern gehörte, die den Menschen mit dem Leben aussöhnen‹. Byron wiederum hat wahrscheinlich von Shukowski nur einige Gedichte in der von John Bowring 1820–1823 herausgegebenen Anthologie ›Specimens of the Russian Poets‹ gelesen, die ihn 1824 veranlaßte, Shukowski als ›russische Nachtigall‹ zu bezeichnen.

Während eines Aufenthaltes in Berlin im April 1821 beendete der Schriftsteller die Übersetzung von Schillers romantischer Tragödie ›Die Jungfrau von Orleans‹, an der er seit 1817 gearbeitet hatte. Den Impuls für diese Nachdichtung hatte er bereits 1812 unter dem Eindruck des Vaterländischen Krieges empfangen. Die Analogie zwischen dem Kampf der Jeanne d'Arc um die nationale Unabhängigkeit Frankreichs und des russischen Volkes im Krieg mit Napoleon ist von ihm bewußt empfunden worden und hat, wie eine neuere sowjetische Untersuchung gezeigt hat, auch Spuren im Text hinterlassen. Auch die Übersetzung der Schillerschen Tragödie entsprach den Intentionen der Dekabristen, die in diesem Schauspiel einen Beitrag zur freiheitlich-patriotischen Erziehung und zur Ausbildung echter Volksverbundenheit in der russischen Literatur erblickten. Die künstlerische Qualität der Übersetzung findet bis heute hohe Anerkennung. Die Tatsache, daß in der Übertragung der Blankvers – fünffüßige reimlose Jamben – des Originals beibehalten worden war, diente übrigens der damaligen Theaterzensur als ein Vorwand, um die Aufführung der Tragödie auf den Bühnen der kaiserlichen

Theater zu untersagen, an denen bisher nur Dramen im hohen, mit Reimen versehenen Vers gespielt worden waren.

Auch in der dunklen Periode nach der Niederschlagung des Dekabristenaufstandes 1825 spielte Shukowski im kulturellen Leben Rußlands bis zu seiner endgültigen Übersiedlung nach Deutschland 1841 eine nicht unwesentliche Rolle. Bei seinen ›Sonnabenden‹ im Schepelowschen Hause neben dem Petersburger Winterpalast versammelte sich in den dreißiger Jahren stets eine große Zahl von Schriftstellern und Künstlern, die hier neue Werke vortrugen, Erfahrungen austauschten oder Zuspruch und Anerkennung suchten. Zu den Gästen zählten Puschkin und Wjasemski, der junge Gogol und der junge Iwan Turgenew, der Komponist Michail Glinka, die Maler Brüllow und Tropinin. An einem dieser ›Sonnabende‹, dem 18. Januar 1836, las Nikolai Gogol erstmals seine Komödie ›Der Revisor‹, die eine neue Etappe in der russischen Dramatik einleiten sollte.

Nach dem Tode von Maria Protassowa-Mojer im Jahre 1823 versiegte für längere Zeit Shukowskis originäres lyrisches Schaffen. Im Jahre 1826 übernahm der Autor – nach einigem Zögern – die Erziehung des Thronfolgers, des späteren Zaren Alexander II. Diese Aufgabe, der er sich mit der ihm eigenen Sorgfalt und Gründlichkeit unterzog, nahm vor allem in der zweiten Hälfte der zwanziger Jahre seine Arbeitskraft weitgehend in Anspruch. Der Dichter beschäftigte sich intensiv mit Pädagogik und stellte umfangreiche Pläne für die allseitige Bildung des Zarewitsch auf, wobei er sich von den Vorstellungen der Aufklärung über einen idealen, liberalen Monarchen leiten ließ. Seine Stellung am Hofe gab ihm die Möglichkeit, mildernd und fördernd auf den Gang der russischen Kultur einzuwirken. Und Shukowski nahm diese Gelegenheit mit erstaunlichem

Bürgermut wahr, wobei er sich häufig der Gefahr aussetzte, bei Hofe in Ungnade zu fallen. Er verwandte sich mehrere Male für Puschkin und verbannte Adelsrevolutionäre (Nikolai Turgenew, Küchelbecker, A. F. von der Briggen). Dank seiner Fürsprache wurde Baratynski wieder in seine Adelsrechte eingesetzt. In den dreißiger Jahren intervenierte er für Iwan Kirejewskis Zeitschrift ›Der Europäer‹, konnte allerdings das Verbot nicht rückgängig machen, ferner für Kolzow und Lermontow. Für den nach Wjatka strafversetzten Alexander Herzen erwirkte er bei einer Informationsreise des Thronfolgers durch Rußland 1837 die Versetzung nach Wladimir bei Moskau. Außerdem wurde er nicht müde, das Los von Leibeigenen zu erleichtern. Im Jahre 1822 ließ er die ihm gehörenden Leibeigenen aus humanistischen Erwägungen frei. Und 1837 kaufte er den ukrainischen Maler und Dichter Taras Schewtschenko mit dem bei einer Versteigerung erzielten Erlös seines von Brüllow gemalten Porträts aus der Hörigkeit los.

Erst zu Beginn der dreißiger Jahre fand Shukowski die innere Ausgeglichenheit wieder, die er für sein literarisches Schaffen benötigte. Er wandte sich jetzt fast ausschließlich der großen epischen Versdichtung zu. Den Auftakt hierzu bildete der erwähnte Märchenwettstreit mit Puschkin im Jahre 1831, aus dem von seiten Shukowskis das ›Märchen vom Zaren Berendej‹ hervorging. Das Werk beeindruckt noch heute durch die kunstvolle Verarbeitung zahlreicher Gestalten und Motive aus den russischen Volksmärchen. Es kann deshalb neben Puschkins Beitrag, dem ›Märchen vom Zaren Saltan‹, durchaus bestehen, wenn es auch nicht die Bündigkeit und Spritzigkeit der Puschkinschen Verse erreicht. Sein Einfühlungsvermögen in die Welt des Märchens bewies Shukowski auch in dem 1845 geschriebenen ›Märchen von Iwan, dem Zarensohn, und dem Grauen Wolf‹, das Justinus Kerner schon 1852 in einer gelungenen deutschen Übersetzung herausbrachte. Außerdem schuf der russische Dichter eine eigene Variante von ›Dornröschen‹ (1831 nach dem Grimmschen Hausmärchen und den ›Contes de Fées‹ von Charles Perrault. Auch für die russische Fassung des ›Märchens vom Mandelbaum‹ (1845) benutzte er die deutsche Vorlage der Gebrüder Grimm. Für den russischen ›Gestiefelten Kater‹ zog er jedoch Perraults Bearbeitung eines französischen Volksmärchens vor.

Außerdem erlebte Shukowski in den dreißiger Jahren einen zweiten poetischen Aufschwung als Nachdichter von Balladen. Zwischen 1831 und 1833 übersetzte er weitere Balladen von Schiller, Uhland, Scott und Southey, wobei er Werke mit einem umfangreicheren epischen Sujet bevorzugte. Dazu gehörten so bekannte Balladen wie Schillers ›Klage der Ceres‹ und ›Das Eleusische Fest‹, Ludwig Uhlands ›König Karls Meerfahrt‹ und ›Graf Eberhards Weißdorn‹ und Walter Scotts ›The Gray Brother‹. Auch zu Versübertragungen von Prosadichtungen Johann Peter Hebels, eines ihm innerlich verwandten Autors, kehrte er jetzt wieder zurück. Hatte er 1816 Hebels ›Der Karfunkel‹, ›Das Habermuß‹ und ›Der Wächter in der Mitternacht‹ im Versmaß des Originals, dem Hexameter, nachgedichtet, so übertrug er 1831 die Prosaerzählung ›Das unverhoffte Wiedersehen‹ aus dem ›Schatzkästlein des rheinischen Hausfreundes‹ ebenfalls in dieses Metrum.

Mit diesen Werken schuf sich Shukowski das verstechnische Rüstzeug, um das Hauptanliegen seines Alters, hervorragende Versepen des europäischen und asiatischen Kulturkreises dem russischen Leser in vollendeten Nachdichtungen zugänglich zu machen, verwirklichen zu können. Er entwickelte verschiedene Varianten eines epischen Langverses, insbesondere den erzählenden Hexameter, die er für eine unpathetische, ruhig fließende, doch von verhaltener Gefühlswärme durchdrungene Erzählweise benutzte.

Das erste Werk, in dem diese Verstechnik ihre künstlerisch überzeugende Anwendung erfuhr, war die Übertragung von de la Motte Fouqués Prosaerzählung ›Undine‹ in russische Hexameter (1831–1836). Die Wahl dieses romantischen deutschen Märchenstoffes beweist, daß Shukowski sich auch in seinem Spätschaffen romantischen und volkstümlichen Stoffen aufgeschlossen zeigte. Er gab dem folkloristischen Sujet von der Wassernixe Undine, die den ihr untreu gewordenen Ritter Gulbrand mit ihren Tränen tötet und sich in eine Quelle verwandelt, um im Grabe mit ihm vereint zu sein, eine solche schlichte Innigkeit und Grazie, daß die Nachdichtung bis heute als eine Meisterleistung schöpferischer Anwandlung eines fremden Originals angesehen wird.

Dem durch die Romantik geweckten Interesse für den Orient, das in Rußland stets lebendig gewesen war, folgte Shukowski mit der Übersetzung der Erzählung ›Nala und Damayanti‹ (1837–1841), einer Episode aus dem altindischen Epos ›Mahābhārata‹. Aus einem anderen orientalischen Epos, dem ›Schāhnāme‹ (›Buch der Könige‹), der Epopöe der iranischen Völker aus der Feder des altiranischen Dichters Firdusi, übertrug Shukowski die Erzählung ›Rustam und Sohrab‹ (1846/47). Für beide Nachdichtungen benutzte der russische Schriftsteller Versübertragungen von Friedrich Rückert. Mit diesen Übersetzungen wollte der Dichter nicht nur den russischen Leser mit großen Werken der Weltliteratur bekannt machen, sondern auch der immer mehr von sozialen Konflikten gezeichneten Gegenwart ein Bild voller Harmonie und erhabenen Edelmutes entgegenstellen.

Besondere Verdienste erwarb Shukowski sich als Mittler zwischen der russischen und deutschen Literatur. Auf seinen Reisen, die er im Gefolge der Großfürstin Alexandra Fjodorowna bzw. in Vorbereitung auf sein Erzieheramt beim Zarewitsch Alexander durch Westeuropa unternommen hatte, weilte er längere Zeit in Deutschland und knüpfte zahlreiche Kontakte zu Persönlichkeiten des deutschen Kulturlebens. Bei seiner ersten Europareise 1820–1822 suchte er Ludwig Tieck in Dresden auf und führte mit ihm ein Gespräch über den ›Hamlet‹. Er wurde ferner mit Caspar David Friedrich bekannt und besuchte dessen Atelier. Am 29. Oktober 1821 traf er erstmals mit Goethe zusammen, und zwar in Jena, wohin er sich von Weimar aus, in das er als Begleiter der Großfürstin gekommen war, für einen Tag begab. Das für Goethe unerwartet gekommene Gespräch verlief kurz und kühl, zumal sich sprachliche Schwierigkeiten ergaben. Shukowski verglich wenig später diese von ihm sehnlichst erwartete und nun so enttäuschend verlaufene Begegnung im Brief an die Großfürstin vom 1. November 1821 mit seiner Fahrt auf dem Rhein – es habe Nebel geherrscht, obwohl der deutsche Dichter ihn liebevoll empfangen habe. Goethe drückte in einem Brief an Shukowski vom 16. November 1821 ebenfalls sein Bedauern aus, daß die Zeit für einen echten Gedankenaustausch zu knapp gewesen sei. ›Wenn ein unerwartet hereintretender, schnell entwickelter neuer Freund sogleich sich wieder entfernt‹, hieß es darin, ›überdenken wir erst, was wir hätten sagen, wonach wir uns erkundigen, was mitteilen sollen‹. Shukowski war durch dieses Schreiben, insbesondere die darin enthaltene Aufforderung, es ›als wiederholtes Willkommen und Lebewohl‹ aufzufassen, tief gerührt und bedankte sich dafür in einem französisch verfaßten Brief vom 25. Februar 1822 aus Petersburg. Er beteuerte darin, daß die kurze persönliche Begegnung mit Goethe genügt habe, um in ihm die schönsten Erinnerungen an seine Jugend wachzurufen und fügte in Deutsch ein Zitat aus der ›Zueignung‹ zum ›Faust‹ bei: ›Und manche lieben Schatten steigen auf‹.

Bei seiner zweiten Reise nach Westeuropa 1826–1827, die der Zusammenstellung einer Bibliothek und eines Lehrprogramms für die Bildung des Zarewitsch diente, weilte Shukowski längere Zeit in Dresden, wo er im Salon der Schriftstellerin Gräfin Elisabeth von der Recke und des empfindsamen Dichters Christoph August Tiedge verkehrte, der die Poesie des russischen Autors hochschätzte. Vom 3. bis 7. September 1827 weilte Shukowski zusammen mit dem ihm befreundeten deutsch-baltischen Maler Gerhard von Reutern in Weimar und führte diesmal längere Gespräche mit Goethe. Der letztere hatte inzwischen zumindest die fünf Gedichte Shukowskis, die in Bowrings Anthologie ›Specimens of the Russian Poets with Preliminary Remarks and Biographical Notices‹ enthalten waren, kennengelernt, so daß die Unterhaltung von allgemeinen Fragen des Verhältnisses von Kunst und Wirklichkeit bald auch zu speziellen literarischen Problemen übergehen konnte. Man sprach über Folklore, einzelne Autoren, wie Byron, Shakespeare, Homer und berührte auch die russische Gegenwartsdichtung. Außerdem entspann sich ein Gespräch über Goethes ›Helena‹, ein Teilstück aus ›Faust II‹, das kurz zuvor 1826 erschienen war. Am Tage der Abreise ließ Shukowski durch Kanzler Müller sein im September 1827 geschriebenes Gedicht ›An Goethe‹ in einer von ihm selber angefertigten deutschen Übersetzung unter dem Titel ›Dem guten großen Manne‹ persönlich überreichen. Über den Eindruck, den diese Verse auf Goethe machten, notierte Kanzler Müller noch am selben Tage, dem 7. September 1827, daß der Autor des ›Faust‹ in dem ihm gewidmeten ›herrlichen Abschiedsgedicht‹ ›viel Östliches, Tiefes, Priesterliches‹ gefunden habe. Von Shukowskis Empfindungen bei dieser zweiten Begegnung mit Goethe erfahren wir aus einem Brief von Alexander Turgenew an seinen Bruder Nikolai vom 8. September 1827 aus

Leipzig, wohin sich Shukowski von Weimar aus begeben hatte: Goethe sei ungewöhnlich liebenswürdig und wie ein Vater zu dem russischen Dichter gewesen. Shukowski habe sich seiner Jugendzeit, die er teilweise in der Familie Turgenews verlebte, erinnert, da ›Goethe und Schiller ihn gebildet hätten‹. Während des Aufenthalts in Weimar fertigte Shukowski auch eine Zeichnung von Goethes Gartenhaus an. Sie weist alle Merkmale von Shukowskis nicht unbedeutendem Zeichentalent auf, wie es sich uns auch in seinen zahlreichen Zeichnungen russischer Landschaft und Genreszenen mit Motiven vielfältiger Reiseeindrücke darbietet: eine klare, weiche Linienführung, großzügige Raumeinteilung mit einem weiten Vordergrund und sparsamer, lakonischer Ausführung des eigentlichen Gegenstandes.

Während seiner dritten Europareise 1832–1833, die ihn u.a. mit Ludwig Uhland und Friedrich de la Motte Fouqué zusammenführte, weilte Shukowski am 25. August 1833 in Weimar und suchte das verwaiste Goethehaus auf. Das letzte Mal kam Shukowski 1840 nach Weimar als Gast des Kanzlers Friedrich von Müller, mit dem er von 1828 bis zu dessen Tod 1849 in einem freundschaftlichen Briefwechsel stand. So hat Shukowski dazu beigetragen, daß heute nicht nur das Werk Goethes und Schillers, sondern auch Weimar fest im Kulturbewußtsein des russischen Volkes verankert sind.

Trotz der mannigfaltigen Verbindungen zum deutschen Geistesleben kam es für den russischen Autor selber überraschend, daß er sein letztes Lebensjahrzehnt ganz in Deutschland verbringen sollte. Der Grund war die Ehe, die der 58jährige Dichter mit der 20jährigen Elisabeth von Reutern, der Tochter des ihm seit einem Kuraufenthalt in Bad Ems 1826 verbundenen Malers Gerhard von Reutern, einging. Die Trauung fand im Mai 1841 in der russischen

Kirche bei der Botschaft in Stuttgart statt. Damit erfüllte sich im Alter jener Wunsch nach einer eigenen Familie, den Shukowski so oft in seiner Dichtung poetisiert hatte. Für seine beiden Kinder – Alexandra, geboren 1842, und Pawel, geboren 1845 – schrieb Shukowski jene schönen Kindergedichte und das ›Märchen vom Däumling‹, die heute jedes russsische Kind kennt. Sie dienten ursprünglich dazu, Shukowskis Kindern die russische Sprache nahezubringen. Von seinem Haus in Düsseldorf und später von Frankfurt am Main aus hielt der Schriftsteller die enge Verbindung mit seinem Heimatlande aufrecht. Sein einige Male in Angriff genommenes Vorhaben, mit seiner Familie nach Rußland zurückzukehren, konnte er wegen eines Nervenleidens seiner Frau und zunehmender eigener Krankheit – er war in seinen letzten Lebensjahren fast ganz erblindet – nicht verwirklichen.

Das größte literarische Vorhaben, das Shukowski nach seiner Übersiedlung nach Deutschland in Angriff nahm, war die Übersetzung der ›Odyssee‹. Er arbeitete daran von 1842 bis 1849 nach einer Interlinearübersetzung des Düsseldorfer Professors Karl Graßhof, bei der für jedes griechische Wort nicht nur die deutsche Bedeutung, sondern auch die grammatische Form angegeben war. Außerdem zog Shukowski die Nachdichtung des Homerischen Epos von Johann Heinrich Voß und Alexander Pope heran. Obwohl des Griechischen nicht mächtig, vermochte der Dichter sich so tief in die Welt des antiken Epos hineinzuversetzen, daß ihm eine nach Gehalt und Form meisterliche Nachdichtung gelang. Shukowskis ›Odyssee‹ gilt bis heute als die künstlerisch bedeutendste russische Übertragung des Homerischen Epos. Kurz vor seinem Tode begann der Schriftsteller noch mit der Übersetzung der ›Ilias‹, die bereits Nikolai Gneditsch ins Russische übertragen hatte. Er wollte dem russischen Publikum ›seinen‹ ganzen Homer darbieten, kam aber über den Ersten und den Anfang des Zweiten Gesanges nicht mehr hinaus.

In der zweiten Hälfte der vierziger Jahre verstärkten sich Shukowskis Neigungen zum abstrakten Moralisieren, und er geriet immer mehr unter den Einfluß konservativen politischen und religiösen Denkens. Dies äußerte sich in zahlreichen, zwischen 1845 und 1849 entstandenen ethisch-didaktischen Traktaten und Essays. Der Revolution von 1848 und der sie in Westeuropa wie in Rußland vorbereitenden bzw. begleitenden sozialkritischen Literatur (z. B. Heinrich Heine) stand der Dichter der ›Swetlana‹ schroff ablehnend gegenüber. Er hielt aber bis zuletzt an der Überzeugung von der aufklärerischen und humanistischen Aufgabe der Literatur fest. Mit dem unvollendeten Poem ›Ahasver. Der ewige Jude‹ (1850–1852) sowie dem Gedicht ›Der Schwan von Zarskoje Selo‹ (1851) schuf er ein Gleichnis für seine eigene Einsamkeit im Alter, aber auch für seinen bis in den Tod ungebrochenen Glauben an die Ideale des Guten, Wahren und Schönen im menschlichen Dasein.

Wassili Shukowski starb am 19. April 1852 in Baden-Baden. Sein Leichnam wurde, seinem Willen gemäß, nach Rußland übergeführt und auf dem Petersburger Alexander-Newski-Friedhof, neben Karamsins Grab, beigesetzt.

Die Wirkung der Poesie Shukowskis war nicht spektakulär, doch beständig und lautlos nachhaltig. Sie erreichte und erreicht dank der in ihr waltenden liebenswerten, sanften Menschlichkeit und Würde, dank der Harmonie und Schönheit, der stimmungsvollen Melodik ihrer Verse bis heute Leser wie Schriftsteller ganz verschiedener Lebensansichten.

Shukowski hat in Deutschland als Dichter früh Freunde und Bewunderer gefunden, zu denen neben Goethe auch Karl August Varnhagen von Ense gehörte. Der bekannte Schriftsteller und Literaturkritiker schrieb in seinem Aufsatz über Alexander Puschkin (1838): ›Den Wohlklang und Reiz der Verse Shukoffskiis vernimmt auch das fremde Ohr, dem nur die Töne zuströmen‹. In den Jahren 1841–1843 bereitete Varnhagen einen Aufsatz über Shukowski vor, der leider nicht abgeschlossen worden ist. Er sollte, wie Varnhagen von Ense im Brief an Nikolaus Borchardt vom 28. 10. 1846 schrieb, ein ›Seitenstück zu dem über Puschkin werden‹. Einzelne Gedichte Shukowskis sind immer wieder in verschiedene deutsche Anthologien russischer Poesie aufgenommen worden. Eine geschlossene Auswahl aus dem Schaffen des russischen Romantikers wird dem deutschen Leser erstmals vorgelegt.

G. Dudek

Anmerkungen

Anmerkungen zu den Versdichtungen

7 Beim Tode von A[ndrej Turgenew]
Andrej Iwanowitsch Turgenew (1781–1803); Sohn des Direktors der Adelspension bei der Moskauer Universität, war mit Shukowski eng befreundet und wirkte mit ihm in der ›Geselligen Literarischen Gesellschaft‹ (1801–1802) zusammen.

Der Abend
10 *Sagt mir, Gefährten:* Die folgenden Verse sind der Erinnerung an die ›Gesellige Literarische Gesellschaft‹ gewidmet.

11 *Der eine – kurz die Blüte:* Gemeint ist Andrej Iwanowitsch Turgenew, der 1803 unerwartet starb.
Der andre: Gemeint ist S. E. Rodsjanko, Freund des Dichters aus der Moskauer Adelspension, der wahnsinnig wurde.

13 An sie (Wie müßt nennen ich dich?)
Das Gedicht ist M. A. Protassowa gewidmet. Ihm liegen Verse eines unbekannten deutschen Dichters zugrunde.

25 An Wojejkow
Die Versepistel stellt die Antwort auf das ›Sendschreiben an Shukowski‹ (1813) von Alexander Fjodorowitsch Wojejkow (1778–1839), eines Studienkameraden und Dichterfreundes Shukowskis, dar. Wojejkow erhielt später mit Unterstützung Shukowskis eine Professur für Russische Literatur an der Universität Dorpat (heute Tartu).
Du standest unter Ruhmes Fahnen: Wojejkow nahm an den Kämpfen gegen die Napoleonische Armee 1812/13 teil.
dem Sänger aus Tibur: Gemeint ist der römische Dichter Flaccus Horatius (Horaz), 65–8 v. u. Z., der in Tibur einen Landsitz besaß.
Scheri-Sarai: Hauptstadt des mongolischen Reiches der Gol-

denen Horde (13.–15. Jahrhundert) im Mündungsgebiet der Wolga.

Batu: mongolischer Feldherr, Gründer der Goldenen Horde, gest. 1255.

Des heutigen Batus: Gemeint ist Napoleon I.

26 *Sarepta:* Kolonie deutscher Evangelisten an der Wolga.

28 *Tscherkessen, Tschetschenzen:* Angehörige kaukasischer Volksstämme.

Balkar und Bach: Shukowski nennt hier kaukasische Volksstämme, deren Namen er z. T. ungenau wiedergibt oder erfunden hat (Kamukine, Tschetschereje).

30 *Des großen Sturmwind-Atamans:* Gemeint ist der berühmte Kosakenataman Matwej Iwanowitsch Platow (1751–1818), der sich im Krieg gegen Napoleon auszeichnete.

Der ein und andere geht dahin: Anspielung auf Andrej Sergejewitsch Kaissarow (1782–1813), russischer Dichter, Jugendfreund Shukowskis, der im Mai 1813 gefallen war.

So sei es denn!: In den folgenden Versen geht Shukowski auf Wojejkows Anregung ein, ein heroisches Poem aus Motiven der russischen Geschichte und Volksdichtung zu schreiben. Das unter dem Titel ›Wladimir‹ geplante Werk ist jedoch nicht über die Materialsammlung und Entwürfe hinausgediehen.

31 *Fürst Wladimir:* Wladimir Swjatoslawitsch, Großfürst von Kiew (um 980–1015).

Dobrynja: berühmter Recke in den altrussischen Heldenepen (Bylinen).

Den Silants und Polkans: Figuren aus den ›Russischen Märchen‹ (1780–1783) von Wassili Alexejewitsch Ljowschin (1746–1826).

32 *Dubynja, Gorynja:* Märchengestalten aus demselben Werk.

33 *In diesem Buch mit weißen Seiten:* Dieses Buch mit Wojejkows Gedicht ist nicht erhalten geblieben. Zu diesem Gedicht hat Shukowski selbst folgende Anmerkung verfaßt: ›Unser bekannter Versdichter A. F. Wojejkow hat, nachdem er einige südliche Provinzen Rußlands bereiste, den Autor aufgesucht, der damals (Ende 1813) auf dem Lande wohnte. Wojejkow

hat einige Verse zum Lobe des Poems ‚Wladimir' geschrieben, das allein in meiner Vorstellung existiert.‹

42 An den Fürsten Wjasemski und W. L. Puschkin
Wjasemski, Pjotr Andrejewitsch (1792–1878): Fürst, russischer Dichter und Kritiker, Wegbereiter der russischen Romantik.
Puschkin, Wassili Lwowitsch (1767–1830): russischer Dichter, Onkel von A. S. Puschkin, nahm als einer der ersten die Polemik mit den konservativen Literaten um Admiral A. S. Schischkow auf.

43 *Memnon:* Statue eines ägyptischen Pharaonen, die bei Sonnenaufgang zu tönen begann; sie wurde zur Symbolfigur für die Poesie.
des ›Dmitri‹ Schöpfer: Wladislaw Alexandrowitsch Oserow (1770–1816); russischer sentimentalistischer Dramatiker; Verfasser der historischen Tragödie ›Dimitri Donskoj‹ (1807), die in der Zeit der Napoleonkriege sehr populär war. In den folgenden Zeilen prangert Shukowski die Intrigen an, die nach dem Mißerfolg der Tragödie ›Poliksena‹ (1809) zu Oserows geistiger Zerrüttung beitrugen.

44 *Moïna:* Gestalt aus Oserows ossianistischer Tragödie ›Fingal‹ (1805).

47 Slawjanka
Slawjanka ist der Name eines kleinen Flusses, der sich durch den Park des Schlosses Pawlowsk südlich von Leningrad schlängelt.
Jäh seh im Dickicht: Shukowski beschreibt in den Strophen 6–13 ein Denkmal, das die Zarin Maria Fjodorowna für ihren Gatten, Zar Pawel I. (1754 – ermordet 1801; seit 1796 Zar), von dem berühmten russischen Bildhauer Iwan Petrowitsch Martos (um 1750–1835) errichten ließ.

51 *Reglos zum schlafenden Gewässer hingeneigt, / Stehn junge Birken:* Die Strophen 27–33 bieten die Darstellung eines Birkenhains im Park von Pawlowsk, in dem jeder Baum einem freudigen Ereignis in der Zarenfamilie gewidmet war. In der Mitte des Hains erhob sich die ›Schicksalsurne‹.

Vor mir erhebt ein Engel sich: Die Strophen 34–36 enthalten eine Anspielung auf ein Denkmal zum Andenken an die früh verstorbene Großfürstin Alexandra Pawlowna, das ebenfalls von I. P. Martos errichtet worden war.

58 Auf den Tod Ihrer Majestät der Königin von Württemberg
Den Anlaß für die Elegie gab der plötzliche Tod der Königin von Württemberg Jekaterina Pawlowna, einer Schwester des russischen Zaren Alexander I., am 28. Dezember 1818 (alten Stils) in Stuttgart.
Das ist das Los des Schönen auf der Welt: abgewandeltes Zitat aus Schillers Tragödie ›Wallensteins Tod‹; Schluß von Theklas Monolog, 4. Aufzug, 12. Auftritt. Bei Schiller heißt es: ›Das ist das Los des Schönen auf der Erde‹.

65 Lalla Rookh
Das Gedicht entstand unter dem Eindruck eines Festes, das der preußische König Friedrich Wilhelm III. (1770–1840, seit 1797 König) aus Anlaß des Besuches seiner Tochter, der russischen Großfürstin Alexandra Fjodorowna, und seines Schwiegersohnes, des späteren Zaren Nikolai I., am 15. Januar 1821 in Berlin gab. Auf dem Fest wurden lebende Bilder nach Motiven des Poems ›Lalla Rookh‹ (1817) des irischen Dichters Thomas Moore (1779–1852) aufgeführt. Die Rolle der indischen Prinzessin Lalla Rookh spielte Alexandra Fjodorowna. In Shukowskis Gedicht wird diese Figur zum Sinnbild für die dichterische Einbildungskraft.

71 Der 19. März 1823
Shukowski verfaßte diese Verse unter dem Eindruck der Nachricht vom Tode seiner Jugendliebe Maria Andrejewna Mojer-Protassowa.

79 An Goethe
Das Gedicht entstand am 6./7. September 1827 in Weimar. Shukowski übersetzte es ins Deutsche und ließ es durch Kanzler Müller am Tage seiner Abreise Goethe übergeben.

81 Aus einem Album für Gräfin Rostoptschina
Jewdokija Petrowna Rostoptschina (1811–1858); russische Dichterin. Das ihr von Shukowski übersandte Album hatte ursprünglich Puschkin gehört.

84 [A. S. Puschkin]
Es handelt sich um die Versfassung eines Ausschnittes aus Shukowskis Brief an S. L. Puschkin, den Vater des Dichters, vom 15. Februar 1837 (vgl. S. 380 f. dieser Ausgabe).

88 Der Schwan von Zarskoje Selo
Tschesme-Säule: Diese Säule wurde zur Erinnerung an den Sieg über die türkische Flotte in der Bucht bei Tschesme (1770) im Ägäischen Meer im Park von Zarskoje Selo errichtet.
Kagul: Bei der Stadt Kagul (heute Moldauische Sozialistische Republik in der UdSSR) errangen die russischen Truppen unter Graf P. A. Rumjanzew im Jahre 1770 im Krieg gegen die Türkei (1769–1774) einen bedeutenden Sieg.

91 Das Märchen vom Zaren Berendej
Das Werk entstand im Herbst 1831 in Zarskoje Selo als Frucht eines Dichterwettstreits mit A. S. Puschkin zur Schaffung volkstümlicher Kunstmärchen. Das Sujet geht auf ein russisches Volksmärchen zurück, das Puschkin 1824 nach den Worten seiner Amme Arina Rodionowna in Michailowskoje aufgezeichnet hatte. Außerdem flocht Shukowski Motive aus den ›Kinder- und Hausmärchen‹ (1812/1815) der Brüder Jacob und Wilhelm Grimm sowie aus den von dem russischen Volkssänger Kirscha Danilow im 18. Jahrhundert aufgezeichneten und 1804 veröffentlichten russischen Heldenliedern (Bylinen) ein.

111 Das Märchen vom Zarensohn Iwan und dem Grauen Wolf
In diesem Werk verknüpfte Shukowski eigenständig viele Figuren und Motive aus bekannten russischen und ausländischen Märchen zu einem neuen Kunstmärchen.

151 Die drei Gürtel
158 *Gusli:* russisches zitherähnliches Zupfinstrument mit bis zu 28 Saiten.

170 Der Marienhain
178 *Sarafan:* russischer Frauentrachtenrock mit Leibchen im 18. und 19. Jahrhundert.

198 Der Schriftsteller in der Gesellschaft
204 *Alkyone:* in der griechischen Sage Frau des Königs Keyx von Trachis, Alkyone und Keyx wurden für ihre Gattenliebe symbolisch.

210 Über die Kritik
211 *Starodum:* russ., jemand, der nach alter Art denkt; der Name ist D. Fonwisins Komödie ›Der Landjunker‹ (1782) entlehnt.
217 *Fielding* und *dessen herrlicher Roman:* Henry Fielding (1707–1754), englischer Schriftsteller; ›Tom Jones, the History of a Foundling‹ (1749).
218 *Fréron,* Elie-Catherine (1718–1776): französischer Literaturkritiker und Journalist.

221 Über die Fabel und die Fabeln Krylows
226 *ungeachtet der von Lessing etwas überspitzt getroffenen Einteilung:* Gemeint ist Lessings ›Abhandlung über die Fabel‹ (1759).
233 *Dmitrijew,* Iwan Iwanowitsch (1760–1837): russischer Dichter, Vertreter des Sentimentalismus. Zu Beginn des 19. Jahrhunderts waren seine Fabeln besonders populär.

240 Über die Satire und die Satiren Kantemirs
Kantemir, Antioch Dmitrijewitsch (1708–1744): russischer Schriftsteller.
Addison, Joseph (1672–1719): englischer Schriftsteller und Journalist.
Sulzer, Johann-Georg (1720–1779): deutscher Ästhetiker.

245 *Horaz* (65 v.u.Z. – 8 v.u.Z.): römischer Lyriker und Satirendichter.

Juvenal (um 60 – nach 127): römischer Satirendichter, Rhetor.

246 *Eschenburg*, Johann-Joachim (1743–1820): deutscher Literaturhistoriker.

Boileau, Nicolas (1636–1711): französischer Dichter; Theoretiker des Klassizismus.

Pope, Alexander (1688–1744): englischer Dichter und Übersetzer.

250 *Simeon Polozki* (1629–1680): russischer Schriftsteller.

Kantemir hat uns acht Satiren hinterlassen: Shukowski kannte die neunte Satire von Kantemir nicht, die erst 1858 veröffentlicht wurde.

261 *Nikita Jurjewitsch Trubezkoi* (1699–1767): Generalfeldmarschall; war ein Freund Kantemirs.

268 *Maecenas:* reicher römischer Ritter, bekannt als Förderer großer Dichter.

Anmerkungen zu den Briefen

273 1.) 11. September 1805

274 *Iwan Wolodimirowitsch* (Wladimirowitsch) Lopuchin (1756 bis 1816): bekannter Freimaurer, Senator, war mit der Familie Turgenew befreundet.

276 *Mersljakow*, Alexej Fjodorowitsch (1778–1830): Dichter und Kritiker, Professor für russische Literatur und Sprache an der Moskauer Universität.

Bludow, Dmitri Nikolajewitsch (1785–1864): einer der Begründer der literarischen Gesellschaft ›Arsamas‹, die von 1815 bis 1818 existierte. Von 1832–1837 war Bludow Innenminister. *Deinen Bruder:* Gemeint ist Andrej Iwanowitsch Turgenew (1781–1803): Dichter und Übersetzer, führender Theoretiker in der ›Geselligen Literarischen Gesellschaft‹.

279 2.) 19. Dezember 1805

Fjodor Grigorjewitsch Wendrich: Gutsbesitzer, Shukowskis Nachbar aus Muratowo, Kenner der deutschen Literatur.

280 *Kirejewski*, Wassili Iwanowitsch (gest. 1812): Ehemann von Shukowskis Nichte A. P. Juschkowa.

281 *Marja Andrejewna* Protassowa (1793–1823): Tochter von Shukowskis Halbschwester Jekaterina Afanassjewna Protassowa, geb. Bunina.

284 3.) Anfang Juli 1807

Kostogorow, Michail Dmitrijewitsch u. *Sokownin*, Sergej Michailowitsch: Studienfreunde von Shukowski.

Katschenowski, Michail Trofimowitsch (1775–1842): russischer Historiker.

Maximus Iwanowitsch Newsorow (1763–1827): Direktor der Universitätsdruckerei in Moskau, in der der ›Westnik Jewropy‹ gedruckt wurde.

285 *Protaschinski*, Wassili Andrejewitsch: Studienfreund von Shukowski.

286 *Leman*, Iwan Iwanowitsch: Erzieher in der Adelspension.

Gagarin, Grigori Iwanowitsch, Fürst (1782–1837): Studienfreund von Shukowski.

286 4.) 9. April 1813

288 *den ›Sänger‹:* Gemeint ist Shukowskis Ode ›Der Sänger im Lager der russischen Krieger‹.

Tschitschagow, Pawel Wassiljewitsch (1767–1849): Admiral, Teilnehmer am Vaterländischen Krieg von 1812–1813.

289 5.) Ende 1814/Anfang 1815

Nikolai Iwanowitsch Gneditsch (1784–1833): Dichter und Übersetzer, Vertreter des aufklärerischen Klassizismus.

290 6.) 1. Februar 1815

... daß Du der Vorleser meiner ›Sendschrift‹ warst: A. I. Turgenew hat das Gedicht ›Dem Kaiser Alexander‹ der Zarenmutter Maria Fjodorowna vorgetragen. Die Kaiserin war sehr beeindruckt und ließ Shukowski nach Petersburg kommen.

297 *den ›Sänger‹:* Gemeint ist das Gedicht ›Der Sänger im Kreml‹.

Juri Alexandrowitsch, Neledinski-Meletzki (1752–1829): Dichter.

Daschkow, Dmitri Wassiljewitsch (1788–1839): Literaturkritiker, Mitbegründer von ›Arsamas‹, bei Nikolai I. Innenminister.

Uwarow, Sergej Semjonowitsch (1786–1855): Mitglied des ›Arsamas‹, später Bildungsminister bei Nikolai I.

298 7.) Im Frühjahr 1815

300 *Fénelon,* François de Salignac de la Mothe (1651–1715): französischer Schriftsteller.

305 9.) 29. März 1815

Massilon, Jean Baptiste (1663–1742): französischer Theologe und Schriftsteller.

308 10.) 19. September 1815

samt den herrlichen Versen: Gemeint ist Wjasemskis Gedicht ›Abend an der Wolga‹.

310 *Livius:* Gemeint ist N. M. Karamsin, den Shukowski mit dem römischen Historiker Titus Livius vergleicht. Karamsin verbrachte oft den Sommer in Ostafjewo, auf dem Gut von Wjasemski.

311 *meine ›Sendschrift‹:* Gemeint ist das Gedicht ›An den Kaiser Alexander‹.

den ›Sänger‹: Gemeint ist das Gedicht ›Der Sänger im Kreml‹.

die ... ›Alte‹: Gemeint ist die ›Ballade, in der beschrieben wird, wie eine Alte auf einem schwarzen Pferd ritt und wer vor ihr saß‹.

313 *Wera Fjodorowna* Wjasemskaja (1790–1856): Ehefrau von P. A. Wjasemski.

Maschenka: Maria Petrowna Wjasemskaja (1813–1849): Tochter von P. A. Wjasemski.

Nikolai Michailowitsch Karamsin (1766–1826): Dichter, Historiker und Literaturkritiker, Vertreter des russischen Sentimentalismus.

Jekaterina Andrejewna Karamsina: Ehefrau von N. M. Karamsin.

Shicharew, Stepan Petrowitsch (1788–1860): Literat und Übersetzer, Mitglied des ›Arsamas‹.

Lebt Puschkin noch?: Gemeint ist Wassili Lwowitsch Puschkin, Dichter und Übersetzer, Onkel von A. S. Puschkin.

Kokoschkin, Fjodor Fjodorowitsch (1773–1838): Dramatiker und Übersetzer.

Fürstin Schtscherbatowa: vermutlich Antonina Woinowna Schtscherbatowa, Schwiegermutter von D. N. Bludow.

315 11.) 17. April 1816

Gawrila Romanowitsch Dershawin (1743–1816): russischer Dichter und Dramatiker, bedeutender Vertreter der russischen klassizistischen Dichtung, bis 1803 bekleidete er hohe staatliche Ämter.

Herr Borg: Karl-Friedrich von der Borg (1794–1848): deutscher Dichter, hat u. a. Krylow, Dmitrijew, Jasykow und Puschkin ins Deutsche übertragen.

316 12.) 25. April 1817

Swetschina: Nichte von Shukowski, Schwester von A. N. Arbenewa.

317 *Glinka,* Grigori Andrejewitsch (1777–1818): von 1802–1810 Professor der russischen Sprache an der Universität in Dorpat, seit 1810 Erzieher der Großfürsten Nikolai und Michail.

Prinzessin Charlotte: Gemeint ist die preußische Prinzessin Friederike-Louise Charlotte Wilhelmine, die den Großfürsten Nikolai (später Nikolai I.) geheiratet hat; nach ihrem Übertritt zum russisch-orthodoxen Glauben erhielt sie den Namen Alexandra Fjodorowna.

320 *Asmus:* Lehrer aus Dorpat.

Meschtschewskoi: ein wenig bekannter Dichter, wurde nach Sibirien verbannt. Shukowski wollte ihm irgendwie helfen.

13.) 17. Juni 1821

332 *Hirnischkietschen:* vermutlich Herrnkretschen.

335 14.) 29. Juni 1821

Ich habe sie mehrmals gesehen: Gemeint ist das Gemälde ›Die Sixtinische Madonna‹ von Raffael.

336 *Aretino,* Pietro (1492–1556): italienischer Dichter.

Müller, Friedrich (1759–1825): deutscher Dichter und Maler, genannt Maler Müller.

341 15.) 25. Februar/9. März 1822

Der Brief wurde im Original auf Französisch geschrieben, unsere Übersetzung gründet sich auf die Übertragung ins Russische von I. D. Glinkmann.

mit dem beiliegenden wundervollen Geschenk: Es handelt sich wahrscheinlich um ein Bildnis Goethes.

Ihres Briefes: Gemeint ist Goethes Brief vom 16. November 1821 [siehe Klappentext].

unsere Begegnung: Am 29. Oktober 1821 traf sich Shukowski mit Goethe in Jena.

343 16.) 1. Juni 1824

Herzensgrille: ›Grille‹ war Puschkins Deckname im ›Arsamas‹.

Safianos, Rodosa: Tochter eines griechischen Freiheitskämpfers, der 1821 gefallen ist. Puschkin hat Shukowski um Unterstützung für die Waise gebeten.

344 17.) 12. November 1824

Dein Brief: Gemeint ist Puschkins Brief vom 31. Oktober 1824 aus Michailowskoje, wo der Dichter in Verbannung lebte. Nach einem Streit mit seinem Vater beabsichtigte Puschkin, um eine Versetzung zu bitten.

Paulutschtschi, Philipp Ossipowitsch (1779–1849): Generalgouverneur von Riga.

Aderkas, Boris Antonowitsch: Gouverneur von Pskow.

345 *den ›Onegin‹:* Gemeint ist das erste Kapitel des gleichnamigen Versromans.

das ›Gespräch‹: Gemeint ist der Versdialog ›Gespräch zwischen Buchhändler u. Dichter‹ (1824), der als Vorwort zu ›Eugen Onegin‹ gedacht war.

18.) Zweite Hälfte September 1825
Antwort auf Puschkins Brief vom 17. August 1825.
Dein Aneurysma: Puschkin benutzte die Version einer angeblichen Erkrankung, um die Genehmigung zu bekommen, nach Dorpat zu reisen.
346 *Den Kommentar ... findest Du in Wjasemskis Brief ...:* Gemeint ist ein Brief vom 28. August 1825 und das Zitat ›Du hast Blumen gepflanzt, ohne das Klima zu berücksichtigen. Der Frost hat das seine getan, das ist alles‹. Es war eine allegorische Erklärung für Puschkins Verbannung und zugleich Warnung.

347 19.) 12. April 1826
das Dorf zu verlassen: Gemeint ist Michailowskoje.

349 20.) 20. November 1828
Friedrich von Müller (1779–1849): Kanzler im Großherzogtum Sachsen-Weimar-Eisenach.
Tod unserer angebeteten Herrscherin: Es handelt sich um Maria Fjodorowna, die Witwe Pauls I.
Wiege des Enkels: Gemeint ist der künftige Zar Alexander II. (geb. 1818).

350 21.) 29. Januar 1834
Familie Meschtscherski: Gemeint sind Pjotr Iwanowitsch Meschtscherski und seine Frau Jekaterina Nikolajewna, Tochter von N. M. Karamsin.
die Grafen Wielgorski: Michail Jurjewitsch Wielgorski (1788–1856), Komponist, und Matwej Jurjewitsch Wielgorski (1794–1866), Musiker.
Smirnowa-Rosset, Alexandra Ossipowna (1809–1882): Hoffräulein, Schülerin von P. A. Pletnjow.
Dubenskaja, Warwara Iwanowna: Hoffräulein.
Deinem Hausgenossen Lew: Gemeint ist Puschkins Bruder.

22.) 2. Juli 1834
Deinen Abschied: Am 25. Juni 1834 bat Puschkin, der seine

Stellung als Kammerjunker am Zarenhof als erniedrigend empfand, um seine Entlassung. Dem Gesuch wurde nicht stattgegeben.

351 23.) 3. Juli 1834
352 *Graf Benckendorff,* Alexander Christoforowitsch (1783–1844): Chef des Gendarmeriekorps.

355 25.) Januar – März 1836
Glinka, Michail Iwanowitsch (1804–1857): russischer Komponist.
Odojewski, Wladimir Fjodorowitsch (1803–1869): russischer Schriftsteller und Musikkritiker.
Rosen, Jegor Fjodorowitsch (1800–1860): russischer Dramatiker.
der Maler: vermutlich I. L. Linew, der 1836 ein Porträt von Puschkin gemalt hat.

26.) 9. November 1836
der alte Heeckeren: Baron Ludwig van Heeckeren (1791–1884): niederländischer Gesandter in Petersburg, Adoptivvater von Georges d'Anthès (1812–1895), eines im russischen Dienst stehenden französischen Adligen, den Puschkin zum Duell aufgefordert hatte.

356 27.) 10. November 1836
Deine Angelegenheit: Gemeint ist die Versendung von anonymen Briefen an Persönlichkeiten der Petersburger Gesellschaft. In den Briefen wurde Puschkin als Hahnrei hingestellt.
Sagrjashskaja, Jekaterina Iwanowna (1779–1842): Tante von Puschkins Frau Natalja Nikolajewna.

358 28.) 11.–12. November 1836
Jekaterina Andrejewna und *Sofia Nikolajewna:* Gemeint sind die Ehefrau und die Tochter von N. M. Karamsin.

Warum hast du […] alles erzählt?: Puschkin hielt den Heiratsantrag von d'Anthès (›dem jungen Heeckeren‹) an die Schwester von Puschkins Frau für ein Manöver zur Abwendung des Duells.

360 29.) 14.–15. November 1836
einmalige Rache: Puschkin hielt d'Anthès für den Verfasser der anonymen Briefe und wollte ihn entlarven.
Rajewskis lärmende Heldentaten: Alexander Nikolajewitsch Rajewski (1795–1868), ein mit Puschkin befreundeter Offizier, der in Odessa öffentlich die Ehefrau des Generalgouverneurs von Noworossijsk, M. S. Woronzow, der Promiskuität angeklagt hat.

362 30.) 15. Februar 1837
Sergej Lwowitsch Puschkin (1771–1848): Vater von A. S. Puschkin.

363 *Er hatte sich zu Beginn seiner Herrschaft:* Im September 1826 wurde Puschkins Verbannung aufgehoben. Der Zar empfing den Dichter in Privataudienz und versuchte Puschkin zu seinem Hofdichter zu machen. Shukowski war bemüht, das gespannte Verhältnis Puschkins zum Zarenhof in ein besseres Licht zu rücken.

364 *Walujew,* Pjotr Alexandrowitsch (1815–1880): Ehemann von P. A. Wjasemskis Tochter Maria Petrowna, wurde später Minister des Innern.
Arendt, Nikolai Fjodorowitsch (1785–1859): Leibarzt von Nikolai I.
Spasski, Iwan Timofeewitsch (1795–1861): Hausarzt der Familie Puschkin.

365 *Ischimowa,* Alexandra Ossipowna (1806–1881): Kinderbuchautorin und Übersetzerin.

375 *Dal,* Wladimir Iwanowitsch (1801–1872): Arzt und Schriftsteller, Autor eines vierbändigen Wörterbuches der russischen Sprache.

378 *Barante,* Guillion-Prosper (1782–1866): französischer Schriftsteller und Diplomat.

383 31.) Februar – März 1837
General Dubelt, Leonti Wassiljewitsch (1792–1862): Stabschef des Gendarmeriekorps.
384 *Korbs Schrift:* Gemeint ist Johann Georg Korbs Werk ›Diarium itineris in Moscoviam‹, 1700 in Wien erschienen.
Nesselrode, Karl Wassiljewitsch (1780–1862): Außenminister bei Nikolai I.
387 *unter ihnen eben jener ...:* vermutlich Puschkins Brief an seine Frau vom 22. April 1834, in dem er von seinem Verhältnis zu Alexander I. und Nikolai I. spricht.
388 *ein an Tschaadajew adressierter Brief:* Gemeint ist Puschkins Brief vom 19. Oktober 1836 an Pjotr Jakowlewitsch Tschaadajew (1796–1856), Schriftsteller und Philosoph, enger Freund von Puschkin.
Er schrieb den ›Godunow‹ ...: Shukowski gibt absichtlich ein späteres Entstehungsjahr an, die Tragödie ›Boris Godunow‹ entstand 1825, d.h. vor dem Machtantritt Nikolais I.
389 *›Zur Einnahme von Warschau‹:* Gemeint ist Puschkins Gedicht ›Der Jahrestag von Borodino‹ (1831).
›An die Freiheit‹: Gemeint ist vermutlich die Ode ›Die Freiheit‹.
390 *Gedicht auf Lukullus:* Gemeint ist eine Satire auf den Bildungsminister S. S. Uwarow.
392 *die Verschwörer gegen Alexander:* die Dekabristen.
400 *Graf Stroganow:* Grigori Alexandrowitsch (1770–1857): ein Verwandter von Puschkins Frau.

402 32.) 12. März 1837
Iwan Iwanowitsch Dmitrijew (1760–1837): Dichter, Vertreter des russischen Sentimentalismus.
Bartenew, Juri Nikolajewitsch (1792–1866): Literat.

405 33.) 4./16. August 1839
Alexander von Humboldt (1769–1859): deutscher Naturforscher und Schriftsteller.

34.) 4./16. Januar 1849
406 *Tolstois:* Gemeint ist die Familie des Grafen Alexander Pe-

trowitsch Tolstoi (1801–1874), später Oberprokurator des Heiligen Synod.

407 35.) 1. Juli 1845
Pjotr Alexandrowitsch Pletnjow (1792–1865): russischer Dichter und Kritiker, Rektor der Petersburger Universität, Herausgeber der Zeitschrift ›Zeitgenosse‹ (1838–1846).
Ertel: vermutlich Wassili Andrejewitsch Ertel (1793–1847); russischer Schriftsteller.
408 *Sollogub,* Wladimir Alexandrowitsch (1813–1882): russischer Schriftsteller.

411 36.) 5./17. November 1845
412 *Awdotja Petrowna Jelagina* [Kirejewskaja]: Nichte von Shukowski.
Katja Mojer: Jekaterina Iwanowna Mojer, Tochter von M. A. Protassowa [Mojer].

413 37.) 6./18. Februar 1847
Schewyrjow, Stepan Petrowitsch (1806–1864): russischer Dichter, Kritiker und Publizist.
Jasykow, Nikolai Michailowitsch (1803–1846): russischer Dichter, war eng befreundet mit Gogol und Shukowski.
Dein Buch: ›Ausgewählte Stellen aus dem Briefwechsel mit Freunden‹ (1847).
414 *Reuterns:* Die Familie von Shukowskis Ehefrau; sein Schwiegervater Gerhard von Reutern (1794–1865) war Maler.
Mia, Gatteau: Geschwister von Shukowskis Ehefrau.

415 38.) 11. Mai 1847
Maltitz, Apollon, Ph. von (1795–1870): deutscher Dichter, russischer Gesandter in Weimar (1841–1866).
Großherzog Konstantin: zweiter Sohn von Nikolai I. (1827–1892).
Rückert, Friedrich (1788–1866): deutscher Dichter und Dramatiker, Übersetzer aus dem Persischen, Arabischen, Indi-

schen und Chinesischen; hier ist die Rede von seiner Nachdichtung ›Rostem und Suhrab, eine Heldengeschichte in zwölf Büchern‹ (1838).

416 *Schorn*, Henriette von (geb. Freiin von Stein): Gemahlin des Kunsthistorikers Ludwig von Schorn, Direktor des Kunstinstituts in Weimar. Shukowski war mit der Familie Schorn eng befreundet.

39.) 12./24. September 1847

418 *Professor Graßhof*, Karl (1799–1874): deutscher Hellenist.

421 *Reiff*, Karl-Philipp (1792–1872): Schweizer Lexikograph, der längere Zeit in Petersburg lebte.

423 40.) 17./29. Januar 1848

Deinem Buch: s. Anm. zu Brief 37.

426 41.) 25. Oktober 1848

Karl August Varnhagen von Ense (1785–1858): deutscher Literaturkritiker, Publizist und Schriftsteller.

429 42.) 16. Januar 1849

430 *des großen Dichters aus dem Altertum:* Hier ist die Rede von Homers ›Odyssee‹.

434 44.) 21. April 1850

der beigefügte Artikel: ›Russische und englische Politik‹.

Paskewitsch, Iwan Fjodorowitsch (1782–1856): russischer Generalfeldmarschall; spielte eine entscheidende Rolle bei der Niederschlagung des polnischen Novemberaufstandes (1831), im Ungarnfeldzug (1849) und später im Krimkrieg.

435 45.) 1./13. Februar 1851

Koscheljow, Alexander Iwanowitsch (1806–1883): russischer Publizist.

Chomjakow, Alexej Stepanowitsch (1804–1860): russischer Dichter und Publizist.

437 46.) 4./16. Januar 1852
Bulgakow, Alexander Jakowlewitsch (1781–1863): Direktor der Moskauer Post, war eng befreundet mit Wjasemski, Alexander Turgenew und Shukowski.

438 47.) 5./17. März 1852
meinem ›Juden‹: ›Ahasver. Der ewige Jude‹ (1850–1852).
Sontag, Anna Petrowna [geb. Juschkowa] (1785–1864): Tochter von Shukowskis Patin, Verfasserin von Kinderbüchern.

Quellen

Polnoe sobranie sočinenij V. A. Žukovskogo v 12-ti tomach, Izdanie A. F. Marksa, S.-Peterburg 1902
V. A. Žukovskij, Sobranie sočinenij v četyrech tomach, Moskva/Leningrad 1959–1960
Russkij bibliofil, 1912, Heft VII–VIII
Zeitschrift für Slawistik, 1959, Heft 1, Band 4.
Goethe- und Schiller-Archiv Weimar

Inhalt

ISBN 3-7351-0073-2

Erste Auflage
Lizenz Nr. 351/260/4/88 LSV 7210
Lichtsatz: INTERDRUCK Graphischer Großbetrieb
Leipzig III/18/97
Druck und Binden: LVZ-Druckerei ›Hermann Duncker‹,
Leipzig III/18/138
Gesamtgestaltung: Lothar Gabler
Printed in the German Democratic Republic
Bestell-Nr. 787 343 1
01580